高职高专院校港口与航运管理专业教材

Hangyun Fagui Shiwu

航运法规实务

许笑平　主编

人民交通出版社
China Communications Press

内 容 提 要

全书共分八篇十四章，前七篇十三章是关于海商法的内容，包括绪论、船舶物权、船员、海上运输法律制度、海上赔偿责任法律制度、海上保险法律制度、海事争议等；第八篇第十四章是关于国际货运代理制度的内容，包括与国际货运代理制度相关的规定等。每篇章后都附有练习题和实训题，以提高实践技能。辅以该书的还有网络课程，网络课程中配以课程大纲、教学进度、教学课件、案例库、习题集、试题库等教学内容，以便读者系统、全面地学习该门课程。

本书可以作为普通高等院校、高职高专院校、中专学校航运、航海专业的教材，亦可作为航运业人士查询的参考书，或作为各类航运、航海专业培训班和专业提高的参考书，还可供其他对航运有兴趣者、自学者进修之用。

图书在版编目(CIP)数据

航运法规实务/许笑平主编.—北京：人民交通出版社，2009.5

ISBN 978-7-114-07692-3

Ⅰ.航… Ⅱ.许… Ⅲ.航运—法规—中国 Ⅳ.D922.296

中国版本图书馆 CIP 数据核字(2009)第 047697 号

高职高专院校港口与航运管理专业教材

书　　名：航运法规实务
著 作 者：许笑平
责任编辑：赵瑞琴
出版发行：人民交通出版社
地　　址：(100011)北京市朝阳区安定门外外馆斜街 3 号
网　　址：http://www.ccpress.com.cn
销售电话：(010)59757969，59757973
总 经 销：北京中交盛世书刊有限公司
经　　销：各地新华书店
印　　刷：北京交通印务实业公司
开　　本：787×1092　1/16
印　　张：16.25
字　　数：392 千
版　　次：2009 年 5 月第 1 版
印　　次：2009 年 5 月第 1 次印刷
书　　号：ISBN 978-7-114-07692-3
印　　数：0001～3000 册
定　　价：29.00 元

前　言

我国自古以来以航运大国而著称，航运业较发达。在航运业的发展过程中，海上运输较内河运输发生的各类海事纠纷的频率较高，这就需要相关的专业人士能够公平、公正地处理各类海事纠纷，以促进航运业的进一步发展。航运法规，包括海商法、航运政策、相关国际公约等都是航运人士必备的专业知识。

本书以“工学结合”的思想为主导，将实践中的工作流程融入理论学习中，既突出了实践技能，又强调了理论知识。书中配以大量的典型案例，通过引例导入各篇章中要学习的主要内容，通过案例分析，锻炼解决实际问题的能力，并将实践中发案频率较高的海事纠纷融入教学内容。书中的内容精炼、言简意赅，尽量避免使用晦涩、冗长、繁杂的法律语言，达到通俗易懂的目的。本书突破了我国原有《海商法》的界限，将航运人才需掌握的专业法律知识涵括其中，不仅包括海商法的内容，还包括与国际货运代理相关的政策法规等内容，较全面系统地介绍了航运法律、法规。

全书共分八篇十四章，前七篇十三章是关于海商法的内容，包括绪论、船舶物权、船员、海上运输法律制度、海上赔偿责任法律制度、海上保险法律制度、海事争议等；第八篇第十四章是关于国际货运代理制度的内容，包括与国际货运代理制度相关的规定等。每篇章后都附有案例分析题和实训题，以提高实践技能。辅以该书的还有网络课程，网络课程中配以课程大纲、教学进度、教学课件、案例库、习题集、试题库等教学内容，以便读者系统、全面地学习该门课程。

本书可以作为普通高等院校、高职高专院校、中专学校航运、航海专业的教材，亦可作为航运业人士查询的参考书，或作为各类航运、航海专业培训班和专业提高的参考书，还可供其他对航运有兴趣者、自学者进修之用。

由于时间仓促、编者水平有限，书中难免存在错误和不足之处，恳请广大读者批评指正。

编　者

2009 年 3 月

序　言

港口是全球综合运输系统的节点，国际物流链中的技术节点，船舶、航海、内陆运输、通信、经营技术革新的汇聚点，前沿与后方腹地联系的中枢，全球综合运输网络的神经中枢，在带动物流、促进经济内联外通方面，具有重要的作用。随着中国港口与航运业的飞速发展，也产生了对技能性人才的大量需求，这在沿海、沿江港口城市表现得更为明显。

多年来，技能型人才的培养主要靠高职院校，关键在于好的教材。教材的水平，直接体现着高职院校“工学结合”的深度、教学改革的幅度、理论与实践结合的程度、双师型教师队伍建设的强度、教师教学钻研的力度、教学资料积累的厚度、内容取舍的气度、理论深浅把握的尺度、专业领导的调度。港口与航运管理专业是一个实践性、操作性极强的专业，其所涉及的课程又都是实践性、操作性极强的课程，如果没有一套有效满足“工学结合”需要、密切联系港航企业实践的教学方案，教师的教学无疑是空洞而乏味的，学生对港口与航运管理的认识也是肤浅与不切实际的。在认真总结深圳职业技术学院港口与航运管理专业13年教学经验的基础上，我们推出了高职高专院校港口与航运管理专业教材，期望能够为同行提供一套教师教学得心应手、学生学习如鱼得水的简单但有效、够用且实用、有机组织化的教的方案、学的方案，真正做到教学相长、教学合一，学生在老师的教中学，老师在学生的学中教。

本系列教材包括《港航业务基础》、《货物运输保管实务》、《港口业务与操作》、《航运法规实务》、《航运业务与操作》、《国际货运代理操作与实务》。

为了提高教师开发教材的水平，我们多次邀请马书超、姜大源、赵志群、加拿大荷兰学院课程开发专家Tim McRoberts等国内知名课程开发专家来校讲学或派老师外出参加课程开发培训班，并派出专业骨干教师到德国、新加坡等国家和香港地区学习先进的职业理念和课程开发方法，回来后在自己所在的专业群中结合典型的职业工作任务，以工作过程系统化为基本设计原则开发课程。

本系列教材，具备四个基本特点：

1. 内容重组，有机复合。高职教育有别于普通本科教育，应当有自己的课程标准及适用的教材。在教材编写的过程中，高职院校的教材绝对不能按照普通本科院校的一套来，追求知识体系的完整，注重理论前沿的跟踪，而是根据适用、好用的原则，纠正以往教材编写中只注重“知识点”的偏向，并着眼于“双证沟通”（即“毕业证书”和“职业资格或职业技能”等资格证书），坚持“能力本位”，兼顾知识教育、技能训练和能力培养，所有教材的内容设计兼顾“知识点”、“技能点”和“能力点”，以项目需要的知识、能力为度，大胆组合原有的知识内容，甚至是颠覆性的重组，形成新的有机的知识、技能、能力复合体。在内容选择上，我们注重理论内容之间、理论内容与实践项目的衔接和沟通，让学习者能自然地做到由基础理论到专业基础理论、专业课到实践课的从容转换，让学生了解学了理论内容能够干什么，能够应用在哪些地方，让学生了解实践项目需要什么理论的指导，理论能够如何指导。

2. 理论简化，实用为主。根据实用、够用的原则，对原有的理论体系进行简化处理，多用案例、问题导课而少用概念、结论，多用图表而减少文字叙述，多用生动的语言而少用枯燥的术语，以简单明了的形式，阐明抽象的理论，把深奥的理论通俗化，把繁琐的推理简单化，把复杂的流程图形化，把枯燥的知识趣味化，图文并茂，深入浅出，详略得当，重点突出，实例经典，以强化学生对重点内容的掌握，与最新技术同步，让基础薄弱的学生可学、爱学，学了能用。当然，这种简化不是简单的压缩，不是本科教材的压缩饼干，不是对本科教材作简单的调整和修改，而是一种有意识、有取舍、适当的简化，最实用、最常用的，最核心、最重要、最必需的都得以保留，无关紧要、实际中用得不多、用得不典型的就省掉或指导学生自己探索。另外，在知识延伸、知识应用的过程中，我们也有意识地融入创新精神和创新能力的内容，以进一步提升学生的可持续发展能力，使之胜任未来的管理职责。

3. 任务驱动，行动导向。系列教材的编写按照港口与航运管理工作的实际流程来进行，一切从实际工作的需要出发，精简理论说教，强化实践能力培养。有些教材通过案例、问题导课，通过案例分析、问题回答引导出课程的内容。有些教材在章、节开篇处设计学习目标、任务驱动等栏目，学习目标用于指导学生了解本章或本节重点内容与学习要求，任务驱动通过联系港口与航运管理工作中的实践，精心设计体现本章或本节教学内容的一项职业工作任务，使学生带着任务去学习相关知识与技能，有效地融“教、学、做”为一体，促使学生明确学习本章内容的目的与意义，且以解决职业问题、完成岗位任务为导引。

4. 强化实训，突出技能。高职高专教材的一个重要特征是与职业资格考试密切结合，因此，教材应该做到有效体现知识与工作职位一体化、传授知识与训练思维有机结合、学习理论与训练技能同步进行、学习结果以考证结果来检验。每章或每节设计足量深化职业知识与训练职业技能的实习实践项目，通过实践活动逐步激发学生学习的内驱力和主动探究知识的欲望，促使学生产生较高的成就动机，形成良好的认知结构，有效提高教学质量和效益。每章或每节设计适量的职业知识测试与职业技能训练内容，以有效实现学生职业技能的培养，真正实现所学与所用的无缝对接与零距离就业。为了强化这种技能训练，与实际工作接轨，我们教材的编写者不仅有来自学校的教师，还有来自企业的技术人员，教材内容既有校内的理论和实践内容，又有企业生产实践的指导性内容，既能取自于工，又能用之于学。

可以说，这一系列教材是深圳职业技术学院港口与航运管理专业13年教学经验积累的全面总结，是国家示范性高职院校港口与航运管理重点专业建设在“工学结合”上的集中展示，花费了老师的大量心血，听取了专家的诸多建议，吸收了同行的一些成果，经过了学生的反复使用，在原有教材基础上已经有了质的飞跃，相信一定会受到更多读者的欢迎。

编　委　会

2009年2月

目　录

第一篇 绪 论

第一章 海商法概述

第一节 海商法的概念

一、海商法的概念

在不同的国家,海商法(Maritime Law)的概念不同。即使在同一国家,不同的学者对其含义也有不同理解。

英国《大百科全书》第11卷认为,“海商法是调整船舶和航运通常使用的术语”;波兰《海商法》第1条规定,“海商法是调整有关海上运输法律关系的法律”;司玉琢教授在《海商法详论》一书中主张,海商法是“调整特定的海上运输关系和船舶关系的法律规范的总称”;法国学者认为,“海商法调整商业性航海活动”。上述各种海商法的概念反映了英美法系国家和大陆法系国家对海上运输性质的不同理解。英美法系国家认为,海上运输只改变商品的空间位置,是生产行为,不包含有“商”的意思。大陆法系国家则认为,海上运输实现商品与货币的转换,是商业行为,包含有“商”的意思。大陆法系国家的观点主要源于中世纪商航合一的时代,在现代社会,各国创立了独立的海上运输企业,“航海贸易”或“海商”一词已不能确切地反映海商法这一法律部门所调整的内容。

在我国,海商法学者大多认为,海商法有狭义和广义之分。狭义海商法主要调整平等主体之间与海上运输和船舶有关的横向民事关系,包括海上运输和有关船舶的合同、船舶物权、船舶碰撞、海难救助、共同海损及海上保险等。狭义海商法不调整或主要不调整纵向的行政关系。广义的海商法既调整平等主体之间的横向民事关系,又调整非平等主体之间的纵向行政关系,甚至涉及刑事关系。其内容除涵盖狭义海商法所调整的关系外,还包括港口法、航道法、船员法、海事刑法、海洋环境保护法等,基本囊括了有关海上事务的一切法律、法令和规章制度等。因此,《中华人民共和国海商法》(以下简称《海商法》或者本法),是属于狭义的海商法,是我国广义海商法的最重要的组成部分。

二、海商法的调整对象

调整对象是指某一法律部门所调整的特定的社会关系。它是划分不同的法律部门的基本依据和出发点。例如，民法的调整对象是平等的公民之间、法人之间、公民和法人之间的财产关系和人身关系，民事诉讼法的调整对象是人民法院和一切诉讼参与人在诉讼活动中产生的各种诉讼关系。

至于海商法的调整对象，从其定义中可以看出，是特定的海上运输关系和船舶关系。我国《海商法》第1条规定："为了调整海上运输关系、船舶关系、维护当事人各方的合法权益，促进海上运输和经济贸易的发展，制定本法。"本条关于本法立法宗旨的规定也集中反映了其调整对象包括海上运输关系和船舶关系两大方面。

（一）海上运输关系是指海上运输中发生的特定的社会关系

1. 有关海上运输的合同关系

主要指围绕提单（Bill of Lading：B/L）、租船合同（Charter Party：C/P）、拖带合同（Contract of Towage）、旅客运输合同（Contract of Carriage of Passengers）等所发生的合同当事人之间的民事权利义务关系。

2. 海上侵权关系

主要指因船舶碰撞、船舶污染海洋环境等行为引起的加害方与受害者之间的民事权利义务关系。

3. 海上特殊风险产生的社会关系

如共同海损中有关各方分摊与补偿的关系，海事赔偿责任限制中的船舶所有人、救助人、责任保险人与各限制性债权人之间的关系等。

上述特定关系主要表现为民事权利义务关系，特别是债权债务关系，属民法范畴。这是海商法所调整的主要内容。

（二）与船舶有关的特定社会关系

1. 船舶的法律关系

主要围绕船舶国籍、船舶航行权、沿海运输权等方面发生的船舶所有人与船旗国或沿海国有关当局之间的关系。

2. 船舶物权

主要指涉及船舶所有权、船舶抵押权、船舶优先权、船舶留置权等问题时所产生的船舶所有人与各债权人，或者与法院或仲裁机构之间的关系。

3. 船舶安全

主要是围绕船舶适航条件、船员配备等所发生的船舶所有人与港口有关当局的关系。

4. 船舶管理

主要指国家就航运管理、航运政策以及船舶登记等方面与海上运输组织、船舶所有人和经营人等之间的关系。

船舶上述特定关系除船舶物权外，主要表现为国家行政机关与海上运输组织及船舶所有人之间的纵向的行政法律关系，属行政法范畴。这种特定关系虽然不是我国海商法的主要调整对象，但是从国际海事立法的发展趋势看，这种关系由海事法律规范加以调整正在日益增强。

第二节 海商法的性质与特点

一、海商法的性质

关于海商法的性质，目前存在着不同的观点。其中，具有代表性的观点如下。

（一）海商法是商法的组成部分

在“民商分立”的国家，独立的商法典与民法典并存，而海商法则作为一篇列入商法典之中。相应地，其在法律理论上就认为海商法是商法的一部分，这一观点在以德国、法国、日本为代表的大陆法系国家较为流行。

（二）海商法是民法的一个特别法

在“民商合一”的国家，此种观点较为普遍。因为，这些国家未制定独立的商法典，而以民法作为基本法来调整广泛的市场经济活动。至于民法典不能直接调整的市场经济关系，则制定相应的特别法来予以调整。其中，海上运输市场具有自身的特点，故由海商法作为民法的特别法适用于该经济活动领域。即首先用海商法来调整海上运输市场，而海商法未规定的，则适用民法的有关规定。

（三）海商法是海法的一个部门法

此种观点认为，在法律体系中存在着一个独立的海法，即“航海法规的总称”，而海商法作为调整海上运输活动的法律规范，则成为海法的组成部分。

（四）海商法是经济法的组成部分

我国的一些学者持此观点，其理由在于国家对于海上运输活动实行专门的组织管理。在现代社会大生产条件下，海上运输已经作为独立的生产部门，与一般的商业活动相分离，构成特定的生产经营行业。各国均对海上运输及其以船舶为中心的各种经济关系实施专门的组织管理。这一国家管理职能，决定了海上运输不能为民法所调整，而属于经济法的调整范围。

（五）海商法是一个独立的法律部门

在我国，有的学者提出海商法是一个独立的法律部门。这是因为海商法专门以海上运输关系作为调整对象。这一调整对象既包含海上运输当事人之间平等的权利义务关系，也涉及国家政府机构组织和管理海上运输企业的纵向关系，所以，它不能单一地为民法或经济法所调整，而应适用专门的法律规范体系。海商法正是应运而生的独立法律部门。该法针对海上运输关系，设立了一系列独有的法律制度，形成了完整的法律体系。这是不能为其他法律部门所取代的。

二、海商法的特点

海商法与其他法律相比，其特点主要表现在以下几个方面。

（一）国际性

海商法虽然是各国的国内法，但具有极强的国际性，或曰涉外性，主要表现在：

（1）海商法调整的关系大多数是涉外关系，或者具有涉外因素的关系，即同一法律事实可能涉及不同国家或地区的法人或自然人；

(2)海商法的表现形式除了国内法之外,还包括国际条约和国际航运惯例;

(3)海商法的效率范围,可及于本国海域的外国船舶、外国海域的本国船舶,甚至外国海域的外国船舶,而且我国《海商法》中的海上货物运输合同,其承运人的责任基础只适用于国际海上货物运输,而不适用于本国沿海和内河的货物运输。

随着国际贸易和国际海运业的发展,海商法的国际性有日益加强的趋势。自20世纪以来,在国际海事组织(IMO)、联合国贸易发展委员会(UNCTAD)和联合国贸易法律委员会(UNCITRAL)等国际组织的努力下,制定了几十个国际海事公约,有力地推动了海商法的国际统一进程。在制定我国《海商法》的过程中,充分考虑了海商法的这一特点,吸收了目前国际上通行的国际海事公约的有关规定和航运惯例,并适当考虑国际海运立法的发展趋势,对海上运输关系和船舶关系作了比较全面、具体的规定。

(二)专业性

海商法具有较强的技术性和专业性。海商法是有关海上运输和船舶的法律规范。因此,这些法律规范必然涉及船舶、船员、航海、货物运输和管理等专业和技术。如:在船舶方面,涉及船舶的结构、性能,船舶的设备和安全条件等;在船员方面,涉及船员的资格、培训、值班和发证等;在航海方面,涉及船舶驾驶、航线制定、雷达观测等;在货运方面,涉及货物的特性、配载、装卸等。海商法是与航海技术和航运业务紧密联系的法律,这是海商法所特有的、区别于其他许多法律部门的特点。

(三)特殊性

海上运输及其他海上业务活动具有明显的特殊风险。从事海上运输,特别是在航运初期,具有很大的冒险性,这主要表现在海上存在的特殊风险;其次是需要巨额投资。为了鼓励航运业的发展,针对这种特殊风险,逐步形成了一系列特殊的法律制度,如海事赔偿责任限制制度、船舶抵押制度、海事请求保全制度、船舶优先权制度、海难救助制度和共同海损制度等。这些特殊的法律制度是在实践中逐渐形成的,是其他法律部门所不具有的。

第三节　海商法的形式

海商法的形式主要是指不同国家机关依法制定的各种具有不同效力的有关海事的规范性文件。这些规范性文件就是海事法律规范的具体表现形式,它因制定的国家机关的不同而有不同的效力。

在我国,海商法的表现形式主要有国内立法、国际条约和国际航运惯例。

一、国内立法

国内立法是海商法的主要表现形式。国家机关制定的关于海事方面的法律、法规、条例、规定、办法、决议和指示等规范性文件都是海商法的表现形式。在这些规范性文件中,法律具有最重要的地位。作为法的规范性文件,法律是指拥有立法权的国家机关依照立法程序制定和颁布的规范性文件。在我国,全国人民代表大会及其常务委员会按照立法程序制定和颁布的规范性文件称为法律,例如,《中华人民共和国民法通则》(以下简称《民法通则》)、《中华人民共和国海洋环境保护法》以及《中华人民共和国海商法》等。法律作为法的表现形式,始终处于主导地位，具有特殊的效力，是我国海商法的主要形式。

其他海事法规，如国务院及有关主管部门制定的有关航运管理、船舶管理、海上航行安全、海损事故处理和损害赔偿等方面的命令、条例、规定、办法、决议和指示等，这些也是海商法的重要形式。

二、国际条约

国家正式参加的有关海商法方面的国际条约是该国海商法的重要表现形式。属于海商法方面或与海商法内容有关的国际条约很多，但是，并不是一切国际条约都无条件地在任何一个国家内生效。根据国际法和国家主权原则，除了要经过一国政府签署、批准或加入的有关海事国际条约的必要程序外，还必须解决国际法与国内法的关系，只有海事国际条约对该国具有法律拘束力时，方可成为该国海商法的表现形式。

随着航运事业的发展，我国陆续加入的有关海商方面的国际公约有《1910 年统一船舶碰撞若干法律规定的国际公约》、《1996 年国际载重线公约》、《1972 年国际集装箱安全公约》、《1972 年国际海上避碰规则》、《1974 年国际海上人命安全公约》、《1974 年海运旅客及行李雅典公约》、《1989 年国际救助公约》等 30 个。这些公约无疑是我国海商法的重要表现形式。当我国批准或加入的国际公约与我国法律有不同规定时，适用该公约，但我国声明保留的条款除外。

三、国际航运惯例

国际航运惯例通常是指在国际航运中，对同一性质的问题所采取的类似行动，经过长期反复实践逐渐形成的、为大多数航运国家所接受的、具有法律拘束力的不成文的行为规则。

国际航运惯例可分为任意性惯例和强制性惯例两种。强制性惯例无须当事人意思表示，即产生法律上的拘束力。任意性惯例是指只有在当事人表示援用时，才对他们有拘束力。在国际航运中，此种惯例居多，如《约克—安特卫普规则》就是典型的一例，它是国际民间航运团体提出的建议性规则，只有当事人通过协商方式在合同中明确订明采用该项规则时，才对当事人具有法律拘束力。

国际航运惯例作为海商法的一种形式，有其一定的作用，可以补充国内立法、条约规范之不足。但惯例规范同国内立法或条约规范相比，存在着明显的缺陷。如：含义不明确、效力不确定、容易引起纠纷等。现在国际上已注意到国际航运惯例的上述缺点，试图把一些国际航运惯例加以编纂，使之成为国际上公认的规范化的行为规则。这也是当前国际海运立法的一种趋势。

国际航运惯例是我国海商法的表现形式之一。《民法通则》第 142 条第 3 款规定："中华人民共和国法律和中华人民共和国缔结或参加的国际条约没有规定的，可以适用国际惯例。"《海商法》第 268 条第 2 款也作了与上述内容相同的规定。但是，适用国际航运惯例不得违背中华人民共和国的社会公共利益。

四、海商法的其他表现形式

（一）判例

"普通法系"的英美等国，虽然也有单行的海事法规，但是没有成文法典（海商法典—Maritime Code)。在这些国家,根据“遵守先例”的原则,上级法院的判决作为先例(Precedent),对下级法院具有拘束力,起着法律的作用,判例就是法的表现形式之一。英美法系国家的判例之所以被作为海商法的形式,其重要原因之一就是,判例所确立的规范往往是含混的。甚至对同一法律关系,不同判例采取不同的解决原则,这样便于法官灵活运用,任意裁量,使其享有很大的“自由裁量权”(Discretion)。

我国不承认判例是法的表现形式。但是我们也不否认判例对人民法院审理同类案件所起的借鉴作用,特别是在当前我国海事立法尚不健全的情况下,这种借鉴作用就更不能忽视。

(二)海商法学说及法理主张

在国际上,有人认为权威学者的学说及法理主张也是法的表现形式。我国学者普遍认为,任何一种学说及法理主张,无论它具有多么大的权威性,也仅仅是一种学说和理论,当它还没有依照立法程序上升为法律之前,不具有法律的拘束力。因此,在我国,权威学者的学说观点及法理主张不应看做是海商法的形式。当然,我们不应忽视权威学者的学说和法理主张对立法的影响和对审判的指导作用。

第四节　海商法的历史沿革与发展

海商法是伴随着航海贸易的兴起、发展而产生和发展的。海商法的形成与发展经历了以下几个不同的历史时期。

一、古代——海商法萌芽时期

据史料记载,公元前 9 世纪,罗得人(Rhodians)和腓尼基人(Phoenicians)即从事海上贸易,其足迹遍及欧、亚、非三洲。罗得岛是地中海即爱琴海最东部的一个小岛,面积为 1.398 平方公里。当时是一个强大的独立王国,也是地中海航海贸易的中心。许多海事案件都在这里解决,日积月累,渐成习惯。人们经过几个世纪的汇集,形成一部习惯法,称“罗得法”(Lex Rhodian)。这是拜占庭帝国推行的贸易航海条例,用以解决有关共同海损分摊问题,并有海上保险的规定。可惜这部法没有保存下来,其规定仅散见于罗马法学家的著作之中,这是萌芽时期的海商法。

二、中世纪——私人编纂海事惯例时期

中世纪,随着航海贸易的发展,在地中海、大西洋和北海的几个中心港口,海商法进入了私人编纂海事惯例时期,结果产生了三大海事法规。

1. 奥列隆惯例集(Lex Oleron)

它收集了 12 世纪法国西海岸奥列隆市国际海事法庭的判决书和所适用的习惯法。这个惯例集在大西洋沿岸一带颇有影响。

2. 海事裁判集

也称康索拉度法(Lex Consolato)。它是 14 世纪在西班牙东北的巴塞罗那编纂的,汇集了当时地中海西岸的海事判例。当时被称为最完备的海商法,对以后的欧洲航运界影响很大。

3. 维斯比法(Laws of Visby)

这是15世纪在瑞典果特兰岛维斯比城编纂的,继承了《奥列隆惯例集》的传统,在波罗的海和北海沿岸广为流行。

此外,英国的海事黑皮书(Black Book of the Admiralty)汇集了英国法院的判例和所适用的习惯,对欧洲各国都有一定影响。

中世纪的海商法有两个明显的特点:

(1)它与当时欧洲城市经济发展相适应,只适用于某一地区的若干城市,尚未形成国家统一的法律;

(2)当时通行的海事法集,都是私人对航海贸易惯例和海事判例编纂的汇集。

总之,中世纪海商法有重大发展,但在法律体系上,海商法尚未形成独立的法律部门。

三、近代——国家制定海商法时期

进入近代,欧洲的海商法有了重大发展,主要表现在世界海运发达国家为了适应航海贸易的需要,根据较为通行的习惯法,相继制定了本国的海商法。其中,最典型的是1681年法国路易十四颁布的《海事条例》(Ordonnance de la Marine)。这个条例不仅内容广泛,而且自成体系,成为欧洲第一部综合性海商法典。美国在1893年制定了《哈特法》(Harter Act)。1894年英国制定了《商船航运法》(Merchant Shipping Act)。随着航海贸易的迅速发展,特别是在19世纪后半叶,由于机动船舶的普遍使用,使得海上运输越来越国际化,而随着各国航运制度的建立与完善,海事立法却越来越国内化,从而导致了各国海商法在形式上和内容上的不统一,并形成了不同的海商法体系,主要有:

(1)法国法系(法国、希腊、罗马尼亚、土耳其、埃及、意大利、西班牙、葡萄牙、墨西哥、阿根廷和乌拉圭等);

(2)德国法系(日本、德国、斯堪的那维亚和芬兰等);

(3)英美法系(英国、英联邦各国和美国等);

(4)新法系(比利时、荷兰、摩洛哥和前苏联等)。

各国海商法的不统一,给国际航运带来诸多不便。因此,从19世纪末以来,各国航运界要求采取措施,消除各国海商法的差异。

四、现代——海商法国际统一化时期

随着海商法成为独立的法律部门,促使国际海商法从国际法中分立出来。鉴于海商法的特殊性和国际统一的要求,1897年在国际法学会中成立了国际海事委员会(Committe Maritime International,CMI)。该会创始人路易·法兰克爵士(Sir Louis Franck)说:“该委员会的宗旨,在于促使国与国之间天然联系的海洋,能获得统一法律的利益。这些法律在观念上应合理周密而公平,实际内容也切实可行。”该委员会成立后,为海商法在国际上的统一先后制定了《1910年碰撞公约》、《1910年救助公约》、《1924年海牙规则》、《1924年约克—安特卫普规则》(后经1950年、1974年、1990年、1994年以及2004年多次修改)以及《1968年维斯比规则》等。1948年联合国国际海运会议上决定成立政府间海事协商组织IMCO,现称国际海事组织(IMO)。该组织下设法律委员会,负责研究有关海上安全和防止船舶污染海洋方面的法律问题，并制定相应的国际公约以及其他海事法律，由该组织制定并保存的国际海事公约、修正案或议定书已达近百个。上述组织做了大量卓有成效的工作，对促进国际海商法的统一作出了重要的贡献。当然，我们要看到，目前为各国普遍承认和接受的公约、规则不少是技术性较强的法规，如避碰规则、载重线公约、海上人命安全公约、船员培训，发证和值班标准公约及防止船舶油污公约等。至于涉及货物承托双方权利义务的公约，与有关船舶登记的国际公约等，由于各国的经济、政治条件不同，要实现海商法的完全统一，并非易事。特别是第二次世界大战后，民族解放运动的高涨，许多发展中国家从殖民主义桎梏下挣脱出来成为独立的国家，它们为维护自身的经济利益，谋求建立国际航运新秩序，反对航运发达国家垄断国际航运立法，已采取有效的航运保护政策，相应地制定了有关海事法规，这是海商法国际统一面临的新课题。

五、当代海商法的发展趋势

第二次世界大战之后，特别是进入 20 世纪 60 年代，随着科学技术的发展，国际贸易和国际航运有了迅速的发展，与此相适应，海商法的发展也进入了一个新的阶段。主要表现在以下几个方面：

(1)海事法律冲突的范围逐渐缩小，海商法进一步出现国际统一的趋势；

(2)船方责任加重，海商法朝着公平、合理的方向发展；

(3)海商法中保护性立法在加强，出现公法扩大化的趋势；

(4)海事立法由以货物为中心向以船舶为中心转化；

(5)船员立法由福利型向资格型转变。

练　习　题

一、填空题

1. 海商法的调整对象是__________和__________。

2. 海商法的特点是__________、__________和__________。

3. 在我国，海商法的表现形式是__________、__________和__________。

4. 中世纪，随着航海贸易的发展，在地中海、大西洋和北海形成了__________、__________和__________三大著名海事法规。

二、名词解释

海商法

三、简答题

1. 海商法的性质表现在哪些方面？

2. 海上运输关系和船舶关系分别表现在哪些方面？

实　训　题

搜集有关资料撰写《我国海商法的演变历程与发展趋势》的报告。

第二篇　船舶物权

第二章　船　　舶

【引例】　关于船舶优先权的法律纠纷

原告:A 株式会社

被告:B 航运公司

2000 年 2 月 9 日至 2 月 21 日,2000 年 5 月 7 日至 5 月 13 日,5 月 13 日至 5 月 20 日,被告所属的 C 轮 3 次停靠韩国釜山港。原告依被告委托代理 C 轮的进出港事宜,并按被告要求,垫付了港口费、码头费、领航费、装卸费、代理费等共计 74 741.49 美元。其中包括港口费 33 184.86 美元、领航费 786.75 美元、海关费用 70.44 美元、港口注册费 10 406 美元。被告一直未把这笔费用给付原告。

由于欠其他人的债务,被告 C 轮于 2000 年 6 月 12 日被海事法院公告强制拍卖,债权登记期间为 2000 年 6 月 12 日至 2000 年 7 月 12 日。原告于 2000 年 7 月 3 日向海事法院申请登记,并于 2000 年 7 月 21 日提起诉讼,请求法院判令被告给付上述垫付款项,并请求确认以上请求具有船舶优先权。

(源自:中国经济网 http://blog.ce.cn)

第一节　船舶的概念及其法律性质

一、船舶的概念

海商法意义上的船舶不同于日常生活中所讲的船舶。在日常生活中,凡是能够在水上或水中载重航行而具有船舶形态的工具,不论其大小和结构如何,都称之为船舶。而海商法意义上的船舶,则仅是其中的一部分,它具有法律上的特定含义。对此各国和地区海商法的规定又有所不同。如英国 1894 年《商船航运法》定义船舶为:“包括各种用于航海的船舶。”《日本商法典》规定:“本法所称船舶,系以进行商业行为为目的的而供航海之用的船舶。”《希腊海商法典》规定:“本法中的船舶是指利用自身推进方式,以航海为目的,且净登记吨位不少于 10 吨的任何运输工具。”美国 1936 年《海上货物运送法》规定,船舶“是指用于海上货物运输的任何船舶。”台湾地区的《海商法》规定:“本法所称船舶,为在海上航行及在与海相通水面或水中航行之船舶”(第1条),“总吨位未满20吨的动力船或未满50吨的非动力船舶,军事建制之舰艇,专用于公务之船舶,本法第1条规定以外之其他船舶,除碰撞外不适用”(第3条)。

从上述国家和地区海商法对船舶的定义看,海商法中的船舶是对日常生活中的船舶进行了一定限制的船舶,或者是对用途进行限制,如仅限于商业用途;或者是对航行能力进行限制,如仅限于在海上航行或与海相通的水面或水中航行;或者是对船舶吨位进行限制,如把小于一定吨位的船舶排除在外等。

我国《海商法》第3条第1款规定:“本法所称船舶,是指海船和其他海上移动式装置,但是用于军事的、政府公务的船舶和20总吨以下的小型船艇除外。”第2款又规定:“前款所称船舶,包括船舶属具。”根据这一规定,构成我国海商法上的船舶,必须具备如下条件。

(一)必须是位于海上的,即是海船

通常情况下,船舶的航行区域可分远洋、近海、沿海和内河四类,而海船是指在前三类区域航行的船舶。仅限于内河航行的船舶不属于海船。在船舶的构造、性能、对航行的要求及船员的配备等方面,海船的要求均比内河船要高。船舶只有经过国家有关部门检验,符合规定的条件,进行海船登记,发给相应证书之后,才可以成为从事海上航行的海船。

(二)必须是用于水上航行的,即是海上移动式装置

首先,船舶必须有航行能力。不能用于航行,即使是浮在水上或潜于水下,如灯船、桥船等,都不属于海商法中的船舶。其次,船舶必须具有一定的构造,具备浮性,呈现某种凹型或内空状态,由一定的材料和设备建造而成。竹筏、木筏或水上滑行器等不属于船舶。

(三)必须用于商业目的

用于军事的、政府公务的船舶不属于海商法中的船舶。“用于军事的船舶”,是指军队现役在编的,以运送军需物品为目的的,不收取运费和其他任何款酬的船舶。如果军队所属的船舶从事以获取报酬为目的的商业性活动,则不属于用于军事的船舶。“用于政府公务的船舶”,是指政府部门专门为特定公务所使用的船舶,如检疫船、缉私船等。因为用于军事或政府公务的船舶的行为与国家主权行为联系密切,其航行并非为了商业目的,因而不适用本法的规定。

(四)必须在20总吨以上

因为20总吨以下的船舶属于小船,不能载重远航,事实上不具有从事海上运输或其他海商行为的能力。

总之,只有具备上述条件,才属于我国《海商法》规定的船舶。需要指出的是,在某些情况下,某些船舶虽然不完全符合上述条件,仍可适用我国《海商法》,如内河船与海船相撞,可适用有关船舶碰撞的规定;失事沉没的船舶,可适用海难救助的法律规定等。也就是说,我国《海商法》规定适用的船舶是不同的,实践中应注意区别。

二、船舶的法律性质

船舶作为海上运输工具,在海商法中具有重要的法律意义。但是,船舶作为法律上的一种物,既有民法上物的一般属性,又在海商法上具有以下特殊的法律性质。

(一)船舶具有合成物的属性

现代用于海上营运的船舶价值昂贵,体积庞大,是由船壳、船机、属具等部分合成的水上浮动运输工具。每一组成部分虽然都有独特的使用功能及其价值,但是又都不能离开船舶整体而单独存在;否则,将会失去其应有的使用价值。在此意义上,船舶在海商法上是一种合成物,具有不可分割性。

不过,从各国海商法的规定来看,对于船舶属具的法律性质,存在着不同的观点。法国、德国、日本等大陆法系国家的立法规定,船舶是主物,而属具则是从物。两者归属于不同的所有人时,可分割处理;两者归属于同一所有人时,依民法上"主物处分及于从物"的原则,对船舶的处分,其效力及于属具。而在英美法系国家,则视船舶属具与船舶为不可分离的一个整体。我国《海商法》亦将属具认定为船舶不可分割的组成部分。即使是在船舶保险中可将船体、船机和属具分别投保,但也不否认船舶属具与船舶不可分离的性质。

(二)船舶是按不动产处理的动产

船舶作为一种运输工具,其功能就是通过在海上的移动,完成货物或乘客的空间转移。这决定了船舶是动产的性质。然而,由于船舶价值高、体积大,并且因其主要体现运输工具的功能,故其所有权的转移不像作为流通对象的一般商品那样频繁。所以,各国海商法趋向于将船舶视为不动产加以处理。诸如对于船舶的所有权、抵押权实行登记制度等。

(三)船舶是具有人格化属性的物

各国海商法为了实现对于船舶的管理,普遍对于船舶进行拟人化处理。其主要表现是通过船舶登记制度,使船舶具有船名、国籍、船龄和船籍港,甚至对于船舶的失踪也适用,这些都类似于法律上的人。

但是,船舶经拟人化处理的法律性质在各国海商法上则形成很大差异。在大陆法系国家,船舶虽经拟人化处理,具有类似于法律上人的某些特点,但其仍然是物,不具有法律人格,所以,只能是海事法律关系的客体,而非主体。我国《海商法》亦持此种观点。与此不同,英美法系国家的海商法则赋予经过拟人化处理的船舶以法律人格,使其成为海事法律关系的主体。这集中表现在英美等国海事诉讼中的"对物诉讼"制度上。即船舶可以其自己的名义作为诉讼主体,参与诉讼活动,成为原告或被告。

第二节 船舶登记与船舶国籍

一、船舶登记与船舶国籍的概念

船舶登记(Vessel Registration),是指对船舶享有某种权利的人,向船舶登记机关提出申请并提交相应的文件,船舶登记机关经审查,对符合法定条件的船舶予以注册并以国家的名义签发相应证书的法律事实。

船舶登记机关必须经国家授权;否则,其签发的证书不具有法律效力。根据《船舶登记条例》第8条规定,中华人民共和国港务监督部门是国家授权的船舶登记主管机关,交通部[1]授权的各港的港务监督机构是具体办理船舶登记的机关。船舶登记港为船籍港。船舶登记港由船舶所有人依据其住所或主要营业所所在地就近选择,但是不得选择两个或两个以上船舶登

[1] 交通部现已更名为交通运输部。

记港。

船舶国籍,是船舶隶属于登记国的一种法律资格,表明船舶与国家之间存在一种固定的法律关系。船舶经船舶所有人向某一国家申请,经过船舶登记,即取得该国签发的国籍证书。船舶国籍证书是船舶国籍法律上的证明,船舶悬挂的国旗是该船国籍的外部象征或标志。每艘船舶须在船尾的旗杆上悬挂它所属国家的国旗,日出升,日落降。另外,在船体的显著部位如烟囱两侧、船体两舷绘制船籍国的国旗标志或其他特定的图案以便识别。

二、船舶登记与船舶国籍的意义

船舶登记的目的是取得登记国国籍并悬挂该国国旗。无论从国际法还是从国内法而言,船舶登记都具有一定的意义。

从国际法看,船舶只有经过登记悬挂登记国国旗才能在海上航行,并受船旗国法律保护。假冒他国国籍非法悬挂他国国旗在海上航行,一经查出,会受到罚款、没收船舶等处罚。在有些国家,船舶所有人及船长甚至可能被追究刑事责任。一船无国旗在海上航行,在公海上不受任何法律保护,并会被当作海盗船受到登临检查,任何沿海国可以禁止其进入本国港口。

从国内法看,第一,便于国家对船舶的监督管理,以保障海上安全。因为船舶到一国登记,必须达到该国对船舶的构造、设备、适航等技术上、法律上的要求。第二,享受登记国提供的各种优惠和国家间的互惠待遇。一方面,沿海国为保护本国航运业,原则上只允许本国船从事本国沿海运输;另一方面,登记国可能与其他海运国家订有双边或多边通商航海条约,登记为该国的船舶也可以享受条约中规定的互惠待遇。第三,决定某些法律关系的准据法,保护当事人的合法权益。在海事国际私法中,有关涉外船舶所有权、船舶抵押权、海事索赔责任限制等法律关系,许多国家都以船旗国法为准据法(Applicable Law)。对没有影响、危害到沿海国,只发生在船舶内部的刑事、民事案件,大都运用船旗国法解决。另外,船舶所有权、船舶抵押权等通过登记才可取得对抗第三人的效力,使当事人的合法权益得到进一步保护。

三、船舶登记的种类

从不同的角度划分,船舶登记主要有以下几种。

(1)以登记条件的宽严可分为开放登记(Open Registries)和严格登记(Closed Registries)。前者指登记国对赋予船舶国籍有很少要求(Few Requirements)的登记。很多船舶所有人为了方便和经济利益在开放登记国家登记其船舶。在这类国家登记取得的国旗习惯上称为“方便旗”(Flags of Convenience)。目前,开放登记国(或地区)共17家,主要有巴拿马、利比里亚、巴哈马、塞浦路斯、百慕大、马耳他、圣文森特、新加坡、菲律宾、香港等。后者指登记国对赋予船舶国籍有一定限制条件的登记。此种船舶登记又称为正常登记。随登记种类的不同,限制条件也不同。

(2)以登记的船舶权利可分为船舶所有权登记、船舶抵押权登记及光船租赁登记。船舶所有权登记是指为取得、转让及消灭船舶所有权而进行的登记;船舶抵押权登记是指为设定、转移和消灭船舶抵押权而进行的登记;船舶光船租赁权登记则是为改变光船租赁期间船舶的国籍,确认承租人的使用经营权等事宜进行的登记。

(3)以登记的目的可分为取得登记、变更登记和注销登记。取得登记包括取得船舶国籍、船舶所有权、船舶抵押权等权利而进行的登记;变更登记指为变更原登记内容而进行的登记;注销登记指为消灭已取得的船舶所有权、船舶抵押权等权利而进行的登记。需说明的是,在许多国家,船舶所有权与船舶国籍是同时取得的,即船舶所有权证书同时就是船舶国籍证书,有时也通称为船舶登记证书。但在我国,船舶所有权登记证书与船舶国籍证书并不相同,两者分别登记。

(4)以登记的有效期限可分为通常登记和临时登记。前者是指在通常情况下进行的登记,经此种登记取得的证书有效期较长,如我国《船舶登记条例》规定的船舶国籍证书有效期为5年。后者是指在一些特殊情况下进行的登记,主要适用于船舶所有权或船舶国籍登记,经此种登记取得的证书有效期较短,如《船舶登记条例》规定,“临时船舶国籍证书的有效期一般不超过1年”。当在国外购船或造船时,因为船舶不能无国籍、不悬挂国旗在海上航行,所以,其所有人应向我国驻该国使领馆申请“中华人民共和国临时船舶国籍证书”,待船舶到达我国港口后,船舶所有人在有效期内应尽快选定船籍港办理正式登记手续,以临时国籍证书换取船舶国籍证书。根据《船舶登记条例》规定,向境外出售新船、境内异地建造船舶、以光船条件从境外租进船舶、在境外发现船舶国籍证书遗失或者污损的情况下,船舶所有人(或光船承租人)均应办理临时船舶国籍证书。该条例第19条明确规定,“临时船舶国籍证书与船舶国籍证书具有同等法律效力。”

四、船舶登记条件及登记内容

船舶登记条件是指到一国登记的船舶必须满足的法定条件。由于各国政治、经济、历史、航运政策等因素的不同,其相应的登记条件自然也就不同。即使对同一种船舶,因登记的种类不同,其登记条件又有所差异。

(一)船舶国籍登记

在船舶国籍登记条件方面,各国的差异主要表现以下几方面的限制:第一,船舶所有人的国籍或本国资本所占的比例;第二,船员的国籍;第三,船舶所需提交的船舶技术证书。如前所述,开放登记国(Open Rigistry Countries)对船舶取得其国籍的限制条件很少,即使有限制,也是形式上的要求。例如利比里亚和巴拿马允许几乎所有的外国公民拥有的船舶到其本国登记,并取得利比里亚国籍和巴拿马国籍。利比里亚主要的限制是超过1 600吨的船舶只能由利比里亚公民进行登记,但是,根据利比里亚法律,公司或合伙视为利比里亚公民。而且,如果船舶所有人指定一个当地代理,建立一个海事信托(A Maritime Trust),并说明规避商业实体要求的需要,根据利比里亚法典宽松的规定,这一要求可以被放弃。需严格登记国家(Closed Rigistry Countries)对上述几方面都有一定限制条件。在任何海运国家中,美国具有最严格的登记条件。在美国,船舶登记受《1980年船舶证书法》(The Vessel Documentation Act of 1980)规定的限制。根据该法,船舶所有人可以申请五种证书中的一种:娱乐、沿海、大湖贸易、国内捕鱼或对外贸易。申请登记的船舶至少5吨,并由:

(1)美国公民个人所有;

(2)合伙、信托、联营或其他实体所有,但其所有成员须为美国公民,并根据美国或某一州法律能拥有船舶的物权;

(3)合股关系的主要合股人为美国公民,且合股关系中的控制利益(Controlling Interest)为美国公民所有；

(4)根据美国或某一州法律成立的公司，其董事长或其他主要行政负责人和董事会主席为美国公民，非美国公民所任董事不能超过法定人数的大多数；

(5)美国政府所有，或州政府所有。

除对船舶所有权有严格要求外，也对船员有严格的要求。在美国登记的船舶，只有25%的无证船员(Unlicensed Crew)可以由非美国公民担任，只有美国公民可以担任船长、轮机长、报务员、驾驶员和轮机员。

我国属于严格登记国家。根据《船舶登记条例》第2条的规定，只有在中国境内有住所或者主要营业所的中国公民或中国企业法人的船舶(如系中外合资中国企业法人，中方投资人的出资额不得低于50%)、中国政府公务船和事业法人的船舶，以及港务监督机构认为应当登记的其他船舶，才能根据该条例规定进行登记并取得中国国籍。而且，该条例第7条规定，中国籍船舶上的船员均须由中国公民担任。此外，《船舶登记条例》规定，申请船舶国籍，船舶所有人应交验船舶所有权登记证书，注销原国籍证书。对航行国际航线的船舶，还应交验国际吨位丈量证书、国际船舶载重线证书、货船构造安全证书、货船设备安全证书、乘客定额证书、客船安全证书、货船无线电报安全证书、国际防止油污证书、船舶航行安全证书等。

(二)船舶所有权登记

各国对船舶所有权登记条件的规定有一定差异，主要表现在所须提交的文件上。我国《船舶登记条例》规定，申请船舶所有权登记时申请人应提交以下几方面的文件：一是申请人的合法身份证明，如公司的注册文件等；二是船舶的技术资料；三是申请人取得船舶所有权文件的正本、副本，如购船发票、买卖合同和交接文件、造船合同，或继承、赠与、法院拍卖等证明文件；四是原登记机关出具的注销原船舶所有权登记的证明书；五是未进行船舶抵押或船舶抵押权人同意被抵押船舶转让他人的文件。

船舶登记机关签发的船舶所有权证书及国籍证书应包括下列主要内容：

(1)船名，船舶登记机关须对船名进行审定，以避免与已登记的船舶重名或重音。

(2)船舶呼号(Ships Number)，由国家主管机关根据国际电信联盟的有关规定，指定给该船的一组通信字母和数字，用以表示该船国籍和名称，便于通信使用。船舶呼号一般由4个字母或数字组成，第一或第一、第二个字母或数字代表船舶国籍。根据1985年国际呼号分配序列表，我国船舶呼号为“BAAA～BZZZ”或“3HAA～3UZZ”。

(3)船籍港(Port of Registry)。

(4)船舶种类，即注明杂货船、油船或集装箱船等。

(5)船体材料，一般注明钢质、木质等。

(6)建造地点，即建造该船舶的造船厂所在的国家或地区。

(7)造船厂名，写明建造该船舶的造船厂的具体名称。

(8)建成日期，即船舶建造工程完毕下水的日期。

(9)船舶尺度，即船舶的长、宽、深。

(10)主机类型，一般须注明柴油机、蒸汽机等，同时注明主机数及功率。

(11)船舶所有人名称及地址。

(12)登记机关，即办理船舶登记并签发证书的机关。

(13)其他事项,如登记时间、所有权取得时间等。

(三)船舶抵押权登记

对船舶抵押权登记的条件,各国也有相应规定,主要表现在以下几个方面。

1. 抵押船舶的国籍

对此,国际上各国做法比较一致,即只允许以本国船舶为标的的船舶抵押权进行登记,且只能在船舶登记国(船舶国籍所属国)的登记机关登记。

2. 抵押船舶的种类

由于各国海商法中规定的船舶概念并不一致,致使可作为船舶抵押权标的的船舶有很大差异。有的国家仅限于"商业目的"的船舶,有的则要求是已进行了船舶所有权登记的船舶。

3. 抵押人(Mortgagor)的国籍

由于各国对船舶所有权及船舶国籍登记的条件规定不同,因而对抵押人(债务人本人或第三人)的国籍的限制也就有所差异。有的国家仅限于本国人,有的则包括外国人。但对抵押人对抵押船舶须具有所有权或经营管理权的规定是一致的。

4. 船舶抵押权登记所需提交的文件

各国一般规定需提交当事人的申请书、船舶抵押合同及抵押权所担保的借贷合同等。如我国《船舶登记条例》第 20 条规定,对 20 总吨以上的船舶设定抵押权时,须提交抵押权人(Mortgagee)和抵押人签字的书面申请书、船舶所有权登记证书或者船舶建造合同、船舶抵押合同。如该船已设定有其他抵押权,还应提供有关证明文件;对于共有的船舶,应提供拥有2/3以上份额或者约定份额的共有人的同意证明文件。

船舶抵押权登记应包括下列主要内容:

(1)抵押权人和抵押人的姓名或者名称、地址;

(2)抵押船舶的价值、名称、国籍,船舶所有权登记证书的颁发机关和号码;

(3)所担保的债务数额、利息及受偿期限。

(四)光船租赁权登记

根据有些国家法律规定,允许船舶在光船租赁期间悬挂承租人本国国旗从事运输,以保障承租人对船舶的使用经营权。同时,法律要求出租人应当到船籍港船舶登记机关办理光船租赁登记;承租人应提交已中止或注销原船舶国籍的证明及光船租赁合同,到其本国船舶登记机关办理临时登记或通常登记。如前所述,我国按临时登记处理。

光船租赁登记一般记载下列事项:

(1)承租人名称及地址、国籍等;

(2)租赁合同编号;

(3)租期、租金及起租日期和终止日期;

(4)原登记证书的签发及注销机关等。

第三节 船舶所有权

一、船舶所有权的概念

"船舶所有权,是指船舶所有人依法对其船舶享有占有、使用、收益和处分的权利。"船舶所有权作为财产所有权的一种,除优先受海商法调整外,也受民法等法律的调整。

在理论上,船舶所有人指登记注册为所有人的法人或自然人。但在以生产资料公有制为主体的社会主义国家,对企业经营管理的国家所有的船舶,所有权归属问题存在着不同观点,有"法人所有权"说、"经营权"说、"相对所有权"说和"占有权"说等。在我国,《海商法》第8条明确规定,"国家所有的船舶由国家授予具有法人资格的全民所有制企业经营管理的,本法关于船舶所有人的规定适用于该法人。"根据本条规定,我国将经营管理国有船舶的全民所有制企业法人(如中远集团公司)视为这些船舶的所有人,该企业法人对其经营管理的船舶享有完全的占有、使用、收益和处分的权利。对不具有法人资格的经营管理国有船舶的企业,就只能在一般法律规定的范围内,对船舶享有经营权。在我国航运实践中,将经营国有船舶的航运企业法人直接注册为船舶所有人。

二、船舶所有权的特点

船舶作为一种特殊的物——运输工具,决定了以其为客体的所有权具有不同于一般财产所有权的特征,主要表现为:

(1)以船舶为唯一的客体。即船舶所有权主体的权利、义务共同指向的"对象"是船舶,具有单一性。

(2)权利主体——船舶所有人负有特殊的法定义务。例如,在国际海上货物运输中,为保证货物安全,船舶所有人作为承运人时,其法定义务是在开航前和开航当时谨慎处理使船舶处于适航状态,负有妥善地、谨慎地管货义务,不得有不合理绕航义务等。

(3)船舶的占有权、使用权常与船舶所有权相分离。在班轮运输、航次租船和定期租船情况下,船舶所有人通过其雇佣或委派的船长和船员,仍占有船舶,但在光船租赁情况下,船舶占有权已转移至光船承租人手中。而且,在租船运输的场合,船舶使用权已归于承租人。在航运市场上,船舶出租是很常见的。

(4)收益权是船舶所有权的核心内容。船舶所有人占有船舶并不是其根本目的,其拥有船舶的意图在于运用其船舶进行经营活动,取得经济收入,实现经济效益。因此,船舶所有人经常放弃对船舶的使用权以赚取运费(Freight)或租金(Hire)。至于处分船舶,也并非其谋利的手段。总之,权利主体对船舶的经营管理是以经济效益为核心的。

三、船舶所有权的取得、转让与消灭

船舶所有权关系作为一种民事法律关系,会因一定的法律事实的发生而发生、变更和消灭。

(一)船舶所有权的取得

对船舶所有权的取得,《海商法》没有作特别规定。根据《民法通则》第72条规定,"所有权的取得,不得违反法律规定。"据此,只要取得船舶所有权的行为方式合法,就会得到法律的保护。

根据民法物权的取得方式,船舶所有权取得方式可分为原始取得与继受取得(又称传来取得)两种。前者主要包括建造、购买(新船)、没收、征用、征购、收归国有和捕获等,后者主要包括购买(旧船)、继承、赠与和保险委付等。

(二)船舶所有权的转让

船舶所有权的转让主要涉及两个问题。首先,转让所有权的行为是否需满足一定的形式要件。对此,《海商法》第9条第2款规定:“船舶所有权的转让,应当签订书面合同。”书面形式包括电报、电传和传真。可见,船舶所有权不能通过口头协议转让;否则,转让行为无法律效力。其次,船舶所有权从何时起转让,“即从何时起原所有人丧失其所有权,而新所有人享有所有权”。《海商法》对此无规定。在船舶买卖实践中,基于船舶的特殊性,其所有权一般在卖方向买方提交卖据(Bill of Sale)时才由卖方转移至买方,船舶的风险随所有权的转移而转移,除非双方另有约定。

(三)船舶所有权的消灭

船舶所有权的消灭,亦称为船舶所有权的终止,是指因一定的法律事实而使船舶所有人丧失其所有权,或使所有权与所有人相分离。引起船舶所有权消灭的原因主要有以下几种。

1. 因船舶所有权转让而消灭

这是船舶所有人依法转让(主要通过买卖合同)其船舶所有权,亦即行使处分权的结果。在法学上,因所有权转让而使原所有人失去所有权,由他人取得所有权的现象被称为所有权的相对消灭。

2. 因船舶灭失或失踪而消灭

船舶灭失包括船舶被拆解和船舶沉没。在海上保险中,船舶失踪一段时间视为实际全损。1986年“中国人民保险公司船舶保险条款”第10条规定,从船舶预计到达目的港之日起超过两个月尚未得到消息视为实际全损;英国1906年《海上保险法》第58条也规定,“船舶失踪后经过相当时间,仍收不到消息,可认为是实际全损”。

3. 因保险委付(Abandonment)而消灭

在船舶保险中,当被保险船舶发生推定全损(Constructive Total Loss)时,船舶所有人(被保险人)可以选择按全损索赔,而将其船舶委付给保险人,放弃他对船舶的所有权。但保险人拒绝接受委付时除外。

4. 因船舶被征用、征购、没收或捕获而消灭

征用或征购是指船旗国政府因战争或某种特殊原因的需要,而强制剥夺所有人的所有权。前者是无偿的,后者一般是有偿的,没收可能是依刑法没收(如用船舶作为犯罪工具),或依船舶法没收(如假冒国籍、非法悬挂他国国旗),也可能是依海关法没收(如用船舶走私或船舶所有人拖欠税款等),捕获则主要指战争被敌对国强制剥夺所有权。这些都属于国家的“公法”行为。

5. 因法院拍卖而消灭

当船舶被作为清偿船舶所有人的海事债务的担保物,而被法院扣押并拍卖时,船舶所有权亦丧失。

此外,权利主体消灭等情况,也可导致船舶所有权的消灭。

根据《海商法》第9条规定,不论船舶所有权的取得、转让还是消灭,均应当向船籍港所在的船舶登记机关登记;未经登记的,不得对抗第三人。我国1995年1月1日起施行的《船舶登记条例》第5条作了与《海商法》第9条相同的规定。本条体现的是登记对抗(公示)效力,而不是登记生效效力。所谓登记对抗效力,是指经过登记,当事人之间的法律关系当然有效,而

且能抗辩当事人以外的第三人的请求；若未经登记，当事人之间的法律关系自然有效，但不能对抗第三人的请求，即在法律上，第三人不受其法律关系的约束。

第四节　船舶抵押权

一、船舶抵押权的法律性质和特点

船舶抵押权，是指抵押权人对于抵押人提供的作为债务担保的船舶，在抵押人不履行债务时，可以依法拍卖，从卖得的价款中优先受偿的权利。

船舶抵押制度是从古代航海的冒险借贷发展而来的。最初是船舶所有人为航海贸易筹措资金而实施的一种贷款手段。因为航海贸易需要大量资金，而其风险又大，从而船舶所有人为了获取借款，就往往要将其营运的船舶作为抵押物，向债权人提供担保。这种做法为 1874 年 12 月 10 日制定的《法国海上抵押权法》(1885 年 7 月 10 日修订)所首次以法律形式予以确定后，又逐渐为各国立法和国际公约所采用。时至今日，海上运输随着航海和造船技术的进步，已不再是一种冒险事业，但是，由于船舶的大型化和现代化，其所需资金也日益增大，同时，现代化船舶价值的提高又为抵押创造了更大的物质保障，所以，船舶抵押制度一直长盛不衰。我国《海商法》也专门规定了船舶抵押权。

船舶抵押，按照我国《民法通则》的规定，是一种债的担保方法，属于一种从债。同时，在法律理论上，船舶抵押权又是担保物权的具体形式。但是，它又具有一系列特点，而区别于其他从债或担保物权以及一般财产的抵押权。这些特点包括如下几方面。

(一)船舶抵押权仅以船舶作为客体

船舶抵押权仅以船舶作为客体，不过，在具体设定船舶抵押权时，其客体则可以根据抵押人和抵押权人的约定，针对包括属具在内的整个船舶，也可以是仅以船体、设备或属具作为抵押物。此外，因船舶在海难事故中毁损而产生的损害赔偿请求权、共同海损分担请求权、救助报酬请求权、保险赔偿请求权、受损船舶的残值部分，均可经双方约定，作为船舶抵押权的客体。

(二)船舶抵押权所涉及的船舶不转移占有

根据我国《担保法》的规定，抵押是以不动产或动产作为抵押物，在不转移占有的情况下设立的担保方法，而船舶抵押作为抵押的具体形式，在适用时是不转移船舶占有的。因为，船舶是抵押人(船舶所有人)从事海上运输活动的主要工具。为了不影响其正常的营运活动，保障其债务履行能力，故在设定船舶抵押后，仍由抵押人占有，进行经营管理和从事海上营运。当然，船舶抵押虽然不以转移占有为成立要件，但是，基于保护抵押权人合法利益的需要，抵押权人如果发现船舶有某种危险或其价值减少而影响债务清偿，或者债务人到履行期却不履行债务时，有权诉请法院扣押船舶来实现其债权。

(三)船舶抵押权是以登记作为必要条件的

如前所述，大多数国家的法律将船舶视为不动产予以处理。这表现在船舶抵押权制度中，就是要求抵押权人和抵押人在设定船舶抵押权时，应当向船舶登记机关办理抵押权登记；否则，未经登记的船舶抵押权，不得对抗第三人。

二、船舶抵押权的设定、行使和消灭

(一)船舶抵押权的设定

1. 设定船舶抵押权的主体条件

船舶抵押权的设定,首先必须出于抵押权人和抵押人在平等自愿基础上的协商一致,而且抵押权人和抵押人应当具有相应的主体资格。

根据各国法律规定和海上运输的实践,抵押权人应当是被担保的主债的债权人,通常是银行或其他贷款人。而抵押人则与抵押权人相对应,或者是被担保主债的债务人,或者是主债以外的第三人,但都必须是对于所抵押的船舶拥有处分权的。例如,我国《海商法》第12条第1款规定,船舶所有人或者船舶所有人授权的人可以设定船舶抵押权。此外,建造中的船舶可以设定船舶抵押权。这时,船舶抵押人为船舶建造人。此类船舶抵押设定的目的,在于通过抵押而使建造中的船舶取得出口船舶信贷,有利于船舶建造人的出口融资,发展造船业。

2. 设定船舶抵押权的形式条件

根据各国法律的规定,设定船舶抵押权,必须采用书面形式,并且要在船舶登记机关进行抵押权登记。这一设定船舶抵押权的形式条件亦为有关的国际公约所确认。例如,1926年《统一海上优先请求权和船舶抵押权若干规定的公约》第1条规定,在一个缔约国设定的,经登记生效的船舶抵押权,应在其他缔约国受到尊重,并视为有效。

我国的《船舶登记条例》确立了船舶抵押登记制度。《海商法》进一步吸收有关国际公约的精神,规定了设定船舶抵押权的形式条件。

首先,《海商法》第12条第2款规定,船舶抵押权的设定,应当签订书面合同。这是船舶抵押权生效的法律条件。

其次,《海商法》第13条第1款规定,设定船舶抵押权,应当由抵押权人和抵押人共同向船舶登记机关办理抵押权登记。依法律规定,船舶抵押权登记,包括以下主要项目:船舶抵押权人和抵押人的姓名或者名称、地址;被抵押船舶的名称、国籍、船舶所有权登记证书的颁发机关和证书号码;所担保的债权数额、利息率、受偿期限等。如果是针对建造中的船舶办理抵押权登记的,当事人还应当向船舶登记机关提交船舶建造合同。船舶抵押权的登记,是抵押权人和抵押人对抗第三人的先决条件。

3. 设定共有船舶抵押权的主观条件

共有船舶,是由两个以上的共有人共同享有同一个船舶所有权,因此,各个共有人的意志都影响到共有船舶抵押权能否设定。对此,我国《海商法》第16条予以明确的规定。

依此规定,如果船舶共有人就共有船舶设定抵押权的问题,形成统一意志的,则以此意志为根据。如果船舶共有人就此意见不一致时,则应当经取得持有2/3以上份额的共有人的同意,共有船舶的抵押权始得设定。当然,共有人之间另有约定的,则依该约定处理。

船舶共有人就共有船舶设定的抵押权,不因船舶的共有权的分割而受影响。这意味着共有船舶抵押权依法设定后,即使该共有关系结束了,上述船舶抵押权仍然有效。

(二)船舶抵押权的行使

在各国的法律实践中,船舶抵押权人行使其抵押权,一般是通过申请法院强制执行或进行诉讼来实现的,即通过法院对船舶的扣押、拍卖而从所得价款中优先受偿。

船舶抵押权的受偿顺序,必须依法律规定来确定。首先,按照我国《海商法》第 25 条第 1 款的规定,如果就同一船舶,同时存在船舶优先权、船舶留置权和船舶抵押权,船舶抵押权的受偿顺位,排在前两种权利之后。其次,在同一船舶上设定了两个以上抵押权时,各个抵押权人接受清偿的顺序是按照抵押权登记的先后顺序来排列,以此为根据从船舶拍卖所得价款中依次受偿。对于在同一日登记的各个船舶抵押权,则按照同一顺序受偿。再次,船舶抵押权人基于该抵押权,较之无抵押的普通债权,处于优先受偿的地位。

(三)船舶抵押权的消灭

从法律上说,导致船舶抵押权消灭的原因是比较多的,具体包括:

(1)正常情况下,船舶抵押权随着被担保的主债的消灭而消灭。

(2)船舶抵押权是以船舶作为客体的,因此,被抵押船舶灭失的,该抵押权则随之消灭。但是,由于船舶灭失得到的保险赔偿,抵押权人有权优先于其他债权人受偿。

(3)船舶抵押权会因抵押权人放弃而消灭。不过,在此情况下,权利人仅丧失原有的抵押权,但其享有的债权仍然存在。

(4)船舶抵押权可因法院裁判而消灭。

三、船舶抵押关系当事人的权利义务

船舶抵押是存在于抵押权人和抵押人之间的民事法律关系。双方当事人在平等的法律地位上,依法享有权利和承担义务。

这一权利义务的构成是以民事法律规定的一般抵押中的权利义务为基础的,并由《海商法》根据船舶抵押的特点加以具体规定。我国《海商法》正是在此意义上,特别是针对海上运输活动的特殊性,考虑到对抵押权人之合法权益的保护,规定了相应的权利和义务。

(一)查询权

在具体设定一个船舶抵押权的时候,债权人(抵押权人)有权了解用于抵押的船舶是否已经设定过抵押权、已经设定的抵押权所担保的债权数额是多少、自己作为抵押权人处于第几顺位等情况,以便作出相应的决策。

我国《海商法》第 13 条第 3 款明确规定了抵押权人享有查询权——“船舶抵押权的登记状况,允许公众查询”。目的是保护抵押权人的合法权益。

(二)投保权

由于船舶在设定抵押权后,并不转移占有,仍由抵押人用于营运。该船舶在此期间就有可能因自然灾害或意外事故而受损或灭失。因此,为了切实保护抵押权人的合法权益,我国《海商法》第 15 条确认了抵押人负有船舶保险的义务,而抵押权人享有投保的权利。即“抵押人应当对被抵押船舶进行保险;未保险的,抵押权人有权对该船舶进行保险,保险费由抵押人负担”。这一保险应当是以抵押权人作为第一受益人,不过,抵押合同另有规定的除外。

(三)同意转让权及其追索权

船舶抵押权作为一种担保物权,具有排除第三人的效力。《海商法》第 17 条规定,船舶抵押权设定后,未经抵押权人同意,抵押人不得将被抵押船舶转让给他人。显然,这是用抵押权人的同意转让权来体现船舶抵押权的排他性。

同时,船舶抵押权人可以通过行使追索权来保护自身的合法权益。因为,船舶抵押权作为担保物权,具有追及效力,它不因船舶所有人的变更而受影响。如果抵押人出于逃避债务的目的,将被抵押船舶转让给第三人时,船舶抵押权人可以行使追索权,向法院申请强制执行,获取优先受偿。

(四)优先受偿权

优先受偿是船舶抵押之担保效力的最终表现,它普遍存在于各个船舶抵押权中。因此,当被担保的主债已届履行期限而债务人不履行债务时,抵押权人有权依法拍卖被抵押的船舶,优先于其他普遍债权人,从卖得的价款中接受清偿。

但是,如果就同一船舶设定有两个以上抵押权的,各个抵押权人享有的优先受偿权却不能平等地行使,而必须依照法律规定的原则,按各自抵押权登记的时间先后按顺序接受清偿。拍卖被抵押船舶所得价款在偿付了前一顺位的抵押权人的债权后,才能将其所余部分向后一顺位的抵押权人进行清偿。

第五节 船舶优先权

一、船舶优先权的法律含义

船舶优先权是海商法特有的一种制度。目前,世界各国的立法以及国际公约对于船舶优先权,尚没有公认的定义。我国《海商法》第21条规定:"船舶优先权,是指海事请求权人,依照法律规定的范围,向船舶所有人、光船承租人、船舶经营人提出海事请求,对产生该海事请求的船舶具有优先受偿的权利。"

船舶优先权与船舶抵押权一样,也产生于古代航海的冒险借贷,即以船舶作为担保物来贷款。这种借贷合同,可由船舶所有人在船舶起航前签订,也可由船长在航行途中订立。如果船舶安全抵达目的港,则后一借贷合同中的债权人的债权,较之同时存在的前一借贷合同的债权优先接受清偿。

直至近代,英美法系国家逐渐以立法形式确认了船舶优先权。目前,各海运国家的海商立法均规定了船舶优先权制度,其目的是以船舶自身的经济价值对其行为承担责任。充分实现船舶所有人的责任限制,保护船舶所有人的利益。

不过,各国海事立法对此制度所用的名称是不统一的。最早在英国法律上出现"Maritime Lien"一词,作为该法律制度的专门用语。在我国,这一术语被译成不同名称。其中,一类称为"海上留置权"、"船舶留置权"等。另一类则使用"船舶优先权"、"船舶优先请求权"、"优先受偿权"等名称。我国《海商法》着眼于这一海事制度的实际内容,确定为"船舶优先权",同时,又在该法第25条另行规定了船舶留置权,以使两者区别开来。

二、船舶优先权的特点

船舶优先权既不是单纯的担保物权,也并非是债权,而是一种独立的优先权。这决定于该权利所具有的以下法律特点:

(一)船舶优先权是法定的权力

只有法律设定的项目才具有船舶优先权;船舶优先权必须依照法律规定的受偿顺序依次

受偿;船舶优先权的实现也必须由法院通过司法程序对船舶实施扣押和拍卖来完成。

(二)船舶优先权只能向特定的人提出

享有船舶优先权的海事请求人只能向产生该海事请求的船舶所有人、光船承租人、船舶经营人而不能向其他人提出海事请求。比如对于程租船的承租人的海事请求就不具有船舶优先权。

(三)船舶优先权的标的物是特定的

船舶优先权的标的物只能是产生该海事请求的船舶,而不能是其他船舶。只要作为标的物的船舶存在,船舶优先权就存在。船舶优先权可随船转移,不受船舶所有权变化的影响,除非被法院拍卖。

(四)船舶优先权是一种优先受偿的权力

具有船舶优先权的海事请求有权从拍卖船舶的价款中先于其他债权,如船舶留置权、船舶抵押权及其他一般债权等受偿。

(五)船舶优先权具有一定的秘密性

船舶优先权不需要以占有或向登记机关登记为条件,也不需要当事人的明示协议,因此具有一定程度的秘密性。但是船舶优先权有一定的时效,逾期该项船舶优先权即成为一般的海事请求权。

三、船舶优先权担保的债权

如前所述,船舶优先权是一种法定的权利,究竟哪些海事债权应给予特殊保护,受船舶优先权担保,取决于各国海商法的具体规定。有的国家规定的船舶优先权担保的债权多,有的国家规定的少;有的海事债权在某国受船舶优先权担保,在另一国则属于一般债权。依据我国《海商法》第22条的规定,下列各项海事债权受船舶优先权担保:

(1)船长、船员和在船上工作的其他在编人员,根据劳动法律、行政法规或者劳动合同所产生的工资、其他劳动报酬、船员遣返费用和社会保险费用的给付请求;

(2)在船舶营运中发生的人身伤亡的赔偿请求(包括因合同和侵权所导致的人身伤亡);

(3)船舶吨税、引航费、港务费和其他港口规费的缴付请求(不包括使用服务费,如装卸费、理货费等);

(4)海难救助的救助款项的给付请求(包括救助报酬与特别补偿);

(5)船舶在营运中因侵权行为产生的财产赔偿请求(不包括由于违约所产生的财产赔偿请求)。

但载运2 000吨以上的散装货油的船舶,持有有效的证书,证明已经进行油污损害民事保险或者具有相应的财务保证的,对其造成油污损害的赔偿请求,不适用上述第(5)项的规定,而由《1969年国际油污损害民事责任公约》所调整。

海商法之所以规定上述债权受船舶优先权担保,是基于社会的、经济的、人道的种种考虑。船舶在营运中可能会产生许多债,对于其中的某些债权给予特殊的保护,使它们在拍卖船舶的价款中可以优先受偿,这对于促进整个海运事业的健康发展是有重要意义的。

四、船舶优先权的受偿顺序

船舶优先权的受偿顺序要解决的是如下三方面的问题:

(1)受船舶优先权担保的债权与受船舶抵押权和船舶留置权担保的债权及其他债权相互之间的受偿顺序；

(2)受船舶优先权担保的,各类债权相互之间的受偿顺序；

(3)受船舶优先权担保的数个同类债权之间的受偿顺序。

关于这些问题,各国海商法的规定有所不同,我国《海商法》在综合考虑各方面的因素后,作出了具体规定。

关于第一个问题,我国《海商法》第25条规定:首先是船舶优先权,其次是船舶留置权,再次是船舶抵押权,最后是其他一般债权。

关于第二个问题,有些国家采用列明式,有些国家则只规定原则。我国《海商法》采用的是列明式,即按照《海商法》第22条排列的五种海事请求的顺序,依次受偿;但是,海难救助的海事请求后于前三项发生的,应当先于前三项受偿。这是因为如果没有后发生的海难救助,船舶就无法保全,前三项船舶优先权就得不到受偿,因此,救助款项的给付请求是为其他债权的受偿创造条件的债权,应优先受偿。至于其他债权的受偿顺序,也是在考虑了保护船员利益、符合公平原则、保障国家税收等因素的基础上确定的,与有关国际公约的规定基本一致。

关于第三个问题,我国《海商法》的规定是:同类债权,不分先后,同时受偿;不足受偿的,按比例受偿。但对于第四项救助款项的请求,则采用"时间倒序"原则或称"时间在先,权利在后,以后发生的先受偿"。其理由仍然是如果没有后来发生的救助,作为船舶优先权标的的船舶就无法得以保全,其他先产生的海事请求便不可能受偿。

此外,在上述各项债权受偿之前,依《海商法》第24条的规定,应当从拍卖船舶所得价款中先行拨付下列费用:因行使船舶优先权产生的诉讼费用;保存、拍卖船舶和分配船舶价款产生的费用;为海事请求人的共同利益支付的其他费用。

五、船舶优先权的产生、转移与消灭

船舶优先权与其担保的海事债权同时产生,也就是说,只要法律规定的几种海事债权一产生,该债权人同时即享有船舶优先权,它不需要当事人之间的明示协议,不以占有为条件,也无须进行登记。

债权在一定的条件下可以转移,海事债权同样如此。当船舶优先权担保的海事债权发生转移时,从属于该债权的船舶优先权也随之转移。对此,我国《海商法》第27条明确规定:"本法第22条规定的海事请求权转移的,其船舶优先权随之转移。"

船舶优先权随下列法律事实的出现而消灭。

1. 船舶优先权担保的主债消灭

如前所述,船舶优先权随其所担保的债权的产生而产生。当其担保的主债消灭时,如海事债权得到清偿,船舶优先权自然归于消灭。

2. 时效届满

为保护有关方面特别是旧船购买人的利益,各国一般都为船舶优先权规定了一定的时效。我国《海商法》规定船舶优先权的时效为1年。具有船舶优先权的海事请求,如果自优先权产生之日起满1年不行使,则优先权消灭。这1年的期限是绝对的,不得中止和中断计算。此外,当船舶转让时,如果法院应受让人的申请予以公告之日起60天内权利人不行使权利,即视其放弃了权利，其船舶优先权自此消灭。《中华人民共和国海事诉讼特别程序法》设专章规定了船舶优先权催告程序。

3. 船舶经法院强制出售

即法院应海事请求权人的请求，对债务人拥有的船舶实施扣押，在债务人拒不履行债务或无法提供担保的情况下，强制拍卖该船舶。船舶优先权即随船舶的被强制拍卖而消灭。买方从法院拍卖中买得的船舶是一艘没有任何债务的船舶。

4. 船舶灭失

这里的灭失是指船舶实质意义上的灭失，包括船舶沉没、失踪及拆解完毕等。

需要说明的是，如果发生使船舶优先权消灭的法律事实时，丧失的只是船舶优先权，而不能理解为债权人的债权也就此消灭。如因船舶碰撞、海难救助产生的债权时效一般是 2 年，但担保该债权的船舶优先权的时效为 1 年。1 年时效届满，船舶优先权消灭，即在拍卖船舶所得价款中优先受偿的权利消灭，但其担保的债权，因 2 年的时效尚未届满，债权人仍可要求债务人履行其义务。

第六节　船舶留置权

一、船舶留置权的概念

留置权是指债权人在债务人不履行债务时，对其占有的债务人的财产加以留置（即继续占有而不返还），并依照法律的规定，从变卖被留置的财产的价款中优先受偿的权利，以保证其债权得以实现。船舶留置权是留置权的一种。我国《海商法》第 25 条第 2 款对船舶留置权作出的规定是：造船人、修船人在合同的另一方未履行合同时，可以留置所占有的船舶，以保证造船费用和修船费用得以偿还的权利。可见，我国《海商法》第 25 条规定的留置权仅指造船人和修船人分别对其所建造和所修理的船舶的留置权，不包括其他留置船舶的情况。如海难救助人对获救的船舶，在船舶所有人不提供救助款项的担保时，根据我国《海商法》第 188 条第 3 款的规定，亦具有留置船舶的权利，但这种权利不属于本法第 25 条规定的船舶留置权的范围。本书所讲的船舶留置权是指第 25 条规定的船舶留置权。

船舶留置权以占有船舶为条件，因此，当造船人和修船人不再占有所建造和所修理的船舶时，船舶留置权即告消灭。

二、船舶留置权与船舶优先权及船舶抵押权的比较

船舶留置权与船舶优先权及船舶抵押权均属船舶担保物权，它们具有一定的相同之处：均以船舶为标的；均设置于作为债务人的船舶所有人的船舶之上；均从属于一定的海事债权；均具有优先于一般债权的优先受偿权等。但是，它们也具有明显的区别，这些区别主要表现在如下方面。

（一）权利的产生不同

船舶留置权和船舶优先权是根据法律的规定产生的，属于法定担保物权；而船舶抵押权是根据当事人签订的船舶抵押合同产生的，属于协议担保物权。

（二）担保的债权不同

船舶留置权担保的是造船人、修船人因建造、修理船舶所产生的债权；船舶优先权担保的是法定的特殊海事债权，如船员工资、人身伤亡、港口规费、救助报酬及侵权行为造成的财产损失等债权；船舶抵押权担保的是借贷之债。

（三）效力的产生不同

船舶留置权的效力产生于占有船舶；船舶抵押权的效力产生于登记；而船舶优先权效力的产生既不需要占有，也不需要登记。

（四）受偿的顺序不同

按照我国《海商法》第25条的规定，船舶优先权先于船舶留置权受偿，船舶抵押权后于船舶留置权受偿。

（五）行使的方式不同

船舶优先权和船舶抵押权的行使需要通过法院扣押、拍卖船舶来实现；而船舶留置权的行使不需要通过法院扣押船舶，只需要债权人留置所占有的船舶即可。当然，这种非通过司法程序的私人行使船舶留置权的方式要受到船舶优先权和船舶抵押权等的限制，船舶留置权人若要实现其对所留置船舶的处分，可以申请法院公告的方式，消灭船舶优先权和船舶抵押权等，从而使自己的权利得以实现。

第七节 有关的国际公约

作为法律制度，船舶优先权和船舶抵押权已经得到世界各国的普遍承认。但是，在这些制度的具体内容上，各国的规定有所不同。如受船舶优先权担保的债权项目、受偿顺序等，各国的规定有不少分歧，法律冲突时有发生。为了解决这些矛盾，国际社会通过了若干公约，其中较为重要的有："Convention for the Unification of Certain Rules relating to Maritime Mortgages and Liens, 1926"，"International Convention for the Unification of Certain Rules relating to Maritime Liens and Mortgages, 1967"，"International Convention of Maritime Liens and Mortgages, 1993"。即《1926年关于统一船舶抵押权和优先权若干规定的公约》（以下简称《1926年公约》）、《1967年关于统一船舶优先权和抵押权若干规定的国际公约》（以下简称《1967年公约》）、《1993年船舶优先权与抵押权国际公约》（以下简称《1993年公约》）。

一、《1926年公约》

该公约于1926年4月10日在布鲁塞尔召开的第4届海洋法外交会议上通过，1931年生效。参加本公约的有比利时、法国、意大利、挪威、瑞士等20多个国家，主要海运国家如英、美等国未参加，我国亦未加入。该公约的主要内容如下：

（1）缔约国之间船舶抵押权相互承认。公约规定：根据船舶所属缔约国的法律正式设定的，并且在船籍港或中央机关的公共登记处登记的船舶抵押权、质权或该船承担的其他类似义务，应在所有其他缔约国视为有效，并且受到尊重。

（2）船舶优先权的标的为船舶、运费及有关航次开始以来船舶和运费的附属权利。

（3）船舶优先权的项目有五类：

①诉讼费用;保管或出售船舶并分配价款而支出的费用;港务费等公共税收或费用、引航费及船舶进入最后港口的看护费。

②船上人员的雇佣合同所引起的请求。

③救助报酬和该船的共同海损分摊额。

④碰撞或其他航行事故的损害赔偿,对港口等设施的损害赔偿,旅客、船员的人身伤亡赔偿,货物或行李的灭失或损害赔偿。

⑤船长为续航需要所签合同引起的请求。

(4)受偿顺序为:船舶优先权所担保的同航次的请求按上述顺序受偿;船舶优先权所担保的同类请求不分先后按比例受偿,但上述第①和第⑤类按"时间倒序原则"受偿;船舶抵押权担保的请求在船舶优先权担保的请求之后、其他请求之前受偿。

(5)船舶优先权担保的债权随船转移。

(6)船舶优先权的时效:第①~④类为1年;第⑤类为6个月。

二、《1967年公约》

为了进一步推动船舶优先权和船舶抵押权制度的国际统一,在1967年5月27日布鲁塞尔第12届海洋法外交会议上又通过了一个新公约,即《1967年公约》。该公约于1987年生效,缔约国有丹麦、挪威、瑞典、叙利亚和芬兰等。该公约对《1926年公约》所作的主要修改为:

(1)船舶优先权的标的仅为船舶。

(2)将船舶优先权担保的债权改为如下五类:

①船员工资;

②港口、运河及其他航道费和引航费;

③直接与船舶营运有关的、向船舶所有人提起的人身伤亡的索赔请求;

④直接与船舶营运有关的、向船舶所有人提起的、因侵权行为引起的财产损失的索赔请求;

⑤救助报酬、沉船残骸清除和共同海损分摊额。

(3)受偿顺序为:船舶优先权担保的各类债权按上述顺序受偿,但第⑤类债权优于在其发生的前④类债权按"时间倒序原则"受偿;造船人、修船人的船舶留置权在船舶抵押权之前而在船舶优先权之后受偿;因扣押、拍卖船舶、分配价款而产生的费用应从船舶拍卖价款中首先受偿。

(4)船舶优先权的时效为1年,除权利人依法被阻止扣押该船舶外,1年的时效不得中止或中断。

(5)明确了船舶强制拍卖的有关规定:缔约国法院在强制拍卖船舶时,应提前至少30天将拍卖时间、地点以书面形式向船舶抵押权人、船舶优先权人及船舶登记机关发出通知。船舶一经法院拍卖,法院或其他主管机关应向买船人签发以该船为标的的任何权利(除买船人接受的外)均已消灭的证明。船舶登记机关应根据此证明注销所有登记的抵押权及债权,并以购船人的名义登记该船,或为注销该船而开具注销证明书。

三、《1993年公约》

《1926年公约》和《1967年公约》虽然均已生效,但加入的国家有限,特别是世界主要航运国家均未加入,说明两公约有待进一步修改。为此,联合国贸发会议和国际海事组织联合组成政府间专家组,自 1968 年起举行多次会议,对有关船舶优先权与船舶抵押权的公约进行审查与修改,提出了新的公约草案。1993 年 4 月 19 日至 5 月 6 日,在联合国贸发会议和国际海事组织在日内瓦联合召开的由 65 个国家的代表团和 15 个国际组织的观察员参加的船舶优先权和船舶抵押权问题外交大会上,审议并通过了新的船舶优先权与抵押权公约,即《1993 年公约》。我国代表团出席了该大会,并签署了会议通过的最后文件。

《1993 年公约》共 22 条,主要作了如下规定:

(1)船舶优先权的标的仅为船舶。

(2)船舶优先权担保的债权包括:

①船员工资及其他款项的索赔,包括遣返费用及为船员支付的社会保险费;

②就直接与船舶营运有关的人身伤亡的索赔;

③就船舶的救助报酬提出的索赔;

④就港口、运河和其他水路规费和引航费提出的索赔;

⑤根据侵权行为提出的、由于船舶营运直接造成的有形灭失或损失所引起的索赔,但不包括船舶所载运的货物、集装箱和旅客物品的灭失或损坏。

但因运输石油、危险品、有毒物品所造成的损害及核损害等所引起的上述第②和第③项索赔不受船舶优先权担保。

公约规定,对船舶所有人、光船承租人、船舶管理人或经营人的上述索赔可通过对船舶的优先权得到担保。

鉴于世界上一些国家规定的船舶优先权项目较多的情况,公约规定了一个折中方案:允许缔约国在其本国法中规定其他的船舶优先权项目,但是,此种船舶优先权应在其发生之后 6 个月届满;船舶出售给善意购船人之后,自登记之日起 60 天届满;而且此种优先权的顺序应排在公约规定的船舶优先权和已登记的抵押权之后。

受偿顺序为:上述船舶优先权优先于已登记的抵押权、"质权"及其他担保物权;各类船舶优先权按上述顺序受偿,但关于船舶救助报酬的请求,应优先于该救助作业前对船舶提出的任何其他船舶优先权请求;同类船舶优先权同时受偿,但救助报酬的请求按"倒序时间原则"受偿;由于扣留或扣押和随后出售引起的费用和开支在所得价款中首先支付;缔约国追加的船舶优先权项目的受偿顺序如上所述。

(3)除法院强制出售外,船舶优先权不因船舶所有权或登记或船旗的变更而消灭。

(4)船舶优先权与其所担保的债权同时转让与代位,保险赔偿金不得由优先权索赔人代位求偿。

(5)公约规定的船舶优先权的时效为 1 年,除非在此期限届满前,船舶已被扣留或扣押至被强制出售;缔约国追加的船舶优先权项目的时效如上所述;时效期限不得中止或中断。

此外,公约还对船舶抵押权的效力、船舶占有人的留置权、船舶强制出售的通知和强制出售的效力等做了规定。

练 习 题

一、填空题

1. 船舶的属性有________、________和________。

2. 以登记的船舶权利来划分,船舶登记可分为__________、__________和__________。

3. 船舶抵押权的设定必须要采用__________形式,并且要在__________进行船舶抵押权的登记。

4. 船舶优先权的特点是__________、__________、__________、一种优先受偿的权利和__________。

5. 船舶优先权、船舶抵押权、船舶留置权、普通债权的受偿顺序是:____。

6. 关于船舶抵押权和船舶优先权的国际公约有__________、__________和____________________。

二、名词解释

船舶登记　船舶国籍　船舶所有权　船舶抵押权　船舶优先权　船舶留置权

三、简答题

1. 什么是我国《海商法》中的船舶？构成船舶的要件有哪些？
2. 船舶所有权消失的原因是什么？
3. 船舶抵押权消失的原因有哪些？
4. 船舶优先权担保的债权有哪些？
5. 船舶优先权消失的原因有哪些？

四、案例分析题

[案情]

甲公司因经营不善而发生财务危机,便将其所属的“南海”轮于2001年1月向丙银行设定抵押以融资500万元人民币,双方约定,还款日期为2002年1月。后甲又因经营乏术,不得不以光船租赁的形式将“南海”轮于2001年5月租给乙公司使用,租期为3年。2002年2月甲公司仍未能偿还抵押担保的债务,丙银行便诉至法院,并提出扣押、拍卖“南海”轮的请求,以实现自己的债权。乙公司抗辩称,该船已被自己从其所有人处光船租赁使用,若该船被扣押、拍卖,必将给自己的权益造成损害,请求法院驳回丙之请求。

(源自:杨军编著,《海商法案例教程》,北京大学出版社,2003年)

请分析:

(1)像这种于同一船上设定船舶抵押权在先,设定光船租赁权在后,二者发生冲突的情况下,哪个权利应予以优先保护？

(2)而若于同一船上设定光船租赁权在先,设定船舶抵押权在后,二者发生冲突的情况下,又将会如何呢？

实　训　题

关于船舶优先权、抵押权的法律纠纷。

原告:美国梯·捷·斯蒂文逊公司(以下简称“斯蒂文逊公司”)

原告:美国欧文信托公司(以下简称“欧文公司”)

被告:利比里亚詹尼斯运输公司(以下简称“詹尼斯公司”)

1985年11月4日,原告斯蒂文逊公司,以被告詹尼斯公司不履行船东义务,未偿付原告垫付被告所属“奥帕尔城”轮(M. V. OPAL CITY. 以下简称“澳轮”)船员工资和其他费用为由,向上海海事法院提起诉讼。原告诉称:为“澳轮”垫付船员工资及该轮在澳大利亚怀阿拉港滞留期间所发生的各项费用及369 134.25美元,具有船舶优先权,请求强制变卖“澳轮”,以偿还上述债务。

1985年12月12日,原告欧文公司,以被告不履行船舶抵押合同,拖欠贷款本息680万美元为由,向上海海事法院提起诉讼,请求变卖所属抵押船舶“澳轮”,优先受偿被告所欠抵押债务。

在诉讼期间,被告未作答辩,后于1986年5月31日致函上海海事法院,明确表示对原告欧文公司主张的680万美元债权的真实性和完整性不予抗辩。

上海海事法院受理该案后,经审查认为,两原告的诉讼标的是共同的,成为共同诉讼,依照我国《民事诉讼法(试行)》第四十七条第1款规定,可以合并审理。

上海海事法院依法组成合议庭,经公开审理,查明:1981年2月27日,利比里亚派里昂·格莱特运输公司以其所属的利比里亚籍“奥帕尔星”轮(M. V. SRAR OPAL)作为抵押物,在美国纽约向欧文公司贷款815万美元。同日,双方向设在美国纽约的利比里亚海事委员会办公室进行了登记,并就达成的船舶优先抵押协议制作了相应的抵押文书。该抵押文书载明:派里昂·格莱特运输公司违反抵押合同时,欧文公司有权宣布所有尚未偿还的贷款本金均已到期,要求一并偿还本金和应付利息,并行使利比里亚海商法或任何其他准据法赋予欧文公司抵押债权人的权利。其后,“奥帕尔星”轮更名为“澳轮”。

1984年10月4日,欧文公司、派里昂·格莱特运输公司将“澳轮”及船舶优先抵押的权利和义务转让给被告詹尼斯公司,并签订了转让合同。合同载明:欧文公司作为“澳轮”的抵押债权人,同意派里昂·格莱特运输公司将该轮及船舶优先抵押的权利、义务全部转让给詹尼斯公司。詹尼斯公司在取得该轮所有权的同时,取代派里昂·格莱特运输公司成为该轮的抵押债务人,并享受和承担抵押债务人的一切权利和义务。同时,“澳轮”船舶登记证书所载抵押事项,由设在美国纽约的利比里亚海事委员会办公室作了相应修改,并予以登记。

之后,丹麦东亚有限公司与被告签订了租用“澳轮”24个月的定期租船合同。合同载明东亚有限公司有权在租船期间将“澳轮”转租。1985年7月3日,东亚有限公司与原告斯蒂文逊公司签订约60天的租船合同。当月12日,“澳轮”驶抵澳大利亚怀阿拉港。

1985年3月,中国五金矿产进出口公司(以下简称“中国五矿”)与澳大利亚的宝秦山有限公司签订购销2万吨钢坯合同。“中国五矿”委托美国矿产有限公司向斯蒂文逊公司承租了“澳轮”。“澳轮”于当年7月15日在怀阿拉港装钢坯19 999.527吨。同月24日,“澳轮”签发了提单。该轮装货后,由于被告拖欠船员工资,船员拒绝开航,致使“澳轮”长期滞留。在此期间,“澳轮”船长多次与被告联系,均未得到实质性的答复,因而转向斯蒂文逊公司请求帮助。为了完成该轮原定航次,斯蒂文逊公司于同年9月27日与“澳轮”船员达成协议:愿垫付船员工资和船员遣返费用229 653美元,时间至同年10月31日止。“澳轮”船长和船员同时将海事请求和其他权益,转让给斯蒂文逊公司。

此外,斯蒂文逊公司还声称,曾为被告垫付“澳轮”因滞留而产生的其他费用166 481.2美元,但未提供有效证据。

1985年9月5日,欧文公司因被告未尽抵押债务人的义务,致函被告立即偿还已到期的贷款本息680万美元，但被告未予偿还。

"澳轮"于1985年9月29日离开怀阿拉港，10月中旬驶抵中国上海港。

以上事实，有船舶抵押文书、抵押转让合同、贷款合同、船舶登记证书、船长报告、船员权益转让协议等证据证明，原告、被告对此均无异议。

同年10月30日"澳轮"全体船员以原告垫付的船员工资只到10月31日为由，向上海海事法院提出离船申请，并委派专人看管该轮。"澳轮"船长离船时，向上海海事法院提交了该轮备用的现金2 630.50美元和658.20澳元。

原告斯蒂文逊公司于1985年10月19日提出诉前保全申请后，上海海事法院于10月30日依法裁定责令被告在5日内提供48万美元的现金担保，逾期不提供担保，将扣押"澳轮"。5日过后，被告没有提供担保，上海海事法院于同年11月5日依法裁定扣船，同时发布扣船令，对"澳轮"在上海港予以扣船。之后，被告仍未提供担保。该院于12月11日裁定变卖"澳轮"，并发布拍卖该轮的公告。

1986年1月17日，上海海事法院依法公开拍卖"澳轮"，由叫价最高的欧文公司以1 301 000美元购得，并当场交付定金40万美元。上海海事法院发布变卖"澳轮"公告后，澳大利亚保秦山有限公司以"澳轮"滞留使其付出额外移泊费、占泊费计43 430澳元为由，美国矿产金属公司以被告延期到货造成货款利息损失及"澳轮"占泊等额外费用299 603.52美元为由，美国船级社以"澳轮"欠船检费23 166美元为由，分别提出债权登记申请。当这些债权申请人获悉以清偿顺序实际得不到清偿后，又撤回债权申请。

（源自：沈秋明编著，《海商法案例评析》，汉语大词典出版社，2003年）

请分析：

（1）斯蒂文逊公司是否具有船舶优先权？为什么？

（2）欧文公司与詹尼斯公司之间是否存在有效的船舶抵押合同关系？为什么？

（3）两原告受偿时该按何顺序受偿？

（4）你认为此案该如何解决？请给出具体的解决方案。

要求：

（1）课下以小组为单位进行讨论，每组4～5人。

（2）课堂上汇报讨论的结果，并以ppt为辅助展现汇报的内容。

（3）教师和同学可以向汇报的小组成员提出针对案件的问题。

第三篇　船　　员

第三章　船　　员

【引例】　船公司拖欠工资 船员诉请法院维权

2002 年 7 月 30 日上午，隶属于秦皇岛市航运公司的圣文森特籍“远征”轮，在秦皇岛市秦发假日酒店被成功拍卖，至此，这艘已有 22 年船龄、曾为秦皇岛市航运公司立下汗马功劳的远洋海轮以 800 万元的成交价易主于香港永富航运有限公司。

“远征”轮何以走上被拍卖的道路？这还要归因于一场由该船引起的劳务纠纷。2002 年 3 月 7 日，原告“远征”轮政委兼管事张建国等 66 名船员因被申请人秦皇岛市航运公司拖欠工资、福利等项费用 600 余万元向天津海事法院提出诉前财产保全申请，请求扣押“远征”轮，同日法院作出裁定，在秦皇岛市修船厂码头扣押了“远征”轮，并责令秦皇岛市航运公司提供 6 350 814.86元担保，被申请人未在法定期间内对扣押船舶提出异议，也未按法院裁定的要求提供担保。3 月 12 日，张建国等船员正式向天津海事法院秦皇岛审判庭提出偿付拖欠工资及福利的诉讼请求。在诉讼中，原告张建国等船员申请法院拍卖“远征”轮，法院认为被告已明确表示无力提供担保，且继续扣押“远征”轮已不利于保护各方当事人的合法权益，决定对该轮进行强制拍卖，并向社会发布了公告，成立了拍卖委员会，最后，“远征”轮在拍卖会上由香港永富航运有限公司以 800 万元竞买成功。

（源自：中国涉外商事海事审判网 http://www.ccmt.org.cn）

第一节　船员的概述

船员（Seamen，Crew），是海运企业所需的从事海上运输的服务人员。船员是一种特殊的职业，有陆上工作不可比拟的特点，因此，各国海商法都有专门规定，以明确船员的法律地位、职责、资格和任免等事项。立法完善的国家（如美国、韩国等）还专门制定了船员法（Seamen's Act），有关的国际组织（如 ILO、IMO 等）从 20 世纪 20 年代开始也先后制定了 30 多个与船员权益和任职资格有关的国际公约，如 1974 年 SOLAS 公约（已经七次修改）、1978 年 STCW 公约等。这些公约及立法对船员素质要求越来越高，以减少人为因素对海上安全的影响。我国目前尚未制定船员法，只在《海商法》第三章中，对船员问题作了原则性的几条规定。此外，国家交通主管部门制定了一系列专门性法规,为完善船员法律制度奠定了基础。

一、船员的概念

在各国立法中,船员的含义有广义和狭义之分,广义上的船员是指受船舶所有人聘用或雇佣的,包括船长在内的一切任职职员。如日本《船员法》第1条规定,船员指在船上服务的船长(Captain,Master)、海员(Seaman)及其他预备船员。德国商法第481条规定,"船员是指船长、船舶职员、船舶属员及所有在船上的其他成员。"我国《海商法》第31条规定亦采用了广义上船员的概念,即"船员,是指包括船长在内的船上一切任职人员。"狭义的船员则是指受船舶所有人聘用或雇佣,受船长指挥且服务于船上的人员。可以看出,狭义上的船员不包括船长在内。以英、美为代表的国家采取此做法,即把船长、船员分章规定。

不论广义的船员,还是狭义的船员,均应满足下列条件:

(1)受船舶所有人聘用或雇佣。在世界范围内,由于社会制度的不同,各国对船员的使用有聘用或雇佣两种形式。无论采取何种形式,船员必需属于船舶所有人的职员或雇员。因此,那些虽具有船员证书,但未被船舶所有人聘用的雇佣人员,不是船员。

(2)服务于船上。即船员必须是在船上工作的人员。旅客虽然在船上,但不工作,因而不是船员。

(3)除广义上船员中的船长外,其他船员还需满足受船长指挥的条件。从这个角度讲,那些具有船员证书,但只在船公司从事经营管理或其他工作的人也不能属于船员。只有符合上述条件的船员,才能享受海商法中规定的船员权利,并承担相应的义务和职责。

二、船员的种类和职责

我国的船员按职责划分,可分为干部船员(Officers)(国外称高级船员)和一般船员(Crew)。前者包括船长、政委、大副、二副、三副、驾助、轮机长、大管轮、二管轮、三管轮、轮助、电机员、报务员和船医,后者是指除上述人员以外的其他在船上服务的人员,如水手、机匠等。按业务部门划分,可分为甲板部船员(Deck Department Crew)、轮机部船员(Engine Department Crew)和事务部船员(Catering Department Crew)。

船长是全船的最高负责人,对船舶的驾驶和管理工作全面负责。

政委是全体船员的政治领导者,负责执行党的政策和船员的思想政治工作。

大副(The Chief Officer,First Mate),是船长的第一代表人,甲板部的负责人,主持甲板部的日常工作;除航行值班并协助船长搞好安全航行外,主管货物配载、装卸、交换、运输和甲板部的维护修理等工作。

轮机长(The Chief Engineer)是轮机部负责人,负责全船机械、动力、电气(无线电通信导航和由甲板部使用的电子仪器除外)设备的技术和管理工作。

根据船员职务规则,其他船员均有相应职责。

三、船员的资格与配备

为保证船舶航行安全,必须对船员的资格进行严格的限定与管理。按照《1978年海员培训、发证和值班标准国际公约》的要求,在200总吨以上船舶上工作的海员,必须经"海上救生”、“救生艇筏操纵”、“船舶消防”和“海上急救”四项训练，考试合格领取四个证书之后，才能上船工作。在一些特殊岗位上工作的船员，还须经过特殊的培训。我国也对船员资格作了严格要求。《海商法》第32条规定：“船长、驾驶员、轮机长、轮机员、电机员、报务员，必须由持有相应证书的人担任。”我国有关法规针对不同航区、不同船舶、不同岗位上的船员规定了不同的考试科目，考试合格取得相应证书的人才有资格担任证书中指定的职务。此外，我国《海商法》第33条还专门规定：“从事国际航行的船舶的中国籍船员，必须持有中华人民共和国港务监督机构颁发的海员证和有关证书。”

船员的定额配备也是保证船舶安全航行的重要条件。各国一般根据船舶的类型、大小、技术标准等要求规定船员定员。《中华人民共和国海上交通安全法》第6条规定：“船舶应当按照标准定额配备足以保证船舶安全的合格船员。”具体持证船员的数额，由港务监督机构根据船舶种类、航行区域等不同情况确定。船舶只有在配足持有合格证书的船员的情况下才能出航；否则，以不适航论。

四、船员的权利与义务

为了保障船员的合法权益以发展本国的航运事业，许多国家都制定了专门的船员劳动法规，同时也要求船员履行应尽的义务。我国在此方面亦有不少法规。《海商法》第34条规定：“船员的任用和劳动方面的权利、义务，本法没有规定的，适用有关法律、行政法规的规定。”概括各国法律关于船员权利、义务的规定，主要有以下内容。

1. 船员的基本权利

(1)薪金报酬请求权。包括船员工资优先受偿、如数按时发薪、加班增薪、缩短航程不减薪、被辞退时加发1~3个月的薪金等。

(2)伤、病、残、亡医疗费、补助金等的请求权。船舶所有人应对船员在任职期间的受伤、疾病、伤残、死亡负责，并支付相应的医疗费、补助金、丧葬费、抚恤金等费用。

(3)返回原港及遣返费用请求权。船员在船舶失事、医治疾病、雇佣期满或其他非由船员负责的原因而终止雇佣合同时、享有被送回本国或其受雇佣港或船舶开航港的权利及要求船舶所有人支付遣返费用的权利。

(4)休假及退休金请求权。船员在海上服务满1年者，应给予休假并照常享有各种待遇。船员退休的，有些国家规定退休金应一次付给。

(5)保险费请求权。船舶所有人应负责船员的全部保险费。

2. 船员的主要义务

(1)忠于职守，服从命令，听从指挥。

(2)不得私载货物，更不得进行走私活动。

(3)遵纪守法，不得酗酒、斗殴、扰乱船舶秩序。

第二节　船长的职能

船长，是受船舶所有人、经营人或光船承租人聘用委派或雇佣，在船上任职服务并主管船上一切事务的人。船长是一种特殊职务，其法律地位既不同于一般船员，也不同于一般船舶管理人员。因此,各国法律均赋予船长一定的权利和职能。我国《海商法》第三章第二节对船长的职能(Functions)作了专节规定。船长职能概括起来有以下几种。

一、管理和驾驶船舶的职能(Function of Management and Navigation of the Ship)

这是船长作为船上最高行政管理人员所享有的管辖、统领和指导船上行政事务和航行事务的权利,也是各国海商法普遍确立的权利。船长作为船舶的指挥者,负责船舶的驾驶和管理事务。船长在其职权范围内发布的命令,船员、旅客和其他在船人员都必须执行。船长对于船舶和在船人员、文件、邮件、货物以及其他财产,应当采取必要的措施,使之防止遭受任何损害或侵害。

船长的这一职能是绝对的,即使在引航(不论强制与否)的情况下,船长驾驶船舶和管理船舶的职责也不因引航员引领船舶而解除(《海商法》第39条)。但引航员在引领船舶方面所作的正确命令、指示,应得到船长、船员的密切配合与协作。法律作出此种规定的目的是,一旦船舶因引航员引领船舶的过失造成损害,其经济赔偿责任应由被引船舶的所有人承担。在我国,根据《海港引航工作条例》的规定,引航员虽然无需承担经济赔偿责任,但仍需负行政责任。

二、警察职能(Function of Police)

警察职能本来是公安部门具有的打击犯罪、改造罪犯、保护人民、维护社会治安的职能。但由于船舶上的船员及其他在船人员是一个特殊的群体,也是社会的一个缩影,船舶又常在海上或外国港口间航行,为维持船上治安、惩治罪犯,保证海上人命、船舶和其他财产的安全,法律特赋予船长这一特殊职能。

我国《海商法》第36条第1款规定,"为保障在船人员和船舶的安全,船长有权对在船上进行违法犯罪活动的人采取禁闭或其他必要措施,并阻止其隐匿、毁灭、伪造证据。"该条款规定即是船长行使的警察职权的一种具体体现。该条第2款还规定,"船长采取前款措施,应当制作案情报告书(A Report of the Case),由船长和两名以上在船人员签字,连同人犯送交有关当局处理。"这里的"有关当局"一般理解为船舶最初到达港口的中华人民共和国公安机关,如果船舶在国外,则送交我国驻当地的使、领馆;如果在海上,也可以送交给我国的军舰。船长的警察职能是一种受限制的权利,他无权对案件进行实质性的处理。

三、公证职能(Function of Notarization)

公证职能本是国家公证机关按照公民、机关、团体、企业及事业单位的申请,对某种法律行为或者具有法律意义的文书、事实,证明其真实性与合法性的一种权利,它是国家司法制度的组成部分。但由于船舶在航行期间,也会发生自然人的出生或死亡事件,此类事件将产生一定的法律后果,如国籍的取得、财产继承等。为满足不同法律的要求和保证事件的真实性,法律赋予了船长公证权。

我国《海商法》第37条规定:"船长应当将船上发生的出生或者死亡事件记入航海日志,并在两名证人的参加下制作证明书。死亡证明书应当附有死者遗物清单。死者有遗嘱的,船长应当予以证明。死亡证明书和遗嘱由船长负责保管,并送交家属或者有关方面。"另根据航运习惯，船长可根据具体情况对船上尸体进行海葬。

四、应变职能（Function of Meeting Emergency）

应变职能是指船长在紧急情况下，为了船舶、船上人员和财产的安全而采取非常措施以应付突然事变的权利。

《海商法》第 38 条就是对船长应变职能的规定。当船舶发生事故，危及在船人员和财产安全时，船长应当组织船员和其他在船人员尽力施救。在船舶的沉没、毁灭不可避免的情况下，船长可以作出弃船决定，但是，除紧急情况外，应当报经船舶所有人同意。弃船时，船长必须采取一切措施，首先组织旅客安全离船，然后安排船员离船，船长应当最后离船。在离船前，船长应当指挥船员尽力抢救航海日志、机舱日志、油类记录簿、无线电台日志、本航次使用过的海图和文件，以及贵重物品、邮件和现金。

此外，船长的应变职能还应包括以下权利：

（1）对人处分权。即任何在船人员的行为对船上其他人员和财产安全构成严重威胁，且不听制止时，船长可以将其拘禁，暂时限制其人身自由。

（2）对物处分权。对船上人员持有的凶器，易燃易爆、有毒物品等，船长有权强制保管和将其丢弃。当船上所载危险品对于船舶、人员或者其他货物构成实际危险时，船长可将货物卸下、销毁、投弃入海或使之不能为害的其他措施，而不负赔偿责任（《海商法》第 68 条）。

（3）对事处分权。船舶发生海事或污染事故时，船长应采取一切可能的措施，防止损害扩大，并制作海损事故报告书，附上事故发生时两名以上在船船员或知情旅客的书面证明，送交有关当局。

五、代理职能（Function of Agent）

船长的代理职能是指船长在法律规定的范围内，以船舶所有人的名义同第三人的意思表示，并将产生的法律后果直接归于船舶所有人承受的一种权能。在通信技术不发达年代，船长的这一职能范围很广泛。他可以代表船舶所有人或者货主签订必要的救助、引航、拖带、临时修理等合同，代表船舶所有人签发提单，为了紧急修船、补充船舶用品和船员给养，而又来不及与船舶所有人联系时，还有权贷款、卖掉船上除特殊设备以外的多余船用物品。但随着通信技术的发展，船舶代理人制度的逐步完善，船长的代理权限在不断缩小。在现代海商法中，船长的代理权一般仅限于签发提单和签订救助合同。如我国《海商法》第 72 条规定："提单由载货船舶的船长签发的，视为代表承运人签发。"实际上，船长签订救助合同的代理权在《1989 年救助公约》中才第一次被明确肯定。我国《海商法》第 175 条第 2 款亦承认，遇险船舶的船长有权代表船舶所有人订立救助合同。遇险船舶的船长或者船舶所有人有权代表船上财产所有人订立救助合同。当然，在时间允许的情况下，船长在行使这一权利时应征求船舶所有人的意见。

由于船长处于十分重要的法律地位，船上不能无人行使船长职务，故我国《海商法》第 40 条对船长职务的暂行代理作了专门规定。"当船长在航行中死亡或者因故不能执行职务时，应当由船上驾驶员中职务最高的人代理船长职务，在下一个港口开航前，船舶所有人应当指派新船长接任。"此时，船上驾驶员中职务最高的人（即大副），即使没有船长适任证书或特免证书，亦可代理船长职务，行使船长职权，并承担相应的义务和责任。

练 习 题

一、填空题

1. ________是全船的最高负责人，对船舶的驾驶和管理工作全面负责。

2. 从事国际航行的船舶的中国籍船员，必须持有中华人民共和国港务监督机构颁发的________和有关证书。

二、名词解释

船员 船长

三、简答题

1. 船员的权利和义务分别是什么？

2. 船长的职责主要表现在哪些方面？

实 训 题

关于船员人身伤害的法律纠纷。

原告：张志林

被告：施长生

被告施长生系"苏东台渔 00919"轮（以下简称"00919 轮"）船舶所有人和船老大。2001 年 5 月间，被告安排原告张志林担任 00919 轮的炊事员。5 月 25 日上午，该轮结束海上捕捞作业后准备起锚返航。当时，被告在起锚机旁操纵起锚机，另外三名船员在船头帮助起锚，原告自行跑到船头。此时锚绳突然倾斜并击中原告的胸部致其跌落海中。原告被救起送医院治疗。据东台市人民医院 2003 年 2 月 12 日出具的医疗证明书，张志林跌伤致多发伤住院治疗。2002 年 3 月 21 日，东台市江港法律服务所委托东台市人民检察院对原告胸部损伤致残程度进行鉴定，鉴定结论为胸部损伤致右侧第 2、4、5、6、9 肋骨骨折畸形愈合，为十级残废。原告在东台市人民医院住院治疗的医疗费为人民币 9 971.68 元，在东台市江港镇卫生院就诊医疗费为 1 284.70 元，自行购买药品费用 780 元。涉案事故发生后，被告已向原告支付 4 500 元。

（源自：上海律师网 http://www.shanghailawyer.net）

请分析：

1. 被告是否应对原告的人身伤害承担赔偿责任？为什么？

2. 你认为双方间的纠纷该如何解决？

要求：

针对案情写一篇案例分析报告，可从案情简介、法理评析、主要涉及的法律、法规、国际条约等方面进行撰写。

第四篇　海上运输法律制度

第四章　海上货物运输合同

【引例】　“Ardenns”轮案

“Ardenns”轮案是关于提单是运输合同证明的著名案例。本案原告西班牙一家水果种植商通过被告承运人(比利时一家船舶经营人)在西班牙 Carthagena 港的代理与被告订立运输合同,由被告的 Ardenns 号轮将原告的 3 000 箱柑橘从 Carthagena 港运往伦敦。承运人在 Carthagena 港的代理人通过口头向原告作出以下承诺:Ardenns 号将直航伦敦,并不迟于 12 月 1 日抵达伦敦。

被告承运人向原告签发了包含绕行及转船自由条款的提单,该条款的具体内容如下:承运人可以任意将货物交由属于承运人自己的船舶或属于他人的船舶,或经铁路或以其他运输工具,沿任何航线,直接或间接地驶往目的港、转船、驳运、卸岸、在岸上或水面上储运以及重新装船起运,以上费用由承运人负担,风险则由货方承担。但 Ardenns 号未直航伦敦,而是先开往比利时安特卫普再转道伦敦。结果造成了航程延误。

被告到 12 月 5 日才将 3 000 箱柑橘中的 2 626 箱运抵伦敦,货方接受了货物并支付了运费。12 月 15 日剩余货物中的 362 箱货物则通过另一船运抵伦敦,另有 12 箱货物未交付。从 12 月 1 日起,英国大幅度提高其柑橘的进口关税。11 月 30 日至本案的承运人向托运人交付货物时,柑橘的市场价格大幅降低。

原告认为,如货船是依口头约定直航伦敦的,关税的提高和柑橘价格的下跌都应在该船到达之后发生。因此,原告向法院请求被告赔偿其由于船的绕行而受到的损失,但被告仅同意赔偿未交付的货物损失,而依据提单中绕航及转船自由条款的规定拒绝原告所主张的关税损失及已交付货物的市场损失。

(源自:杨军编著,《海商法案例教程》,北京大学出版社,2003 年)

第一节　海上货物运输合同概述

一、海上货物运输合同的概念与特性

海上货物运输合同(Contract of Carriage of Goods by Sea)是运输合同的一种。我国《海商

法》第41条规定:“海上货物运输合同,是指承运人收取运费,负责将托运人托运的货物经海路由一港运至另一港的合同。”

承运人(Carrier)和托运人(Shipper)是海上货物运输合同的双方当事人。船舶是履行海上货物运输合同的工具,但当承运人与托运人或收货人交接货物的地点不在船边而位于港口仓库、堆场或其他陆上地点时,需辅以车辆等陆上运输工具。海上货物运输行为是合同的标的,合同约定的货物起运地和到达地分别为装货港和卸货港,但实践中也可能是位于港口界限之外的海上货物装卸站点或陆上交接货物的地点。

承运人作为海上货物运输合同的一方当事人,实践中常被称为船方。《海商法》第42条将承运人定义为“本人或者委托他人以本人名义与托运人订立海上货物运输合同的人”。在这一定义中,“本人”是指承运人自己与托运人订立海上货物运输合同;“委托他人以本人名义”是指承运人委托代理人,该代理人以其被代理人(承运人)的名义与托运人订立这种合同。承运人通常是与托运人订立海上货物运输合同的船舶所有人,但也可能是与托运人订立这种合同的船舶经营人、船舶承租人或无船承运人。

船舶所有人(Ship Owner)是对船舶具有所有权的人。船舶所有人通常根据船舶所有权登记加以识别,即船舶所有人是指依法登记为船舶所有人的人。如果船舶所有权未经登记,则船舶所有人是指实际拥有船舶的人。

船舶经营人(Ship Operator)是指本身不拥有船舶,但接受船舶所有人或光船出租人的委托,为他人经营船舶的人。

船舶承租人(Charterer),即以航次租船、定期租船或光船租赁的形式承租他人船舶的人。

无船承运人是国际海上货物运输中与拥有船舶的承运人相对应的概念,是指不拥有船舶,但以承运人身份提供国际海上货物运输服务的人,不包括船舶经营人或船舶承租人。在我国,无船承运人是借鉴美国法律中的“无船经营公共承运人”(Non - Vessel Operating Common Carrier,NVOCC)建立的一个概念。

船舶经营人或船舶承租人与托运人订立海上货物运输合同而成为承运人时,俗称“二船东”(Disponent Owner)。

托运人(Shipper)是海上货物运输合同的另一方当事人。《海商法》第42条将托运人定义为“本人或者委托他人以本人名义或者委托他人为本人与承运人订立海上货物运输合同的人”以及“本人或者委托他人以本人名义或者委托他人为本人将货物交给与海上货物运输合同有关的承运人的人”。

海上货物运输合同具有一般货物运输合同的特征,主要表现为:

(1)双务合同。海上货物运输合同双方当事人均负有义务、享有权利。例如,承运人负有安全运送货物的义务,享有收取运费的权利;托运人负有支付预付运费的义务,享有获取提单或者其他运输单证的权利。

(2)有偿合同。承运人取得运费等权利,需以将货物从约定的一港运至另一港为代价,收货人(Consignee)在目的港收取货物等权利,以其或者托运人向承运人支付运费等为代价。

(3)涉他合同。托运人通常不是收货人。当托运人不是收货人时,承运人应根据托运人的要求向第三者收货人交付货物。在这种情况下,收货人虽然不是海上货物运输合同的当事人,但根据承运人和托运人在海上货物运输合同中的约定或者法律的规定,可直接取得合同约定的提取货物、就货物的灭失或损坏向承运人索赔等利益，并承担合同约定的或者法律规定的支付到付运费、及时提取货物等义务。

二、海上货物运输合同的种类

(一)国内海上货物运输合同与国际海上货物运输合同

国内海上货物运输合同或者沿海货物运输合同，在我国又称水路货物运输合同，是指承运人负责将托运人托运的货物经海路由国内一港运至国内另一港，而由托运人或收货人支付运费的合同。

国际海上货物运输合同，是指承运人负责将托运人托运的货物经海路由一国的某一港口运至另一国的某一港口，而由托运人或者收货人支付运费的合同。

我国内地至港澳台地区的海上货物运输，在性质上是国内海上货物运输，但在现阶段，基本上比照国际海上货物运输处理。

(二)件杂货运输合同与航次租船合同

件杂货(General Cargo)运输合同，又称零担运输合同，是指承运人负责将件杂货由一港运至另一港，而由托运人或者收货人支付运费的合同。件杂货运输合同通常为班轮运输(Liner Shipping，又称定期船运输)所采用，即承运人接受众多托运人的托运，将属于不同托运人的多批货物装于同一船舶，按规定的船期，在一定的航线上，以规定的港口顺序运输货物。因此，件杂货运输合同又称班轮运输合同。目前，班轮运输的件杂货几乎都采用集装箱(Container，又称货柜)运输方式。国际件杂货运输合同多以传统的提单(Bill of Lading，B/L)为合同的证明，故国际件杂货运输又称为提单运输。目前，海运单(Sea Way Bill，SWB)、电子提单(Electronic Bill of Lading)或电子运输记录(Electronic Transport Record)作为国际件杂货运输合同的证明，已在集装箱货物运输中开始应用。

航次租船合同(Voyage Charter Party，Voy. C/P)，又称航程租船合同或者程租合同，系租船合同的一种形式，用于不定期船运输(Tramp Shipping)。《海商法》第92条规定："航次租船合同，是指船舶出租人向承租人提供船舶或者船舶的部分舱位，装运约定的货物，从一港运至另一港，由承租人支付约定运费的合同。"航次租船合同具体又分单航次租船合同(Single Trip C/P)、往返航次租船合同(Return Trip C/P)、连续单航次租船合同(Consecutive Single Trip C/P)以及连续往返航次租船合同(Consecutive Return Trip C/P)等多种形式。

(三)海上货物联运合同与货物多式联运合同

海上货物联运合同(Contract of Ocean Through Carriage of Goods)，是指承运人负责将货物自一港经两段或者两段以上的海路运至另一港，而由托运人或者收货人支付运费的合同。在这种合同下，货物由不属于同一船舶所有人的两艘或者多艘船舶从起运港运至目的港，但承运人对全程货物运输负责。除作为合同当事一方的承运人外，参加货物运输的还有与承运人具有另外合同关系的其他海上承运人，称为区段承运人(Local Carrier)、实际承运人(Actual Carrier)、履约承运人(Performing Carrier)或海上履约方(Maritime Performing Party)。国际海上货物联运合同通常以海上联运提单(Ocean Through B/L)为合同的证明。

货物多式联运合同，是指多式联运经营人(Multimodal Transport Operator，MTO；Combined Transport Operator，CTO)负责将货物以包括海上运输在内的两种或多种运输方式，从一地运至另一地，而由托运人或收货人支付运费的合同，即多式联运所涉及的运输方式之一必须是海上运输。这种合同多以多式联运单证(Multimodal Transport Document)或者当第一程运输方式为海运时，以多式联运提单(Multimodal Transport Bill of Lading，Multimodal Transport B/L)为合同的证明。

(四)海上货物运输总合同

海上货物运输总合同(Contract of Affreightment，COA)，又称包运合同、批量合同或者货运数量合同，是指承运人负责将一定数量的货物，在约定时期内，分批经海路由一港运至另一港，而由托运人或者收货人支付运费的合同。在这种合同中，通常订明一定时期内托运人交运的货物数量或者批量、承运人提供的船舶吨位数、装货和卸货的港口或者地区、装卸期限、运价及其他运输条件。每一批货物装船后，承运人按照托运人的要求签发提单或者双方就每一批货物的运输签订具体的航次租船合同。这种合同一般适用于大批量货物的运输，尤其是大批量的煤炭、矿石、石油、粮食等散装货物的运输，承运人能在一定时期内获得可靠的货源，而对托运人而言，具有舱位确定和运价优惠的益处。

三、海上货物运输合同的订立与解除

(一)合同的订立

海上货物运输合同与其他合同一样，由当事人双方按照平等、互利、协商一致、等价有偿的原则订立。订立合同的形式我国《海商法》第43条有明确规定："承运人或者托运人可以要求书面确认海上货物运输合同的成立。但是，航次租船合同应当书面订立。电报、电传和传真具有书面效力。"根据这一规定，除航次租船合同以外的其他海上货物运输合同，如班轮运输合同等，双方当事人可以口头形式订立合同，但可要求以书面形式对合同的成立加以确认。如承运人在接收货物或将货物装船后，应托运人要求签发的提单或其他运输单证，便是对海上货物运输合同的书面确认。因为航次租船合同比较复杂，为避免或减少双方当事人在履行合同中出现争议，法律规定航次租船合同应当采用书面形式。

海上货物运输合同订立的具体方式和程序因合同种类的不同而不同。具体说来，班轮运输合同一般以订舱的方式成立。通常由托运人填写订舱单，写明货物的种类、数量、装卸港、装卸期限等。承运人如果接受，则在单上指定船名并签字，运输合同即告成立。航次租船合同大多数情况下是在双方当事人协议选用的合同格式的基础上，订立附加条款而成。航次租船合同可由承租人与出租人直接签订，也可通过船舶经纪人签订。

一般说来，海上货物运输合同的订立及其条款，以当事人的约定为主。但是，《海商法》第44条规定，海上货物运输合同和作为合同凭证的提单或者其他运输单证中的条款，违反《海商法》规定的，无效。海商法之所以作出这一规定，是因为作为合同凭证的提单(或其他运输单证)是承运人事先印制的，为了防止承运人利用这种便利，减轻其义务或增加其权利，如规定赔偿责任限额低于法定标准，或将货物的保险利益转让给承运人等，海商法规定类似的条款无效。但此类条款的无效，不影响该合同和提单或者其他运输单证中其他条款的效力。

(二)合同的解除

基于海上货物运输的特点，引起海上货物运输合同解除的原因则主要是《海商法》第四章第六节的各项规定，在适用中应当注意各自的法律条件及其产生的法律后果。

1. 开航前的合同解除

1) 开航前的任意解除

"船舶在装货港开航前，托运人可以要求解除合同。但是，除合同另有约定外，托运人应当向承运人支付约定运费的一半；货物已经装船的，并应当承担装货、卸货和其他与此有关的费用"(《海商法》第89条)。

可见，该海上货物运输合同的解除原因，只能是因托运人的要求而适用，并且除合同另有约定外，要求解除合同的托运人应当承担相应的运费和费用。

2) 开航前因不可抗力而解除

《海商法》第90条规定，船舶在装货港开航前，因不可抗力或者其他不能归责于承运人和托运人的原因致使合同不能履行的，双方均可以解除合同，并互相不负赔偿责任。除合同另有约定外，运费已经支付的，承运人应当将运费退还给托运人；货物已经装船的，托运人应当承担装卸费用；已经签发提单的，托运人宜当将提单退还承运人。

海上货物运输合同因此而解除的条件包括：

(1) 解除的原因是不可抗力或者其他不能归责于承运人和托运人的原因，并具有致使合同不能履行的作用。

(2) 承运人和托运人都有权要求解除合同，并且互相不承担赔偿责任。

(3) 除合同另有约定外，承运人退还运费，托运人承担装卸费。

2. 开航后的合同解除

"因不可抗力或者其他不能归责于承运人和托运人的原因致使船舶不能在合同约定的目的港卸货的，除合同另有约定外，船长有权将货物在目的港邻近的安全港或者地点卸载，视为已经履行合同。船长决定将货物卸载的，应当及时通知托运人或者收货人，并考虑托运人或收货人的利益。"

显然，这一规定是针对海上货物运输中风险的特殊性而允许承运人提前终止了海上货物运输合同的效力。但是，其适用的条件包括：

(1) 因不可抗力或者其他不能归责于承运人和托运人的原因而引起。

(2) 出现了上述原因导致船舶不能在合同约定的目的港卸货的事实后果。

(3) 除合同另有约定外，船长的权利是将货物在目的港附近的安全港口或者地点卸载，但卸货港或地点的选择应考虑托运人或者收货人的利益。此外，海上货物运输合同因此而解除的法律后果是视为已经履行合同。

3. 其他法定原因的合同解除

除了《海商法》的上述规定以外，海上货物运输合同还可因我国《合同法》规定的其他原因而解除。例如，因承运人未谨慎使用船舶而造成船舶全损使履行海上货物运输合同成为不可能，或者船舶虽未全损但是会因修理延误时间而致使合同目的不能实现的，托运人有权要求解除合同，并要求赔偿损失。当然，海上货物运输合同因此解除必须是违约行为的程度较为严重导致合同目的不能实现。

四、海上货物运输合同当事人的权利、义务和责任

(一) 承运人的基本权利和义务

目前，大多数国家的海商法都采用了海牙规则，故对于承运人的权利和义务的立法规定基

本上趋于统一。我国《海商法》面对有关海上货物运输的三个国际公约同时生效的客观情况，以《海牙—维斯比规则》为基础，并参考了《汉堡规则》的精神，全面规定了承运人的权利和义务，用以适应我国海上货物运输的实际需要和国际立法的发展趋势。依此规定，承运人作为海上货物运输合同的一方当事人，基于平等的法律地位，享有一定的权利，也承担着相应的义务。

1. 承运人在海上货物运输合同中的基本权利

(1)有权要求托运人按海上货物运输合同的约定，交付托运的货物。

(2)有权按海上货物运输合同的规定向托运人收取运费及其他应由托运人支付的合理费用。由于承运人是运用船舶从事海上商业性运输的专业企业，获取运费是其进行海上运输的最终目的。从而，基于海上货物运输合同的有偿性，承运人有权要求托运人按照海上货物运输合同约定的数额、方式和支付时间，交付运费。至于其他的费用，诸如杂费、滞期费、亏舱费等，只要是为托运人支付的各项费用，托运人就应当予以偿付，则承运人有权依法律规定或合同约定向托运人索取。

(3)在托运人不按合同约定交付运费、滞期费和承运人为货物垫付的其他必要费用时，又没有提供适当担保的，对于所承运的货物享有留置权(《海商法》第 87 条)。不过，承运人在对货物行使留置权时，应当注意下述法律条件：

①运费已经预付，且提单上写明运费预付的，则货物所有权已自运费预付时起转移归收货人，则承运人无权予以留置。

②承运人应在"合理的限度内留置其货物"(《海商法》第 87 条)，即留置货物的价值应与所欠运杂费大体相近。

③货物留置地的法律允许对于留置货物进行拍卖。那么，在承运人依法留置货物的情况下，"自船舶抵达卸货港的次日起满 60 日无人提取的，承运人可以申请法院裁定拍卖。货物易腐烂变质或者货物的保管费用超过其价值的，可以申请提前拍卖"(《海商法》第 88 条第 1 款)。至于"拍卖所得价款，用于清偿保管、拍卖货物的费用和运费以及向承运人支付的其他有关费用；不足的金额，承运人有权向托运人追偿；剩余的金额，退还托运人；无法退还的，自拍卖之日起满 1 年又无人领取的，上缴国库"(《海商法》第 88 条第 2 款)。

④有权要求托运人或收货人在目的港，凭正本提单及时地提取货物。

⑤依照法律或海上货物运输合同的规定，享有免除赔偿责任和责任限制的权利。

2. 承运人在海上货物运输合同中的基本义务

在《海商法》中，承运人基于海上货物运输合同所承担的义务，长期以来通称为承运人的责任，表明法律对承运人在海上货物运输合同中的地位和作用的重视。承运人承担如下基本义务。

1)提供适航船舶的义务

为了海上运输的安全，各国海商法均明确规定，承运人的基本义务之一是保证船舶适航，即承运人的适航义务。我国《海商法》第 47 条也对此作了具体规定："承运人在船舶开航前和开航当时，应当谨慎处理，使船舶处于适航状态。"所谓使船舶适航，一般来说，主要包括以下三个方面的内容：

(1)使船舶具有适航性；

(2)妥善配备船员、设备和船舶供应品；

(3)使货舱、冷藏舱和其他载货部位适于并能安全地收受、载运和保管货物。

按照有关国际公约和各国海商法的规定,承运人承担的提供适航船舶的义务存在于船舶开航前和开航时,而不是在整个航程过程中的各个阶段。其原因在于,海上风险大且变化莫测,船舶会在航行中遭遇各种意外事故而变得不适航。当然,从维持正常的海上运输秩序角度讲,要求船舶在开航前和开航时适航,是最低的条件。

2)管理货物的义务

这一义务是要求“承运人应当妥善地、谨慎地装载、搬移、积载、运输、保管、照料和卸载所运货物”(《海商法》第48条),又称“管货义务”。

安全地运送货物,是海上货物运输合同的各方当事人所追求的目的。为此,承运人自接收货物时起,就对托运人所交付的货物依法予以占有和管理。从而,除法律规定的免责以外,承运人应当承担管理货物,并保证其安全的责任。

承运人的管货义务贯穿于承运人掌管货物的全部过程,适用我国《海商法》第46条关于承运人责任期间的规定,即:承运人对集装箱装运货物的责任期间,是指从装货港接收货物时起至卸货港交付货物时止,货物处于承运人掌管之下的全部期间。承运人对非集装箱装运的货物的责任期间,是指从货物装上船时起至卸下船时止,货物处于承运人掌管之下的全部期间,具体界线为:使用船吊装卸的,自货物在装货港挂上船吊的吊钩时起至货物在卸货港脱下船吊的吊钩时止,即“钩至钩”;使用岸吊装卸的,自货物在装货港越过船舷时起至货物在卸货港越过船舷时止,即“舷至舷”。但这条规定不影响承运人就非集装箱装运的货物在装船前和卸船后所承担的责任与托运人达成任何协议。

3)按规定航线航行的义务

我国《海商法》第49条第一款规定:“承运人应当按照约定的或者习惯的或者地理上的航线将货物运往卸货港。”要求承运人承担这一义务,是有关国际公约和各国法律的通例。

在海运实践中,班轮运输的承运人都在其船期公告中,公布船期和沿途停靠的港口。这是托运人决定是否将货物交付承运人运送的依据之一,也是承运人向托运人所做的许诺。因此,承运人在装货完毕后,若无特殊原因,应当按公布的船期准时开航。并且要以合理的速度,按照约定的或者习惯的或者地理上的航线航行,并在预定的港口停靠,向收货人交货,不得无故绕航,也不得无故延迟开航时间;否则,承运人应对因船舶误期或绕航造成的损失,承担赔偿责任。除非承运人能够提出证据证明该损失在不绕航情况下也要发生的,才能免除责任。

同时,有关的国际公约和各国海商法都允许正当的、合理的绕航,不视其为违反海上货物运输合同,承运人对此造成的损失概不负责。正如我国《海商法》第49条第2款规定的:“船舶在海上为救助或者企图救助人命或者财产而发生的绕航或者其他合理绕航”,不属于违反按规定航线航行义务的行为。

4)按托运人的要求签发提单,并在目的港向提单指定的收货人凭提单交付货物的义务

在此项义务中,货物的交付是核心内容。这也是履行海上货物运输合同的一个重要环节,并在承运人与收货人之间产生了相应的权利义务关系。从而,与承运人交付货物的义务相对应,收货人就有权凭提单向承运人提取货物,而且,有权要求承运人按提单的记载交付相应的货物。因此,收货人应当是提单的合法持有人。同时,从海商法上讲,收货人也应当及时在船边或承运人指定的码头仓库提取货物。这对于收货人而言,也是一项义务。

货物交付的具体要求是，承运人应按合同约定的时间，在合同约定的目的港或依法卸载的地点，按提单的记载向收货人交付货物。其中，承运人所交付的货物是否符合提单的记载以及状况是否良好，就成为衡量承运人是否履约的重要标志。对此，我国《海商法》第四章第五节分别不同情况作出了具体的规定。

在货物发生灭失或损坏时，依我国《海商法》第81条的规定，如果是明显的灭失或损坏，收货人应在承运人向其交付货物时，将货物灭失或损坏的情况书面通知承运人。如果是非显而易见的货物灭失或损坏，收货人应"在货物交付的次日起连续7日内，集装箱货物交付的次日起连续15日内"（《海商法》第81条第2款）将货物灭失或损坏的情况书面通知承运人。若收货人未提交此类书面通知，则"此项交付视为承运人已经按照运输单证的记载交付以及货物状况良好的初步证据"（《海商法》第81条第1款）。不过，在"货物交付时，收货人已经合同承运人对货物进行联合检查或者检验的"，则"无需就所查明的灭失或损坏的情况提交书面通知"（《海商法》第81条第3款）。此外，"收货人在目的港提取货物前或者承运人在目的港交付货物前"，均"可以要求检验机构对货物状况进行检验。要求检验的一方应当支付检验费用，但是有权向造成货物损失的责任方追偿"（《海商法》第83条）。而且，承运人和收货人对于上述检验，"应当相互提供合理的便利条件"（《海商法》第84条）。

如果货物是由实际承运人交付的，根据我国《海商法》第85条的规定，收货人向实际承运人提交书面通知亦适用上述法律规定。而且，收货人向承运人和实际承运人提交的书面通知具有同等效力。

对于承运人迟延交付货物造成的经济损失，收货人应自承运人向收货人交付货物的次日起连续60日内，向承运人提交书面通知；否则，承运人在此时间内未收到收货人的此类书面通知的，依《海商法》第82条规定，不负赔偿责任。

上述的货物灭失或损坏或迟延交付的通知，收货人向承运人本人或其船长及其他受雇人或代理人、实际承运人提交均可。

此外，与收货人及时收受货物的义务相联系，如果"在卸货港无人提取货物或者迟延、拒绝提取货物的，船长可以将货物卸在仓库或者其他适当场所，由此产生的费用和风险由收货人承担"。

（二）承运人的货物损害赔偿责任

有关国际公约和各国海商法都十分重视承运人所承担的货物损害赔偿责任。一般情况下，除了法律另有规定以外，承运人对于货物在海上运输过程中发生的货物灭失、损坏或迟延交付的损失，应当负责赔偿。现根据我国《海商法》的有关规定分述如下。

1. 货物损害赔偿责任的范围

根据我国《海商法》的规定，货物损害赔偿责任包括货物的灭失、损坏和迟延交付等。

货物的灭失表现为货物的短少或全部不复存在，而货物的损坏则是指货物的残缺或价值的改变等。由于货物的灭失或损坏，都影响到货主的经济利益，故承运人基于其在海上货物运输合同中所负的安全运送的义务，应当承担相应的赔偿责任。但是，并非一切货物的灭失、损坏，均由承运人负责赔偿。例如，根据我国《海商法》第52条和第53条的规定，因运输活动物的固有的特殊风险造成活动物灭失或者损害的，承运人不负赔偿责任。但是，承运人应当证明业已履行托运人关于运输活动物的特别要求，并证明根据实际情况，灭失或者损害是由于此种固有的特殊风险造成的。

迟延交付，具体是指"货物未能在明确约定的时间内，在约定的卸货港交付"(《海商法》第50条第1款)。根据我国《海商法》的规定，承运人对于货物因迟延交付而灭失或损坏的，或者货物即使没有灭失或损坏但因迟延交付而遭受经济损失的，除依法规定不负赔偿责任的情形外，应当负赔偿责任。

2. 货物损害赔偿责任的主观条件和责任承担者的范围

我国《海商法》吸收了有关国际公约的精神，对于承运人的货物损害赔偿责任规定了不完全过失责任制。即由于承运人的过错，致使货物灭失或者损坏，或者因迟延交付而灭失或者损坏，或者虽货物没有灭失或损坏但遭受了经济损失的，承运人要负赔偿责任。但是，《海商法》规定不负赔偿责任的情形的，才不承担赔偿责任。

如果货物的灭失、损坏或者迟延交付是由于承运人或者承运人的受雇人、代理人的不能免除赔偿责任的原因和其他原因共同造成的，承运人仅在其不能免除赔偿责任的范围内承担赔偿责任。而对于其他原因造成的货物灭失、损坏或者迟延交付，则不负赔偿责任。当然，承运人对于其他原因造成的灭失、损坏或者迟延交付，应当负举证责任——证明其他原因的存在以及其他原因与货物灭失、损坏、迟延交付的后果之间存在的必然联系(《海商法》第54条)。

货物损害的赔偿责任，首先是法律要求海上货物运输合同的承运人承担的法律义务。从而，根据我国《海商法》第61条的规定，这一责任也适用于实际承运人。如果承运人与实际承运人都负有赔偿责任的，应当在此责任范围内负连带责任(《海商法》第63条)。

当然，承运人将货物运输的全部或者部分委托给实际承运人履行的，承运人仍然应当对全部运输负责，即承运人对实际承运人承担的运输行为或者实际承运人的受雇人、代理人在受雇或者受委托的范围内的行为负责。不过，法律允许海上货物运输合同明确约定实际承运人履行部分运输过程中，货物在指定的实际承运人掌管期间发生的灭失、损坏或者迟延交付的，承运人不负赔偿责任(《海商法》第60条)。

3. 承运人的免责权利

《海牙规则》和《维斯比规则》从保护船方利益的角度出发，赋予了承运免责权利。从而，承运人对于上述国际公约中规定的17项原因造成的货物损害，不承担赔偿责任。我国《海商法》吸收了上述国际公约的这一法律精神，并根据我国的海上货物运输实践和国际海运市场的需要，同样确立了承运人的免责权利，并规定了12项免责原因作为该免责权利的适用范围。

按照我国《海商法》第51条的规定，承运人在责任期间货物发生的灭失或者损坏是由于下列原因之一造成的，不负赔偿责任。

(1)船长、船员、引航员或者承运人的其他受雇人在驾驶船舶或者管理船舶中过失引起的货物灭失和损害。这一免责原因在海运实践中被称为"管船过失免责条款"。但是，承运人要援用这一免责条款来免责时，必须举证证明其已经履行了适航义务和管货义务，证明其雇用的船长、船员是合格的。因此，一般情况下，承运人在船舶起航之前的货物灭失或损害，即使是出于船长、船员过失的，也难以免除赔偿责任。究其原因，在于承运人没有谨慎处理使船舶适航。

(2)火灾造成的货物损害。以此作为免责原因时，必须是出于原因不明的火灾或船员的过失。"由于承运人本人的过失所造成的除外"。它包括承运人的法人代表或其业务人员的过失引起的火灾，不能免除承运人所应承担的货物损害赔偿责任。

(3)天灾、海上或者其他可航水域的危险或者意外事故造成的货物灭失或者损坏。

(4)战争或者武装冲突造成的货物灭失或者损坏。

(5)政府或者主管部门的行为、检疫限制或者司法扣押造成的货物灭失或者损坏。但是,因民事原因(例如,债权人向法院申请扣押债务人的船舶)而造成船内货物损害的,承运人不能作为免责原因来免除赔偿责任。

(6)罢工、停工或者劳动受到限制而造成的货物灭失或者损坏。

(7)在海上救助或者企图救助人命或者财产而造成的货物灭失或者损坏。

(8)托运人、货物所有人或者他们的代理人的行为所导致的货物灭失或者损坏。

(9)货物的自然特性或者固有缺陷造成的货物灭失或者损坏。

(10)货物包装不良或者标志欠缺、不清等造成的货物灭失或者损坏。

(11)经谨慎处理仍未发现的船舶潜在缺陷,造成的货物灭失或者损坏。

(12)非由于承运人或者承运人的受雇人、代理人的过失造成的其他原因引起的货物损害。

承运人依法行使免责权利时,应当注意必须履行《海商法》所规定的提供适航船舶义务和管货义务等各项义务。只有在这个前提条件下,承运人才可以享受免责条款。而且,承运人应当负举证责任,证明上述免责原因的存在,才能免除赔偿责任。但是,对于火灾发生的原因则无需举证即可免责。

4.承运人的赔偿限额

所谓赔偿限额,就是指承运人对于货物的灭失和损坏承担赔偿责任时,依法予以赔偿的最大限额。

为了适应海上运输风险大的特点,保护承运人的合法权益,有关海上货物运输的三个国际公约均规定了承运人的货物损害赔偿限额,各国海商法亦作了具体规定。但是,其赔偿限额和计算单位的标准并不统一。

1)赔偿单位

对于承运人责任限制中的赔偿单位,我国《海商法》借鉴了汉堡规则的精神,规定承运人责任限制的赔偿单位,是“按照货物件数或者其他货运单位数计算。”在此,“其他货运单位”指的是货物装船时的装运单位,并非“运费单位”。如果货物是用集装箱、货盘或者类似装运器具集装的,提单中所载明的装在此类装运器具中的货物件数或者其他货运单位数,则以此作为计算赔偿限额的依据。但是,提单中未载明的,则将每一装运器具视为一件或者一个单位(《海商法》第56条第2款)。

2)赔偿限额的货币单位

通常,承运人承担赔偿责任,是按灭失货物的实际价值或受损货物的受损前后的实际价值差额来进行赔偿。但是,有关的国际公约和各国海商法又都规定了承运人的赔偿限额,用以限制承运人的赔偿数额。

我国《海商法》吸收了《汉堡规则》的相关规定,以国际货币基金组织的特别提款权作为货币单位,规定“承运人对货物的灭失或者损坏的赔偿限额,按照货物件数或者其他货运单位数计算,每件或者每个其他货运单位为666.67计算单位,或者按照货物毛重计算,每公斤为2计算单位,以两者中赔偿限额较高的为准。但是,托运人在货物装运前已经申报其性质和价值,并在提单中载明的,或者承运人与托运人已经另行约定高于本条规定的赔偿限额的除外”(《海商法》第56条第1款)。

3)赔偿限额的适用

法律规定的承运人的上述赔偿限额,适用于货物的灭失或者损坏。而“对货物因迟延交付造成经济损失的赔偿限额”,则“为所迟延交付的货物的运费数额”(《海商法》第57条)。但是,在货物的灭失或者损坏和迟延交付同时发生的,承运人的赔偿责任限额则应当适用上述的货物灭失或者损坏的限额。

应当注意的是,赔偿责任限制是海商法赋予给承运人的一项权利。因此,这项权利也会依法而丧失。我国《海商法》将承运人的这种主观过错作为丧失责任限制权利的法定事由。即“经证明,货物的灭失、损坏或者迟延交付是由于承运人的故意或者明知可能造成损失而轻率地作为或者不作为造成的”,承运人不得援用该法有关限制赔偿责任的规定。这一责任限制权利丧失的事由,同样适用于承运人的受雇人、代理人(《海商法》第59条)。

(三)托运人的基本权利、义务和责任

托运人的基本权利和义务是与海上货物运输合同承运人的权利和义务相互对应的。

1.托运人的基本权利

(1)托运人有权要求承运人依法提供适航船舶。

(2)托运人有权要求承运人履行管理货物的义务,妥善、谨慎地装载、搬移、积载、运输、保管、照料和卸载所运货物。

(3)托运人有权要求承运人按规定航线航行。除法律允许的正当的、合理的绕航以外,不得绕航。

(4)托运人有权要求承运人签发提单,并依据提单在目的港交付货物。

(5)托运人有权依法追究承运人所应当承担的货物损害赔偿责任,要求承运人依法进行赔偿。

2.托运人的基本义务与责任

1)提供约定货物的义务

托运人应当把约定的托运货物,按时运送到承运人指定的地点,并交付给承运人,以便装船。为此,托运人应当按照货物的品种、规格进行妥善包装,使其适宜于运输。同时,应当把货物的品名、标志、号码、件数、重量、装货港和目的港名称以及收货人名称填写清楚。为此,托运人应向承运人保证,货物装船时所提供的货物的品名、标志、包装或者件数、重量或者体积的正确性(《海商法》第66条第1款)。如果由于包装不良或者托运人申报的上述资料不正确而造成承运人损失的,托运人应当向承运人负赔偿责任。托运危险货物的,除妥善包装外,还应作出危险品的标志或标签,并将有关事项包括应当采取的预防危险措施书面通知承运人;否则,对承运人因运输此类货物所受到的损害,应当负赔偿责任;承运人亦可以在任何时间、任何地点根据情况需要将货物卸下、销毁或者使之不能为害,而不负赔偿责任。

托运人提供约定货物的义务,还包括着“应当及时向港口、海关、检疫、检验和其他主管机关办理货物运输所需要的各项手续,并将已办理各项手续的单证送交承运人”(《海商法》第67条)。如果因办理各项手续的有关单证送交不及时、不完备或者不正确,使承运人的利益受到损害的,托运人应当负赔偿责任。

2）支付运费及其他费用的义务

托运人应当按照约定向承运人支付运费以及亏舱费、滞期费、共同海损分摊费用、承运人为货物垫付的必要费用和其他应有其支付的费用。托运人与承运人可以约定用费由收货人支付；但是，此项约定应当在运输单证中载明。

3）对于承运人财产损失的赔偿责任

根据我国《海商法》第70条的规定，因托运人或其受雇人、代理人的过失造成承运人、实际承运人的损失或船舶损坏的，托运人应当承担赔偿责任。当然，非托运人或其受雇人、代理人的过失造成的除外。

第二节　提　　单

一、提单的概念与作用

《海商法》第71条规定："提单，是指用以证明海上货物运输合同和货物已经由承运人接收或者装船，以及承运人保证据以交付货物的单证。"提单既是重要的国际海上货物运输单证，又是重要的国际货物贸易单证。提单是托运人按事先与承运人达成的国际海上货物运输合同，将货物交给承运人接收或者由承运人装至船上后，应托运人要求，由承运人、船长或者承运人的代理人签发。

根据上述提单的定义，提单具有以下作用。

（一）提单是承运人与托运人之间达成的国际海上货物运输合同的证明

提单的这一作用表明，提单是确定承运人和托运人权利义务的依据。但是，提单只是国际海上货物运输合同的证明，而不是合同本身。这是因为，在提单签发之前，承运人和托运人之间的合同已经通过要约和承诺而成立，签发提单只是承运人履行合同的一个环节。因此，提单不论在托运人手中，还是转移或者转让至第三者收货人，始终只是承运人与托运人之间达成的合同的证明。但是，提单不仅证明在承运人与托运人之间存在合同，更为重要的是，它是承运人与托运人之间达成的合同内容的证明，表现为提单上的内容，除承运人与托运人事先另有相反约定或者托运人证明该内容不是其真实的意思表示外，属于承运人与托运人之间达成的合同内容。这是因为，每一船公司、航运组织、货主组织的提单格式都事先印制和公开，托运人在与承运人达成合同时，知道或者可以知道提单上条款的内容，如果提单格式由托运人提供，则托运人更应知道提单条款的内容。而提单上有关货物的事项，通常是由托运人或者其代理人提供。因此，如果托运人在与承运人达成合同时，对提单条款没有提出异议，应视为托运人同意接受，除非托运人能证明，他与承运人另有相反约定或者在与承运人达成协议时，不能事先知道提单条款的内容，因而提单条款的内容不是其真实的意思表示。

（二）提单是承运人接收货物或者将货物装船的证明

承运人、船长或者承运人的代理人向托运人签发提单，表明承运人已接收提单上记载的货物或者已将该货物装于提单上载明的船舶。具体而言，如果签发的是已装船提单，则表明承运人已将提单上记载的货物装于提单上载明的船舶；如果签发的是收货待运提单，则表明承运人已接收提单上记载的货物，但货物尚未装船。

《海商法》第 77 条具体规定了提单的这种证明效力。在托运人与承运人之间,提单是承运人已按其上所记载情况,收到货物或者将货物装船的初步证据,即承运人可以提出证据,证明其实际收到的货物与提单上记载的内容不符。但是,若提单转移或者转让至善意的第三者收货人,在其与承运人之间,除提单上订有有效的"不知条款"(Unknown Clause)或者承运人或者代其签发提单的人知道提单记载的货物情况与实际接收或者装船的货物情况不符,并在提单上批注不符之处的情况外,承运人不得提出相反的证据,证明其实际收到的货物与提单上记载的内容不符,即提单成为承运人按其上记载的内容收到货物的绝对证据(Conclusive Evidence)。即使提单记载的内容与事实不符系托运人申报错误所致,承运人亦不得以此对抗善意的第三者收货人,而只能按照提单记载的情况向收货人做出损害赔偿后,向托运人追偿。

(三)提单是承运人保证据以交付货物的凭证

承运人在卸货港应当将货物交付给凭提单有权提货并请求提单的人,即请求提货的收货人。对此,《海商法》第 71 条进一步规定:"提单中载明的向记名人交付货物,或者按照指示人的指示交付货物,或者向提单持有人交付货物的条款,构成承运人据以交付货物的保证。"换言之,如果是记名提单,承运人应向记名的收货人交付货物;如果是指示提单,承运人应按指示人的指示交付货物;如果是不记名提单,承运人应将货物交给提单持有人。

上述《海商法》第 71 条的规定表明,承运人应凭提单交付货物,即承运人交付货物时,应将货物交给根据提单有权提货的人,即收货人,并收回提单。如果签发了一式几份正本提单(Original Bill of Lading),应收回其中的一份正本提单,其余的提单便自动作废,除非合同中约定承运人凭全套正本提单交付货物或者收货人凭全套正本提单提取货物。根据上述《海商法》第 71 条的规定,无论是记名提单,还是指示提单或不记名提单,承运人均应凭提单交付货物。

二、提单的种类

根据不同的标准,可将提单划分为如下不同的种类。

(一)按货物是否装船,分为已装船提单和收货待运提单

(1)已装船提单(Shipped B/L,On Board B/L)是指货物装船后由承运人签发给托运人的提单。这种提单须注明装货船名和装船日期,表明货物已在该日期装于该船舶,这对于收货人按时收到货物有保障。国际货物买卖合同及信用证(如国际商会 1990 年修订的《国际贸易术语解释通则》及 1993 年修订的跟单信用证统一惯例第 500 号出版物,简称 UCP500)都规定卖方须提供已装船提单。

(2)收货待运提单(Received for Shipment B/L)又称备运提单,是承运人收到货物但尚未装船时签发的提单。这种提单只表明货物已由承运人接管,但何时装船、装于何船、收货人何时能收到货物,提单都没能明确。因此,在国际货物买卖中,买方一般都不愿接受这种提单。托运人在货物装船后,还须用收货待运提单向承运人换取已装船提单,或者要求承运人在收货待运提单上加注"已装船"字样,载明装货船名和装船日期,使之成为已装船提单。近年来,随着集装箱运输的发展和承运人在内陆站收货情况的增多,这种提单的应用已较普遍。这种提单的优点是托运人凭此提单可尽快地从承运人处取得已装船提单,从而及时收回贷款,同时也有利于承运人拓宽货源。

（二）按提单上收货人的记载方式，分为记名提单、指示提单和不记名提单

（1）记名提单（Straight B/L）是指提单正面收货人一栏内载明特定收货人的提单，也即由托运人指定收货人的提单。根据这种提单，承运人只能将货物交给指定的收货人；否则，承运人应对此负责。这种提单一般不能自由流通转让，因而其使用受到很大限制，一般只是在运送某些贵重物品、个人用品或展览品时使用。

（2）指示提单（Order B/L）是指提单正面收货人一栏内载明"凭指示"或"凭某某指示"字样的提单。指示提单通常分为记名指示提单和不记名指示提单两种。

记名指示提单，即载明指示人的提单，提单收货人栏内可能载明"凭托运人指示"或"凭银行指示"等，即承运人应按托运人或银行的指示交付货物。

不记名指示提单，又称空白指示提单，即未载明指示人的提单。提单收货人栏内只载明"凭指示"，通常它被视为凭托运人指示。

不论是记名指示提单还是不记名指示提单，经指示人背书均可转让。背书转让的方式有两种：一是空白背书，即背书人（指示人）在提单背面签名或盖章，而不记载受背书人，也就是没有指明该提单背书转让给谁。经空白背书后的提单相当于不记名提单，下一次转让不经背书即可进行。二是记名背书，即由背书人在提单背面签字、盖章的同时写明被背书人（受背书人），被写明的人就是提单的受让人。承运人应将货物交给被背书人或按其进一步的指示交货。被背书人再次背书转让提单时，可以空白背书，也可以记名背书。

指示提单既具有可转让性，又便于控制，因而在国际海上运输中使用较广泛。

（3）不记名提单（Bearer B/L，Blank B/L，Open B/L）又称空白提单，是指提单正面收货人一栏内既不载明特定收货人，又不载明凭指示的提单，通常仅在栏内填写"持有人"或"交与持有人"，有时空白不填。在这种提单中，收货人即提单持有人，谁持有提单，谁就有权提取货物。不记名提单无须背书即可转让，手续简便，但风险较大，国际海运中很少使用。

（三）按提单上有无批注，分为清洁提单与不清洁提单

（1）清洁提单（Clean B/L）是指承运人对货物表面状况未加（不良）批注的提单。如果承运人在对装船货物检查后，没有发现货物外表状况有问题，就无须在提单上作任何批注，这种不加批注的提单即为清洁提单。但有时承运人也会在提单上加注一些诸如"旧桶"、"重量不详"之类的批注，这些批注未明显说明货物或包装不令人满意，仅强调承运人对货物的性质或包装所引起的风险或短重等不负责任，一般也视这种提单为清洁提单。所以，实践中倾向于以有无不良批注作为区分清洁提单或不清洁提单的标准，只要承运人对货物外表状况未加不良批注，即为清洁提单。

清洁提单对国际贸易中的有关各方都很重要。承运人签发清洁提单后，如果货物在卸货港被发现有表面破损的情况，承运人又不能证明是其可以免责的原因所致，就应对收货人负责赔偿，而不得以签发清洁提单之前就存在包装不良的情况为理由来推卸责任。买方要想收到完好的货物，首先要求货物在装船时包装良好，而且清洁提单也易于转让。卖方要想从银行取得货款，也必须提交清洁提单。因此，国际社会对清洁提单很重视，UCP500 对此有专门规定："清洁运输单证，是指未载有明确声称货物及包装状况有缺陷的条款或批注的运输单证；银行对有该类条款或批注的运输单证，除信用证明确规定可接受外，当拒绝接受。"

（2）不清洁提单（Unclean B/L，Foul B/L）是指承运人对货物外表状况加有（不良）批注的提单。承运人在货物装船时,如果发现货物的外表状况不良,可以在提单上作出批注,如"破包"、"锈蚀"、"污损"、"渗漏"等,这种提单便成为不清洁提单。承运人在卸货港交货时,只要货物的损坏不超出批注的范围,就可免除责任。但这种提单对卖方(托运人)很不利,因为包装不良的货物运输途中很容易受损,买方一般不接受这种提单;银行通常对不清洁提单也拒绝付款。所以,卖方(托运人)总是设法取得清洁提单。当然,最佳方案是使货物外表处于良好状态。但是,如果货物由于种种原因已处于不良状态,而且在当时也无法更换包装或修复货物,托运人往往便采取向承运人出具保函的方法,以换取清洁提单顺利结汇。保函的基本内容是,因承运人签发清洁提单而招致收货人索赔或遭受其他损失时,托运人保证予以赔付。对于保函的效力,我国《海商法》没有作出明确规定。实践中对此采取了与《汉堡规则》相同的态度,即,保函仅在托运人与承运人之间有效,对包括受让提单的收货人在内的任何第三人,不发生法律效力。也就是说,承运人不得以保函对抗第三方因此提出的索赔。并且,如果承运人或代表其签发提单的人接受保函,构成对第三方进行欺诈,则保函在托运人与承运人之间也无效。承运人应对第三者收货人承担无限额的赔偿责任。

(四)按运输方式,分为直达提单和联运提单

(1)直达提单(Direct B/L)是指载明中途不经转船而将货物由装运港直接运达目的港的提单。直达提单下的货运与中途转船的运输相比,不仅费用低,而且省时间、风险小,所以通常为买方所首选。

(2)海上联运提单(Ocean Through B/L)是指载明货物从装货港装船后,在中途转船,交由其他承运人用其他船舶接运至目的港的提单。通常签发联运提单的联运承运人又是第一承运人,他应对全程运输负责。其他接运承运人只对自己承担的那部分运输负责。但也有的联运提单规定,联运承运人仅对自己承担的第一程运输负责。

(3)多式联运提单(Combined Transport B/L)是指货物由包括海上运输在内的两种以上的运输方式进行运输,而由多式联运经营人签发的适用于全程的提单。这种提单多用于国际集装箱货物运输。

除上述提单外,经常遇到的还有其他一些种类的提单,如:运费预付提单、运费到付提单,简式提单、合并提单、舱面货提单等,此处不再介绍,只介绍两种非正常的、须引起特别注意的提单:倒签提单与预借提单。

倒签提单(Anti - dated B/L)是指在货物装船后签发的,以早于货物实际装船日期为签发日期的提单。这种提单通常是在货物实际装船日期晚于信用证规定的装船期限,为了能使提单顺利结汇,托运人出具保函,要求承运人签发的。通常,提单签发日期应为该批货物全部装船完毕的时间,为了保证货物及时到达目的港,合同和信用证中一般均规定有装船期限,托运人应在该装船日期之前或当日完成装船;否则,收货人有权拒收货物,并提出索赔。但由于种种原因,托运人有时不能在规定的期限内完成装运而又不能修改合同或信用证时,便要求承运人将货物装船日期倒签至符合信用证规定的日期。对此,承运人应有一定的警惕,因为这种做法既不合法又要承担很大的责任风险,有时还可能构成刑事欺诈。

预借提单(Advanced B/L)是指在货物尚未全部装船,或货物虽由承运人接管,但尚未开始装船的情况下签发的货已装船的提单。这种提单通常也是在信用证规定的装船日期和交单结汇日期行将届满时,托运人出具保函,要求承运人签发的。这种提单与倒签提单不同的是,它是在货物尚未装船或尚未装船完毕的情况下签发的;而倒签提单是在货物装船完毕后签发的。但两者有共同之处:都是在托运人的请求下,将提单签发日期提前至信用证规定的日期,都是违法行为,都有可能构成承运人与托运人合谋对善意的第三者收货人进行欺诈。并且,签发预借提单比倒签提单可能会有更大的责任风险,因为货物在装船前或装完前可能会发生很多事情,如大火烧毁货物,飓风刮走货物等,给这些根本不可能再装上船的货物签发已装船提单,即使托运人出具保函,承运人仍须承担一定的责任。

三、提单的内容

目前,世界上从事国际货物运输的各航运公司几乎都有自己的提单格式,一些大的民间航运组织、托运人或者托运人组织、货运代理人或者货运代理人组织,也通常有自己的提单格式,且内容上大同小异,一般包括正面记载事项和背面条款两个部分。

(一)提单正面记载事项

为保证提单的作用,保障收货人的利益,海上货物运输的国际公约和各国海商法都对提单记载的事项作出规定。《海牙规则》和《汉堡规则》对提单记载事项都有相应的规定。

《海商法》第73条规定了11项提单记载事项:

(1)货物的品名、标志、包数或者件数、重量或者体积以及运输危险货物时对危险性质的说明;

(2)承运人的名称和主营业所;

(3)船舶名称;

(4)托运人的名称;

(5)收货人的名称;

(6)装货港和在装货港接收货物的日期;

(7)卸货港;

(8)多式联运提单增列接收货物地点和交付货物地点;

(9)提单的签发日期、地点和份数;

(10)运费的支付;

(11)承运人或者其代表的签字。

但是,提单缺少前述一项或者几项内容,不影响提单的性质,但提单应符合《海商法》第71条提单定义的规定。因此,总的来说,这些事项的规定为提示性规定。一般而言,提单正面记载下列事项。

1. 船名(Name of Vessel)

船名即船舶的名称。船名使船舶特定化。除承运人与托运人事先约定承运人可用其他船舶代替外,承运人应使用约定的船舶运输货物。当由于承运人应负责的原因而使货物发生损害,收货人或者其他有权索赔损害的人申请法院采取海事请求保全而扣押船舶时,船名使得这种保全有确定的对象。

2. 承运人(Carrier)

承运人是提单所证明的海上货物运输合同的一方当事人,指与托运人订立海上货物运输合同的船舶所有人、船舶经营人、承租人或无船经营人。提单上记载承运人的名称,使第三者收货人明确根据提单向谁主张权利、对谁履行义务。

3. 托运人(Shipper)

托运人是提单所证明的海上货物运输合同的另一方当事人。提单记载托运人的名称,使承运人明确与谁有着海上货物运输合同的权利义务关系,并当提单系指示提单且由托运人指示或者未载明由谁指示时,使船长、承运人及其代理人明确应按谁的指示交付货物。

4. 收货人(Consignee)

收货人是根据提单有权在卸货港提取货物的人。收货人一栏的记载有多种形式,使提单有记名提单、指示提单和不记名提单之分。

5. 通知方(Notify Party)

通知方是货物运抵目的港之前或者之后,承运人或其代理人发出船舶到港的通知的对象,即承运人应向提单上这一栏中所载明的人发出船舶到港的通知。

6. 装货港(Port of Loading)、卸货港(Port of Discharge)

装货港是承运人将货物装船起运的港口,是收货人根据提单上注明的货物装船日期,或者提单签发日期,计算船舶预期到达卸货港时间的依据。卸货港是承运人将货物卸船并交于收货人的港口。如系选港货(Optional Cargo),则提单上载明两个或者两个以上的备选卸货港,供收货人选择。如系海上联运提单,通常注明货物转运港(Port of Transhipment),最终卸货港称为目的港(Port of Destination)。在国际货物多式联运提单情况下,如果多式联运经营人接收货物的地点与装货港不一致或者卸货港和交付货物的地点不一致,则还应载明货物接收地或者目的地。

7. 货物名称、标志、包件的数量与种类、重量或者体积(Description, Marks, Number and Kind of Packages or Pieces, Weight or Measurement of Goods)

货物的名称表明货物的内容。标志是货物特性的代号,影响到货物的积载及在卸货港正确、迅速地交付货物。标志不清或者不当,容易造成货物混票。包件的种类,对包装的货物而言是指货物包装的类型,如箱、桶、包等;对非包装的货物是指货物的形态,如捆、卷、台等。包件的数量、重量或者体积亦表明货物的数量,是承运人交接货物、计算运费以及当货物发生灭失或者损害时,确定承运人赔偿责任限额的依据。这些内容通常由托运人填写或者以其他方式提供。托运人应保证其填写或者以其他方式提供的上述内容与其所提供的货物相符。如有不符,由此造成的损失或者引起的责任由托运人承担。

8. 运费及其他费用(Freight and Charges)

提单除注明运费数额外,通常还注明运费支付地点及支付方式。支付方式是指运费是预付还是到付。其他费用指在装货港发生的、应由托运人承担的亏舱费、滞期费、过驳费等。如收货人在卸货港提货前不付清提单上注明的到付运费和其他费用以及在航行过程中和卸货港发生的,并应由其承担的诸如共同海损分摊费用、滞期费、过驳费等,又不提供适当担保,承运人对货物具有留置权。

9. 提单的签发(Issue of B/L)

提单的签发包括提单的签发人、签发的地点、日期及份数等内容。提单的签发人是承运人、其代理人或载货船舶的船长。根据《海商法》第 72 条第 2 款的规定,载货船舶的船长签发的提单视为代表承运人签发,而无须承运人事先明确授权,即船长签发提单的权利由法律所赋予。提单的签发地点(Place of Issue)通常是装货港,有时是船公司所在地或者其他地点。提单的签发日期(Date of Issue)是货物由承运人接收或者装船的日期的证明,除非提单上另行载明了承运人接收货物或货物装船的日期。国际货物买卖和信用证结汇中都规定了装船期限,卖方如超过装船期限,买方可以索赔甚至撤销合同。提单的签发份数(Number of B/L)按托运人要求而定,通常为一套正本提单(Original B/L)一式三份,每一份具有同等的法律效力。提单上注明全套正本提单的份数。通常,提单上印明:"承运人或者其代理人已签发内容和日期相同的各份提单,其中经一份完成提货手续后,其余各份便失效。"法律上或航运实践中通常所说的提单是指正本提单,一般注有"正本"(Original)字样。与正本提单相对应的是副本提单。副本提单上一般注有"副本"(Copy)、"不能流通"(Non - negotiable)的字样,未经过签署,而且一般无背面条款。副本提单按承运人自身需要缮制,用于船公司统计营运情况、卸货港代理人联系安排泊位以及船长掌握所运货物情况等,但不具有法律规定的提单的作用,即海上货物运输合同的证明、承运人接收货物或将货物装船的证明以及承运人保证据以交付货物的凭证的作用。

10. 货物外表状态(Cargo's Apparent Order and Condition)

提单上一般印明:"上列外表状态良好(除另有说明者外)的货物已装在上列船上……"承运人接收货物或者将货物装船时,如发现货物外表状况不良,便在提单上加以批注。如提单上有这种批注,表明货物外表状况不良;反之,如无这种批注,表明货物外表状况良好,这种提单即为清洁提单。

(二)提单背面条款

提单背面印有条款,作为承托双方权利义务的依据。虽然各种提单的背面条款多少不一,但内容大致相同,通常都订有如下主要条款。

1. 管辖权条款(Jurisdiction Clause)

该条款规定与提单有关的争议应由何国法院行使管辖权。提单一般都有此种条款,并且一般都规定双方因提单发生的争议由船东所在国法院行使管辖权。如中国远洋运输公司提单条款即规定:凡出自本提单或与本提单有关的一切争议均应按照中国法律在中华人民共和国的法院解决或在中华人民共和国仲裁。

2. 首要条款(Paramount Clause)

又称法律适用条款。该条款规定提单适用哪一国际公约或哪国法律。如规定提单适用《海牙规则》或《海牙—维斯比规则》或者采纳上述规则的国内法等。

3. 承运人责任条款(Carrier's Responsibility)

该条款规定承运人在货物运输中应承担的责任及其免责事项。一般说来,如果提单的首要条款已明确了法律适用问题,就无须另订此条款。

4. 责任期间条款(Period of Responsibility)

该条款规定承运人对货物承担责任的起止时间。如规定承运人的责任自货物装上船之时起至货物卸离船之时止,承运人对货物装船前和卸船后发生的灭失或损坏不负责任。

5. 装货、卸货和交货条款(Loading, Discharging and Delivery)

该条款主要规定托运人在装货港提供货物和收货人在卸货港提取货物的义务。例如,规定收货人和托运人都应以船舶所能装卸的最快速度尽快地、昼夜不间断地提供或提取货物,并应对违反这一规定所引起的有关损失，如滞期费、港口费等承担赔偿责任。

6. 赔偿金额条款(Amount of Compensation)

该条款规定承运人在货物灭失或损坏时每件或每货运单位赔偿责任的限额。若提单首要条款中已规定了适用某国际公约或国内法的，应按该公约或国内法的规定。

7. 留置权条款(Lien Clause)

该条款主要规定承运人在未收到运费及其他有关费用时，可对货物行使留置权。如规定在托运人、收货人未付运费、亏舱费、滞期费和其他应付款项以及应分摊的共同海损的情况下，承运人有权留置货物及其有关单证，并有权出售或处分货物，如果出售货物所得不足以抵偿应收款项和引起的费用，承运人有权向托运人、收货人索赔差额。

8. 特殊货物条款(Special Goods Clause)

各提单一般都分若干条款对某些特殊货物的运输作出特别的规定。如舱面货条款、活动物与植物条款，通常规定这些货物的收受、装载、运输、保管和卸载均由货方承担风险；冷藏货物条款，通常规定承运人在装货物前应取得该船冷藏舱和冷藏机适于接受、载运和保管冷藏货物的证明书；集装箱货物条款，通常规定集装箱可装于甲板上，托运人自行装箱方式不当等造成货损或承运人损失的，托运人应付责任；危险货物条款，通常规定托运人应作出危险品标志并将其性质等书面通知承运人，承运人有权将危及船舶安全的危险货物卸船、抛弃或以其他方法消除危害。

9. 共同海损条款(General Average)

该条款通常规定共同海损的理算地点和理算所依据的规则。国际上一般采用《1974 年约克—安特卫普规则》。

10. 新杰森条款(New Jason Clause)

该条款通常规定，同一航运公司两艘船舶之间发生救助时，救助费用应视为是由第三者的船舶施救一样，由被救助船全额支付。

11. 双方有责碰撞条款(Both to Blame Collision Clause)

该条款主要规定，载货船舶的承运人有权向本船货主追回其本应免责但却间接赔付了的货物损失。

此外，提单中还有关于选港、转运、转船与换船、迟延、战争、检疫、冰冻、罢工等的条款。

第三节　有关提单的国际公约

目前，关于海上货物运输，或者说主要是关于提单，有三个著名的国际公约，这就是《海牙规则》、《维斯比规则》和《汉堡规则》。它们的全称分别是《关于统一提单若干法律规定的国际公约》(International Convention for the Unification of Certain Rules of Law Relating to Bills of Lading)、《关于修订统一提单若干法律规定的国际公约的议定书》(Protocol to Amend the International Convention for the Unification of Certain Rules of Law Relating to Bills of Lading)和《1978 年联合国海上货物运输公约》(United Nations Convention On the Carriage of Goods by Sea, 1978)。这是三个并行有效的国际公约。中国虽然未参加这三个公约，但中国《海商法》是在参考这三个国际公约的基础上制定的。

一、《海牙规则》

(一)《海牙规则》产生的背景

历史上,以航运力量强大而著称于世的英国曾对从事班轮运输的承运人有严格的责任要求,仅有天灾、战争、货物的潜在缺陷及托运人的过失造成的货损才能免责。但随着"契约自由"原则的推行,承运人凭借他们强大的航运实力,在提单上列入了各种免责条款,极力解脱他们对承运货物的责任。有的提单免责事项多达六七十项,几乎到了承运人只收运费而不负任何责任的地步。这种状况引起贸易界、银行界和保险界的强烈不满,极大地妨碍了国际贸易和国际航运的进行。

代表货主利益的美国,首先对承运人这种在提单上滥用免责条款的现象进行了抵制。1893 年,美国国会制定了《哈特法》(Harter Act),确定了承运人应负的最低限度的责任,即承运人必须恪尽职责使船舶适航,并对货物的装载、照料和交付等方面的过失所造成的损失负责。凡是免除承运人这方面责任的提单条款,美国法院就以违反公共秩序为由,宣告无效。同时,《哈特法》也明确了承运人最大限度的免责范围,除无过失免责外,对船长、船员在航海和管理船舶上的过失所引起的损失免除承运人的责任。《哈特法》制定后不久,澳大利亚于 1904 年制定了《海上货物运输法》,新西兰于 1908 年制定了《航运及海员法》,加拿大于 1910 年制定了《水上货物运输法》,基本上都采纳了《哈特法》确定的基本原则。

但是,只有少数国家的努力难以解决承运人滥用免责条款的现象。而且,各国立法不一,各船公司的提单条款不同,极大地妨碍了海上货物运输合同的签订。况且国际海上货物运输也不可能按某一国的法律处理。因此,制定统一的国际公约来规范海上货物运输,主要是规范提单已势在必行。1921 年,国际法协会所属的海洋法委员会在海牙召开会议,草拟了关于提单的规则草案,后经多方协商修改,在 1924 年 8 月 25 日布鲁塞尔外交会议上讨论通过,并正式定名为《关于统一提单的若干法律规定的国际公约》。由于该公约草案是在海牙起草的,故简称为《海牙规则》。

《海牙规则》采纳《哈特法》的基本原则,明确规定了承运人最低限度的义务和最大限度的权利,制止了承运人利用契约自由原则无限度扩大免责范围的现象,使国际海上货物运输有了一个统一的法律,便利了国际贸易的进行。

《海牙规则》于 1931 年 6 月生效,截至 1997 年 2 月,加入该规则的国家和地区共有 88 个。许多重要的海运国家,如英国、美国、法国、挪威等都根据《海牙规则》颁布了其相应的国内法。可以说,《海牙规则》是当今国际海运业影响最大的国际公约之一。

(二)《海牙规则》的主要内容

《海牙规则》共 16 条,除第 11 条至第 16 条是有关公约的批准、加入和修改等程序性的规定外,其余为实质性条款,主要规定了如下内容。

1. 承运人最低限度的义务

(1)提供适航船舶。《海牙规则》第 3 条第 1 款规定:"承运人有义务在开航前和开航时恪尽职责,以便:①使船舶适航;②妥善地配备船员、装备船舶和配备供应物品;③使货舱、冷藏舱、冷气舱和该船其他载货处所适于并能安全收受、载运和保管货物。"

(2)妥善管理货物。《海牙规则》第 3 条第 2 款规定:"除第 4 条另有规定外,承运人应当妥善地、谨慎地装载、搬移、积载、运输、保管、照料和卸载所运货物。”

2. 承运人运输货物的责任期间

尽管《海牙规则》对承运人责任期间的规定在字面上不够明确，但根据该规则第 1 条的规定：“‘货物运输’，包括自货物装上船舶开始至卸离船舶为止的一段时间”和第 7 条的规定：“本公约中的任何规定，都不妨碍承运人或托运人就承运人或船舶对海运船舶所载货物于装船以前或卸船以后所受灭失或损害，或与货物的保管、照料和搬运有关的灭失或损害所应承担的责任与义务，订立任何协议、规定、条件、保留或免责条款”，一般认为，《海牙规则》有关承运人的义务和责任适用于“自货物装上船时起至货物卸下船时止”的一段时间。至于装船前和卸船后承运人是否须对货物的灭失或损害负责，则根据承运人与托运人之间就这两段时间内货物的责任有无协议而定。如果没有协议，承运人就不必对这两段期间的货物灭失或损害承担责任。

3. 承运人的免责事项

根据《海牙规则》第 4 条第 2 款的规定，不论是承运人还是船舶，对由于下列原因所引起或造成的货物灭失或损害，都不负责：

(1)船长、船员、引航员或承运人的雇佣人员在驾驶或管理船舶中的行为、疏忽或不履行契约；

(2)火灾，但由于承运人的实际过失或私谋所造成者除外；

(3)海上或其他通航水域的灾难、危险或意外事故；

(4)天灾；

(5)战争行为；

(6)公敌行为；

(7)君主、当权者或人民的扣留或拘禁，或依法扣押；

(8)检疫限制；

(9)货物托运人或货主、其代理人或代表的行为或不行为；

(10)不论由于任何原因所引起的局部或全面罢工、关闭、停工或劳动受到限制；

(11)暴动或骚乱；

(12)在海上救助或企图救助人命或财产；

(13)由于货物的固有瑕疵、性质或缺陷所造成的容积或重量的损失，或任何其他灭失或损害；

(14)包装不当；

(15)标志不清或不当；

(16)谨慎处理所不能发现的潜在缺陷；

(17)不是由于承运人的实际过失或私谋，或是承运人的代理人或雇佣人员的过失或疏忽所引起的其他任何原因。但要求享有此项免责利益的人应当负责举证，表明有关的灭失或损害既非由于承运人的实际过失或私谋，又非由于承运人的代理人或雇佣人员的过失或疏忽所造成。

由上可看出，《海牙规则》实行的是不完全过失责任制。与我国《海商法》第 51 条规定的 12 项免责相比，两者虽然表述不同，但实质是相同的。

4. 承运人赔偿责任限制

《海牙规则》第4条第5款规定:“不论是承运人或船舶,对货物或与货物有关的灭失或损害,在任何情况下,当每件或每单位超过100英镑或与其等值的其他货币时,概不负责,但托运人在货物装运前已将其性质和价值加以申报并在提单上注明的,不在此限。”

5. 运输合同无效条款

《海牙规则》第3条第8款规定:“运输合同中的任何条款、约定或协议,凡是解除承运人或船舶对由于疏忽、过失或未履行本条规定的责任与义务而引起货物的或与货物有关的灭失或损害的赔偿责任,或以本规则规定以外的方式减轻这种责任的,均应作废并无效。”该款还规定,有利于承运人保险利益的条款或类似条款,应视为免除承运人责任的条款,亦属无效。

6. 托运人的义务

(1)保证提供货物情况正确的义务。《海牙规则》第3条第5款规定,托运人应向承运人保证他在货物装船时所提供的标志、号码、数量和重量的正确性,并对由于资料不正确所引起或造成的一切灭失、损害或费用,向承运人进行赔偿。

(2)不得擅自装运危险品的义务。《海牙规则》第4条第6款规定,承运人对因知其性质及特征故未同意装运的危险货物,得在卸货前将其卸在任何地点,或将其销毁,或消除其危险性,而不予赔偿。该项货物的托运人,应对由于装载该货而直接引起或造成的一切损害和费用负责。

此外,《海牙规则》第4条第3款规定,托运人对任何非因其本人、或其代理人、雇佣人的过失所引起的承运人或其船舶的损失,不负赔偿责任。

7. 索赔通知与诉讼时效

《海牙规则》第3条第6款规定,如果收货人在卸货港发现货物灭失或损坏,应在货物交付之前或当时,将货物灭失或损坏情况用书面形式通知承运人或其代理人;如果损坏不明显,则应在3天之内提交索赔通知;否则,这种交付应视为承运人已按提单规定交付货物的初步证据。如果货物在交付时已经船货双方联合检查,则货方无须再提交书面通知。

根据该款的规定,货方对承运人和船舶提起货物灭失或损坏索赔的诉讼时效期间为1年,自货物交付或应交付之日起算。

8.《海牙规则》的适用范围

《海牙规则》第10条和第5条对该规则的适用范围作了具体规定:“本公约的各项规定,适用于在任何缔约国所签发的一切提单。”“本公约的各项规定不适用于租船合同,但如果提单是根据租船合同签发的,则它们应符合本公约的规定。”

二、《维斯比规则》

(一)《维斯比规则》产生的背景

《海牙规则》生效以来,得到了大多数航运国家的承认,对于统一国际海上货物运输的法律,特别是对于提单的规范化起了积极的推动作用。但随着世界经济的发展和技术的进步,《海牙规则》中的某些规定逐渐不能适应形势的需要,暴露了不少问题。如,承运人免责范围过大,承运人赔偿责任限额太低,承运人的代理人及受雇人的法律地位不够明确,不能适应集装箱运输形式的需要,诉讼时效期间过短,适用范围过窄等。因此,要求修改《海牙规则》的呼声日渐强烈。于是,国际海事委员会于 1959 年召集会议考虑对《海牙规则》进行修改,并于 1963 年草拟了修改《海牙规则》的议定书草案,交斯德哥尔摩会议讨论,最终于 1968 年 2 月 23 日布鲁塞尔外交会议上获得通过,通过后的议定书命名为《关于修订统一提单若干法律规定的国际公约的议定书》。由于会议期间代表们曾到中古时期著名的《维斯比海法》发源地进行访问,便借用其名声,将该议定书简称为《维斯比规则》,经该议定书修订后的《海牙规则》被称为《海牙—维斯比规则》。

《维斯比规则》于 1977 年 6 月 23 日生效。截至 1996 年 9 月,参加该规则的国家共有 29 个,包括英国、法国、德国、荷兰等主要航运国家。

(二)《维斯比规则》的主要内容

《维斯比规则》共 17 条,主要对《海牙规则》作了如下修改。

1. 明确了提单对善意第三人的最终证据效力

《海牙规则》规定,提单上载明的货物主要标志、件数、重量、表面状况等情况,应作为承运人按其上所载内容收到货物的初步证据。但对提单转让至善意第三人时的证据效力,《海牙规则》未作规定。《维斯比规则》第 1 条第 1 款对此作了补充:“但是,当提单转让至善意第三人时,与此相反的证据将不能接受”。也就是说,对于善意受让提单的人来说,承运人不得提出与提单所载不同的反证,即提单载明的内容具有最终证据效力。此补充规定有利于保护提单受让人的合法利益和提单的转让。

2. 延长了诉讼时效

《海牙规则》规定,货物灭失或损害的索赔诉讼时效为 1 年,从交付或应当交付货物之日起算。《维斯比规则》第 1 条第 2、3 款对此作了修改:“诉讼事由提出后,如经当事方同意,该期限可以延长。”同时,《维斯比规则》还增加了关于追偿期限的规定:“即使在前款规定的时效届满后,如果在受理该案的法院的法律准许的时间内,仍可以对第三者提出赔偿诉讼。但是,准许的时间不得少于 3 个月,自提出这种赔偿诉讼的人已经解决了对他本人的索赔或者从起诉传票送达他本人之日起算。”

3. 提高了赔偿限额

《海牙规则》规定承运人对每件或每单位的货物损失的赔偿限额为 100 英镑,《维斯比规则》第 2 条对此作了修改,将每件或每单位的赔偿限额改为 10 000 金法郎(一个金法郎是指含有纯度为千分之九百的黄金 65. 5 毫克的单位),同时还增加了一项以货物重量为标准的计算方法,即每公斤为 30 金法郎,两者中以较高者为准。这一修改不但提高了《海牙规则》的赔偿限额(在《维斯比规则》通过时,10 000 金法郎大约等于 431 英镑),而且解决了裸装货和轻泡货的限额问题,有利于保护货主的合法利益。

为了解决集装箱运输出现的问题,《维斯比规则》增加了一项条款,规定如果提单上列明集装箱、托盘或类似装运工具所装货物的件数;则可将此用做计算责任限额的件数;否则,此种装运工具应作为一件或一个单位。

同时,该规则还规定了丧失赔偿责任限制权利的条件,即“如经证实,损失是由于承运人的故意或明知可能造成损失而轻率地作为或不作为造成的,则承运人无权享受赔偿责任限制的权利。”

4.明确了《海牙规则》的抗辩和责任限制适用范围

其适用于侵权之诉和承运人的雇佣人或代理人。

《海牙规则》实施后,有些索赔人为了规避《海牙规则》有关承运人免责或责任限制规定的适用,或者以侵权而不是以违约为由提起诉讼,或者是向承运人的雇佣人或代理人而不是向承运人本人提起诉讼,Alder 诉 Dickson 案(由此产生了"喜马拉雅条款")即是典型一例。为了制止此种情况的发生,《维斯比规则》作出了明确规定:《海牙规则》规定的抗辩和责任限制,应适用于就运输合同所载货物的灭失或损坏对承运人提起的任何诉讼,而不论该项诉讼是以合同为依据,还是以侵权行为为依据。

同时还规定,如果诉讼是对承运人的雇佣人或代理人(该雇佣人或代理人不是独立的定约人)提起,该雇佣人或代理人有权援引《海牙规则》中承运人的各项抗辩或责任限制的规定。根据上述规定,即使索赔人以侵权为由起诉承运人,也不能排除《海牙规则》关于承运人免责和责任限制规定的适用,同时,承运人的雇佣人或代理人也享有责任限制的权利,这就进一步保护了承运人的利益。

5.扩大了规则的适用范围

《海牙规则》仅适用于在缔约国签发的提单,《维斯比规则》将其修改为:"本公约的各项规定,应适用于在两个不同国家港口之间运输货物的每一提单,如果:(1)提单是在一个缔约国签发;或者(2)货物是从一个缔约国港口起运;或者(3)提单中所载或为提单所证明的契约规定,本契约受本公约各项规定或者给予这些规定以法律效力的任一国家立法的约束,而不论船舶、承运人、托运人、收货人或任何其他关系人的国籍如何"。这就扩大了公约的适用范围,即提单是从一个缔约国签发或货物是从一个缔约国起运,或提单中订有接受公约约束的首要条款的,都可以适用该公约。

此外,1979 年还对《维斯比规则》进行了一次修改。主要原因是《维斯比规则》规定的承运人责任限额的计算单位是金法郎,而金法郎以黄金为定值标准,由于黄金价格随市场供求经常变动,所以金法郎不能保持稳定。有鉴于此,1979 年 12 月 21 日在布鲁塞尔召开的由 37 国代表参加的外交会议上,通过了修改《维斯比规则》的议定书。议定书将承运人责任限制的计算单位由金法郎改为相对稳定的特别提款权(Special Drawing Rights,SDR),按 15 金法郎等于 1 特别提款权计算。议定书规定,承运人责任限制金额为每件或每单位 666.67 特别提款权,或按货物毛重每公斤 2 特别提款权,两者中以较高者为准。但不能使用特别提款权的缔约国,仍可使用金法郎。该议定书已于 1984 年 4 月生效。

三、《汉堡规则》

(一)《汉堡规则》产生的背景

《维斯比规则》虽然适应形势的需要对《海牙规则》作了一些有益的修改,但却只是非实质性的修改。它未触及《海牙规则》的要害,仍然保留了承运人航海和管船过失免责的规定。因此,很多发展中国家和代表货主利益的发达国家对之很不满意,强烈要求对《海牙规则》作全面的、实质性的修改。于是,联合国贸易和发展会议于 1969 年 4 月设立国际航运立法工作组研究有关问题。1976 年 5 月,该工作组完成了《联合国海上货物运输公约》的起草工作,并提交 1978 年 3 月 6 日至 31 日在德国汉堡召开的联合国海上货物运输会议进行审议,获得通过。

由于公约在汉堡制定,故简称为《汉堡规则》。

《汉堡规则》对《海牙规则》进行了实质性的修改,突出的表现是扩大了承运人的责任,加强了对货方正当利益的保护,为建立新的国际航运秩序作了积极的努力。

《汉堡规则》于1992年11月生效,截至1996年10月,共有成员国25个,绝大多数为发展中国家。

(二)《汉堡规则》的主要内容

《汉堡规则》共有34条,主要对《海牙规则》作了如下修改和补充。

1. 变更了承运人的责任基础

《海牙规则》实行的是不完全过失责任制,免责条款有17项之多。《汉堡规则》取消了《海牙规则》的免责条款,尤其是废除了航行过失和管船过失免责条款,将承运人的责任基础改为完全过失责任制,规定:凡在承运人责任期间内发生的货损,以及延迟交付所造成的损失,除非承运人能证明,承运人及其雇佣人和代理人已为避免事故的发生采取了一切可能的措施,否则便应推定为损失系由承运人的过失造成,因而承运人应承担赔偿责任。此外,如果索赔人能证明火灾引起的货物灭失、损坏或延迟交付,是由于承运人及其雇佣人或代理人的过失或疏忽所造成,则承运人应负赔偿责任。

需要说明的是,《汉堡规则》删除了《海牙规则》第4条第2款中列明的所有免责事项,并不是说承运人对任何事项都必须负责。对非承运人的过失造成的货损,如天灾、战争等不可抗力或托运人的过失等造成的货损,承运人仍然可以免责。

2. 明确了承运人的责任期间

《汉堡规则》第4条对承运人的责任期间作了明确规定:"承运人对货物的责任期间,包括货物在装货港、运输途中和卸货港处于承运人掌管之下的期间。"至于何谓货物在承运人的掌管之下,《汉堡规则》又从接受与交付货物两个方面作了具体规定,即指承运人、其雇佣人或代理人,从托运人或代其行事的人,或者根据装货港所适用的法规,从货物发运当局或其他第三方接管货物时起,至货物交付给收货人、其雇佣人或代理人,或者当收货人不向承运人提取货物时,依照合同或卸货港适用的法律或特定的商业习惯,将货物置于收货人、其雇佣人或代理人支配之下,或者,根据卸货港适用的法规,将货物交付给所需交付的当局或其他第三方时止。

3. 提高了承运人的赔偿限额

《汉堡规则》规定,承运人对货物灭失或损坏的赔偿责任限额为,货物每件或每一其他装运单位835特别提款权,或按货物毛重计算,每公斤2.5特别提款权,两者中以较高者为准。尚未参加国际货币基金组织的国家,且国内法不允许适用特别提款权的,承运人的责任限额为每件或每一货运单位12 500金法郎,或毛重每公斤37.5金法郎,两者中以较高者为准。这一限额与《海牙规则》比较,是它的4倍多,与《维斯比规则》相比,提高了25%。此外,《汉堡规则》还规定,如货损是由于承运人、其雇佣人或代理人故意造成的,或是明知可能造成损失,但却轻率地作为或不作为引起的,则将丧失责任限制的权利。

4. 增设了承运人延迟交付的责任

《汉堡规则》明确了承运人对延迟交付货物的责任。规则规定,如果未能在明确约定的时间内,或者在没有约定时,未在根据具体情况对一个谨慎的承运人所能合理要求的时间内,在海上运输合同规定的卸货港交付货物,为延迟交付。如果在上述时间届满后连续60天之内,未按规则第 4 条要求交付货物，有权对货物灭失提出索赔的人，可以视为货物已经灭失。《汉堡规则》同时规定，承运人延迟交付货物的赔偿责任，以所延迟交付的货物应付的运费的 2.5 倍为限，但不超过海上货物运输合同中规定的应付运费总额。

5. 明确了保函的效力

《汉堡规则》第 17 条规定，托运人为了换取清洁提单可以向承运人出具承担赔偿责任的保函。该保函在承运人与托运人之间有效，对包括受让提单的收货人在内的第三方一概无效。同时还规定，如果发生欺诈，则该保函在承运人与托运人之间亦属无效，承运人应对第三者因此遭受的损失承担赔偿责任，且不得享受责任限制。《汉堡规则》的上述规定正式明确了保函的效力，同时也加重了承运人的责任，以抑制保函的过度使用。

6. 增加了活动物与舱面货条款

与《海牙规则》不同，《汉堡规则》不再将活动物与舱面货排除在适用范围之外，而是分情况，具体规定了这两种货物的运输责任。关于活动物，《汉堡规则》第 5 条第 5 款规定：如果其灭失、损害或延迟交付起因于这类运输所固有的特殊风险，承运人便不负赔偿责任。如果承运人证明，他是按照托运人对有关该项活动物所作的专门指示行事，并且证明，根据具体情况，灭失、损害或延迟交付可以归之于这种风险，便应推定灭失、损害或延迟交付乃是由此产生，除非提出证明，该项灭失、损害或延迟交付的全部或一部分，是由于承运人、其雇佣人或代理人的过失或疏忽所引起。关于舱面货，《汉堡规则》第 9 条规定：承运人只有依据与托运人签订的协议或特定的贸易习惯或法规，才有权在舱面载运货物。如果承托双方协议同意将货物载于舱面，承运人应在提单或其他作为运输合同证明的单证上作如是说明。如无此种说明，承运人有责任证明已就在舱面载运货物达成协议；但承运人无权援用此种协议以对抗正当取得提单的包括收货人在内的第三方。承运人如擅自将货物载于舱面，则应对因此而造成的货物灭失、损害或延迟交付负赔偿责任，并且不得享受责任限制的权利。

7. 明确了承运人与实际承运人之间的关系

《海牙规则》没有实际承运人的规定，实践中，承运人常以未实际从事部分或全部运输为由推卸此间的货损责任，实际承运人也常以未与货方签约为由而拒绝对方的索赔。为了减少此种情况的发生，《汉堡规则》增加了实际承运人的概念并明确了其与承运人的关系，规定，如果承运人将全部或部分运输委托给实际承运人时，承运人仍须按公约的规定对全部运输负责。如果承运人与实际承运人均有责任，则在此责任范围内，他们应负连带责任。

8. 延长了索赔通知时间及诉讼时效

《汉堡规则》将《海牙规则》规定的收货之前或当时（如果收货人在卸货港发现货物灭失或损坏）和 3 日内（如果损坏不明显）的索赔通知时间延长为：收货人可在收到货物后的第一个工作日将货物索赔通知送交承运人或其代理人，当货物灭失或损害不明显时，收货人可在收到货物后的 15 天内送交通知。延迟交付的索赔通知应在收到货物后连续 60 天内提交。

《汉堡规则》将《海牙规则》规定的 1 年的诉讼时效延长为 2 年，并且还规定，被要求赔偿的人，可以在时效期限内的任何时间向索赔人提出书面声明延长时效期限，并可再次声明延长。与《维斯比规则》相比，《汉堡规则》的此规定更为灵活一些。

9. 增加了管辖权与仲裁条款

《海牙规则》与《维斯比规则》对管辖权与仲裁均未作规定。实践中一般是按提单上航运公司订立的有关条款,这往往对托运人和收货人不利。鉴于此,《汉堡规则》第21条对管辖做了规定:原告可在下列地点之一选择法院提起诉讼:

(1)被告主要营业所,或无主要营业所时,其通常居所;

(2)合同订立地,而合同是通过被告在该地的营业所、分支或代理机构订立的;

(3)装货港或卸货港;

(4)海上运输合同规定的其他地点。

此外,如果当事船或属于同一船舶所有人所有的其他船舶在该规则缔约国港口,依该国法律或国际性规则被扣押,则扣押船舶的法院亦有管辖权。但被告有权请求原告将诉讼移送由其选定的上述有管辖权的法院。在移送之前,被告应提供充分的担保,以偿付日后可能判给原告的赔偿金额。

关于仲裁,《汉堡规则》第22条规定,争议双方可达成仲裁协议,由索赔人选择在下列地点之一所在国提请仲裁:

(1)被诉人主要营业所所在地,或如无主要营业所,则其经常居住地;

(2)合同订立地,而合同是通过被告在该地的营业所、分支或代理机构订立的;

(3)装货港或卸货港。

此外,双方亦可在达成的仲裁协议中,规定仲裁地点。

10.扩大了规则的适用范围

《汉堡规则》在《维斯比规则》的基础上,又进一步扩大了适用范围,即除了《维斯比规则》规定的提单是从一个缔约国签发或货物是从一个缔约国起运或提单中订有接受公约约束的首要条款的场合外,《汉堡规则》还适用于运输合同规定的卸货港位于一个缔约国内,或者备选的卸货港之一为实际卸货港并位于一个缔约国内的情况。

此外,《汉堡规则》规定,该规则不适用于租船合同,但如提单根据租船合同签发,并调整承运人与承租人以外的提单持有人之间的关系,则适用规则的规定。

四、新国际海上货物运输公约的制定

目前在国际海上货物运输领域,《海牙规则》、《海牙—维斯比规则》和《汉堡规则》三个规则并存,但批准或加入每一规则的国家或地区的数量不同,这些国家或地区在国际航运和贸易中的地位也不同。进入20世纪90年代后,世界上一些重要航运和贸易国家相继出台了新的有关国际海上货物运输的法律,如我国《海商法》,1994年在瑞典、丹麦、挪威和芬兰同时实施的《新海商法》,以及1999年《俄罗斯联邦商船航运法典》。澳大利亚于1997年通过了《海上货物运输法修正案》,对1991年《海上货物运输法》作了重大修改。这些国内立法的一个显著的共同特点是采用了以《海牙—维斯比规则》为基础,吸收《汉堡规则》中成熟和合理的内容,并增加本国特色规定而形成的本国国际海上货物运输法律的"混合运输制度"(Hybrid Carriage Regimes)的立法模式。如果美国1999年《海上货物运输法(草案)》得以通过,也将成为"混合运输制度"的一个典型例子。

因此,当今世界国际海上货物运输法律处于很不统一的状态,极大地损害了海商法的国际统一性,不利于国际航运和国际贸易的开展。世界各国都有着统一国际海上货物运输法律的愿望,并且认识到要实现国际海上货物运输法律的相对统一,根本的途径是借助于国际公约。

为此，早在20世纪90年代初，国际海事委员会就着手研究国际海运公约的统一问题，但由于各国立场不同，尚难出台成熟的方案。初步研究认为，国际海上货运的新公约应介于《海牙—维斯比规则》和《汉堡规则》之间，比如，承运人的责任在《海牙—维斯比规则》的基础上适当加重，货物灭失或损坏的赔偿责任限额在《汉堡规则》的基础上适当考虑通货膨胀的影响，删除现行规则中的不合理之处，增加适应国际海运形式发展的新内容等。总之，国际海上货物运输公约的统一趋势势在必行，国际社会正为之进行着积极的努力。

第四节　提单以外的运输单证

一、海运单的概念及其产生

海运单(Sea Waybill，SWB)，又称运单(Waybill，W/B)，是证明国际海上货物运输合同和货物由承运人接收或者装船以及承运人保证据以将货物交给记名的收货人的一种不可流通的(Non-negotiable)单证。

自20世纪70年代初以来，集装箱货物运输在全球范围内得到迅速发展。这种运输方式具有船速快、装卸效率高等优点。在实践中，尤其是当航程较短时，常常出现船舶到达目的港时，收货人尚未收到提单，因而不能及时凭提单换取提货单提货的情况。传统的提单由于通过邮寄方式转让或转移速度慢的缺陷，在现代国际海上运输中，其使用面临着挑战。海运单在这种形势下产生，在国际集装箱货物运输中以及货物在运输过程中不需要转卖等情况下，已经被不同程度地使用。1993年修订的国际商会第500号出版物，即《国际商会跟单信用证统一惯例》(ICC Uniform Customs and Practice for Documentary Credit，UCP 500)第24条"不可流通的海运单"(Non-Negotiable Sea Waybill)亦规定在跟单信用证项下可使用海运单结汇。国际商会制定并于2000年1月1日实施的《2000年国际贸易术语解释通则》(International Rules for the Interpretation of Trade Terms，INCOTERMS 2000)在FOB、CIF等价格术语下也均接受海运单的使用。

与传统的提单相比，海运单的最大特点是收货人为记名的收货人，不具有可流通性。这一特点使收货人提货时无须提交海运单，而只需提交其身份证明，即证明自己是海运单上载明的收货人。因而，海运单具有实现快速提货的优点。此外，由于海运单的这一特点，即使非法得到海运单也无法凭以提货，从而不具有因被窃或者遗失使承运人、托运人或者收货人利益造成损害的风险。但是，海运单不具有可流通性，在货物运输途中，不能凭以实现货物单证贸易，也不能作为权利质押的标的物。所以，海运单宜用于货物在运输途中不需转卖的情况。

二、海运单的形式与内容

同传统的提单一样，海运单也是一种书面单证，具有正面记载事项和背面条款，并且内容与提单大致相似。

海运单正面通常注有"不可流通"(Non-negotiable)的字样，记载托运人和收货人的名称和通知方的地址、船名、装卸港口、货物标志、品类、数量等托运人提供的事项、运费及其他费用以及海运单签发的时间、地点和签发人等。

海运单背面通常定有货方定义、承运人责任期间、义务与免责、装货、卸货与交货、运费及其他费用、留置权、共同海损、新杰森条款、双方有责碰撞条款、首要条款、法律适用和仲裁等条款。有的海运单背面没有承运人责任、义务与免责的条款，而在正面或者背面订有一"参照条款"(Reference Clause)，规定这些事项适用承运人标准运输条件(Carrier's Standard Conditions of Carriage)或者承运人的普通提单或者其他文件中的规定，从而达到简化海运单条款的目的。

三、海运单的流转与货物交接

同提单一样，海运单在承运人接收货物或者将货物装船后，应托运人要求，由承运人、其代理人或载货船舶的船长签发。托运人凭海运单及其他单证，根据货物买卖合同和信用证到银行结汇。装货港的承运人或者其代理人将海运单的内容，通常通过数据电文方式传送给目的港承运人的代理人。船舶到达目的港之前或者之后，目的港承运人的代理人向海运单上载明的收货人或者通知方发出到货通知。收货人凭到货通知并出示其身份证明，到目的港承运人的代理人那里领取提货单，在码头仓库、船边或者其他地点接取货物。

四、海运单的主要法律问题

海运单虽然同提单一样，具有海上货物运输合同的证明、承运人接收货物或将货物装船的证明以及承运人保证据以交货的凭证的作用，但它同提单有着本质的不同，即它不具有可流通性，而提单(记名提单除外)可通过背书或者交付而进行转让。《海牙规则》、《海牙—维斯比规则》及其他传统的海上货物运输的法律，都建立在提单之基础上，适用于提单证明的海上货物运输合同。因而，海运单的产生带来了一系列的法律问题，包括海运单的法律适用、收货人的权利义务、货物控制权(Right of Contro1)等。这些问题的存在，直接影响着海运单的使用。为此，1990 年 6 月在巴黎举行的国际海事委员会第 34 届大会通过了《国际海事委员会海运单统一规则》(CMI Uniform Rules for Sea Waybills)，试图解决和统一海运单带来的主要法律问题。但是，这一民间规则不具有强制性的约束力，只规定在运输合同中被双方当事人协议采纳时才能适用，而且，当其与强制适用的国际公约或者国内法相抵触时，便不发生效力。因此，这一规则实施的效果有着很大的局限性。有关的国际组织，如国际海事委员会和联合国贸易法委员会(UNCITRAL)，一直在研究海运单带来的法律问题，正在制定的国际运输法公约中试图解决这些问题。

(一)海运单的法律适用

海运单的法律适用问题，主要是指《海牙规则》、《海牙—维斯比规则》或者与之相应的国内立法是否适用于海运单。

目前存在两种观点，一种观点认为，《海牙规则》或《海牙—维斯比规则》对海运单不适用；另一种观点认为，《海牙规则》或《海牙—维斯比规则》在一定条件下对海运单仍然适用。

《国际海事委员会海运单统一规则》第 4 条规定："海运单所包含的运输合同，应受强制适用于由提单或类似的物权凭证所包含的运输合同的国际公约或国内法的约束。"根据这一规定，《海牙规则》、《海牙—维斯比规则》或与之相应的国内立法应适用于海运单。但是，这一作为民间规则的规定能否改变《海牙规则》、《海牙—维斯比规则》或与之相应的国内立法的适用范围，仍然存在很大疑问。

《海商法》第四章的规定适用于所有国际海上货物运输合同，而提单只是国际海上货物运输合同的一种证明。因此,除有关提单的规定外,《海商法》第四章的其他规定应适用于海运单所证明的国际海上货物运输合同。

(二)收货人的权利和义务

在海运单情况下,收货人在卸货港提取货物不凭海运单,而且可能自始至终不持有海运单。因而,涉及收货人向承运人主张权利、承担义务的依据问题。

《国际海事委员会海运单统一规则》采用代理原则,在第3条中规定:"托运人不仅为其自身利益,同时作为收货人的代理人,并为收货人的利益而订立运输合同,并向承运人保证,他具有这种权限。"据此,收货人被视为海运单所证明的运输合同的当事人之一,从而可依据海运单向承运人主张权利,并承担义务,但收货人承担的义务不应超过当运输合同为提单或者类似的物权凭证(Document of Title)所证明时,他所应承担的义务范围。

《国际海事委员会海运单统一规则》作为民间规则,不但法律效力具有很大局限性,而且托运人与收货人之间代理关系的产生基于委托人的委托和代理人接受委托。在当今国际贸易和航运实践中,托运人与收货人之间缺乏这种明确的委托关系,也很难从货物买卖合同中得出推断。因此,收货人的法律地位需由法律作出规定。

(三)货物控制权(Right of Control)

在海运单情况下,托运人是唯一有权向承运人就货物的交付等运输合同事宜发出指令的人。这一权利在《国际海事委员会海运单统一规则》第6条中被称为货物控制权。该条规定:"除所适用的法律另有规定外,托运人有权在海运单上载明的收货人在目的港请求提货之前的任何时候变更收货人,但应以书面形式或者其他承运人能接受的方式,将变更事宜通知承运人,并偿付承运人因此而支付的额外费用。"该条同时规定:"托运人可以在承运人接收货物之前,将上述对货物的支配权转让给收货人,并在海运单上注明。"这种货物支配权及其转让的规定,在一定程度上可以起到弥补海运单不具有可流通性的不足的作用。这是因为,如果货物支配权转让给收货人,便可实现货物在运输过程中从海运单上记名的收货人转卖给收货人另行指定的收货人,其效果相当于实现了海运单的一次转让。

第五节　航次租船合同

一、航次租船合同的定义与特点

航次租船合同(Voyage Charter)又称程租合同,是指船舶出租人向承租人提供船舶或船舶的部分舱位,装运约定的货物,从一港运至另一港,由承租人支付约定运费的合同。

航次租船合同虽然称为租船合同,但它在船舶的占有、使用和费用的收取等方面与定期租船合同和光船租赁合同有较大的差别,而与提单运输却有着许多相同之处,因此,我国《海商法》将其归入海上货物运输合同一章,规定:在航次租船合同没有约定或没有不同约定时,承租人与出租人的权利义务适用有关承运人和托运人权利义务的规定。关于承运人提供适航船舶的义务和不得有不合理绕航的义务也适用于航次租船合同的出租人。

航次租船合同具有如下特点:

(1)航次租船合同的出租人负责配备船员、管理船舶营运及负担营运费用。除货物装卸费和垫舱物料费可能另有约定外,其他船舶营运费用、燃料费、港口费、船舶维修费、保险费、船员工资及伙食等,一般均由出租人负担。此外,出租人还应对货物负责。他不仅要谨慎处理使船舶适航,而且对货物负有妥善、谨慎地装载、搬移、积载、照料、保管、运送、卸载和交付等义务。

(2)航次租船合同的承租人可以租用船舶的全部或部分舱位,并应按协议支付运费及滞期费等。

(3)航次租船合同一般都规定货物的名称、种类、数量及装卸港等,并有关于装卸时间和滞期费、速遣费的规定。

(4)航次租船合同必须书面订立,并多采用标准合同格式。

(5)航次租船合同没有统一适用的法律,当事人订约的自由度较大。目前,国际上没有关于航次租船合同的国际公约,各国有关立法也都尊重当事人的意思自治。因此,只要航次租船合同的内容不违反有关强制性规定和公共秩序,一经签订,立即生效。我国《海商法》的规定也与国际通行做法一致。根据我国《海商法》第 94 条的规定,除出租人应使船舶适航和不得有不合理绕航属强制性条款外,《海商法》第 4 章海上货物运输合同的规定对于航次租船合同均属任意性条款,仅在航次租船合同没有约定或没有不同约定时才适用。

二、航次租船合同的标准格式

许多航运公会、商会等都制订了航次租船合同的标准格式。这些标准合同比较完备,当事人只需按自己的需要任选一种,经适当修改补充便可适用。目前,世界上常用的航次租船合同格式有:《统一杂货租船合同》(Uniform General Charter),租约代号"金康"(GENCON)。该格式由国际著名的船东组织波罗的海国际航运公会(The Baltic and International Maritime Conference—BIMCO)制订并几经修订,最近一次修订是 1994 年,但目前使用较多的仍是 1976 年修订的格式。该格式维护出租人的利益。它适用于各种航线和各种货物的航次租船合同,在国际上应用最为广泛。其他标准格式有:装粮的 Controcon, Balthmore Form C Berth Grain Charter Party(Adapted 1963), Norgrain 1973, Austwheat 1990 等;装矿砂的 C(Ore)7, Stemmor, Amwelsh 93, Orevoy 等;装煤炭的 Medcon, Welcon, Baltcon, Polconalvoy, Sorcoal 等;装化肥的 Ferticon, Fertivoy 等;装食糖的 Sugar Charter Party,装水泥的 Cememx,装石子的 Panstone 等;据统计有好几十种。

三、航次租船合同的主要内容

根据我国《海商法》第 93 条的规定,航次租船合同的内容,主要包括出租人和承租人的名称、船名、船籍、载货重量、容积、货名、装货港和目的港、受载期限、装卸期限、运费、滞期费、速遣费以及其他有关事项。

(一)当事人(Owners /Charterers)

航次租船合同的当事人是出租人和承租人。出租人一般是船舶的所有人或光船租赁合同的承租人或定期租船合同的承租人。承租人一般是货主,也可能是货运代理人。出租人和承租人的名称应准确无误地载于合同之上,并要求是全称。

(二)船舶说明(Vessel's Name)

船舶说明是出租人对船舶情况在合同中所作的陈述。包括船名、船籍、船级、载重吨和容积吨等。这些情况直接关系到船舶的航行区域、可能经受的危险程度以及预装货物能否如数、安全、按时地装载于船上并送往目的港，因此，出租人对这些情况必须作如实的陈述。如果说明与实际不符，严重影响合同的履行或承租人订立合同所期望达到的经济利益，承租人有权解除合同，并请求损害赔偿。对此，我国《海商法》第96条作了明确规定："出租人应当提供约定的船舶，经承租人同意，可以更换船舶。但是，提供的船舶或者更换的船舶不符合合同约定的，承租人有权拒绝或者解除合同。因出租人过失未提供约定的船舶致使承租人遭受损失的，出租人应当负赔偿责任。"

（三）货物说明（Cargo）

货物说明主要包括货物种类和货物数量两个方面的内容。承租人应如实订明货物的名称、类别和包装等情况，并有提供约定的货物的义务。对此，我国《海商法》第100条规定："承租人应当提供约定的货物；经出租人同意，可以更换货物。但是，更换的货物对出租人不利的，出租人有权拒绝或解除合同。因未提供约定的货物致使出租人遭受损失的，承租人应当负赔偿责任。"

关于货物数量，多数合同均规定承租人应提供"满舱满载货物"，但一般允许有小幅度的增减或规定一上下限，并订明选择方。如，规定"10 000吨，±5%，船方选择"，则船方应在装货前或合同规定的日期内向承租人宣布本航次的具体载货量，这就称为"宣载"。如果承租人提供的货物没有达到合同规定的数量，则应向出租人支付亏舱费；如果出租人提供的舱位没有达到宣布的载货量，则应向承租人支付短装损失及其他有关费用。

（四）装卸港口（Loading/Discharging）

装卸港口的规定方式既可以是明确指定港口的名称，也可以规定几个选择港或某一区域，在后一种情况下，合同中通常规定，在某时或船舶驶经某地时，承租人应将选定的港口及时通知出租人，这就称为"宣港"。承租人未按合同约定发出通知，对因此造成的出租人的损失，应负赔偿责任。我国《海商法》第101条即有如此规定：合同订有承租人选择卸货港条款的，在承租人未按照合同约定及时通知确定的卸货港时，船长可以从约定的选卸港中自行选定一卸货港。承租人未按照合同约定及时通知确定的卸货港，致使出租人遭受损失的，应当负赔偿责任。同时，我国《海商法》也规定，出租人应当在合同约定的卸货港卸货，出租人未按照合同约定，擅自选定港口卸货致使承租人遭受损失的，应当负赔偿责任。

航次租船合同中的装货港或卸货港必须是安全港口或泊位。所谓安全港口或泊位，既指自然条件，即船舶空载或满载均能保持漂浮状态；也包括政治因素，如不会遭受扣留、拘捕的危险。

（五）受载期限（Laycan）

受载期限是合同约定的船舶到达装货港并作好装货准备的一段时间。受载期限的第一天，是承租人必须备妥货物进行装货的日期；否则，要承担延迟装船的责任。受载期限的最后一天，是承租人有权解除合同的日期，通常称作"解约日"（也有的合同规定解约日为受载期限届满后的某一天），出租人的船舶必须在解约日之前到达装货港并作好装货准备；否则，承租人有权解除合同；如果出租人有过失致使承租人遭受损失的，出租人应负赔偿责任。我国《海商法》第97条对此有明确的规定："出租人在约定的受载期限内未能提供船舶的，承租人有权解除合同。但是，出租人将船舶延误情况和船舶预期抵达装货港的日期通知承租人的，承租人应当自收到通知时起48小时内，将是否解除合同的决定通知出租人。因出租人过失延误提供船舶致使承租人遭受损失的，出租人应当负赔偿责任。”

（六）装卸时间（Laytime）

装卸时间是合同双方当事人约定的，出租人使船舶用于装卸货物而不收取额外运费的时间。承租人若未能在装卸时间内完成货物装卸，须按超过的时间向出租人支付滞期费；若承租人在装卸时间届满之前完成货物装卸，则由出租人向承租人支付速遣费。

1.装卸时间的规定方法

（1）规定具体日数或规定装卸效率。前者可具体规定装货日数、卸货日数或装卸货合计日数；后者规定每日装卸的定额，如“每日1 000吨”，同样可计算出装卸日数。这两种固定装卸日数的方法规定明确，在租船合同中较常见。

（2）规定按港口习惯或船舶接受能力尽速装卸。此种规定方法不够明确，容易产生纠纷，实践中不常使用。

在规定固定装卸日数时，“日”的表示方法有多种，如：“日”（Days）、“工作日”（Working Days，WD）、“晴天工作日”（Weather Working Days，WWD）、“连续24小时晴天工作日”（Weather Working Days of 24 Consecutive Hours）等。有时为了使计算更明确，还要做进一步的规定，如“晴天工作日，星期日和节假日除外”，或“除非已使用”等。

2.装卸时间的起算

装卸时间通常是自“装卸准备就绪通知书”（Notice of Readiness-NOR或N/R）递交后一定时间起算。如，“金康合同”规定，如果装卸准备就绪通知书是在中午12点以前递交的，装卸时间从下午1点开始计算；如果通知书是在中午12点以后递交的，装卸时间从第二天上午6点开始计算。

装卸准备就绪通知书，是船长或出租人的代理人，向承租人、发货人、收货人或其他有关人员递交的关于船舶已到达港口或泊位并已准备就绪进行装货或卸货的通知书。该通知书的递交须满足两个条件：

（1）船舶须到达合同指定的港口或泊位，即须是一条到达船。航次租船合同有港口租船合同和泊位租船合同之分。如果是前者，则船舶一经到达合同指定的港口，不论靠泊与否，即视为到达船舶；如果是后者，则船舶只有到达合同指定的泊位，才视为到达船舶。显然，这后一种合同对出租人不利。在这种情况下，出租人为了避免港口拥挤不能及时靠泊带来的船期损失，常常要求在合同中加入“不论靠泊与否”或“等泊时间计为装货/卸货时间”等条款，以便一抵港即可递交准备就绪通知书并起算装卸时间。

（2）船舶在各方面已作好装卸准备，即船舶已具备装卸约定货物的各种设备，货舱已适合装载约定的货物，按要求已取得检验合格证书或通过了港务、海关、边防和检疫部门的检查等。

（七）滞期费与速遣费（Demurrage & Despatch）

滞期费与速遣费是航次租船合同区别于班轮运输合同和期租合同的最为明显的一个条款。如前所述，滞期费是指承租人未能在合同规定的装卸时间内完成装卸作业而向出租人支付的款项，速遣费是指承租人在合同规定的装卸期限届满之前完成装卸作业，而由出租人向承租人支付的款项。

滞期费一般按照船舶滞期时间乘以合同规定的滞期费率计算。至于滞期时间的计算，通常有两种方法:一种是“滞期时间连续计算”或“一旦滞期,永远滞期”;另一种是“滞期非连续计算”或“按同样日”。有时,合同中还有超滞期的规定,超滞期内的延期损失或称滞期损失(Damages for Detention)赔偿一般高于滞期费。

速遣费一般按速遣时间乘以合同规定的速遣费率计算。速遣费率通常为滞期费率的一半。速遣时间的计算方法也有两种:一种是“节省的(全部)装卸时间”或“节省的(全部)工作时间”;另一种是“节省的全部时间”。

滞期费或速遣费可以按装货港和卸货港的装卸时间分别计算,也可对装货时间和卸货时间进行统算。统算的具体方法也有两种:一种是“装卸时间平均计算”,另一种是“可调剂使用装卸时间”。

(八)运费(Payment of Freight)

在航次租船合同中,运费的计算主要有两种方式:一种是按运费率或载货吨数计算;另一种是整船包干计算。在前一种情况下,运费条款须明确是以装载数量为准还是以运抵数量为准。运费的支付方式可以是预付运费,即在货物托运前支付运费;也可以是到付运费,即在船舶到达目的港后支付;还可以两者结合。

(九)装卸费用(Loading and Discharging Freight)

航次租船合同的装卸费用通常与买卖合同价格条件相衔接,具体方式很多,由双方当事人协商决定。实践中常用的装卸费用划分方式主要有以下几种:

(1)出租人负担装卸费用,又称班轮条款(Liner Terms);

(2)出租人不负担装卸费用(Free In and Out-F. I. O.);

(3)出租人不负担装货费用(Free In-F. I.);

(4)出租人不负担卸货费用(Free Out-F. O.);

(5)出租人不负担装卸费用、积载及平舱费用(Free In and Out, Stowed and Trimmed-F. I. O. S. T.)

(十)出租人的责任(Owners'Responsibility)

总的说来,航次租船合同中的出租人同样应承担使船舶绝对适航、不得绕航和合理速遣、不得延误的责任,对货物的装运包括积载、保管、照料等均须谨慎从事以使货物安全无损地到达目的港。同时,航次租船合同中也都有出租人免责的条款,如应用广泛的金康租约(1976年)第2条就规定,出租人对货物灭失、损坏及延迟交付的责任,仅限于不当或疏忽堆放货物(在当今一般由承租人负责装卸的情况下,出租人对此种情况负责的很少)和出租人或其经理本人未谨慎处理使船舶在各方面适航,或由于出租人或其经理本人的行为或不履行义务。由于金康租约下出租人免责的范围比《海牙规则》还要广(如船长、船员疏忽导致船舶不适航,《海牙规则》下船东不算“恪尽职责”,但金康租约下船东可免责;再如,船长、船员的疏忽错误,除了航行疏忽与火灾,《海牙规则》下船东要负责,但金康租约下一律免责,只有船东及其经理本人有错才负责),为了加重出租人的责任,承租人常要求在附加条款中加上一条“首要条款”,规定出租人对货物的责任与免责适用《海牙规则》或《海牙—维斯比规则》。

(十一)绕航(Deviation)

航次租船合同中一般有绕航的规定,如金康格式第3条(1976年与1994年的格式此条相同)规定;“船舶可以自由地为任何目的并以任何顺序挂靠任何港口,在所有情况下均可无引航航行、拖带和援助其他船舶，以及可以为救助人命和财产而进行绕航。”从字面上看，这一规定允许船舶随时驶离合同规定的或习惯的航线。但是，实践中，各国法院通常对此作限制性的解释，一般认为，船舶只能挂靠合同规定的或习惯上挂靠的港口，并且一般只能按地理顺序挂靠，不能严重偏离或颠倒，不能与合同的主旨相冲突。

（十二）中止责任与货物留置（Lien and Cesser）

该条款有两层含义：其一，承租人在货物装船并支付预付运费、亏舱费、装货港船舶滞期费后，便可中止其对租船合同的责任；其二，出租人为了获得运费、亏舱费、滞期费、共同海损分摊等费用，对于其运输的货物享有留置权。显然，中止条款有利于承租人，他可以迫使出租人直接去通过货物留置收取诸如卸港滞期费等费用，免得以后被出租人追讨；而留置条款则有利于出租人，因为滞期费索赔不易（如 The Antclizo 案，滞期费官司拖了 18 年之久），若能通过留置货物迫使滞期费迅速支付，对出租人大有好处。但是，如果由于种种原因，出租人无法在目的港对于货物行使留置权或行使留置权受挫，则承租人仍然不能中止其对租约的责任。须注意的是，1994 年的金康格式取消了中止责任条款，只保留了留置条款。

（十三）法律适用与仲裁（Law and Arbitration）

航次租船合同中的此条款规定仲裁地点、机构和仲裁规则。1976 年的金康租约没有此条款，由此导致了 1994 年修订格式的产生。金康租约 1994 第 19 条为法律适用与仲裁条款，该条（a）段是针对伦敦仲裁的做法，（b）段是针对纽约仲裁的做法，（c）段规定任何其他地方的仲裁，（d）段规定，如果双方没有对仲裁地点作出选择，则以伦敦仲裁为准。

除上述主要条款之外，航次租船合同中还有提单条款、转租条款、共同海损、新杰森条款、双方有责碰撞条款、冰冻、战争、罢工条款等。

四、航次租船合同项下的提单

班轮运输情况下的提单前已论述。在航次租船的情况下，承租人在将货物交出租人接管或装船后，通常也要求出租人、船长或出租人的代理人签发提单用以结汇。这种提单被称为租船合同项下的提单或根据租船合同签发的提单。与班轮运输中的提单相比，租船合同项下的提单要简单得多，它一般只有提单正面的内容，没有背面条款。这是因为在班轮运输中，承托双方的书面凭证就是提单，因而要有详尽的内容；同时，班轮运输的定期、定线、定费率的特点也使它的内容很少改变。而租船运输则不然，租船运输经常变化的情况使它的提单不可能像班轮运输一样有统一的格式，因此，租船合同项下的提单一般是简式提单或称略式提单。

航次租船合同项下的提单因持有人的不同而具有不同的性质。当提单由承租人持有时，出租人与承租人之间的权利义务以租船合同为准，提单仅具有收据和物权凭证的功能。当提单由非承租人的发货人或收货人持有时，该提单就不仅是货物的物权凭证和货物的收据，而且还是运输合同的证明。出租人与提单持有人的权利义务以该提单为准。这样，作为提单签发人的出租人就要受两份合同的约束：对非租船合同当事人的提单持有人来说，他是承运人，要受提单约束；对于承租人来说，他是出租人，同时要受租船合同约束。为了避免二者之间权利义务的不同而使自己承担额外风险，通常的做法是在签发提单时加上“租船合同中的所有术语、条款、条件和免责事项，均适用于提单，并视为并入本提单”这样的条款，即“并入条款”。其目的，是使非租船合同当事人的发货人或收货人实际上受租船合同的约束。实践中，为了保护对租船合同条款不知情的这些提单受让人的利益，一般要求随单附上租船合同的副本，以备其本人或银行查阅。

目前，各国虽然对“并入条款”的解释宽严不一，但对其效力则普遍承认。如，我国《海商法》第95条规定：“对按照航次租船合同运输的货物签发的提单，提单持有人不是承租人的，承运人与该提单持有人之间的权利、义务关系适用提单的约定。但是，提单中载明适用航次租船合同条款的，适用该航次租船合同的条款。”

第六节　国际货物多式联运合同

一、国际货物多式联运合同的概念

我国《海商法》第102条将多式联运合同(Multimodal Transport Contract)定义为“多式联运经营人以两种以上的不同运输方式，其中一种是海上运输方式，负责将货物从接收地运至目的地交付收货人，并收取全程运费的合同。”

当多式联运合同约定的货物接收地和目的地位于不同国家时，这种合同为国际货物多式联运合同。属于海商法调整范围的货物多式联运合同，其中规定的运输方式之一必须是国际海上货物运输。

国际货物多式联运伴随国际集装箱货物运输的发展而得到发展。自20世纪50年代首创以来，海上集装箱运输得到了迅速发展，绝大多数件杂货以及部分散货都采用这种运输方式。集装箱货物运输不但具有装卸效率高、车船周转快、劳动强度低、货损货差少等优点，途中可以不移动箱内货物，迅速从一种运输工具直接换装到另一种运输工具，从而便于开展货物多式联运，实现多式联运经营人从托运人的工厂或者仓库接收货物，负责运至收货人的工厂或者仓库交货的所谓“门到门”(Door to Door)运输。

二、国际货物多式联运单据

在国际货物多式联运中，除使用多式联运提单外，大多数情况下使用的运输单证为国际货物多式联运单据(International Multimodal Transport Document)。它是国际货物多式联运合同的证明，也是多式联运经营人在货物接收地接收货物和在目的地交付货物的凭证。

国际货物多式联运单据在多式联运经营人接收货物后，经托运人要求，由多式联运经营人或者经其授权的人签发，有可流通和不可流通两种。其上记载的主要内容有：

(1)货物的品名、件数、重量或者数量、外表状态和主标志；

(2)多式联运经营人的名称及其营业所所在地；

(3)托运人与收货人；

(4)多式联运经营人接收货物的日期与地点以及多式联运经营人交付货物的期限与地点；

(5)单证的签发日期、地点和签发人的签字；

(6)运费及其支付；

(7)预期运输经由路线、运输方式及换装地点等。

国际货物多式联运单据对托运人而言，是多式联运经营人接收该单据所载货物的初步证据，并且当其转移至善意的第三者时，成为多式联运经营人接收该单据所载货物的绝对证据。

当国际货物多式联运的运输方式之一是海运，尤其是第一种运输是海运时，国际货物多式联运单据多表现为多式联运提单。

三、多式联运经营人的责任制度

（一）多式联运经营人的定义

所谓多式联运经营人，根据我国《海商法》第 102 条第 2 款的规定，是指本人或者委托他人以本人名义与托运人订立多式联运合同的人。多式联运经营人与班轮运输合同的承运人和航次租船合同的出租人相比，法律地位较为复杂。多式联运经营人一般不实际从事全部运输，而是仅履行其中一部分运输，有的多式联运经营人甚至不参与实际运输，仅负责组织运输。多式联运经营人是整个运输的总承运人和合同履行者，他要与托运人和各区段承运人分别订立多式联运合同和各区段运输合同，负责组织全程运输。

（二）责任期间

我国《海商法》第 103 条规定："多式联运经营人对多式联运货物的责任期间，自接收货物时起至交付货物时止。"由于多式联运经营人通常是在托运人的仓库或堆场接收货物，在收货人的仓库或堆场交付货物，因此，上述责任期间也就是从托运人的仓库或堆场到收货人的仓库或堆场的期间。与该法第 46 条规定的承运人对集装箱装运货物的责任期间——装货港至卸货港相比，多式联运经营人的责任期间相对要长。

（三）与各区段承运人的责任划分

我国《海商法》第 104 条规定："多式联运经营人负责履行或者组织履行多式联运合同，并对全程运输负责。多式联运经营人与参加多式联运的各区段承运人，可以就多式联运合同的各区段运输，另以合同约定相互之间的责任。但是，此项合同不得影响多式联运经营人对全程运输所承担的责任。"也就是说，货物在多式联运经营人的责任期间内发生的其责任范围内的灭失或损坏，不论此灭失或损坏是否多式联运经营人的直接运输所造成，也不论发生在哪一个运输区段，多式联运经营人都应负赔偿责任。多式联运经营人不得以其与各区段承运人所订立的合同来推卸自己应承担的运输责任。当然，多式联运经营人在赔偿托运人之后，可以根据其与区段承运人签订的合同和有关的法律，向负有责任的区段承运人索赔。

（四）责任形式

多式联运经营人的责任形式主要有网状责任制和统一责任制两种。

1. 网状责任制（网状责任原则）

多式联运经营人对全程运输负责，但对不同运输区段发生的货物灭失或损坏，多式联运经营人分别按照调整该区段运输方式的法律规定承担赔偿责任。

2. 统一责任制（统一责任原则）

多式联运经营人对全程运输负责，但不论货物的灭失或损坏发生在哪一运输区段，多式联运经营人都按统一的责任制度承担赔偿责任。

我国《海商法》采用的是世界上普遍适用的网状责任制。《海商法》第 105 条规定："货物的灭失或损坏发生于多式联运的某一运输区段的，多式联运经营人的赔偿责任和责任限额，适用调整该区段运输方式的有关法律规定。"如果货物灭失或损坏发生的运输区段不能确定,根据《海商法》第106条的规定,多式联运经营人按照《海商法》关于海上货物运输承运人的赔偿责任和责任限额的规定负赔偿责任。

四、有关的国际公约与规则

(一)1980年《联合国国际货物多式联运公约》(United Nations Convention on International Multimodal Transport of Goods)

该公约于1980年5月在日内瓦召开的、由84个联合国贸易和发展会议成员国参加的国际多式联运会议上通过,迄今尚未生效。

该公约共40条,其主要内容如下。

1. 公约的适用范围

公约适用于两个国家之间的、合同中规定的多式联运经营人接管货物或交付货物的地点位于缔约国境内的货物多式联运合同。

2. 多式联运的管理

公约不得影响各国在国家一级管理多式联运业务和多式联运经营人的权利;多式联运经营人应遵守其业务所在地国家的法律和适用的公约。

3. 多式联运经营人的赔偿责任

这是公约的核心内容,具体包括:

(1)责任期间。多式联运经营人对于货物的责任期间,自接管货物时起,至交付货物时止。

(2)责任原则。公约对多式联运经营人实行完全的推定过失责任原则。即如果引起货物灭失、损坏或延迟交付的事故发生在多式联运经营人的责任期间,则除非多式联运经营人证明他本人、其受雇人和代理人已为避免事故的发生及其后果采取了一切所能合理要求的措施;否则,便推定损害是由于其本人、受雇人或代理人的过失行为所致,并由其承担赔偿责任。

(3)责任形式与责任限制。公约对多式联运经营人规定了有条件的统一责任制。对货物的灭失或损坏,多式联运经营人的赔偿限额为:多式联运中包括海运或内河运输时,每件或每一货运单位920计算单位(特别提款权),或毛重每公斤2.75计算单位,以较高者为准;不包括海运或内河运输时,毛重每公斤8.33计算单位。但如能确定货物灭失或损坏发生的运输区段,而该运输区段所适用的国际公约或国内法规定的赔偿限额又高于上述赔偿限额时,则应按该国际公约或国内法的规定办理。多式联运经营人对延迟交货的赔偿责任,以相当于该延迟交付货物应付运费的2.5倍为限,但不得超过联运合同规定的应付运费的总额。当货物的灭失、损坏与延迟交付同时发生时,联运经营人的赔偿责任总额,以货物灭失时应负的责任为限。但是,如果多式联运经营人有意欺诈,在单据上列有不实的资料;或者货物的灭失、损坏或延迟交付系多式联运经营人的故意或明知可能造成而轻率地作为或不作为所引起,则该多式联运经营人不得享有公约规定的赔偿责任限额。

4. 索赔通知与诉讼时效

公约规定,索赔须以书面形式在规定的时间内提出。如果货物的灭失或损坏明显,收货人向多式联运经营人的索赔应在货物交给他的次一工作日提出;如果灭失或损坏不明显,应在货物交付后的6日内提出。如果货物的状况在交货当时已经各方联合检验,便无须再提交书面通知。对于货物延迟交付所致的损失,如果收货人未在货物交付后60日内提出书面通知,多式联运经营人可不予负责。公约规定,有关多式联运的诉讼时效为2年。但是,如果在货物交付之日或应交付之日后6个月内没有提出索赔通知,则在此期限届满后即失去诉讼时效。

5. 管辖与仲裁

公约规定,有关多式联运的诉讼或仲裁,原告(或申诉人)可选择下列地点之一提起:被告(或被诉人)主要营业地或经常居住地;多式联运合同订立地,并且合同通过被告(或被诉人)在该地的营业所、分支或代理机构订立;货物接管地或交付地;多式联运合同(或仲裁协议)中指定和载明的其他地点。

(二)1991年《联合国贸易和发展会议/国际商会多式联运单证规则》(UNCTAD/ICC Rules for Multimodal Transport Documents)

国际商会曾于1973年制定(1975年修订)了《联运单证统一规则》(Uniform Rules for a Combined Transport Document),对于统一国际货物多式联运的法律制度发挥了积极的作用。但是,随着时间推移,特别是由于1980年《联合国国际货物多式联运公约》的迟迟不能生效,有必要制定新的规则。于是,1991年,联合国贸易和发展会议会同国际商会制定了《联合国贸易和发展会议/国际商会多式联运单证规则》(1992年1月1日生效)。该规则共13条,其主要内容有:

(1)多式联运经营人对于货物的责任期间,自接收货物时起至交付货物时止。

(2)多式联运经营人对在海上或内河运输中由于承运人的船长、船员、引航员或受雇人在驾驶船舶或管理船舶中的行为、疏忽或过失以及火灾(除非由于承运人的实际过失或私谋所造成)造成的货物灭失或损坏以及延迟交付不负赔偿责任。但是,只要货物的灭失或损坏是由于船舶不适航所造成的,多式联运经营人就要证明,他已经谨慎处理使船舶在航次开始时适航。

(3)多式联运经营人的赔偿责任限制为:多式联运包括海上或内河运输时,多式联运经营人对货物灭失或损坏的赔偿限额为每件或每单位666.67特别提款权,或者货物毛重2特别提款权,以其高者为准;多式联运不包括海上或内河运输时,多式联运经营人对货物灭失或损坏的赔偿限额为货物毛重每公斤8.33特别提款权;如能确定货物灭失或损坏所发生的运输区段,而该区段所适用的国际公约或国内法规定的赔偿限额又不同于上述两种赔偿限额时,则应按该国际公约或国内法的规定办理;多式联运经营人对延迟交付造成损害的赔偿限额为根据多式联运合同计收的多式联运运费。

(4)如果货物的灭失或损坏显而易见,收货人应在收货时,将货物灭失或损坏的书面通知送交多式联运经营人;如果货物的灭失或损坏不明显,收货人应在收货之日后6日内将货物灭失或损坏的书面通知送交多式联运经营人。

(5)除另有明确协议外,有关多式联运的诉讼时效为9个月,自货物交付或应当交付之日起算。

(6)本规则在不违反适用于多式联运合同的国际公约或国家法律的强制性规定的范围内适用。

练 习 题

一、填空题

1. 本人或者委托他人以本人名义与托运人订立海上货物运输合同的人是________。

2. ________是指不拥有船舶,但以承运人身份提供国际海上货物运输服务的人,不包括船舶经营人或船舶承租人。

3. 海上货物运输合同的特点有________、________和________。

4. 我国《海商法》吸收了有关国际公约的精神,对于承运人的货物损害赔偿责任采用了________责任制。

5. 我国《海商法》规定"承运人对货物的灭失或者损坏的赔偿限额,按照货物件数或者其他货运单位数计算,每件或者每个其他货运单位为________计算单位,或者按照货物毛重计算,每公斤为________计算单位,以二者中赔偿限额较高的为准"。

6. 目前关于海上货物运输的三大著名的国际公约是________、________和________。

7.《海牙规则》中货方对承运人和船舶提起货物灭失或损坏索赔的诉讼时效期间为____年,自货物交付或应交付之日起算。

8. ________增加了提单对善意第三人的最终证据效力的条款。

9. ________取消了《海牙规则》的免责条款,尤其是废除了航行过失和管船过失免责条款,将承运人的责任基础改为完全过失责任制。

10. 根据我国《海商法》相关规定,多式联运经营人的责任形式是________。

二、名词解释

海上货物运输合同　提单　海运单　航次租船合同　国际货物多式联运合同

三、简答题

1. 海上货物运输合同中承运人、托运人的权利和义务分别是什么?
2. 简述提单的主要作用。
3. 提单的背面内容是什么?
4.《海牙规则》、《维斯比规则》和《汉堡规则》的主要内容分别是什么?
5. 航次租船合同的特点表现在哪些方面?

四、案例分析题

[案情一]

华润纺织公司(卖方)与深圳进出口公司(买方)签订购销合同,约定由卖方向买方提供苏丹原棉1 905吨,分两批交货。随后,买方又与湛江纺织公司签订原棉加工合同,约定由湛江纺织公司将原棉加工成精纺。根据买方的申请,中国银行深圳分行开出LC450890756号不可撤销跟单信用证。10月11日,卖方开出金额为1 530 596.11美元的即期汇票,连同包括一式四份正本提单在内的全套议付单证通过中国银行香港分行转交中国银行深圳分行,要求买方支付货款。14日,中国银行深圳分行收到信用证项下单据,通知买方付款。20日,买方通知中国银行深圳分行,因单据与信用证规定不符,拒付货款。同日,中国银行深圳分行通知中国银行香港分行,拒付信用证项下款项。10月11日,承运人所属的"科达—玛珠"轮抵湛江港。湛江船代公司为承运人委托的船务代理。18 日，“科达—玛珠”轮卸货完毕，存放于港区仓库。20 日，湛江纺织公司向湛江船代公司出具保证函，保证承担凭副本提单提货可能产生的责任，湛江船代同意交付货物。31 日，提货完毕。卖方知道后与买方通过传真方式就货物质量及货款支付问题进行协商，并将信用证货款支付方式改为电汇方式，且收取了买方支付的 60 万美元的部分货款。因余款得不到偿付，卖方遂依据其持有的提单起诉湛江船代公司、买方及湛江纺织公司。海事法院认为，货物所有权已转移，卖方所持提单已丧失了物权凭证的效力，判决驳回卖方的诉讼请求。

（源自：杨军编著，《海商法案例教程》，北京大学出版社，2003 年）

请分析：

(1)法院的判决对吗？为什么？

(2)你认为当事人之间的纠纷该如何解决，并说明理由。

[案情二]

原告：武威百花蜂业天然保健品有限公司

被告：法国达飞轮船有限公司

原告诉称：2002 年 9 月 28 日，原告与案外人美商吉泰国际发展有限公司签订销售合同，约定原告以 USD330/MT FOB TIANJIN 的条款出售 50 公吨大蒜头给吉泰公司，合同总价款 16 500美元，付款方式 T/T(电汇)。

2002 年 10 月 13 日，原告货物装上 LYKES TIGER(达飞老虎)轮，被告代理向原告签发了 TJ064073 号正本提单一式三份，托运人为原告，收货人凭指示，目的港德国汉堡。

货物出运后，吉泰公司没有按合同付款，正本提单一直在原告手中。原告经向中华人民共和国驻汉堡总领事馆了解得知：原告托运货物在 2002 年 11 月 17 日到达汉堡，但于当月 19 日被被告转运至巴西。

原告向被告索赔，被告拒绝原告索赔要求。为此请求法院判令被告赔偿原告货款损失 16 500美元及相应利息，诉讼费由被告承担。

2003 年 11 月 3 日原告增加诉讼请求，要求被告赔偿税款损失 24 434.07 元，为处理本案所发生的差旅费 9 246.3 元，为处理本案发生的电话传真费 469.62 元。

被告答辩称：(1)就涉案货物海上运输，被告接受订舱后已经按海上运输合同的约定，合理、谨慎地将货物运到汉堡港，然后，应运输合同托运人的指示，货物被转运往其他港口。承运人本身没有过错，不应承担任何赔偿责任。(2)涉案货物仍在被告控制之下，没有灭失或者损坏或者交付给任何其他人，原告可以凭正本提单提取货物。因此，原告要求被告承担货款及利息损失缺乏事实和法律依据。(3)原告没有收到货款是由于货物质量问题，买方拒绝付款赎单，与被告无关。庭审中被告辩称，原被告不存在合同关系，原告不是本案适合的诉讼主体。

法院查明的事实：2002 年 9 月 28 日，原告与案外人美商吉泰国际发展有限公司签订买卖合同，双方约定，原告作为卖方向美商吉泰国际发展有限公司出售 50 公吨大蒜头，价格条件是 USD330/MT FOB 天津，合同总价款 16 500 美元，付款方式 T/T。

2002 年 10 月 13 日，原告货物装上 LYKES TIGER(达飞老虎)轮，被告代理天津外轮代理公司向原告签发了 TJ064073 号正本提单一式三份，托运人为 WUWEI BAIHUA HONEY NATURAL HEALTH PROTECTION PRODUCTS CO. LTD. MR. RICHARD CHANG，收货人凭指示，目

的港德国汉堡。

货物出运后,原告一直持有正本提单。由于美商吉泰国际发展有限公司没有按合同付款,原告请求中华人民共和国驻汉堡总领事馆查询,总领事馆回函答复:原告托运的货物在2002年11月17日到达汉堡,但于当月19日被被告转运至巴西。转运时没有办理或提供任何担保手续。之后原告向被告提出索赔,并应被告要求向被告提供了包括一份正本提单在内的索赔单据,但被告拒赔。原告未能收回货款。

(源自:法律快车网 http://www.lawtime.cn)

请分析:

(1)原被告之间是否存在海上货物运输合同的关系?原告是不是本案适合的诉讼主体?为什么?

(2)被告是否应该赔偿原告的损失?为什么?

(3)你认为本案该如何解决?

实 训 题

[实训题一]

原告:浙江省粮油食品进出口股份有限公司

被告:陕西省国际货运有限公司上海分公司

被告:明邦实业股份有限公司

2002年6月,美国 KOOL KIDS INC.(以下简称K公司)向浙江省粮油食品进出口股份有限公司下属单位金鸣企业有限公司(以下简称金鸣公司)购买一批文具。浙江粮油公司按K公司的要求,委托陕西省国际货运有限公司上海分公司(以下简称陕西国货)办理有关货物的仓储、国内运输、报关和海上运输等事宜。2002年8月20日,浙江粮油公司向K公司开出了总价为10 614.06美元的商业发票。同日,陕西国货通知浙江粮油公司将涉案货物送至上海联亚集装箱服务有限公司(以下简称联亚公司),并将全套报关资料寄交陕西国货,有关费用以人民币结算,包括订舱费和一票货物的报关费。次日,联亚公司出具涉案货物进仓单,其中记载的发货人为陕西国货。同年9月11日,涉案货物出口报关,报关单记载的经营单位和发货单位均为原告,运输工具名称为 CSCL HONGKONG V0035E,提运单号为 SHDFW 370705,结汇方式为电汇,成交方式 FOB,货物名称为铅笔、圆珠笔和圣诞用品,共231件,包装为纸箱,货物总价值10 614.06美元,运抵国和指运港均为美国。次日,明邦实业股份有限公司(以下简称明邦公司)作为承运人签发了一式三份正本提单,提单编号为 SHA-LAX-0208427,提单记载的托运人为浙江粮油公司,收货人和通知人为K公司,货物数量为231纸箱,毛重为3 797公斤,装一只20英尺集装箱,CY-CY,运费到付。该提单还载明向 PLANE CARGO INC.(以下简称P公司)申请交付货物。同年9月30日,浙江粮油公司向陕西国货支付涉案货物运输及代理包干费和快递费共计人民币5 650元。2003年4月1日,陕西国货函告浙江粮油公司称,浙江粮油公司通过陕西国货托运出口的涉案货物为陕西国货的美国代理P公司的指定货,经与P公司联系,确认已将有关货物放给了收货人K公司。

据此,浙江粮油公司认为,陕西国货及明邦公司未凭正本提单将货物交给他人,损害了浙江粮油公司的合法权益,故请求法院判令陕西国货及明邦公司连带赔偿货款损失10 614.06

美元及利息。

（源自：郑肇芳编，《海上货物运输无单放货案例》，上海人民出版社，2006 年）

请分析：

（1）浙江粮油公司认为陕西国货及明邦公司的行为属于无单放货，你是赞同还是不赞同，为什么？

（2）双方之间的纠纷你认为该如何解决？请给出你的理由。

要求：

（1）根据提供的案例，以小组为单位组成模拟海事法庭，每组六位同学，每位同学扮演不同的角色（审判长、原告、两被告、原被告的辩护律师等）。

（2）演示时，可以 ppt 为辅助手段进行。

（3）课后，各小组将模拟法庭的设计思路及各角色台词以书面形式上交。

[实训题二]

原告：天津市塘沽区新北洋船务有限公司

被告：天津航运有限责任公司

原告天津市塘沽区新北洋船务有限公司诉称：2004 年 2 月 6 日原告与被告签订运输合同，被告承租原告所属“新朋泰 1”轮由天津装钢材运至上海。合同约定装船期为 2 天，卸船期为 2 天，滞期费率 18 000 元/天，运费在卸货前付清。

2004 年 2 月 16 日，“新朋泰 1”轮抵达天津港装货，直至 2 月 18 日才离港，造成船舶滞期 1 天。2004 年 2 月 21 日，“新朋泰 1”轮抵达上海港，直至 2 月 27 日才卸完货物离开上海港，造成船舶滞期 5 天。按合同约定被告应向原告支付滞期费 90 000 元人民币。本航次运费共计 341 153.65 元，被告分三次共支付 325 000 元，尚欠原告 16 153.65 元。2004 年 2 月 26 日，“新朋泰 1”轮还剩几件货物未卸，由于被告不派车提货，港方停止卸货，原告派人交涉，港方提出如果把货物卸在码头需缴纳上栈费 3 000 元。为避免船舶进一步滞期，减少双方损失，原告交纳了 3 000 元。此笔费用应由被告偿付给原告。为此原告请求判令被告支付滞期费 90 000 元人民币，运费 16 153.65 元人民币，上栈费 3 000 元人民币。

被告天津航运有限责任公司在庭审中答辩称：欠原告 16 153.65 元人民币运费没有异议。原被告签订的是泊位租船条款，装卸时间应从船舶靠好泊位时起算。装港没有滞期，卸货港超出约定的卸货时间是由于原告船上大副制作的积载图与货物实际积载不一致，卸货时货物交付错误造成混乱而造成的，上栈费也是由于此原因产生的，因此被告同意向原告支付所欠运费，但其他费用与被告无关，被告拒绝支付。

法院查明：2004 年 2 月 6 日原告与被告签订了航次租船合同。双方约定：被告租用原告所属“新朋泰 1”轮运输 3 260 吨钢材。起运港塘沽，到达港上海 11 区。受载期限 2004 年 2 月 12 日正负 2 天，装船期限 2 天，卸船期限 2 天，滞期费 18 000/天，运费 355 340 元人民币。承运船在装、卸港各靠一个安全泊位。合同签订日，托运人向承运人交纳定金 50 000 元，运费在承运船卸货前付清。托运人负责两港的疏港工作，保证承运船的装卸日期。一旦滞期，永远滞期。港航交接，船上理清件数。

2004 年 2 月 16 日 06:30 时“新朋泰 1”轮在天津港卸完上一航次货物。15:10 时过船闸，15:40 时过海门大桥，16:43 时靠好新河外运码头，2 月 18 日 13:00 时装货完毕。

2004 年 2 月 21 日 14:12 时“新朋泰 1”轮抵达上海港锚地抛锚等泊，同时与上海港调度进行电话联系。2 月 22 日 04:45 时起锚向 11 区码头航行，2 月 23 日 02:50 时靠好泊位，04:15 时开始卸货。2 月 27 日 02:30 时货物全部卸完。“新朋泰 1”轮从抵达上海港锚地到起航向 11 区航行，待泊时间为 14 小时 33 分钟。从靠好泊位到货物全部卸完共用 95 小时 40 分钟。在卸货过程中，因积载图与货物实际积载位置不一致，大副对船上货物具体货位不清，多次造成港口停工待时，车辆积压和空放，累计待时 36 小时。对此大副在货运记录上签字并加盖了“新朋泰 1”轮船章。

另查明 2004 年 2 月 27 日所卸货物中有 67 件螺纹钢因货主没有及时提货卸在码头货场，上海港国际集装箱货运有限公司共青码头向原告收取了 3 000 元人民币上栈费。原被告最后确认的运费为 341 153.65 元人民币，被告已支付 325 000 元，尚欠原告海运费 16 153.65 元人民币。

（源自：中国涉外商事海事审判网 http://www.ccmt.org.cn）

请分析：

(1)双方签订的航次租船合同是否成立？为什么？

(2)原告请求判令被告支付滞期费 90 000 元人民币，运费 16 153.65 元人民币，上栈费 3 000元人民币的要求合理吗？为什么？

(3)你认为双方间的纠纷该如何解决？

要求：

(1)课下以小组为单位进行讨论，每组 4 ~ 5 人；

(2)课堂上汇报讨论的结果，并以 ppt 为辅助展现汇报的内容；

(3)教师和同学可以向汇报的小组成员提出针对案件的问题。

第五章　海上旅客运输合同

【引例】　海上人身伤亡损害赔偿纠纷案

原告:金任群

被告:舟山海星轮船有限公司

1999 年 10 月 2 日,原告乘坐被告舟山海星轮船有限公司所属的“海星 6 号”船(玻璃钢交通客艇,总长 12.56 米,两柱间长 11.25 米,型宽 2.8 米,型深 1.25 米,总吨位 9 吨,净吨位 4 吨,主机功率 205 千瓦,乘客定额 20 人),从沈家门前往普陀山旅游。该航次“海星 6 号”船(配备船员 3 名,均持有合格的船员适任证书)载旅客 24 人(其中儿童 2 名),从沈家门半升洞码头开往普陀山,离泊后提速到 1 800rpm。12:30 时高潮前 2 小时,海区能见度良好,涨潮(晴天,风向 N ~ NW,风力 3 ~ 4 级,流速 1 节)。该船出朱家尖大桥东副通航桥孔北侧 200 米处时,由于多艘船舶的余浪叠加作用,船长未按本船的操纵性能采取相应的减速措施,造成船体垂向运动加速度加剧,使该船在 1 800rpm 航速下穿浪航行。一浪打来,船首被波峰抬起,当船处于波谷时,又遇第二浪,驾驶台前侧两扇挡风玻璃相继被海浪打掉,船体向右倾斜,随即翻沉。该船翻沉时,主机转速仍为 1 800rpm。船上所有人员全部落水,后经其他船舶救助,包括原告在内的 20 人获救,7 名旅客死亡。原告同行 4 人中,有 2 人死亡。事故发生后,被告对落水伤亡旅客进行了赔偿,其中于 1999 年 10 月 3 日赔偿给原告因手机等实物损失 3 100 元。1999 年 10 月 6 日,原告在上海市心理咨询中心经心理医生诊治,表明原告经历该次海难事故在精神上受到创伤。事故发生后,新闻工作者在对有关部门及个人进行采访后撰写了新闻报道,分别刊登在 1999 年 10 月 8 日的《新闻晚报》和 1999 年 10 月 10 日的《宁波晚报》上,报道的内容能够较客观地反映事故的真实情况,并没有歪曲事实的情节。

事故发生之后,原告以被告隐瞒事实真相为由,向法院提起侵权之诉,要求判令被告:

(1)赔偿原告经济损失人民币 1 元;

(2)公布事实真相;

(3)在原告指定的北京、上海、宁波新闻媒介,向原告致歉。

在庭审中,原告变更部分诉讼请求,将“赔偿原告经济损失人民币 1 元”变更为“赔偿原告经济损失和精神损失人民币 1 元”,“公布事实真相”变更为“被告向原告及其他幸存者、死难家属及全社会公布事实真相,特别是在原已刊登过的《新闻晚报》、《宁波晚报》上对有误的内容进行变更”。原告起诉的目的不是为了 1 元钱的赔偿金,而是通过诉讼引起全社会交通部门对旅客运输方面的安全引起重视,杜绝类似惨案的发生。

被告舟山海星轮船有限公司辩称:

(1)事故发生后,被告超限额赔偿原告 3 100 元,已承担了赔偿责任。

(2)事故原因早已口头告知原告,没有隐瞒事故真相。事故原因已经舟山港务监督部门调查认定,多艘船舶驶过形成的余浪和当时的风浪是促使船首上浪侧翻的主要原因,当班船长操作不当是一个重要原因,船上人员超载也是发生本次事故的原因之一。向其他死伤旅客的亲属进行公布事实真相,非原告自己的正当权益受到侵害,原告无权提出。《新闻晚报》的报道不是被告提供素材,原告要求被告纠正新闻媒介的不实报道,没有事实依据。

(3)在新闻媒介上致歉没有法律依据。《民法通则》、《合同法》、《海商法》和省高院《关于审理人身损害案件研讨会纪要》对交通事故的财产损失和人身损害赔偿的范围都作了明确的界定,并没有在新闻媒介上致歉的内容。我国法律仅对名誉权等受到侵害的案件,适用在新闻媒介上致歉,消除不良影响。而本案的海上交通事故并没有对原告的姓名权、肖像权、名誉权、荣誉权等人格权造成侵害。被告基于上述理由,要求法院依法驳回原告的诉讼请求。

(源自:觅法网 http://www.34law.com)

第一节 海上旅客运输合同概述

一、海上旅客运输合同的定义

海上旅客运输合同,是指承运人以适合运送旅客的船舶经海路将旅客及其行李从一港运送至另一港,由旅客支付票款的合同。海上旅客运输合同包括国内沿海旅客运输合同和国际旅客运输合同。

海上旅客运输的承运人,是指本人或者委托他人以本人名义与旅客订立海上旅客运输合同的人。另外,我国《海商法》还规定了海上旅客运输的实际承运人的概念,即接受承运人委托,从事旅客运送或者部分运送的人,包括接受转委托从事此项运输的其他人。之所以对实际承运人加以规定,原因在于一些与旅客订立海上运输合同的当事人,可能是无船承运人,如,无船的客运服务单位或旅行社等。然后,无船承运人再与有船的船公司作出安排,由后者实际承运旅客,或由后者再转委托其他船公司承运旅客。此种情况下,尽管实际承运人及其受托人没有与旅客直接订立运输合同,但其仍应按《海商法》规定承担义务与责任,以更好地维护旅客的合法权益。

旅客是指根据海上旅客运输合同,被承运人使用船舶运送的人,包括经承运人同意,根据海上货物运输合同,随船护送货物的人。

行李是指根据海上旅客运输合同,由承运人载运的任何物品和车辆,但是活动物除外。

我国《海商法》第五章专门对海上旅客运输合同作出规定。但根据《海商法》第116条第4款规定:"中华人民共和国港口之间的海上旅客运输、承运人的赔偿责任限额,由国务院交通主管部门制定,报国务院批准后施行。"据此交通部已于1993年12月发布《中华人民共和国港口间海上旅客运输赔偿责任限额规定》,该规定已于1994年1月1日起施行。

二、海上旅客运输合同的特征

1. 客票仅仅作为海上旅客运输合同的证明

客票是海上旅客运输合同的证明,合同当事人均可提出反证,证明当事人双方另有约定,这种不同于或补充客票条款的约定是有效的。

2. 海上旅客运输法以过失作为合同责任的基础

海上旅客运输承运人的责任基础是过失，实行完全的过失责任制，不存在过失免责事项。

3. 谨慎处理的适航义务占重要地位

海上旅客运输合同实行过失责任制，船舶不适航，承运人如果有过失，对船舶不适航造成的海损事故即应承担赔偿责任。承运人的过失责任，不仅限于开航前和开航当时，而且在开航后的整个航程中也适用。但是，在海上货物运输合同责任制度中，承运人对使船舶适航，仅承担谨慎处理的义务，且仅限于开航前和开航当时。

4. 法律对于海上旅客运输有更多的约束

海上旅客运输因涉及海上人命安全，故有关立法作出很多不允许义务人改变其法定义务的强制性规定。

根据《雅典公约》以及我国《海商法》的有关规定，海上旅客运输合同中含有下列内容之一的条款无效：

(1)免除承运人对旅客应当承担的法定责任；

(2)降低承运人责任限额；

(3)对于举证责任作出与法律相反的约定；

(4)限制旅客提出赔偿请求的权利。

三、海上旅客运输合同的订立

我国《海商法》第110条规定："旅客客票是海上旅客运输合同成立的凭证。"承运人向旅客收受票款并出售客票后，合同即告成立，而客票是双方运输合同的证明。

旅客客票分为两种：一种为记名客票，通常用于国际旅客运输，不可转让；另一种为不记名客票，通常用于我国沿海旅客运输，可以转让。客票内容一般载有船名、航次、日期、起运港、目的港、客舱等级、票价以及其他"旅客须知"条款。根据各国强制保险规定，在旅客客票价款中，包括保险费，因此，旅客购买客票的同时，意味着已经与有关保险公司订立了海上人身伤亡保险合同。一旦在海上旅客运输中发生保险事故，旅客可以获得保险公司的赔偿。

四、海上旅客运输合同的解除

海上旅客运输合同的解除是指在合同成立后基于当事人双方的约定或者法律规定，合同双方当事人终止合同义务的行为。海上旅客运输合同的解除可分为约定解除和法定解除。

1. 约定解除

约定解除指在海上旅客运输合同规定的解除合同条件出现的情况下，合同当事人可以解除合同，又可具体分为：

(1)无条件解除合同。指在船舶开航前旅客登船前死亡或患病，经医生证明不能登船，或者由于承运人的原因旅客未能登船时，旅客本人或其法定代理人可以通知承运人解除合同，承运人应退还票款。

(2)有条件解除合同。指在船舶开航前出现上述情况之外的情况，旅客无法登船，旅客则可以在支付承运人一定比例的票款后解除合同；否则，承运人不予退票。具体条件视运输条款而定。

2. 法定解除

法定解除是法律赋予当事人一方或双方在一定条件下解除合同的权利。法定解除的情况包括：

(1)不可抗力与情况变更。由于双方当事人无法预见、无法避免、不能克服的事件发生与出现情况变更的情况，致使海上旅客运输合同实际无法履行或者实际履行将显失公平，当事人双方均可解除合同。如果在开航前由于上述原因解除合同，承运人应退还票款，如果在开航后由于上述原因解除合同，承运人应退还全程票价减去旅客已乘区段后的票价余额。

(2)一方当事人严重违约。如果海上旅客运输合同一方当事人违反其合同义务，根本上剥夺了另一方当事人订立合同的预期利益，则另一方有权以一方当事人严重违约为由解除合同并要求赔偿损失。

第二节　海上旅客运输合同当事人的主要权利和义务

一、承运人的主要义务

(一)提供适航船舶并保持适航状态

承运人应在船舶开航前和开航当时，提供适航船舶，并在整个运送期间保持适航状态，适当配备船员、装备船舶和配备供应品，以保证旅客运送的安全。

(二)提供适当舱位

承运人在旅客登船后，应提供与客票等级相符的舱室与铺位或者座位，以便旅客搭乘。舱室内的设备应符合与客票等级相应的规定。

(三)合理尽速、直航目的港

根据《合同法》第 290 条和第 292 条的规定，承运人应当在约定期间或者合理期间内，按照约定航线或者通常航线将旅客运送至目的港。船舶在航行过程中不应有不合理的延误，并且，除为救助或者企图救助海上人命或者财产或者其他合理情况外，承运人或者船长不得变更航线；否则，承运人应对旅客因此遭受的损害负赔偿责任。所谓其他合理情况，包括为保证船舶和旅客安全而避台风或者其他海上风险、政府或者有关当局命令船舶变更航线、旅客在船上患重病必须立即上岸治疗等情况。

(四)为旅客供应膳食

如票款中已包括膳食费，则在船舶航行期间，承运人应向旅客提供相应的膳食而不额外收取任何费用。如票款中未包括膳食费用且航程较长，承运人应向旅客提供膳食服务，但旅客应支付膳食费用。

(五)运送旅客行李

承运人应免费为旅客运送一定数量的行李，并对旅客的非自带行李负有妥善保管之义务。

(六)对旅客的人身伤亡或者行李的灭失或者损坏的赔偿责任。

1. 旅客及其行李的运送期间

旅客及其行李的运送期间，即承运人对旅客及其行李的运送负责的期间。根据《海商法》

第 111 条的规定，旅客及其自带行李的运送期间相同，为自旅客登船时起至旅客离船时止，并且，如果客票票价中含旅客登船前由承运人经水路从岸上接到船上或者离船后由承运人经水路从船上送到岸上的接送费用，则运送期间应包括这一接送期间，但不包括旅客及其自带行李在港站内、码头上或者在港口其他设施内的时间；旅客自带行李以外的其他行李（即托运行李）的运送期间为自旅客将行李交付承运人或者其受雇人、代理人时起，至承运人或者其受雇人、代理人交还旅客时止。

如果旅客在港站内、码头上或港口其他设施处遭受人身伤亡或者其自带行李在此期间遭受灭失或损坏，则应由港站经营人根据所适用的法律承担相应的赔偿责任。

2. 承运人的赔偿责任

根据《海商法》第 114 条的规定，在旅客及其行李的运送期间，由于承运人或者其受雇人、代理人在受雇或者受委托范围内的过失引起事故，造成旅客人身伤亡或者行李的灭失或者损坏，承运人应负赔偿责任。承运人及其受雇人、代理人的过失的举证，按下列情况处理：

（1）旅客遭受人身伤亡或者其自带行李遭受灭失或者损坏时，如由于船舶沉没、碰撞、搁浅、爆炸、火灾所引起或者由于船舶的缺陷所引起，则推定承运人及其受雇人、代理人有过失。

（2）旅客自带行李以外的其他行李遭受灭失或者损坏时，不论由于何种事故所引起，均推定承运人及其受雇人、代理人有过失。

（3）在其他情况下，请求人应举证承运人或者其受雇人、代理人有过失。但是，当推定承运人及其受雇人、代理人有过失时，承运人及其受雇人、代理人可以提出反证。

根据《海商法》第 115 条的规定，如果旅客的人身伤亡或者行李的灭失、损坏，是由于旅客本人故意造成的或者旅客的人身伤亡系其健康状况造成的，则承运人可以免责；如果旅客的人身伤亡或者行李的灭失、损坏，是由于旅客本人的过失和承运人的过失共同造成，则可以免除或者相应减轻承运人的赔偿责任。但是，在上述两种情况下，旅客遭受人身伤亡或者其行李遭受灭失或者损坏的原因应由承运人举证。

根据《海商法》第 116 条的规定，对旅客的货币、金银、珠宝、有价证券或者其他贵重物品所发生的灭失或者损坏，如果此种物品由旅客自行保管，则承运人不负赔偿责任；如果此种物品交由承运人保管，则承运人应按旅客的非自带行李对此灭失或者损坏负责。

二、承运人的主要权利

（一）票款请求权

作为运送旅客及其行李的代价，承运人有权请求客票上规定的票款。根据《海商法》第 112 条的规定，当旅客无票乘船、越级乘船或者超程乘船时，承运人有权要求旅客补足票款，并可按规定加收票款；如旅客拒不交付，船长有权在适当地点令其离船，承运人有权向其追偿。此外，根据《合同法》第 294 条的规定，旅客如果持失效的客票乘船应补交票款，承运人有权按照规定加收票款。

（二）留置权

如旅客未付或者未付足票款、行李费、承运人为旅客垫付的款项或者其他应由旅客支付的费用，承运人有权对旅客交运的行李行使留置权。

(三)船舶开航权

旅客在起运港或者船舶中途挂靠港不在约定时间内登船时,船长有权将船舶按时开航或者续航,并且承运人不退还票款。

(四)赔偿责任限制的权利

承运人对旅客的人身伤亡或者行李的灭失或者损坏负有赔偿责任时,可依法限制赔偿责任。

根据《海商法》第 117 条的规定,国际海上旅客运输中承运人的赔偿责任限制为:

(1)对旅客的人身伤亡,每名旅客不超过 46 666 特别提款权;

(2)对旅客自带行李的灭失或者损坏,每名旅客不超过 833 特别提款权;

(3)对旅客车辆包括该车辆所载行李的灭失或者损坏,每一车辆不超过 3 333 特别提款权;

(4)对旅客其他行李的灭失或者损坏,每名旅客不超过 1 200 特别提款权。承运人和旅客可以书面约定高于上述限额的承运人赔偿责任限额,但不得约定低于上述限额的承运人赔偿责任限额。承运人可以和旅客约定其对旅客的车辆和其他行李损失的免赔额。但是,对每一车辆损失的免赔额不超过 117 特别提款权,对其他行李损失的免赔额不超过 13 特别提款权。此种免赔额应在承运人赔偿金额中扣除。

有关我国港口间的海上旅客运输中承运人的赔偿责任限额,根据《海商法》第 117 条第 4 款的规定,交通部制定了《中华人民共和国港口间海上旅客运输赔偿责任限额规定》。该规定于 1993 年 11 月 20 日报经国务院批准,自 1994 年 1 月 1 日起施行。该规定第 3 条规定,承运人在每次海上旅客运输中的赔偿责任限额是:

(1)对旅客的人身伤亡,每名旅客不超过 4 万元人民币;

(2)旅客自带行李灭失或者损坏,每名旅客不超过 800 元人民币;

(3)旅客车辆包括该车辆所载行李灭失或者损坏,每一车辆不超过 3 200 元人民币;

(4)上述第(2)项和第(3)项以外的旅客其他行李灭失或者损坏,每千克不超过 20 元人民币。承运人和旅客可以书面约定高于上述第(1)项规定的承运人赔偿责任限额;但不得约定低于上述限额的承运人赔偿责任限额。该规定第 4 条同时规定,承运人对旅客人身伤亡赔偿责任总的限额,最高不超过 2 100 万元人民币。

《海商法》第 118 条规定了承运人丧失责任限制权利的情况,即旅客的人身伤亡或者行李的灭失或者损坏,是由于承运人的故意或者明知可能造成损害而轻率地作为或者不作为造成时,承运人不得援用前述赔偿责任限制的规定。

承运人依据《海商法》所承担的义务是最低限度的义务,而承运人享有的权利是最大限度的权利,以保护旅客的合法权益。承运人可以增加其义务或者放弃其权利,但不得降低其义务或者增加其权利。对此,《海商法》第 126 条规定,海上旅客运输合同中含有下列内容的条款均为无效条款:

(1)免除承运人应当承担的法定责任;

(2)降低承运人的赔偿责任限额;

(3)对承运人的举证责任作出相反的规定;

(4)限制旅客提出赔偿请求的权利。

三、旅客的主要权利和义务

旅客的主要权利就是承运人的主要义务，即旅客在支付票款后有权要求承运人将其安全运送至目的港，免费携带一定数量的行李以及对其遭受的伤害或者其行李的灭失或者损坏向承运人索赔等。

除支付票款和其他应付款项外，旅客还具有下列义务：

（1）在船期间，应遵守客运规章，服从船长的指挥与管理。

（2）按照规定或约定的限量携带行李，不得擅自携带或者在行李中夹带违禁品或者危险品。《合同法》第 296 条规定："旅客在运输中应当按照约定的限量携带行李。超过限量携带行李的，应当办理托运手续。"为保障海上旅客运输的安全，根据《海商法》第 113 条的规定，旅客不得擅自携带或者在行李中夹带违禁品或者易燃、易爆、有毒、有腐蚀性、有放射性以及有可能危及船上人身和财产安全的其他危险品。对于旅客擅自携带或者在行李中夹带的违禁品或者危险品，承运人可以在任何时候和地点，将其卸下、销毁或者使之不能为害或者送交有关部门，而不负赔偿责任。《合同法》第 297 条还规定，如果旅客坚持携带或者夹带违禁品或者危险品，承运人应当拒绝运输。如旅客违反此项义务，对因此造成的船舶损害或者承运人的其他损害，旅客应负赔偿责任。

（3）提交行李灭失或者损坏的通知。根据《海商法》第 119 条的规定，旅客对其自带行李发生的明显损坏，应在离船前或者离船时，向承运人或者其受雇人、代理人提交书面通知；如果其他行李发生明显损坏，旅客应在该行李交还给他之前或者当时提交此种通知。如果行李损坏不明显或者行李发生灭失，此种通知应在旅客离船之日或者行李交还之日或者本应交还之日起 15 日之内提交。如旅客不按上述要求提交通知，便推定其已收到完好的行李，但旅客可以提出反证。如在旅客提取行李时，双方已对损害状况进行联合检查，就无须提交损害的通知。

第三节　有关海上旅客运输合同的国际公约

为了统一海上旅客运输的法律，保证海上旅客的人命安全，国际社会先后制定了一系列有关海上旅客运输的公约，如《1961 年统一海上旅客运输若干法律规则的国际公约》、《1967 年统一海上旅客行李运输的国际公约》、《1969 年有关统一海上旅客及其行李运输若干规定的国际公约》等。在上述公约的基础上，政府间海事协商组织于 1974 年 12 月 2 ~ 13 日在雅典召开的海上旅客及其行李运输国际法律会议上，制定了《1974 年海上旅客及其行李运输雅典公约》（Athen's Convention Relating to the Carriage of Passengers and their Luggage by Sea），简称《雅典公约》。该公约于 1987 年 4 月 28 日生效，是有关海上旅客及其行李运输的最有影响的国际公约之一。我国《海商法》第五章基本上是按照该公约制定的。1994 年 3 月 5 日，第八届全国人大常委会第六次会议决定我国加入《雅典公约》及其 1976 年的议定书 1994 年 8 月 30 日公约对我国生效。

《雅典公约》的主要内容如下。

一、承运人的责任和责任限制

上述我国《海商法》关于海上旅客运输承运人责任制度的规定，如责任期间、责任原则、举证责任、责任限制(国内沿海运输除外)、免赔额、对贵重物品的责任及其限额、责任限制的丧失及实际承运人(《雅典公约》称为执行承运人)的责任等,都源自《雅典公约》,故在此不再重复。

二、适 用 范 围

公约适用于任何国际海上旅客运输,如:船舶悬挂公约缔约国的旗帜,运输合同是在公约缔约国订立,按照运输合同,起运地或目的地位于缔约国境内。

三、管 辖 权

公约规定原告有权在下列位于缔约国的法院之一提起诉讼:

(1)被告的永久居住地或主要营业所所在地法院;

(2)合同规定的起运地或目的地法院;

(3)原告原籍或永久居住地所在国法院,如果被告在该国设有营业所并受其管辖;

(4)运输合同订立地所在国法院,如果被告在该国设有营业所并受其管辖。

公约还规定,在造成损害的事故发生后,双方可以协议将该项损害的索赔案件提交任何法院或交付仲裁。

四、诉 讼 时 效

公约规定对旅客人身伤亡或行李灭失或损坏的诉讼时效为2年,其起算依下列方式:

(1)人身伤害事件,自旅客离船之日起算;

(2)发生在运输期间的旅客死亡事件,自该旅客本应离船之日起算;

(3)因运送期间的伤害而导致旅客离船后死亡的事件,自死亡之日起算,但此期限自离船之日起不得超过3年;

(4)行李的灭失或损坏,自离船之日或本应离船之日起算,两者以较迟者为准。

五、合同无效条款

公约规定,任何旨在解除承运人对旅客承担的责任,或规定低于公约规定的责任限制,以及旨在推卸承运人的举证责任,或限制管辖权的选择的合同条款,均属无效。但这种条款的无效,不应使合同无效,而仍应受公约的约束。

1974年《雅典公约》有两个议定书,一个是1976年议定书,将承运人责任限额的计算单位由金法郎改为特别提款权,自1989年11月30日生效。另一个是1990年议定书,大幅度提高了旅客人身伤亡的赔偿限额:旅客死亡或人身伤害每次不超过175 000特别提款权;自带行李每旅客每次1 800特别提款权;车辆包括车辆上所载行李每车不超过10 000特别提款权;其他行李每旅客每次不超过2 700特别提款权。同时规定了可以商定的免赔额:车辆不超过3 000特别提款权,其他行李不超过135特别提款权。该议定书尚未生效。

练 习 题

一、填空题

1.__________是指根据海上旅客运输合同,被承运人使用船舶运送的人,包括经承运人同意，根据海上货物运输合同，随船护送货物的人。

2. 我国《海商法》第 110 条规定："__________是海上旅客运输合同成立的凭证。"

3. 根据《海商法》第 117 条的规定，国际海上旅客运输中承运人的赔偿责任限制为：(1) 对旅客的人身伤亡，每名旅客不超过__________特别提款权；(2) 对旅客自带行李的灭失或者损坏，每名旅客不超过__________特别提款权等。

4. 目前有关海上旅客及其行李运输的最有影响的国际公约之一是__________。

二、名词解释

海上旅客运输合同

三、简答题

1. 海上旅客运输合同的特点是什么？

2. 海上旅客运输合同中，承运人的权利和义务分别是什么？

第六章　海上拖航合同

【引例】　关于海上拖航合同的纠纷

原告:中国人民保险公司广东省分公司营业部

被告:广州港船务公司

1993年2月20日,揭东县东侨企业经济发展总公司(以下简称揭东公司)以73万元人民币向肇庆市米仓巷12号陆颂尧购买停泊在广州大桥北岸的"凯旋门"海鲜舫(下称海鲜舫)。成交前,揭东公司就海鲜舫能否安全拖往揭东向广州市跨海设备公司咨询。跨海公司确认,对船舶结构、稳性等问题采取相应措施,便可拖至揭东。2月18日,海鲜舫被拖进新中国造船厂进行改装和调整结构。22日,中国船级社签发《船体技术状况检验报告》,确认该船技术状况正常。3月13日签发《适拖证书》。3月10日,揭东公司和被告签订港船93-048《拖航协议书》,协议书第四条约定:在拖航过程中,海鲜舫如发生事故,被告广州港船务公司不承担赔偿责任。

3月15日13:30时,"穗港拖601"在黄埔港吊拖海鲜舫起航,前往揭东。20:30时,"穗港拖601"轮抛锚在赤湾口外,将海鲜舫系在拖轮旁待航。当时天气良好,东南风2~3级。16日02:00时,拖轮值班人员发现海鲜舫船首下沉10厘米左右。经检查,发现该船船首右边室内有细小漏水声。船员在海鲜舫找到两台水泵,但无法使用。经进一步观察,发现海鲜舫下沉速度缓慢,决定拖回黄埔港处理。03:30时,吊拖海鲜舫船尾返航。08:30时,航至沙角水域,遇浓雾抛锚。10:00时左右起锚续航。14:00时左右拖至莲花山水道41号浮附近,发现海鲜舫向左严重倾斜,下沉明显,立即拖到水道西侧浅滩搁浅。14:30时,海鲜舫向左沉没在浅滩上。沉没概位:北纬22°58′16″,东经113°31′24″。交通部广州海上安全监督局在《"凯旋门"海鲜舫沉没事故调查报告》事故原因分析中认为"该船因船体潜在缺陷破漏进水而沉没"。

另查,海鲜舫为钢质,横骨架式,总长34.20m,最大宽度7.84m,吃水平均0.9m。1993年3月13日,揭东公司将该船向原告投保,保险金额73万元。航行区域:广州黄埔港至揭东县曲溪。事故发生后,原告分别于1993年6月28日和1995年4月11日赔付揭东公司船舶保险金350 000元和379 900元,合计729 900元,并取得揭东公司的代位求偿权。1993年6月29日;原告接受了揭东公司的委付,于9月2日将海鲜舫残骸以6万元人民币卖给中山市阜沙镇罗松村林槛。

原告于1993年8月5日向海事法院起诉,认为:揭东公司与被告签订的《拖航协议书》第四条约定:在拖航过程中,海鲜舫如发生事故,被告不承担赔偿责任。该条款违反有关法律规定,应属无效,而且被告在拖航过程中有严重的过失行为。请求法院判令被告赔偿729 900元及利息,并承担本案诉讼费用。

被告答辩认为:本案是海上拖带大型水上装置的特殊拖带,揭东公司与被告签订的《拖航协议书》合法有效;海鲜舫处于不适拖状态,其沉没是因船体潜在缺陷破漏进水所致;海鲜舫沉没后,被告已尽谨慎处理之责,海鲜舫事故的一切责任应由揭东公司承担;被告与原告毫无关系,被告对原告如何承保海鲜舫一无所知。事故经广州海上安全监督局进行调查后认为是因该船潜在缺陷破漏进水而沉没。故被告不承担海鲜舫沉没的赔偿责任。

(源自:中国律师网 http://www.365lvshi.com)

第一节　海上拖航合同概述

一、海上拖航合同的概念

海上拖航合同(Towage Contract),又称海上拖带合同。我国《海商法》第155条将其定义为"承托方用拖轮将被拖物经海路从一地拖至另一地,而由被拖方支付拖航费的合同。"

承拖方(或称拖方)是海上拖航合同的一方当事人,指用其自己拥有的或者租用的船舶,为他人提供海上拖航服务而收取拖航费的人。用于拖带被拖物(Tow)的船舶,一般称为拖船,通常是拖轮(Tug),即专门为拖带本身无动力或者丧失动力的其他船舶、物体或者为大船靠离码头及其他操纵提供协助而设计的船舶。但是,实践中有时出现运输船舶或者其他除拖轮之外的有动力的船舶拖带被拖物的情况。承拖方有的是专业性海上拖航企业,也有的是打捞、救助企业,因当今世界海上打捞、救助业不景气而兼营海上拖航服务。随着海运业的发展,货物由自身无动力的驳船运输日益增多,而无动力的驳船需靠拖船拖带。用于海上石油开发的钻井平台等钻井设备多为自身无动力,对海上拖航业具有较大需求。海运业和海上石油开发的发展,促进了海上拖航业的发展,一些航运国家成立了专营海上拖航的企业,航运国家中以海上打捞救助或海洋工程为主营业务的公司普遍兼营海上拖航业务。在我国,中国海洋工程公司(China Ocean Engineering Cooperation,COEC)、交通部烟台打捞局、交通部上海打捞局、交通部广州打捞局兼营海上拖航业务。

被拖方是海上拖航合同的另一方当事人,是被拖物的所有人或者其他利害关系人。被拖物包括驳船或者其他无动力的船舶、钻井平台、浮码头、浮船坞、浮吊等海上漂浮装置以及失去动力的船舶等。

实践中,拖航方式有吊拖、旁拖和顶推(Pushing)三种。吊拖是指拖船位于被拖物之前,同拖缆与被拖物连接的拖航方式。旁拖是指拖船位于被拖物的一侧并紧靠被拖物,同拖缆与被拖物连接的拖航方式。顶推是指拖船位于被拖物之后并顶住被拖物,同拖缆或特殊的装置与被拖物连接的拖航方式。有时,一艘拖轮同时旁拖和顶推两艘或多艘驳船。拖船和被拖物通常被合称为一个拖航船队。在国外,"拖航"一词通常不包括顶推。

我国《海商法》第七章"海上拖航合同"的规定,不适用于拖船在港区内对船舶靠离码头及其他操纵所提供的服务。这是因为,拖船在港区内为大船靠离码头及其他操纵协助提供,通常由被协助的大船指挥,持续时间较短,手续简便,并且这种服务十分频繁,无须用《海商法》第七章的规定加以调整。这种服务的费用通常根据拖轮的功率和使用的时间,按照国家交通和价格主管部门规定的收费标准计算,其他相关事宜按照其他有关规定处理。

二、海上拖航合同的订立

我国《海商法》第 156 条规定:“海上拖航合同应当书面订立。”海上拖航合同通常在事先拟定的合同格式上达成。目前,国际上主营或兼营海上拖航业务的大公司一般都有其自己的合同格式。例如,中国海洋工程公司拖航合同格式,代号为“CHINATOW”,有承包和日租两种具体格式。一些航运组织也制定了海上拖航合同格式,其中最为著名的是国际救助同盟(International Salvage Union,ISU)、欧洲拖船船东协会(European Tugowners Association,ETA)和波罗的海国际航运公会联合推荐的国际远洋拖航协议(International OceanTowage Agreement)日租(Dally Hire)格式(代号为“TOWHIRE”)和承包(Lump Sum)格式(代号为“TOWCON”)。英国、荷兰和斯堪的纳维亚等国家各自制定了标准拖航条件(Standard Towage Conditions),经承拖方和被拖方约定引用而成为拖航合同的条款。

根据《海商法》第 156 条的规定,海上拖航合同的内容主要包括:承拖方和被拖方的名称和住所、拖船和被拖物的名称和主要尺度、拖船马力、起拖地和目的地、起拖日期、拖航费及其支付方式以及其他有关事项。实践中,有关拖船的约定除名称、主要尺度和马力外,通常还包括国籍和登记港、总吨、船级社、缆柱拉力(Bollard Pull)、耗油量、绞车与主拖装置(Winches and MainTowing Gear);有关被拖物的约定除名称和主要尺度(总长、总宽和前后吃水)外,通常还包括总的状态,如果被拖物是船舶,则还包括国籍和登记港。其他有关事项通常包括:解约日(Cancelling Date)、预计到达目的地的日期、拖船和被拖物的适航性和适拖性(Tow Worthiness)、拖船的替换、被拖船的随船船员(Riding Crew)、许可文件与证书、安全港口、港口费用、双方的责任与免责、承拖方对被拖物的留置权、绕航、救助、共同海损、索赔时效、仲裁与法律适用和经纪人佣金等条款。

三、海上拖航合同的种类

(一)沿海拖航合同和国际海上拖航合同

按起拖地和目的地的不同,可分为以下两类。

1. 沿海拖航合同

指起拖地和目的地均位于一国境内的海上拖航合同。与沿海货物运输一样,作为一项传统的航运保护政策,不少国家的法律规定沿海拖航只能由悬挂本国国旗的拖船经营。根据我国《海商法》第 4 条的规定,我国港口之间的海上拖航由悬挂我国国旗的船舶经营,但法律、行政法规另有规定的除外;非经国务院交通主管部门批准,外国籍船舶不得经营我国港口之间的拖航。

2. 国际海上拖航合同

指起拖地与目的地位于不同国家的海上拖航合同。我国内地和港澳台地区之间的海上拖航合同在性质上是沿海拖航合同,但目前按国际海上拖航合同处理。

(二)日租型海上拖航合同和承包型海上拖航合同

按拖航费的计收方式的不同,可分为以下两类。

1. 日租型海上拖航合同

指在海上拖航期间,拖航费按双方约定的拖船日租金率计收的海上拖航合同。按照约定的支付时间，拖航费有预付和到付两种形式。

2. 承包型海上拖航合同

指拖航费为双方约定的一笔金额的海上拖航合同。除拖航费按照约定由被拖方一次性付清外，合同经常约定拖航费分期支付，如分别约定合同签订之时、从起拖地起拖之时、到达目的地之时应支付的金额。有的承包型海上拖航合同中，通常同时规定拖船日租金率，作为当被拖方在起拖地延误起拖和在目的地延误解拖以及因拖航过程中的延误，而向承拖方支付拖航的滞期费或损失赔偿金的计算标准。

四、海上拖航合同的性质

在海商法领域，一般认为海上拖航合同是一种独立的合同。它不同于海上货物运输合同，也不同于海上救助合同。

海上货物运输合同的标的是运送货物，货物装于作为运输工具的船舶上。在海上拖航情况下，拖航合同的标的物是被拖物，它并不装于拖船上，而是与拖船用拖缆或者其他特定装置连接。此外，在海上货物运输情况下，承运人不但提供运力，而且负责货物的装船、搬移、积载、运输、照料、保管与卸船。除海上拖航合同另有约定外，承拖方只负责提供拖力，对被拖物及其上所载财产的接收、运送、照料、保管等环节不负责任。但是，如果拖船所有人、经营人或者承租人拖带其自己所有、经营或者承租的驳船，并根据与货物所有人或其他关系人订立的合同，在驳船上载运他人货物，则拖轮所有人、经营人或承租人与驳船上所载货物的所有人或其他关系人之间是一种运输合同关系。对此，我国《海商法》第164条规定："拖轮所有人拖带其所有的或者经营的驳船载运货物，经海路由一港运至另一港的，视为海上货物运输。"在我国，这种合同称为拖驳运输合同。当拖船与被拖的驳船属不同的人所有、经营或承租时，拖船所有人、经营人或承租人与驳船所有人或者经营人之间属于拖航合同关系，而驳船所有人、经营人或承租人与第三者驳船所载货物的所有人或其他关系人之间属于运输合同关系。

海上拖航合同与传统的海上雇佣救助合同有着相同之处：

(1)海上雇佣救助表现的形式常常也是海上拖航，两者都具有海上服务的性质；

(2)两者通常都是按拖船的功率和使用的时间计算报酬。

两者的不同之处在于：

(1)海上拖航合同的目的是拖航，而海上雇佣救助合同目前虽已不列为海上救助合同范畴，但对被拖物的所有人来说，其目的在于救助；

(2)在海上拖航合同情况下，拖航的对象是不处于危险之中的船舶或者其他物体，而在海上雇佣救助情况下，拖航的对象是处于危险之中的船舶或者其他物体。但是，如果不论被拖物是否处于危险之中，一概理解为海上拖航，则海上雇佣救助合同是海上拖航合同的一种形式。

海上拖航合同与以海上拖航为救助行为表现形式的海上救助合同亦有着相同和相异之处。两者的相同之处在于：均以海上拖航为表现形式。两者的本质区别在于：海上救助合同情况下，救助报酬的取得以被拖物安全拖抵目的地，即处于危险之中的被拖物获救为前提条件；海上拖航合同情况下，拖航的报酬按照双方的约定计算，与被拖航是否安全拖抵目的地无必然关联，除非双方另有约定。

五、海上拖航合同的变更与解除

（一）海上拖航合同的变更

除承拖方和被拖方协商一致或者因法律规定的合同变更的其他一般情形外，我国《海商法》第159条规定了海上拖航合同变更的一种特殊情况，即"因不可抗力或者其他不能归责于双方的原因，致使被拖物不能拖至目的地的，除合同另有约定外，承拖方可以在目的地的邻近地点或者拖船船长选定的安全港口或者锚泊地，将被拖物移交给被拖方或者其代理人，视为已经履行合同。"

（二）海上拖航合同的解除

除承拖方和被拖方协商一致解除合同外，其解除主要有下列两种情形。

1. 因当事人一方违反合同而解除

如果承拖方未能在合同规定的解约日之前，在约定的地点提供约定的拖船并使拖船处于适航、适拖状态，被拖方有权解除合同。被拖方未能在合同规定的解约日之前，在约定的地点使被拖物处于适拖状态，承拖方有权解除合同。承拖方或者被拖方有其他违约行为，致使不能实现合同的目的时，根据法律的规定，如我国《合同法》第94条第4项的规定，另一方可以解除合同。违反合同的一方当事人对另一方因此遭受的损失，除依照法律或者合同的约定可以免责外，应负赔偿责任。

2. 因非双方当事人应负责的原因而解除

根据我国《海商法》第158条和第159条的规定，起拖前或者起拖后，因不可抗力或者其他不能归责于双方的原因，致使合同不能履行或者不能继续履行时，双方均可解除合同，并互相不负赔偿责任。如果在起拖前，合同因此而被解除，并且被拖方已支付拖航费，则除合同另有约定外，承拖方应当退还该拖航费。

第二节　海上拖航合同当事人的主要权利和义务

一、承拖方的主要义务

1. 提供拖船并使之适航、适拖

承拖方应在约定的时间和地点，提供约定的拖船，除非合同中约定承拖方具有替换拖船的权利。根据《海商法》第157条第1款的规定，承拖方在起拖前和起拖当时，应当谨慎处理，使拖船处于适航、适拖状态，包括具有足够的拖力，能抵御航次中通常出现的或者能合理预见的风险；妥善配备船员（包括按照约定应由承拖方配备的被拖船上的随船船员）、装备拖船，使拖船上具备拖航作业所需的拖缆索具和其他设备，并配备供应品。

2. 负责拖航作业的指挥

除拖船协助大船靠离码头或者其他操纵外，拖航作业一般由承拖方指挥。承拖方应负责拖船与被拖物之间的接拖与解拖以及拖带航行的安全。

在拖航过程中，如拖船与被拖物相脱离，拖船应守护被拖物，尽力重新接拖，救援被拖物，并且不得请求救助报酬，除非拖船的服务超出合同约定的范围。合同中通常约定，海上拖航中，当承拖方或拖船船长认为有必要寻求第三者进行救助时，被拖方应保证承拖方、其代理人或受雇人和拖船船长具有代理被拖方以合理的条件接受救助服务的权利。

3. 合理尽速、不进行不正当绕航

承拖方应尽快完成拖航作业，不应当产生不合理的延误。除为救助或者企图救助海上人命或者财产以及为了拖航的安全而避台风等合理情况外，承拖方应按约定的或者通常习惯的或者地理上的航线，将被拖物安全地从起拖地拖至目的地。

二、承拖方的主要权利

1. 拖航费和其他约定费用的请求权

海上拖航合同是有偿合同，承拖方完成约定拖航服务，有权按合同约定收取拖航费和其他约定的费用作为报酬。其他约定的费用是指未包括在拖航费内、按照约定应当由被拖方向承拖方支付的费用，如承拖方配备的被拖船上随船船员的费用、拖船的燃油和润滑油的费用以及拖船的滞期费、承拖方为被拖方垫付的款项等。

2. 对被拖物的留置权

当被拖方不按约定支付拖航费、滞期费、承拖方为被拖方垫付的款项以及其他被拖方应向承拖方支付的费用时，承拖方可对处于其占有之下的被拖物进行留置。

三、被拖方的主要义务

1. 提供被拖物并使之适拖

被拖方应在约定的时间和地点，提供被拖物。在起拖前和起拖当时，被拖方应谨慎处理，使被拖物处于适拖状态，符合法定检验机构、被拖物保险人聘请的验船师或者拖船船长要求的适拖条件，包括保证有关的拖航设备处于正常状态，并向承拖方提交由验船师签发的被拖物适拖证书。如根据有关法规或者因承拖方、法定检验机构或者验船师的要求，在被拖物上应配备船员或者在其他被拖物上应配备传缆手时，被拖方应保证配备适当的人员并配备充分的供应品。被拖方应向承拖方如实说明被拖物的情况。

2. 服从拖船船长的指挥

当合同约定拖航由承拖方指挥时，在拖航过程中，承拖方配备的被拖物上的随船船员或其他人员应接受拖船船长的指挥，并给予拖船必要的配合。

3. 保证港口的安全

被拖方应保证起拖港、目的港和合同约定的中途挂靠港口的安全。有的合同还明确约定，拖船和被拖物在起拖港、目的港和中途港，在任何潮汐情况下均能处于安全浮泊状态。

4. 接受被拖物

被拖方在目的地接到承拖方发出的准备交付被拖物的通知后，应及时接受被拖物；否则，应按合同约定的费率向承拖方支付拖船的滞期费或者其他额外赔偿费用，除非被拖方未及时接受被拖物系天气原因或者其他可免责的原因所致。

5. 支付拖航费及其他费用

被拖方应按合同约定的费率或者金额以及支付的时间、地点和方式，向承拖方支付拖航费和其他约定的费用。由于被拖方应负责的原因,造成起拖地起拖延误、目的地解拖延误或者航行中的时间损失,被拖方应按约定支付滞期费或者其他额外赔偿费用。被拖物的一切港口费用、引航费、代理费、税款、运河通行费、保险费、第三方责任保险费以及与被拖物有关的其他费用,包括必要的辅助拖船服务费等,均应由被拖方支付。

四、海上拖航中损害赔偿责任归属

1. 承拖方与被拖方之间的损害赔偿责任

对于承拖方和被拖方之间的损害赔偿责任,我国《海商法》原则上实行过失方责任的原则。该法第 162 条规定,损害是由一方过失造成的,有过失的一方应负赔偿责任;损害是由双方过失造成的,各方按照过失程度的比例负赔偿责任。但是,经承拖方证明,被拖方的损失是由于下列原因之一造成的,承拖方不负赔偿责任:

(1)拖轮船长、船员、引航员或者承拖方的其他受雇人、代理人在驾驶拖轮或者管理拖轮中的过失;

(2)拖轮在海上救助或企图救助人命或者财产时的过失。

我国海商法的此条规定为任意性条款,仅在海上拖航合同没有约定或没有不同约定时适用。

2. 承拖方、被拖方与第三者之间的损害赔偿责任

如果在海上拖航过程中造成第三者的损害,例如,拖船或者被拖物碰撞他船,造成被碰船的损害或被碰船上人员的人身伤亡,承拖方和被拖方对第三者的损害的赔偿责任,按侵权损害赔偿的原则予以确定。但是,不论拖航采取何种方式,即吊拖、旁拖还是顶推,由于拖船与被拖物或连成一体,或相互牵连,第三者很难确定损害的发生是由于拖船的过错还是被拖物的过错所致。因而,在各国司法实践中,强调拖航中拖船与被拖物的不可分性,通常把拖船与被拖物视为单一船舶或者统一航行体,进而在确定与第三者的损害赔偿责任时,把承拖方和被拖方作为当事一方,第三者作为另一方。因此,由于承拖方和被拖方之中一方或者双方的过错造成第三者的损害时,承拖方和被拖方对损害负连带责任,但并不妨害向第三者赔付的一方,当赔付金额超过其按合同约定或者所适用的法律应承担的数额时,向另一方追偿的权利。如果第三者亦有过错,承拖方和被拖方作为当事一方,第三者作为另一方,双方按各自的过失程度比例承担责任或者损失。

练　习　题

一、填空题

1. 按起拖地和目的地的不同,海上拖航合同可分为__________和__________。

2. 由于承拖方和被拖方之中一方或者双方的过错造成第三者的损害时,承拖方和被拖方对损害负__________责任。

二、名词解释

海上拖航合同

三、简答题

1. 海上拖航合同与海上货物运输合同的区别和联系是什么?

2. 海上拖航合同与海上救助合同的区别和联系是什么?

3. 承托方的权利和义务分别是什么?

四、案例分析题

[案情]

原告:广州海上救助打捞局。

被告:关东集团海南东方船务有限公司。

1992 年 5 月 19 日,被告所属"新风"轮在汕头港因辅机故障,失去动力,该公司派王守江到汕头处理修船事宜。因该轮在汕头不能修理,拟拖往广州修理,故向原告询问拖航事宜。王守江与原告代表杨子健在汕头港进行协商,双方于 5 月 21 日签订了《拖航合同》。杨子健、王守江均在合同上签名,但双方均没有盖单位公章。合同约定:拖航费 168 000 元,签字时付 50 000元,起拖时付 50 000 元,到达目的港时付 68 000 元;如果被拖方不能按约定支付拖航费,按年息 10% 支付应付之日起至实际支付之日止的利息;被拖方负责支付被拖物保险费和对第三方责任保险费、代理费,在所有港口及根据建议对被拖物及拖航布置所进行的检验费、税费、领航费,一切港口使用费、港内操作及安全航行而需要的辅助和护航拖轮费以及其他与被拖物有关的费用。24 日,原告与汕头港引航站签订协议,委托引航站为拖带"新风"轮出港引航,并垫付引航拖带风险费 5 500 元。25 日,原告派"德利"号拖轮承拖"新风"轮,"新风"轮船长将"新风"轮交由"德利"号拖带,并配合"德利"号拖轮把"新风"轮从汕头港内锚地拖往广州。26 日 16:30 时,两船抵广州港莲花山锚地后,广州文冲船厂派拖轮辅助"德利"号拖轮将"新风"轮拖到文冲船厂,原告垫付拖航辅助费 2 415 元。27 日,被告将首期拖航费 50 000 元汇到原告指定的账户,其余款项拖欠未付。

原告于 1993 年 4 月 6 日向海事法院提起诉讼,请求法院判令被告支付拖航费 118 000 元和引航拖带风险费及辅助拖轮费等费用 7 915 元及利息。

被告答辩认为:合同约定的拖航费收费标准过高,显失公平。5 月 19 日,被告与原告联系拖船事宜,被告无法接受原告高达 168 000 元的报价,经多次协商原告均不肯让步,而此时被告已与广州文冲船厂联系好修船事宜,并订好坞期,为减少船期损失,在没有其他拖轮可供选择的情况下,被告不得已接受了原告的拖航费报价。王守江不是被告的法人代表,其未经单位授权与原告签订的《拖航合同》无效。

(源自:中律网 http://www.148com.com)

请分析:

(1)原告与被告之间的纠纷是什么类型的纠纷?

(2)原告与被告间签订的《拖航合同》是否有效?为什么?

(3)原告的请求是否合理?为什么?

(4)你认为双方之间的纠纷该如何解决?请说明理由。

实 训 题

原告(反诉被告):香港井川国际航运集团(以下简称"井川集团")

被告(反诉原告):华威近海船舶服务有限公司(以下简称"华威公司")

被告:交通部上海海上救助打捞局(以下简称"上海救捞局")

1992年12月11日，井川集团与华威公司签订了一份“TOWCON”格式的拖航合同，约定：由华威公司派“华吉”轮拖带井川集团的“昌瑞”轮（EXCELSIOR MERCURY）和“昌鑫”轮（EXCELSIOR NEPTUNE），从台湾安平港拖至广州桂山锚地，起拖期限是1993年1月10日至20日。总承包价为103 000美元，签订合同时支付20 600美元，起拖时支付30 900美元，到达目的地时支付51 500美元。根据合同应支付给承拖方的承包价和一切其他款项均无任何回扣、抵消、留置、索赔和反索赔，不论拖轮或被拖物灭失与否。承包价中的每一期付款均应在到期之日全部和不可取消地支付给承拖方。被拖物的保险费由被拖方单独负责。被拖方须指定起拖地、目的地的代理人，并支付代理费。在有关提供随船船员和支付随船船员费用的条款中注明“N/A”（不适用）。关于责任，合同约定：不论是否由于被拖方、其工作人员或代理人违反合同、疏忽或任何其他过失而发生无论何种原因对拖轮或拖轮上任何财物造成或使其遭受任何性质的灭失或损坏，有关对残骸的清除或有关拖轮的移位、照明或设标的费用，或有关预防或清除拖轮造成的污染所产生的一切责任，均由承拖方单独承担，承拖方对被拖方及其工作人员或代理人无任何追偿权；不论是否由于承拖方、其工作人员或代理人违反合同、疏忽或任何其他过失而发生对被拖物造成上述情况和产生的一切责任，均由被拖方单独承担，被拖方对承拖方及其工作人员或代理人无任何追偿权。合同还约定：本合同根据英国法律解释并受其管辖。

1993年1月18日，“华吉”轮抵达台湾安平港外锚地，等待接拖被拖船。19日20:53时，“华吉”轮以一前一后的方式拖带“昌瑞”轮和“昌鑫”轮自安平港往广州桂山锚地。两艘被拖船均没有配备随船船员。21日11:10时，“华吉”轮值班人员发现后一艘被拖船（“昌鑫”轮）船体左倾。19:45时，左倾增大，值班人员保持观察，继续拖航。22日08:00时，“昌鑫”轮左倾严重。同日，井川集团授权华威公司请求救助。应华威公司的请求，“华腾”轮等救助船到现场参加救助，但因“昌鑫”轮左倾严重，无法扶正。20:00时，在“华腾”轮的协助下，“华吉”轮将“昌鑫”轮拖离航道。21:10时，“昌鑫”轮在北纬22°16′52″、东经113°50′50″处抢滩。此后，“华吉”轮在现场守护两被拖船。2月3日09:45时，井川集团与华威公司办理了“昌瑞”轮的交接，“华吉”轮撤离现场。

“华吉”轮系巴拿马籍，华龙船务（巴拿马）有限公司所有，华威公司经营，具有日本海事协会签发的船级证书。该航次在船高级船员均具有合格的职务证书。“昌瑞”轮和“昌鑫”轮均持有台湾“中国验船中心”签发的适拖证书，适拖证书上建议在两艘被拖船各配备两名随船船员。

拖航合同签订后，井川集团共向华威公司支付拖航费80 000美元，尚欠23 000美元。1992年12月28日，井川集团委托华威公司为两艘被拖船投保，华威公司向中国人民保险公司上海浦东分公司投了船壳险，代付保险费16 000美元。12月31日，井川集团建议华威公司委托台湾三友通运股份有限公司（下称三友公司）作为安平港的船舶代理。三友公司接到华威公司的通知后，即向有关部门办理到港作业、联系锚地等手续。1993年1月11日，华威公司向三友公司支付代理费1 500美元。

井川集团向海事法院提起诉讼，认为：华威公司没有按期履行合同，拖延至1993年1月18日“华吉”轮才抵达安平港；没有按约定安排船员在被拖船；发现事故苗头后，没有及时采取措施，放任事态扩大；当事故发展至不可避免时没有及早选择一个使“昌鑫”轮抢滩的较好位置，增加了打捞的困难和费用。以上损失系华威公司的过失所致，华威公司应赔偿其因此遭受的经济损失人民币 9 800 000 元。

华威公司答辩认为,拖航合同约定的是 1 月 20 日,“华吉”轮于 1 月 18 日抵达安平港,19 日起拖,并无违约。合同对派遣随船船员问题没有约定,故被拖船的随船船员应由被拖方负责派遣。“昌瑞”轮和“昌鑫”轮均是具有 35 年船龄、停航 3 年之久的老船,虽经水泥封堵仍不能根除渗水。船舶老化以及渗水使之不能抵抗冬季台湾海峡的风浪。根据合同约定,“昌鑫”轮的所有损失均应由井川集团自行承担。

上海救捞局答辩认为:拖航合同是井川集团与华威公司签订的,上海救捞局不是拖航合同的当事人,不应作为本案的被告。井川集团对上海救捞局的起诉没有具体的诉讼请求、事实和理由。

华威公司还提出反诉,请求法院判令井川集团支付拖欠的拖航费、代垫的保险费和代理费及拖轮延滞费。

井川集团承认拖欠华威公司拖航费 23 000 美元,并表示同意在纠纷解决后支付。由于华威公司代办的保险合同未生效,因此,井川集团不应当承担被拖轮的保险费。“华吉”轮没有实际进入安平港,而是在港外接拖,井川集团不应承担“华吉”轮的代理费。

(源自:中国海事服务网 http://www.cnss.com.cn)

请分析:

(1)原告与被告之间签订的合同是哪种合同?该种合同的概念是如何定义的?合同当事人的权利和义务分别是什么?

(2)华威公司应对“昌鑫”轮的损失而赔付井川集团吗?

(3)双方的纠纷该如何解决?

要求:

(1)根据提供的案例,以小组为单位组成模拟海事法庭,每组六位同学,每位同学扮演不同的角色(审判长、原告、两被告、原被告的辩护律师等)。

(2)演示时,可以 ppt 为辅助手段进行。

(3)课后,各小组将模拟法庭的设计思路及各角色台词以书面形式上交。

第七章 船舶租用合同

【引例】 关于期租合同中航速的法律纠纷

一份3年期租合同约定船舶能达约14节航速，当船方依约定于3个月后将船开往交船地点以供租船人使用时，租方认为交船时航速仅能达到13节，而非约定的14节，故提出索赔。船方辩称，租约中有关航速的规定是依据订约当时船舶所能到达的航速而定的，并非保证交船时之航速，而证据显示订约当时该船确可达到14节航速，因此，并无违约。

设若交船之时航速可达13.5节，此时，租方还能否索赔航速减慢呢？

设若交船时该船确可达14节，但航行至租约的后期，租方能否以航速减慢至12节为由克扣租金呢？

（源自：杨军编著，《海商法案例教程》，北京大学出版社，2003年）

第一节 船舶租用合同概述

一、船舶租用合同的概念

船舶租用合同，是指船舶出租人向承租人提供约定的、由出租人配备船员或者不配备船员的船舶，由承租人在约定的期间内按照约定的用途使用，并支付租金的合同。根据我国《海商法》第128条的规定，船舶租用合同包括定期租船合同和光船租赁合同两种形式，即船舶租用合同是船舶定期租船合同和光船租赁合同的统称。

出租人(Ship Owner)和承租人(Charter)是船舶租用合同的双方当事人。出租人的主要义务是向承租人提供约定的、由出租人配备船员或不配备船员的船舶，由承租人在约定的期间内按照约定的用途使用；承租人的主要义务是按照约定向出租人支付租金。

二、船舶租用合同的订立

我国《海商法》第128条规定，定期租船合同和光船租赁合同均应当书面订立。与航次租船合同的情形相同，船舶租用合同通常是在双方当事人选定的合同格式基础上，对格式中所列条款，按双方意图进行修改、删减和补充而达成。

三、船舶租用合同的法律适用

与航次租船合同的情况相同，目前国际上没有关于船舶租用合同的国际公约。英美法系国家的法律对此种合同不作规定，双方当事人依据“合同自由”原则商订合同的内容；大陆法系国家的法律一般对此种合同亦不作规定或者不作强制性规定。

在我国,《海商法》第六章是关于船舶租用合同的专门规定。但是,为了与国际上的通常做法保持一致,《海商法》第127条规定:“本章关于出租人和承租人之间权利、义务的规定,仅在船舶租用合同没有约定或者没有不同约定时适用。”换言之,《海商法》这一章中有关船舶租用合同双方当事人权利、义务的规定,均为任意性条款,但这一章中非有关船舶租用合同双方当事人权利、义务的规定,如第128条关于船舶租用合同应当书面订立的规定,为强制性条款。船舶租用合同通常订有法律适用条款,约定合同所适用的法律。

第二节　定期租船合同

一、定期租船合同的定义及特点

定期租船合同(Time Charter),又称期租合同,“是指船舶出租人向承租人提供约定的由出租人配备船员的船舶,由承租人在约定的期间按约定的用途使用,并支付租金的合同”(《海商法》第129条)。

定期租船合同具有如下特点:

(1)出租人负责为船舶配备船长和船员,负责船舶航行和内部管理事务,并负担船员工资、船舶维修保养及船舶保险等有关费用。

(2)承租人负责船舶的营运调度,并负担船舶营运费用,如船舶燃油费、港口使用费及货物装卸费等。这点与航次租船合同不同,在航次租船合同下,船舶的营运及其费用,均由出租人负责。因此,相比较而言,期租下承租人承担的风险比程租下要高。

(3)租金由承租人按租用船舶的时间和租金率支付,如每月每船舶载重吨若干金额,或每日若干金额。此点与航次租船合同下按货物数量或包干计算运费的情况不同。因此,总的说来,期租下时间损失风险在承租人一方(所以有停租条款、航速担保条款等);而程租下除去装卸港内作业之外的时间损失风险是在出租人一方(装卸作业有滞期费条款)。

(4)承租人在约定的时间和约定的用途范围内使用船舶。时间通常按年、半年或月计算,近年来通行的航次期租(Time Charter Trip,TCT),则是以一个航次为期限。由于在此期限内出租人将船舶交由承租人占用,因而合同中通常须规定经营范围、航行区域等不同于航次租船合同的内容。

从法律关系上看,定期租船合同的当事人一方是出租人,即船舶所有人;另一方是承租人,可能是货主,也可能是船舶经营人或运输公司等。船舶出租人通过签订定期租船合同将船舶的使用权转让给承租人,承租人按合同的规定使用船舶并向出租人支付租金,因此,一定程度上讲,定期租船合同调整的是当事人双方对船舶的出租和使用的关系,具有财产租赁合同的性质。但它又不同于一般的财产租赁,因为船舶的占有权和管理权仍在出租人手中;而且承租人将船舶租来之后,多是用于运送货物(不论是自己的货还是他人的货),定期租船合同中确实也有许多条款是直接针对货物运输的,这就使其具有了一定的运输合同的性质。所以,一般认为,定期租船合同具有财产租赁合同和运输合同的双重性。当然也有极少数例外的情况,承租人将船舶定期租来后不是用于货物运输,而是用作仓库、游乐或水上饭店等,这时的定期租船合同就不具有运输合同的性质。

二、定期租船合同的标准格式

目前,国际航运市场上使用最多的期租标准格式是美国纽约产品交易所(又译土产交易所,The New York Produce Exchange,NYPE)的《定期租船合同》,租约代号为“土产格式”。航运界常称为“NYPE”、“纽约格式”或“政府格式”(因该格式经美国政府批准而得名)。该格式制订于1913年,后经1921年、1931年、1946年、1981年和1993年5次修订。目前使用较多的是1946年修订的格式,尽管其不少条文早已过时。该格式1981年修订后命名为ASBATIME,但不成功。所以1993年的修订格式正名为“NYPE93”。NYPE对出租人和承租人双方责任和义务的规定较为平衡和公道。据估计,目前90%的期租租约以NYPE为基础。在今天租船多数是期租而非程租的情况下,人们最熟悉的合同格式显然应当是NYPE。除NYPE外的期租标准格式还有波罗的海国际航运公会制订的《统一定期租船合同》(Baltic and International Maritime Conference Uniform Time Charter),租约代号为“波尔的姆”(BALTIME)。该格式比较袒护出租人的利益。因此,在市场有利于船东的情况下,该格式使用得较多;但自1973年后市场对船东不利,该格式已逐渐减少使用,即使使用亦已改得面目全非。此外的期租标准格式有中国租船公司制订的《定期租船合同》(Time Charter Party),租约代号为“中租1980”(SINOTIME 1980),以及LINERTIME、FONASBATIME等。与程租林林总总的标准格式相比,期租的标准格式要少得多。

三、定期租船合同的主要内容

我国《海商法》第130条规定:“定期租船合同的内容,主要包括出租人和承租人的名称、船名、船籍、船级、吨位、容积、船速、燃料消耗、航区、用途、租船期间、交船和还船的时间和地点以及条件、租金及其支付,以及其他有关事项。”

上述内容中,船名、船籍、船级、吨位、容积等有关船舶说明的事项,与航次租船合同的规定相同或相似,此处不再重复,除此之外的期租主要条款如下。

(一)船速与燃料消耗(Vessel's Speed and Fuel Consumption)

由于期租的承租人是按照时间支付租金并负担燃料费用,因此,船舶航行速度和燃料消耗情况直接关系到承租人的利益。双方当事人在合同中应当明确并尽可能完整与紧密地约定船速和燃料消耗量,出租人应提供符合约定的船舶。如果实际船速与燃料消耗量与合同约定不符并给承租人造成损失,承租人有权向出租人索赔。

由于期租订约后到真正交船可能会有一段时间,而租期较长的船舶在航行一定时间后亦会降低航速,因此,一般认为,在没有相反约定的情况下,只要出租人将船舶交给承租人时符合船速和燃料消耗的约定,即视为出租人履行了合同。

(二)租期(Period of Hire)

租期是期租合同中规定的承租人租用船舶的期限。租期的长短由当事人双方协商确定。租期的计算方法有三种。

(1)合同订明租期,法律“默示”给予一个附加的伸缩期,如4~6个月租期可伸缩5天。若承租人在伸缩期内还船,虽然超过了订明的期限(如6个月零3天),不视为承租人违约。这一默示的原因是基于海上运输的特点,租期届满之日与承租人完成最后航次之日很难吻合。

(2)合同订明伸缩期,如6个月租期,但可减少或延续10天,订明的伸缩期被视为严格的租约期限。

(3)合同明确规定无伸缩期,如保证6个月为期,或用明确的字眼订明如“最少3个月,最长6个月”。此期限即为严格期限,不能增减。

(三)交船(Delivery of Vessel)

交船即出租人依合同规定将船舶交与承租人使用。交船条款要明确如下三个问题。

1. 交船地点

合同中应订明是在港口、码头、泊位或其他地点交船。地点应尽可能订得具体,如,某地最后一次领航站,某地灯塔等。租约订得明确,有利于减少纠纷。

2. 交船时间

出租人应在合同规定的期限内,将船舶交给承租人。多数期租合同规定,交船期的最后1天为解约日,出租人如未能在此日期前交船,承租人有权解除合同。对此,我国《海商法》第131条作出了明确规定:“出租人应当按照合同约定的时间交船。出租人违反前款规定的,承租人有权解除合同。出租人将船舶延误情况和船舶预期抵达交船港的日期通知承租人的,承租人应当自接到通知时起48小时内,将解除合同或者继续租用船舶的决定通知出租人。因出租人过失延误提供船舶致使承租人遭受损失的,出租人应当负赔偿责任。”交船时间也应尽可能订得明确,如,是按格林尼治时间还是按交船当地时间,合同中应写明(NYPE93第10条规定有关时间的计算以格林尼治时间为准)。

3. 交船时的船舶状态

出租人在将船舶交与承租人时,应使船舶处于适航状态并应适于约定的用途(如货舱备妥等)。NYPE93第2条规定:“船舶在交付时应以清洁的货舱准备接受货物,船舶须紧密、坚实、牢固,并在各方面适于通常货物的运输。同时,船舶须备有压舱水和足够开动货物装卸设备的电力。”我国《海商法》第132条规定:“出租人交付船舶时,应当做到谨慎处理,使船舶适航。交付的船舶应当适于约定的用途。出租人违反前款规定的,承租人有权解除合同,并有权要求赔偿因此遭受的损失。”合同中通常还规定交船时船上所剩燃料的数量,并由承租人按一定的价格(如当时当地的价格或订明的价格等)购买。

(四)航区(Trading Limits)

期租合同中均订有航区条款,规定承租人可以指示船舶前往的区域(如协会保证条款区域)和不能指示船舶前往的区域(如战区、冰冻区及不可以进行合法贸易的地区等),同时要求承租人保证其指示的港口或地点必须是安全的港口或地点。承租人若指示船舶开往非约定的航区或不安全的港口和地点,出租人(或船长)可以拒绝执行,并有权解除合同。即使船长在“抗议下”执行了该指示,承租人对因此而引起的船舶损失也须负赔偿责任。我国《海商法》第134条对此做了规定:“承租人应当保证船舶在约定航区内的安全港口或者地点之间从事约定的海上运输。承租人违反前款规定的,出租人有权解除合同,并有权要求赔偿因此遭受的损失。”

(五)货物(Cargo)

期租合同一般规定承租人可以装运的货物,如合法货物,同时特别规定不准装运的货物。如NYPE 93第4条列明的除外货物有活牲畜、武器、弹药、炸药、原子弹和放射性物质等。如果出租人不想让船舶装运某些货物(如新船不宜装运食盐、废钢铁等),一定要在合同中列明,不能笼统地只写危险货物。凡是合同约定的除外货物,船长均有权拒绝接受。对因此造成的损失,承租人须负赔偿责任。对此,我国《海商法》第135条规定,承租人应当保证船舶用于运输约定的合法的货物。承租人将船舶用于运输活动物或者危险货物的,应当事先征得出租人的同意。承租人违反上述规定致使出租人遭受损失的,应当负赔偿责任。

(六)承租人的指示(Charterers Instruction)

期租合同中通常规定,船长在合同期间应当听从承租人的指示。船长虽然受聘于船东,但根据合同他必须遵从承租人的指示,形同受雇于承租人及作为承租人的代理人。当然,承租人的指示需符合期租合同的约定。对此,我国《海商法》第136条规定:"承租人有权就船舶的营运向船长发出指示,但是不得违反定期租船合同的约定。"

通常认为,承租人不得发出如下指示:

(1)违反合同的指示。如指示船长装运合同约定范围之外的货物,或驶往合同约定航区之外的地区等。

(2)与合同无关的指示。如承租人为了自身利益而作出的加满廉价燃油的指示。

(3)有欺诈和其他违法因素的指示。如指示船长倒签提单或签发提单记载货量多于实际货载,指示船长在目的港无单放货,指示船长非法绕航等。

(4)超出船舶营运事项的指示。承租人不得对航行及船舶的安全等超出营运范围的事项发出指示。如指示船舶加速航行或以船首破冰等。如果承租人发出上述不应发出的指示时,船长有权加以拒绝。

如果由于船长听从承租人的指示而对船舶造成了损害,或者使出租人由此遭受到其他经济损失,承租人须负责赔偿。所以该条款又被称为"受雇及赔偿条款"。

(七)转租(Sub-let)

期租合同中通常定有转租条款,规定租船人在合同期间可以将船舶转租他人。但承租人与转承租人订立的转租合同,在航区、货物范围等方面,不得与原租船合同相抵触。如NYPE93第18条规定,除非另有协议,承租人可以在该租约规定的租期内将船舶的部分或全部进行转租,但承租人始终负有履行该租约的责任。我国《海商法》第137条也规定,承租人可以将租用的船舶转租,但是应当将转租的情况及时通知出租人。租用的船舶转租后,原租船合同约定的权利和义务不受影响。

(八)应付费用(Payment)

期租合同中一般订明出租人和承租人各自应负责的费用。如出租人负责支付船员工资与伙食、船舶检验与维修费用、船舶保险费用及其他船舶管理与日常费用等。承租人负责引航费、代理费、港口使用费、拖航费、货物装卸费及其他与营运有关的费用等。任何一方要把应由自己负担的费用转嫁对方,如出租人要想把所有的附加保费都转嫁给承租人,一定要在合同中用足够明确的文字订明,以避免纠纷发生。

(九)租金(Hire Payment)

租金是承租人按租用船舶的时间及约定的租金率支付给出租人的报酬。按约定的方式准时、足额支付租金是承租人的主要义务。在整个租期内,即从交船时起至还船时止,承租人均需向出租人支付租金,除非发生合同内订明的可以停付租金的情况,或承租人能够证明时间的损失是由于出租人的违约行为所造成。

租金通常按每天(或每月)每载重吨若干金额计收。在 NYPE46 中,租金是按日历月结算,但由于日历月由 28 天到 31 天不等,实践中容易出现纠纷,NYPE 93 改为按日或按 30 天为一月计算,而非可长可短的日历月。一般规定每一期租金应预付。如 NYPE 93 第 11 条规定租金 15 天预付一次。承租人应注意准时预付租金,即出租人或其指定的银行应在每一期租金应付之日之前或当天收到该期租金。承租人还应注意足额支付租金,除非是法律或合同所允许的扣减(如停租事件或对等抵消)。如果承租人不按合同规定准时足额支付租金,不管承租人是否有过失,是否只是分秒的延误,或是否只是分毫的少付,出租人均可据此撤船。特别是在市场运价升高时,承租人尤其要注意此点。撤船系出租人单方的法律行为,无需征得承租人同意或履行其他手续。当然出租人应在合同规定的或合理的时间内行使这一权利,否则便构成弃权。承租人为了避免出租人以未准时足额付租为由随便撤船,可在合同中订入"反技术性取巧"条款,规定出租人在撤船前应书面通知承租人在若干个银行工作日内予以弥补,只有在该期间内承租人仍未及时支付租金时,出租人才可撤船。NYPE 93 第 11 条将该实践纳入条文,规定:由于承租人或其银行的过失或疏忽未能准时支付租金时,出租人应给承租人一宽限期间。

我国《海商法》第 140 条规定,承租人应当按照合同约定支付租金。承租人未按照合同约定支付租金的,出租人有权解除合同,并有权要求赔偿因此遭受的损失。

(十)停租(Off Hire)

停租是指在租期内,非由于承租人的原因,船舶不能正常营运,对因此而损失的营运时间,承租人可以停付租金。

本来,承租人在整个租期内均应按合同连续支付租金,但在有些情况下,如船舶入坞修理,船长在开航前死亡等,承租人不能正常使用船舶,而这些情况又非都由出租人的过失所造成。因此,为了保护承租人的利益,一般在期租合同中均订有停租条款,规定在某些情况下,主要是由于船舶本身的原因,而不管船方有无过失,一引起时间损失,就停付租金。

停租条款通常要列明停租事由。如 NYPE93 第 17 条规定的停租事由有:船员不足;物料不足;火灾;船体、船机或设备的故障或损坏;搁浅;因船舶被扣押而延滞;因船舶或货物发生海损事故而延滞;船舶因检验或油漆船底而入坞;违反承租人指示的绕航或返航(货物事故或救助海上人命与财产除外);任何其他类似原因阻碍船舶充分工作引起的时间损失。由于停租条款被视为承租人的一种免责条款,即免除承租人在租期内连续交付租金的责任,因此,承租人应争取使合同中所列的停租事由尽可能地广泛和明确;否则,法院通常会作出不利于承租人的判决。

关于承租人可停租的时间,NYPE 规定的是"净"时间损失,即承租人不单要证明发生过停租条款规定的停租事由,而且要证明这些事由的发生造成了自己不能最有效地使用该船而带来时间损失。如果发生了停租条款所订明的事由,但没有影响承租人有效地使用船舶,没法证明有"净"时间损失,承租人不能据此停付租金。如,船舶主机发生问题进行修理,但不影响租方卸货,或船舶吊机在航程途中发生故障,但在到达卸货港之前已将吊机修好,承租人没有时间损失,则不能停付租金。

关于停租时间的起算问题,目前的期租合同中主要采用两种方法:一种是即时起算,即承租人只要实际遭受时间损失,就可从当时起算停租时间;另一种是限期起算,即承租人只能在连续遭受时间损失超过一定时间(如12小时、24小时等)后,才可从时间损失之时起计算停租时间。具体采用什么起算方法,由双方当事人商定。NYPE93采用的是即时起算的方法,我国《海商法》采用的是限期起算方法。《海商法》第133条第2款规定,船舶不符合约定的适航状态或者其他状态而不能正常营运连续满24小时的,对因此而损失的营运时间,承租人不付租金,但是上述状态是由承租人造成的除外。

关于停租时间的结束,实践中亦有争议。如,某船在途中因机器故障绕去某港修理,承租人与出租人对停租均无异议,但对停租结束时间产生了分歧:出租人坚持是船舶离开修理港之时,因为此时船已再度投入使用;而承租人坚持从船舶回到原来航程中出现停租事项的地点,而这可能是在几天之后。为了避免争执,有些期租合同订入了"等距离条款",即规定船舶须回到原来开始停租的地点,或回到一个在地理上距离相等的位置时,停租时间才告结束。停租事项发生后,承租人只停付租金还是也停付其他费用,亦需在合同中订明。如NYPE93第17条规定,停租期间船舶消耗的全部燃料由出租人负担费用。同时,该条款还规定,如果船舶在航行时,由于船体、船机或设备任何部分的缺陷或故障致使船速下降,因此损失的时间和因此产生的任何额外燃料费,以及一切额外公认的费用,均可从租金中予以扣除。

(十一)免责(Exception)

期租合同中通常订有免责条款,如NYPE93第21条"免责条款"规定;天灾,公敌,火灾,君主、当权者和人民的禁止,海上、内河、船机、锅炉和航行的所有危险和意外,以及本租船合同租期内的航行错误,双方均可免责。同时,NYPE93第31条"保护条款"中还有"首要条款",规定租约及租约下出的提单和海运单应受美国《海上货物运输法》、《海牙规则》、《海牙—维斯比规则》或其他相应的国内法的约束。因此,如果定期租船合同并入"首要条款",则免责范围不是根据"免责条款",而是根据"首要条款"中有关法律的规定。

(十二)留置权(Liens)

某些情况发生时,承租人与出租人均可行使留置权。如NYPE93第23条规定,出租人得因任何根据本租船合同应得款项,包括共同海损分摊,而对所有货物和所有转租运费和预转租租金行使留置权;承租人得因所有预付但未取得的款项,任何超额支付的租金或本应立即退还的多余保证金而对船舶行使留置权。实际中,由于留置货物、船舶等存在诸多问题,所以我国《海商法》第141条规定,承租人未向出租人支付租金或者合同约定的其他款项的,出租人对船上属于承租人的货物和财产以及转租船舶的收入有留置权。这表明,出租人只能留置船上属于承租人的货物和财产(如属于承租人的燃料等)以及转租租金或转租运费。至于承租人对船舶的留置权,我国《海商法》未作规定。

(十三)还船(Redelivery of Vessel)

还船即在租期届满时,承租人按合同约定的时间、地点和条件把船舶还给出租人。

还船时间一般应在约定的租期届满之时,但也可在明示或默示的宽限期内。承租人提前还船或延期还船,都应对出租人的租金损失予以赔偿。但在延期还船的情况下,应注意有合法的最后航次和非法的最后航次之分。

所谓合法的最后航次,是指当承租人在租期内指示最后航次时,合理预计其能在租期(包括明示或默示的宽限期)届满之日完成的航次。承租人指示船舶作合法的最后航次时,如因某种原因(非出租人的过错)导致在租期届满后才还船的,即使最后航次是合法的,承租人仍然负有准时还船的责任;否则即构成违约。违约的赔偿是支付租期届满日至还船时的租约租金率与市场租金率之间的差额。但按租约属于承租人免责范围的,承租人可免除赔偿责任。对此,我国《海商法》第 143 条规定,经合理计算,完成最后航次的日期约为合同约定的还船日期,但可能超过合同约定的还船日期的,承租人有权超期用船以完成该航次。超期期间,承租人应当按照合同约定的租金率支付租金;市场的租金率高于合同约定的租金率的,承租人应当按照市场租金率支付租金。

所谓非法的最后航次,是指承租人在租期内指示最后航次时,合理预计显然不可能在租期(包括明示或默示的宽限期)届满之日完成的航次。当承租人指示船舶进行非法的最后航次时,船方可以不执行该航次,或在抗议下执行航次后,再向承租人索赔。

还船地点通常规定为两个或几个港口,或一个区域,由承租人选择。NYPE93 第 10 条要求承租人应至少在××天之前将预计还船的日期和港口通知出租人。

关于还船时船舶的状态,NYPE93 第 10 条规定,承租人把船舶还给出租人时,船舶应处于交船时类似的良好状态,但正常磨损除外。我国《海商法》第 142 条也有类似的规定。至于哪些属于正常磨损,通常通过比较交船检验报告和还船检验报告予以确定。NYPE93 第 3 条对交船与还船检验做了规定。此外,同交船时的要求一样,合同中通常规定还船时船上所剩燃料的数量,并规定燃料价格的计算方法。

此外,定期租船合同中还有共同海损条款、新杰森条款、双方有责碰撞条款、佣金条款、冰冻条款、战争条款及仲裁等条款。

第三节　光船租赁合同

一、光船租赁合同的概念与特点

光船租赁合同(Bareboat Charter),又称光船租船合同,“是指船舶出租人向承租人提供不配备船员的船舶,在约定的期间由承租人占有、使用和营运,并向出租人支付租金的合同”(《海商法》第 144 条)。

光船租赁合同具有如下特点:

(1)在光船租赁合同下,出租人提供的是不配备船员的船舶,他只保留了对船舶的处分权和收取租金的权利,而将船舶的占有与使用权转移给了承租人,因此,光船租赁合同在法律性质上具有民法上一般财产租赁合同的特征。但是,由于光船租赁合同的标的是船舶,光船租赁的主要目的是从事海上运输,因而仍将其划归海商法调整。

(2)出租人仅负责提供适航的船舶及与船舶有关的文件,承租人自配船员并负责船舶的航运管理及营运,因此,船员的工资与伙食、船舶的维修与保养、营运费用、港口费用以及营运风险等均由承租人承担,船舶保险费用一般也由承租人承担,承租人还应根据协议按期支付租金。

由于光船租赁合同具有上述特点,一些缺乏资金建造或购买船舶的航运企业,便以光船的形式租船,以达到融资的目的(如租购),或达到节省开支的目的(如节省船舶买入费、税费、登记费及避开本国有关船员工资、社会保险等方面的严格规定）。

二、光船租赁合同的标准格式

光船租赁合同和航次租船合同及定期租船合同一样，通常也是在事先拟定的标准格式的基础上订立的。目前，国际上普遍采用的光船租赁合同格式是波罗的海国际航运公会1989年出版的《标准光船租赁合同》，租约代号为“贝尔康”（BARECON）。该格式将1974年的“贝尔康A”和“贝尔康B”合并为一体，分为5个部分：第一部分为光船租赁基本情况的说明；第二部分为光船租赁合同当事人权利与义务的规定；第三部分为适用于建造新船的规定；第四部分为租购合同的规定；第五部分为适用于已登记船舶的光船租赁登记的规定。

三、光船租赁合同的主要内容

我国《海商法》第145条规定：“光船租赁合同的内容，主要包括出租人和承租人的名称、船名、船籍、船级、吨位、容积、航区、用途、租船期间、交船和还船的时间和地点以及条件、船舶检验、船舶的保养维修、租金及其支付、船舶保险、合同解除的时间和条件，以及其他有关事项。”上述内容有的与定期租船合同相同，如写明出租人与承租人的名称；出租人提供适航的船舶；承租人应保证船舶在约定的航区和港口之间从事约定的运输，并保证船舶用于运输约定的合法货物；除自然磨损外，还船时船舶状态应与交船时相同以及合法的最后航次规定等，均适用于光船租赁合同。因此，以下仅就光船租赁合同的特别规定加以说明。

1. 船舶检验

交船和还船时，出租人和承租人应各自指定检验人员对船舶进行检验，并各自承担相应的时间损失和检验费用。在租期内，出租人亦有权对船舶状态进行检验。

2. 船舶保养与维修

在租期内，船舶由承租人占有与使用，因此，承租人应负责船舶的维修与保养。对此，我国《海商法》第147条规定：“在光船租赁期间，承租人负责船舶的保养、维修。”

3. 船舶保险

一般说来，在光船租赁期间，承租人应负责船舶的保险。承租人要按照合同约定的船舶价值，以出租人同意的保险方式为船舶进行保险，并负担保险费用。承租人违反规定未予投保的，出租人有权命令其投保。承租人未按合同规定进行投保的，出租人有权撤船。当船舶发生保险责任范围内的事故时，保险赔偿金应先支付给出租人，然后再由出租人和承租人按各自受损的程度分配。

4. 船舶抵押与转租

出租人若对船舶进行抵押，必须事先征得承租人的同意。我国《海商法》第151条规定：“未经承租人事先书面同意，出租人不得在光船租赁期间对船舶设定抵押权。”同时，我国《海商法》第150条也明确规定：“在光船租赁期间，未经出租人书面同意，承租人不得转让合同的权利与义务，或者以光船租赁的方式将船舶进行转租。”

5. 船舶租购

一般情况下，在光船租赁期限届满时，承租人应将船舶交还出租人，但有些光船租赁合同订有租购条款，承租人按照合同约定付清费用后，船舶所有权即转归承租人。这是一种融资购船的方式。

练　习　题

一、填空题

1. 我国《海商法》第 128 条规定，定期租船合同和光船租赁合同均应当＿＿＿＿订立。

2. 出租人应在合同规定的期限内，将船舶交给承租人。多数期租合同规定，交船期的最后一天为＿＿＿日，出租人如未能在此日期前交船，承租人有权解除合同。

3.《海商法》第 133 条第 2 款规定，船舶不符合约定的适航状态或者其他状态而不能正常营运连续满＿＿＿小时的，对因此而损失的营运时间，承租人不付租金，但是上述状态是由承租人造成的除外。

4. 一般说来，在光船租赁期间，＿＿＿＿＿应负责船舶的保险。

二、名词解释

船舶租用合同　定期租船合同　光船租赁合同

三、简答题

1. 定期租船合同的特点是什么？

2. 光船租赁合同的特点是什么？

3. 定期租船合同和光船租赁合同的区别和联系是什么？

四、案例分析题

[案情]

一艘十多年船龄的船，租约并没订明要装什么货，船方在交船前作例行的清理货舱，做好了装运一般货物的准备工作，但当抵达交船港时租船人始通知要装散装糖(Bulk Sugar)，因此还要进一步做货舱清理工作。租方由此认为该船交船时并未准备就绪，应属违约，并应停付清理货舱所需时间的租金以及由船方来支付雇用岸上工人的工作费用等。船方为合理减低损失(这是必须的)，故一方面仍然照做清理货舱的工作，另一方面通知租船人保留追偿的权利，并请公证人(Surveyor)验舱证明："该舱暂不适合装运像散装糖这样很清洁的货物，但对一般货物(Ordinary Cargo)而言则是完全适合的"。事后，船方即据此向租船人提出索赔，认为由于在租约中没有订明交船时须做准备装运很洁净的货物，而该舱对一般货物而言是适合的。船舶只做装运一般货物的交船准备工作并无违约，租船人没有理由去停租索赔，同时洗舱费用亦应由租船人支付。

(源自：杨军编著，《海商法案例教程》，北京大学出版社，2003 年)

请分析：

(1) 双方的纠纷是由谁的过错造成的？为什么？

(2) 你认为本案中的纠纷该如何解决？请说明理由。

实　训　题

原告：上海远洋运输公司

被告：星星控股有限公司

2002 年 5 月 30 日至 9 月 19 日，原告上海远洋运输公司(以下简称远洋公司)下属的上海远洋船舶供应公司(以下简称供应公司)多次向“皇冠”(CROWN)轮供应船上伙食和免税商品等物料。“皇冠”轮船员在物料供应的账单上加盖该轮船章作了确认。供应公司为收取该物料供应的款项向上海仁川国际渡轮有限公司(以下简称仁川公司)开出发票。仁川公司向供应公司支付了部分款项,但供应公司尚有101 519.75美元和人民币97 077.94元欠款未收到。

被告挪威星星控股有限公司(STAR HOLDING ANS,以下简称星星公司)系巴哈马籍“挪威星”(NORWEGIAN STAR)轮的船舶所有人。1999年11月8日,星星公司与阿克提娜公司(ACTINOR CRUISE AS)签订一份光船租赁合同,将“挪威星”轮光租给阿克提娜公司。2002年5月3日,阿克提娜公司与澳门皇冠公司(以下简称皇冠公司)签订另一份光船租赁合同,又将“挪威星”轮光租给皇冠公司,并约定该轮重新命名为“皇冠”轮。上述两份合同均采用波罗的海国际航运工会标准船舶光租格式(“1989BARECON”),两份合同所约光船租赁事宜均未经登记。

2001年12月23日,皇冠公司与仁川公司签订“上海—济洲旅游航线合作协议”,约定皇冠公司承担该航线的一切经营费用和风险,包括燃物料费用、港口费、管理费、代理费、营业税等,以及该航线经营中给仁川公司和任何第三方所造成的任何损失;航线以仁川公司名义营运。为履行该协议,皇冠公司和仁川公司将“皇冠”轮用于经营。涉案船舶物料供应发生在该协议履行期间。

(源自:法律宝典网 http://www.51zy.cn)

请分析:

(1)原告要求被告承担物料供应余款的要求合理吗?为什么?

(2)你认为双方之间的纠纷该如何解决?

要求:

(1)课下以小组为单位进行讨论,每组4~5人。

(2)课堂上汇报讨论的结果,并以ppt为辅助展现汇报的内容。

(3)教师和同学可以向汇报的小组成员提出针对案件的问题。

第五篇　海上赔偿责任法律制度

第八章　船舶碰撞

【引例】关于船舶碰撞地法律纠纷

1986 年 7 月 21 日夜晚，英国籍船舶“迈蒂斯”轮驶入中国黄埔港，当时其航速为 12 海里，航向自东向西。当时中国籍船舶“秦丰”轮也正自黄埔港驶出，其航速为 17 海里，航向偏东北方向。两船在黄埔港外相遇，当时船舶处于天气晴朗、能见度良好的环境，两船的航行路线形成交叉相遇局面。根据航行规则，“迈蒂斯”轮为权力船，当它发现“秦丰”轮后，继续保持原来航向，并鸣笛示意。“秦丰”轮继续航行，并没有改变航向的意图。两船越驶越近，已形成紧迫的局面，“迈蒂斯”轮向“秦丰”轮连续发出紧急“避碰规则”的信号，但“秦丰”轮毫无反应。在这个危险处境中，“迈蒂斯”轮为了避免与“秦丰”轮碰撞，即采取向右转的避让措施。此时，“秦丰”轮并未按规定向右转向，反而是向左避让，结果抢越了“迈蒂斯”轮的船首，两船发生碰撞。

碰撞事故发生后，“迈蒂斯”轮向“秦丰”轮提出损害赔偿请求遭拒绝后，向我国海事法院提起诉讼。

（源自：杨军编著，《海商法案例教程》，北京大学出版社，2003 年）

第一节　船舶碰撞的概念与种类

船舶碰撞是海上航行中常见的侵权行为，它引起海上赔偿责任法律关系，并导致一系列的海事法律问题。即使在船舶导航设备和航运技术十分发达的今天，船舶碰撞也是不可避免的。而且，随着海上航行的船舶及其所载货物的价值不断增加和提高，船舶碰撞对于财产、人员造成的损失以及对于环境造成的损害日趋严重。因此，有关船舶碰撞的立法历来受到各国政府的重视，不论是大陆法系国家，还是英美法系国家均运用成文法调整船舶碰撞关系。而且，为了统一这一法律制度，相继出现了若干个有关船舶碰撞的国际公约。

一、船舶碰撞的概念

（一）传统概念与新概念

在船舶碰撞法律制度的发展过程中，基于国际海运市场的发展和法律调整机制以及有关船舶碰撞的法律观念的变化,使得人们对于船舶碰撞的传统概念提出了挑战,故当今的船舶碰撞法律制度上存在传统概念和新概念的区别。

1. 传统概念

在海运市场的长期发展过程中,船舶碰撞形成了传统的概念,而且存在着广义和狭义的船舶碰撞的区别。

(1)广义的船舶碰撞。广义的船舶碰撞,是指船舶之间在海上或与海相通的可航水域发生实际接触造成一方或多方损害的事故。

(2)狭义的船舶碰撞。狭义的船舶碰撞,就是海商法上的船舶碰撞。它通常是指海船与海船之间、海船与内河船舶之间发生碰撞导致有关船舶及船上财产、人员损害。多数国家法律和国际公约将军用船舶和政府公务船舶排除在船舶碰撞法之外,但有些国家则将军用船舶和政府公务船舶纳入船舶碰撞法。

狭义船舶碰撞与广义船舶碰撞的构成要件并无多大区别,只是狭义的船舶碰撞较之广义船舶碰撞在船舶范围上要窄。

2. 新概念

传统的船舶碰撞概念已延续一百多年,它随着航海事业的发展及海上侵权行为的多样化,已不适应现代法律的需要。因此,出现了船舶碰撞的新概念。这一新概念最早出现于国际海事委员会于 1987 年起草的《确定海事碰撞损害赔偿的国际公约草案》(又称《里斯本规则草案》)。该公约草案规定了两个船舶碰撞定义。其一,船舶碰撞,是指船舶间发生的导致灭失或损害的任何事故,即使船舶没有发生实际接触。其二,船舶碰撞,是指一船或多船的过失造成的两船或多船间的相互作用所引起的灭失或损害,而不论船舶间是否发生接触。该公约草案同时规定,船舶,是指碰撞中所涉及的不论是否可航的任何船只、船艇、机器、井架或平台。船舶碰撞新概念突破了传统概念。船舶碰撞新概念构成要件如下。

(1)碰撞适用的船舶范围扩大了。碰撞包括船舶间、船舶与非船舶间的碰撞。

(2)船舶间无需实际接触。船舶之间虽未发生实际接触,但只要造成了损害,就构成碰撞。这就扩大了船舶碰撞的适用范围。

(3)根据《里斯本规则草案》定义二,船舶碰撞以过失为要件。这就排除了因不可抗力或意外事故所致的碰撞。在此意义上,新概念又缩小了船舶碰撞的范围。显然,该规则草案定义——确定的船舶碰撞的内涵更为可取。

(4)船舶碰撞以损害事实为要件。这种损害可能是实际接触造成的,也可能是间接引起的。

应当指出,《里斯本规则草案》提出的船舶碰撞新概念,旨在统一海上一切侵权行为所引起的损害赔偿。但新规则和新概念不是取代而是补充现行的有关船舶碰撞的国际公约或国际惯例。新概念仅适用于《里斯本规则草案》范围内,与该规则草案提出的损害赔偿的原则和计算方法关系密切,而船舶间碰撞责任的确定仍不适用该规则草案。

(二)我国《海商法》中的船舶碰撞概念

我国《海商法》第 165 条给船舶碰撞下了这样的定义:“船舶碰撞,是指船舶在海上或者与海相通的可航水域发生接触造成损害的事故。前款所指船舶,包括与本法第三条所指船舶碰撞的任何其他非用于军事的或者政府公务的船艇。”

《海商法》第3条第1款规定:“本法所称船舶,是指海船和其他海上移动式装置,但用于军事的、政府公务的船舶和20总吨以下的小型船艇除外。”《海商法》第170条规定:“船舶因操纵不当或者不遵守航行规章,虽然实际上没有同其他船舶发生碰撞,但是使其他船舶以及船上的人员、货物或者其他财产遭受损失的,适用本章的规定。”据此可知,我国《海商法》规定的船舶碰撞的构成要件如下。

1. 碰撞必须发生在船舶之间

碰撞的船舶,一方必须是除用于军事的或政府公务的船舶和20总吨以下的小型船艇以外的海船和其他移动式装置,另一方必须是除用于军事的或政府公务的船舶以外的任何船艇,包括海船、内河船、20总吨以下的小型船艇。这一要件排除了下列碰撞:

(1)用于军事的或政府公务的船舶与任何其他船舶的碰撞;

(2)20总吨以下的小型船艇间的碰撞;

(3)任何船舶与固定建筑物或设施间的碰撞;

(4)非《海商法》所规定船舶之间的碰撞,例如,内河上的内河船之间的碰撞不属《海商法》中的船舶碰撞。

2. 碰撞必须发生在海上或与海相通的可航水域

“与海相通的可航水域”应指可供20总吨以上海船自由航行的通海水域。任何与海相通但不可航行水域发生的船舶碰撞,都不适用《海商法》关于船舶碰撞的规定。

3. 碰撞须有损害结果

船舶碰撞没有造成船舶及船上人员、货物或者其他财产损失的,不构成船舶碰撞。

4. 间接碰撞须因过失所致

在我国,直接碰撞不以过失为要件。而间接碰撞虽也被视为船舶碰撞,但它必须因操纵不当或违反航行规章所致,而且损害后果与过失之间存在因果关系。

二、船舶碰撞的种类

(一)单方过失责任、双方过失责任和双方无过失责任

根据责任方的不同,可作如下划分。

1. 单方过失责任

单方过失造成船舶碰撞,由过失方单独负责。这一原则在国际上是统一的。我国《海商法》第168条规定:“船舶发生碰撞,是由于一船的过失造成的,由有过失的船舶负赔偿责任。”

2. 双方过失责任

双方互有过失造成船舶碰撞,一般的原则是按各自的过失比例分担损失。如果双方过失比例相当或过失比例难以确定,则各承担50%的碰撞责任。对于人身伤亡,碰撞当事方应负连带责任。

我国《海商法》第169条规定:“碰撞的船舶互有过失的,各船按照过失程度的比例负赔偿责任;过失程度相当或者过失程度的比例无法判定的,平均负赔偿责任。”该条第2款同时还规定:“互有过失的船舶,对碰撞造成的船舶以及船上货物和其他财产的损失,依照前款规定的比例负赔偿责任。碰撞造成第三人财产损失的,各船的赔偿责任均不超过其应当承担的比例。”该条第3款又规定:“互有过失的船舶,对造成的第三人的人身伤亡,负连带赔偿责任。

一船连带支付的赔偿超过本条第一款规定的比例的，有权向其他有过失的船舶追偿。”

我国《海商法》第169条规定的第三人财产，应是指任何第三人的财产，不限于第三人的船舶和船上财产。

3. 双方无过失责任

双方无过失责任是指碰撞不存在人为的因素，完全是因为客观原因或者原因不明所造成的。客观原因可能来自不可抗力，也可能出于意外事故。无过失碰撞的损害应由遭受者自行负担。我国《海商法》第167条规定：“船舶发生碰撞，是由于不可抗力或者其他不能归责于任何一方的原因或者无法查明的原因造成的，碰撞各方互相不负赔偿责任。”

（二）过失碰撞、不可抗力或意外事故碰撞和故意碰撞

从碰撞的起因划分，船舶碰撞可分为三种：

（1）过失碰撞。包括上述单方过失责任和双方互有过失责任碰撞。这是船舶碰撞的主要原因。英美法中把过失碰撞称之为“疏忽碰撞”。司法解释和实践中很少将过失与疏忽加以区别。我国《海商法》使用的是“过失”，因为在我国的民法中，过失的概念也包含着疏忽。

（2）不可抗力或意外事故碰撞。

（3）故意碰撞。因故意行为引起的碰撞，极为罕见。如果船员或引航员故意碰撞他船或者其他海上财产，除承担全部赔偿责任外，还可能构成刑事犯罪。而刑事责任不属于《海商法》的调整范围。

第二节　船舶碰撞的损害责任及其赔偿

一、船舶碰撞的损害责任

（一）过失碰撞责任

1. 单方过失碰撞责任

《海商法》第168条规定：“船舶发生碰撞，是由于一船的过失造成的，由有过失的船舶负赔偿责任。”如果船舶碰撞损害是由一船的过失造成的，依法由该有过失的船舶单独承担一切损害责任。

2. 互有过失碰撞责任

互有过错的碰撞责任，是指碰撞事故的发生是双方或多方的过错所致，各过错船舶依过错比例承担损害责任。英国和美国实行“平分过失原则”，即只要双方有过失，双方各自承担50%的碰撞责任，即使一方过失为99%，另一方过失仅为1%。显然，这一原则在很多情况下显失公平。在美国，尽管最高法院1975年的判例改变了120多年的做法，但迄今仍未通过加入《1910年碰撞公约》或制定国内法确认这一改变。

而与大多数国家的法律和有关国际公约一样，我国《海商法》第169条第1款规定：“船舶发生碰撞，碰撞的船舶互有过失的，各船按照过失程度的比例负赔偿责任；过失程度相当或过失程度的比例无法判定的，平均负赔偿责任。”

此外，《海商法》还针对财产损失和人身伤亡规定了不同的赔偿责任。《海商法》第169条第2款规定：“互有过失的船舶，对碰撞造成的船舶以及船上货物和其他财产的损失，依照前款规定的比例负赔偿责任。碰撞造成第三人财产损失的，各船的赔偿责任均不超过其应当承担的比例。"《海商法》第 169 条第 3 款规定："互有过失的船舶，对造成的第三人的人身伤亡，负连带赔偿责任。一船连带支付的赔偿超过本条第 1 款规定的比例的，有权向他方有过失的船舶追偿。"

(二)特殊作业中的过失碰撞责任

1. 引航员过失导致碰撞责任

引航员的引领过失造成船舶碰撞，如同船长的过失造成的碰撞一样，其船舶所有人应对损害负责，即使属强制引航也是如此。这一原则被多数国家所接受。少数国家引航当局对此给予象征性的损害赔偿。有的国家海商法规定，引航员本人要承担经济责任，但赔偿额不超过应收取的引航费。

2. 拖航作业中的过失碰撞责任

拖航作业中发生的碰撞责任，除拖航合同另有规定外，应当根据拖航作业的具体情况，确认拖船与被拖船是否为一体，从而认定碰撞过失和责任。其碰撞责任可能是单方责任、双方责任或连带责任。

(三)无过失碰撞责任

《海商法》第 167 条规定："船舶发生碰撞，是由于不可抗力或其他不能归责于任何一方的原因或无法查明的原因造成的，碰撞各方互相不负赔偿责任。"据此，在无过失碰撞中，各船对碰撞损失互不负赔偿责任，由各受害方自行承担。

应当指出，原因无法查明与过失程度无法判定不同。前者，无法判断各方是否有过失，是一方责任还是多方责任，即碰撞原因无从查起，属加害船舶免责；后者，则在肯定各船均有过失有责任的前提下，是无法判断各自过失的大小或比例，属于过失比例责任。

(四)船舶碰撞中船长的责任

《海商法》第 166 条规定："船舶发生碰撞，当事船舶的船长在不严重危及本船和船上人员安全的情况下，对于相碰的船舶和船上人员必须尽力施救。碰撞船舶的船长应当尽可能将其船舶名称、船籍港、出发港和目的港通知对方。"这一规定有利于贯彻人道主义，便利纠纷及时处理。船长违反此义务，不仅可能影响船长所在船舶指控或抗辩的证据效力及其民事责任，而且可能导致船长的行政责任和刑事责任。

二、船舶碰撞的损害赔偿

(一)船舶碰撞损害赔偿的要件

船舶碰撞作为一种民事侵权行为，只有具备一定的要件，损害赔偿才能成立。这些要件主要有如下三方面。

1. 当事人主观上有过失

船舶碰撞以过失责任制作为损害赔偿的基础，即当事人有过失才承担赔偿责任，无过失则不承担赔偿责任，这是国际上通行的做法。当事人的过失是构成船舶碰撞损害赔偿的主观要件。

2. 碰撞及损害事实存在

这是构成船舶碰撞损害赔偿的客观要件。如果当事人在主观上有过失，但由于他船的避让未发生碰撞及造成损害事实，船舶碰撞损害赔偿不能成立。

3. 过失与损害事实之间具有因果关系

即指碰撞损害事实是过失行为的必然结果。如果当事人在主观上虽有过失，但船舶碰撞损害事实并不是因为该过失行为所造成，则碰撞损害赔偿仍不能成立。

总之，一起碰撞案发生后，受害方不仅要证明自己有损害，而且要证明对方有过失，还要证明该过失是造成损失的真正原因，只有同时具备上述三个要件，才发生船舶碰撞的损害赔偿问题。

（二）船舶碰撞损害赔偿的基本原则

根据有关的国际公约和我国有关法律的规定，解决船舶碰撞损害赔偿问题应坚持以下基本原则。

1. 恢复原状原则

恢复原状是各国民法普遍采用的解决财产损害赔偿问题的基本原则。所谓“恢复原状”，按照国际海事委员会 1985 年草拟的《确定海上碰撞损害赔偿的国际公约草案》（以下简称《1985 年碰撞损害公约》），是指“碰撞赔偿应使索赔方尽量接近索赔事故发生之前的状况”。我国最高人民法院 1995 年颁发的《关于审理船舶碰撞和触碰案件财产损害赔偿的规定》（以下简称《碰撞损害赔偿规定》）对此也有规定：“赔偿应当尽量达到恢复原状，不能恢复原状的折价赔偿。”

2. 赔偿实际损失原则

《碰撞损害赔偿规定》第 1 条第 1 款规定：“请求人可以请求赔偿对船舶碰撞或者触碰所造成的财产损失，船舶碰撞或者触碰后相继发生的有关费用和损失，为避免或者减少损害而产生的合理费用和损失，以及预期可得利益的损失。”根据此规定，与船舶碰撞或者触碰有直接因果关系的损失，如因碰撞或者触碰直接造成的船、货损失，以及继碰撞或者触碰事故后立即发生的或可合理预见的后果，如因碰撞损害而产生的救助费用，船舶损坏修理期间的营运损失，或因船舶碰撞导致航次租船合同解除等可合理预见的损失等，均属于赔偿的范围。

3. 受害方尽力减少损失原则

受害方虽然享有获得损害赔偿的权利，但也负有尽力减少损失的责任。《1985 年碰撞损害公约》即规定：“索赔方尽量合理谨慎就会避免或减少的损害不得赔偿。”据此，船舶碰撞发生后，受害方应尽力采用合理措施，将损失控制在最小范围内。如，船舶碰撞后需要修理，受害船东不及时修理或不就近修理，因此而扩大的费用，加害方可以拒赔。

（三）船舶碰撞损害赔偿的范围

根据有关国际公约和我国法律的规定，船舶碰撞损害赔偿的范围主要有以下几项。

1. 船舶的损害赔偿

船舶损害分为船舶全损和船舶部分损害。根据《碰撞损害赔偿规定》第 16 条第 1 款的规定，船舶全损是指“船舶实际全部损失，或者损坏已经达到相当严重的程度，以至于救助、打捞、修理费等费用之和达到或者超过碰撞……发生前的船舶价值。”这就是说，船舶全损既包括船舶实际全损，也包括船舶推定全损，两者在确定船舶全损赔偿方面基本相同。船舶全损的赔偿范围包括：

（1）船舶价值损失。根据《碰撞损害赔偿规定》第 8 条，船舶价值损失的计算，以船舶碰撞发生地当时类似船舶的市价确定；碰撞发生地无类似的船舶市价的，以船籍港类似船舶的市价确定，或者以其他地区类似船舶市价的平均价确定；没有市价的，以原船的造价或者购置价，扣除折旧（折旧率按年4%～10%）计算；折旧后没有价值的按残值计算。船舶被打捞后尚有残值的，船舶价值应当扣除残值。

（2）未包括在船舶价值内的船上的燃料、物料、备件、供应品，如为渔船，则包括其上的捕捞设备、网具、渔具等损失。

（3）船员工资、遣返费及其他合理费用。

船舶部分损害的赔偿范围包括：合理的船舶修理费用、辅助费用及维持费用。其中，合理的修理费用包括船舶的临时修理费用和永久修理费用。船舶受损后无法在停靠港或避难港进行永久恢复性修理，或尽管船舶受损，但经临时修理后可继续营运，这种合理的临时修理费及以后的永久修理费均可列入赔偿范围。辅助费用是指为进行修理而产生的合理费用，包括必要的进坞费、清舱除气费、排放油污水处理费、港口使用费、引航费、检验费以及修船期间所产生的住坞费、码头费等费用（《碰撞损害赔偿规定》第16条第6款）。维持费用是指船舶修理期间，船舶和船员日常消耗的费用，包括燃料、物料、淡水及供应品的消耗和船员工资等（《碰撞损害赔偿规定》第16条第7款）。

但是，对上述费用的请求，应满足下列两项条件：

（1）船舶应就近修理，除非请求人能证明在其他地方修理更能减少损失和节省费用，或者有其他合理的理由。如果船舶经临时修理可继续营运，请求人有责任进行临时修理。

（2）船舶碰撞部分的修理，与请求人为保证船舶适航，或者因另外事故所进行的修理，或者与船舶例行的检修一起进行时，赔偿仅限于修理本次船舶碰撞的受损部位所需的费用和损失。

此外，合理的救助费，沉船的勘察、打捞和清除费用，设置沉船标志费用，拖航费用，本航次的租金或者运费损失，共同海损分摊，合理的船期损失，其他合理费用和利息损失等，也属于船舶损害赔偿的范围。其中，船舶全损情况下的船期损失是指因船舶遭到全损，致使受损方在未找到替代船舶之前因丧失船舶使用、受益权而遭受的损失，但该项损失应以找到替代船所需的合理时间为限，最长不得超过两个月。船舶部分损害情况下的船期损失，以实际修复所需的合理时间为限，其中包括联系、驻坞、验船等所需的合理时间；如为渔船，按上述期限扣除休渔期为限，或者以一个渔汛期为限。

2.船上财产的损害赔偿

船上财产的损害赔偿包括：船上财产的灭失或部分损害引起的贬值损失；合理的修复和处理费用；合理的财产救助、打捞和清除费用，共同海损分摊；其他合理费用。

根据《碰撞损害赔偿规定》，船上财产损失的计算为：

（1）货物灭失的，按照货物的实际价值，即以货物装船时的价值加运费加请求人已支付的货物保险费计算，扣除可节省的费用。

（2）货物损坏的，以修复所需的费用，或者以货物的实际价值扣除残值和可节省的费用计算。

（3）由于船舶碰撞在约定的时间内延迟交付所产生的损失，按延迟交付货物的实际价值加预期可得实际利润与到岸时的市价的差价计算，但预期可得利润不得超过货物实际价值的10%。

(4)船上捕捞的鱼货,以实际的鱼货价值计算。鱼货价值参照事故发生时当地市价,扣除可节省的费用。

(5)船上渔具、网具的种类和数量,以本次出海捕捞作业所需量扣减现存量计算,但所需量超过渔政部门规定或者许可的种类和数量的,不予认定。渔具、网具的价值,按原购置价或者造价扣除折旧费用和残值计算。

(6)旅客行李、物品(包括自带行李)的损失,属本船旅客的损失,依照《海商法》的规定处理;属他船旅客的损失,可参照旅客运输合同中有关旅客行李灭失或者损坏的赔偿规定处理。

(7)船员个人生活必需品的损失,按实际损失适当予以赔偿。

(8)承运人与旅客书面约定由承运人保管的货币、金银、珠宝、有价证券或者其他贵重物品的损失,依海商法的有关规定处理(根据《海商法》第116条第1款的规定,如旅客与承运人事先约定贵重物品交承运人保管,在保管期间发生灭失、损坏的,承运人应承担赔偿责任。就此赔偿的责任限制,如有书面约定,应按书面约定的金额赔偿;没有书面协议的,承运人亦要负责赔偿);但对船员、旅客、其他人员个人随身携带的货币、金银、珠宝、有价证券或者其他贵重物品的损失,不予认定。

(9)船上其他财产的损失,按其实际价值计算。

此外,船舶碰撞或触碰造成的设施损害及对第三人财产的损害等,亦属赔偿范围。上述赔偿除本金外,利息损失也应赔偿。

3. 人身伤亡的损害赔偿

人身伤亡分为人身伤害和人身死亡两种,主要包括船上旅客和船员的人身伤亡损害。人身伤亡的侵权行为不仅给受害人造成躯体上的损害,而且还给受害人及其家属带来精神上的痛苦,但是,这方面的损害赔偿,一般仅限于能以金钱计算的损害,如医疗护理费;因误工减少的收入、生活补助费、抚恤费及丧葬费等。在我国,有关国内船舶碰撞造成的人身伤亡一般按照《民法通则》来处理,而对于涉外海上人身伤亡损害赔偿案件,一般是依据最高人民法院1991年《关于审理涉外海上人身伤亡案件损害赔偿的具体规定(试行)》来处理。该规定明确:"伤残者本人、伤亡者遗属均有权向有管辖权的海事法院提起诉讼,请求侵权人赔偿损失";"伤亡者所在单位可以支持伤残者及伤亡者遗属向法院起诉",而且,"赔偿费应赔付给死者遗属、伤残者本人。死亡者所在单位、或者其他单位或个人为处理死亡事故所垫付的费用,应从赔偿费中返还"。同时,该规定还明确了伤残赔偿范围包括收入损失,医疗、护理费,具有精神损失赔偿性质的安抚费,其他必要的费用;死亡赔偿范围包括收入损失,医疗、护理费,具有精神损失赔偿性质的安抚费,丧葬费,其他必要的费用等。无论是船舶损害还是其他财产损害,抑或是人身损害,其赔偿均有一定的限额,对此,我国《海商法》第210、211条作了明确规定。

(四)船舶碰撞损害赔偿的计算

如上所述,船舶碰撞损害赔偿的范围包括船舶损害、船上货物及其他财产的损害和人身损害;互有过失的船舶对第三人人身伤亡负连带赔偿责任,对船舶及货物的损失按过失比例负赔偿责任。但应予注意的是,船舶对货物的损害赔偿,一般不包括对本船所载货物的赔偿。因为按照提单中通常载明的"航行过失免责条款",因船长、船员、引航员在驾驶和管理船舶中的疏忽或过失造成本船所载货物损失的,船方可以免责。只是对于对方船舶载运的货物损失及其他财产损失,按过失比例负赔偿责任。

比如,甲乙两船相撞,两船互有过失,甲船负 2/5 的过失责任,乙船负 3/5 的过失责任。两船及其所载货物损失为:

甲船的船舶损失	300 000 元
甲船所载的货物损失	100 000 元
甲船共损失	400 000 元
乙船的船舶损失	600 000 元
乙船所载的货物损失	200 000 元
乙船共损失	800 000 元
甲乙共损失	1 200 000 元

假设两船均不涉及海事赔偿责任限制,则损失赔偿的计算为:

甲船负 2/5 的过失责任,应赔偿:

乙船船舶损失	600 000 元 ×2/5 = 240 000 元
乙船所载货物损失	200 000 元 ×2/5 = 80 000 元

乙船负 3/5 的过失责任,应赔偿:

甲船船舶损失	300 000 元 ×3/5 = 180 000 元
甲船所载的货物损失	100 000 元 ×3/5 = 60 000 元

如果双方赔偿金额相互冲抵,则甲船实际赔付乙船损失为:

240 000 元 - 180 000 元 = 60 000 元

其结果为:

甲船共损失

300 000 元 + 60 000 元(赔付乙船) + 80 000 元(赔付乙货) = 440 000 元

乙船共损失

600 000 元 － 60 000 元(从甲船收回) + 60 000 元(赔付甲货) = 600 000 元

甲船货方自负货损	100 000 元 － 60 000 元 = 40 000 元
乙船货方自负货损	200 000 元 － 80 000 元 = 120 000 元

上述 4 项相加为两船碰撞的损失总额 1 200 000 元

第三节　有关船舶碰撞的国际公约

由于各国对船舶碰撞的责任划分、损害赔偿、请求权和管辖权等问题的规定不一致,导致了诸多冲突的发生,为了寻求统一、国际社会制定了一系列有关船舶碰撞的国际公约,主要有:《1910 年统一船舶碰撞若干法律规定的国际公约》(International Convention for the Unification of Certain Rules of Law with Respect to Collisions,1910)(简称《1910 年碰撞公约》),《1952 年船舶碰撞中民事管辖权方面若干规定的国际公约》(International Convention on Certain Rules Concerning Civil Jurisdiction in matters of Collision,1952)(以下简称《民事管辖权公约》),《1952 年统一船舶碰撞或其他航行事故刑事管辖权方面若干规定的国际公约》(International Convention for the Unification of Certain Rules Relating to Penal Jurisdiction in Matters of Collisions or Other Incidents of Navigation, 1952)（以下简称《刑事管辖权公约》），《1972年国际海上避碰规则》（International Regulations for Preventing Collisions at Sea, 1972)（以下简称《避碰规则》）等。

一、《1910年碰撞公约》

该公约于1910年9月23日在比利时布鲁塞尔举行的第三次海洋法外交会议上通过，自1913年3月1日起生效。截至1997年2月，批准或加入该公约的国家和地区共有88个。我国于1994年3月加入该公约，同年5月，该公约对我国生效。

《1910年碰撞公约》共有17条，主要规定了如下内容。

（一）公约的适用范围

公约第1条和第11条规定，公约仅适用于海船之间、海船与内河船之间发生的碰撞，不适用于军事舰艇或专门用于公务的政府船舶。此外，公约第12条还规定："如果在某一案件中，有关的船舶都属于缔约国，或者在本国法律规定的任何其他情况下，本公约的规定适用于全体利害关系人。但是：(1)对于属于非缔约国的利害关系人，每一个缔约国可以在互惠条件下适用本公约之规定；(2)如果全体利害关系人和受理案件的法院属于同一个国家，应该适用国内法，而不适用本公约。"

（二）碰撞责任的划分

公约第2、3、4条规定，船舶碰撞的责任主要按以下情况划分：

(1)碰撞的发生出于意外、不可抗力或者原因不明，损害由受害方自负；

(2)碰撞是由于一方船舶的过失所致，损害责任由过失方承担；

(3)碰撞是由于双方或多方的过失所致，按各方过失程度的比例分担责任，过失程度相当或过失程度的比例无法判定的，平均分担责任；船舶、船载货物、船员、旅客和船上其他人员的行李或财物所受的损害，由过失船舶依上述比例承担，即使造成第三者的损害，一艘船舶也不负超过其过失程度的责任；

(4)对于人身伤亡的赔偿，各过失船对第三方负连带责任。

（三）诉讼时效

公约第7条第1款规定，船舶碰撞损害赔偿的请求权时效为两年，由事故发生之日起算。因人身伤亡的损害赔偿，支付了全部赔偿金额的船舶向其他过失船请求分担赔偿的诉讼，须自给付了全部赔偿金额之日起一年内提出。此外，该条第4款还规定，如果在上述时效内不可能在原告的住所或主要营业地所在国家的领水内扣留被告船舶，各缔约国可按本国法律规定，延长时效期限。

（四）碰撞的救助责任

公约第8条规定，碰撞事故发生后，各船船长在不致对本船及其船员和旅客造成严重危险的情况下，必须救助其他船舶及其船员和旅客。船长还必须尽可能将其船名、船籍港、出发港和目的港通知他船。

《1910年碰撞公约》是有关船舶碰撞方面最重要的国际公约，其所确立的责任划分原则得到了全世界主要海运国家的普遍承认，许多国家根据公约的原则制定了相应的国内法。我国《海商法》的有关规定也是依照该公约制定的。

二、《民事管辖权公约》

该公约于1952年5月10日在布鲁塞尔召开的第九次海洋法外交会议上通过，1955年9月14日生效。截至1997年2月，共有64个国家和地区加入该公约，我国尚未加入该公约。《民事管辖权公约》共有16条，主要内容是：

(一)明确了对碰撞事故有管辖权的法院

公约第1条规定，关于海船与海船或海船与内河船发生碰撞的案件，只能向下列法院提起诉讼：

(1)被告经常居住地或营业所所在地法院；

(2)扣留过失船舶或者依法扣留属于被告船舶的扣船地法院，或本可扣船但已提供保证金或其他担保的地点的法院；

(3)碰撞发生于港口或内河水域内时，则在碰撞发生地的法院。

(二)明确了原告有对法院的选择权

公约允许原告根据情况自行决定在上述所列举的哪一法院起诉。但公约规定，原告不得在未撤销原诉讼前，就同一事实对同一被告在另一管辖区域内提起诉讼。

(三)明确了协议管辖和协议仲裁的效力

公约第2条规定，上述第1条的规定，在任何情况下都不得妨碍当事双方向其已选定的法院，就碰撞案件提起诉讼，或将该案提请仲裁的决定。可见，公约承认协议管辖和协议仲裁的效力。

(四)对反诉、共同诉讼和其他诉讼管辖权做了规定

公约第3条要求，就同一事件提起的反诉，得向该公约第1条规定的对本诉具有管辖权的法院提出。如同一案件涉及几个请求人，每一请求人都有权向已受理同一碰撞案件的法院起诉同一被告。公约第5条规定，本公约中的任何规定，都不得改变目前或此后在各缔约国实行的关于军用船舶或由国家所有或为国家使用的船舶发生碰撞方面的法律规定。公约第6条规定，本公约不影响因运输合同或其他合同引起的请求。

此外，《民事管辖权公约》也有与《1910年碰撞公约》第12条相似的规定(见上述《1910年碰撞公约》的主要内容)。

根据《民事管辖权公约》，对某一起船舶碰撞案件，往往几个国家的法院均有管辖权。不同的法院可能会作出截然不同的审理结果。因此，当事人总是希望选择一个对自己比较有利的法院进行诉讼。此即所谓“择地行诉”(Forum Shopping)。“择地行诉”极易导致一事多诉，从而形成法院判决的冲突。为了弥补公约的不足，统一船舶碰撞中有关民事管辖权的若干问题，国际海事委员会在1977年里约热内卢会议上通过了《统一船舶碰撞中有关民事管辖权、法律适用和判决的承认与执行方面若干规定的国际公约草案》(Draft International Convention for the Unification of Certain Rules Concerning Civil Jurisdiction, Choice of Law, and Recognition and Enforcement of Judgments in Matters of Collision)。

但该公约草案至今尚未生效。看来，要解决船舶碰撞民事管辖权方面的冲突，国际社会还需做进一步的努力。

三、《刑事管辖权公约》

该公约与上述《民事管辖权公约》一样，也是1952年5月10日在布鲁塞尔召开的第九次海洋法外交会议上通过的，它于1955年11月20日生效。截至1997年2月，共有66个国家和地区加入该公约，我国尚未加入该公约。

该公约共有12条，主要规定了如下内容：

(1)在海船发生碰撞或其他航行事故并涉及船上人员的刑事或纪律责任时，刑事或纪律诉讼只能向当事船的船旗国司法机关或行政机关提出。除船旗国有关当局外，任何其他国家的当局都无权扣押当事船，即使作为调查手段也不例外。

(2)在缔约国领海内发生碰撞或其他航行事故时，该国可保留其对事故所涉刑事案件的管辖权。

(3)本国船员在他国船上工作，当发生碰撞或其他航行事故时，本国有关当局有权就该船员的违法行为提出控告。

(4)本公约不适用于在港区或内河水域发生的碰撞或其他航行事故。《刑事管辖权公约》与《民事管辖权公约》一样，没有得到广大海运国家的普遍认可，因而在海运界影响不大。

四、《避碰规则》

该规则于1972年10月4日在伦敦召开的国际会议上通过，1977年7月15日生效，此后又于1981年、1987年和1989年作了3次修正。截至1997年2月，参加该规则的国家有128个。我国于1980年1月加入该公约，但作出了如下保留："属于中华人民共和国的非机动船舶不受海上避碰规则的约束。"

该规则共有38条，分5章：

(1)总则；

(2)驾驶和航行规则；

(3)号灯和号型；

(4)声响和灯光信号；

(5)豁免。

此外，规则还包括4个附录：

(1)号灯和号型的位置和技术细节；

(2)在相互邻近处捕鱼的渔船额外信号；

(3)声号器具的技术细节；

(4)遇险信号。

规则的主要内容如下。

(一)适用范围

规则第1条规定，该规则的各条适用于在公海和连接公海而可供海船航行的一切水域中的一切船舶。可见，规则的适用范围是十分广泛的。

(二)驾驶和航行规则

规则规定：船舶航行采用分道通航制(第1、10条)；船舶应经常用视觉、听觉以及适合当时环境和情况的一切有效手段保持正规瞭望，以便对局面和碰撞危险作出充分的估计（第5条）；船舶在任何时候均应用安全航速行驶，以便能采取适当而有效的避碰行动（第6条）；船舶应用适合当时环境和情况的一切有效手段断定是否存在碰撞危险，如有怀疑，则应认为存在这种危险；如果装有雷达设备，则应正确予以使用（第7条）；船舶避免碰撞的行动应尽早、尽快并积极地采取，该行动应大得足以使对方船舶可以清楚地以视力或雷达观察到（第8条）；船舶在狭窄水道或航道应尽量靠船舶右舷的水道或航道外缘行驶（第9条）；追越船应给被追越船让路（第13条）；两船对遇时，各船应向右转向（第14条）；两船交叉相遇时，有他船在本船右舷的船应给他船让路（第15条）；机动船应给失去控制的船、操纵能力受到限制的船、捕鱼船和帆船让路，帆船应给失去控制的船、操纵能力受到限制的船和捕鱼船让路，捕鱼船应尽可能给失去控制的船和操纵能力受到限制的船让路（第18条）。

（三）号灯和号型

规则第20条规定，所有船舶不论在航或锚泊，不论天气好坏，不论白天黑夜，均应按规则的规定正确显示号灯和号型。规则第23～30条分别对在航机动船、拖带和顶推船、在航帆船和划桨船、渔船、失去控制或操纵能力受到限制的船、限于吃水的船、引航船、锚泊船和搁浅船等各类船舶应显示的号灯和号型作了具体规定。

（四）声号和灯号

规则第34～36条分别对在不同情况和不同状态下的船舶应正确使用的声号和灯号作了明确规定。

由上述内容可看出，《避碰规则》主要是关于船舶碰撞方面的技术性规范，这些规范对于避免和减少船舶碰撞起着十分重要的作用。同时，当船舶碰撞发生后，该规则也是判定当事人责任的重要法律依据。因此，《避碰规则》是关于船舶碰撞的一部重要法律。

练　习　题

一、填空题

1. 根据责任的不同，船舶碰撞可分为________、________和________。

2. 我国《海商法》第169条第1款规定："船舶发生碰撞，碰撞的船舶互有过失的，各船按照________负赔偿责任；过失程度相当或过失程度的比例无法判定的，________负赔偿责任。"

3. 船舶碰撞损害赔偿的基本原则有________、________和________。

4. 国际社会制定了一系列有关船舶碰撞的国际公约，主要有________、________、________和________。

二、名词解释

船舶碰撞

三、简答题

1. 船舶碰撞的构成要件有哪些？

2. 船舶碰撞的损害赔偿要件是什么？

3. 船舶碰撞损害赔偿的范围有哪些？

四、案例分析题

[案情]

中国海运局所属的中国籍“红旗138”号轮，于1987年11月30日在大连港水域与印度尼西亚贝尔航运有限公司所属的巴拿马籍“恩宝”号轮和美国金鹰航运公司所属的巴拿马籍“金鹰一号”号轮发生了碰撞。“金鹰一号”号轮在大连卸货的19天里，“红旗138”号轮船长和“恩宝”号轮代表均多次要求“金鹰一号”号轮在大连就地检修，以减少碰撞损失，但金鹰航运公司执意驶往日本修理，仅修理费一项就比在大连修理多出35 691.47美元。事后三方对该笔额外支出的修理费应由谁负担产生了争议。

（源自：杨军编著，《海商法案例教程》，北京大学出版社，2003年）

请分析：

（1）“金鹰一号”轮多出的35 691.47美元修理费该由谁来承担？为什么？

（2）你认为本案中的纠纷该如何解决？请说明理由。

实 训 题

原告：湛江港船务公司

被告：通海轮船运输有限公司

1996年5月19日18:40时，原告所属“湛琼六号”船在香港卸货后移到香港油麻地锚地锚泊。次日12:05时许，被告所属之“通海拖六”轮从“湛琼六号”船附近通过时，操纵设备失灵，撞上正在锚泊的“湛琼六号”船尾楼。碰撞后，双方船舶分别向香港海事处提交了《船只伤亡报告》。同日，双方船长签订了《损失确认书》，确认了“湛琼六号”船损害范围，并确认由被告负责修理费用。中国船级社香港分社于22日对“湛琼六号”船进行了海损检验，出具了《检验报告》，该报告记载：发现损坏在右舷从船尾甲板算起第二外板，离船尾约12m处，船体钢板面积$1.6\times0.7m^2$，裂损长度1.4m；内部构件被设备遮挡，其残损程度不详；同意该船在不超过5级风力的情况下空载单程开往湛江做临时修理。同日，“湛琼六号”船起航返回湛江。该船回到湛江后做了临时性修理即投入营运，临时修理费用为10 850元。

根据原告的申请，湛江船检局的验船师于6月13日对该船海损情况进行了检验，出具了《检验报告》。该报告根据中国船舶工业总公司1995年12月4日颁布的《国内民用船舶修理价格表》及湛江当地修船价格，估算该轮海损部位的永久性修理的费用为32 258元，修理需要时间为5天正常工作日；该报告还根据原告出示的几个航次的货物清单，认定“湛琼六号”船从香港至湛江航次的平均收益为港币53 080元，从湛江至香港航次的平均收益为人民币45 020元；发生海损事故时影响了香港至湛江一个航次，该轮进行永久性修理时估计会影响一个湛江至香港的航次，两航次损失约港币53 080元、人民币45 020元；检验费用为索赔总额的5%，即7 342.45元。原告还请湛江市海滨开发公司对“湛琼六号”船的修理费用进行了估价，估计的修理费用为125 799.8元。

另外，被告亦请广州航通船业有限公司、广州市渔轮修造厂对“湛琼六号”船的海损修理费用进行了估价，这两个单位在没有现场查看损坏情况，也没有看到船检报告的情况下，作出了估价。估计修理费分别为8 950.5元和13 162.50元。

事故发生后，双方协商不成，原告向海事法院院提起诉讼，请求法院判令被告承担碰撞事故的全部责任，赔偿原告经济损失：

(1)船舶修理费用 43 441 元；

(2)船期损失 103 408 元；

(3)船舶检验费等海事处理费用 50 000 元。

被告答辩认为："湛琼六号"船在碰撞前没有采取适当措施，船员没有瞭望值班，对碰撞事故应承担相应责任；碰撞造成的损害是轻微的，原告估计的修理价格过高。船舶尚未修理，修理费用还没有发生，原告以估计的修理费用提出索赔没有依据，应待船舶修理后按实际损失作赔偿；"湛琼六号"船在碰撞前已领回了离港证，而香港海事处的做法是，对于在香港装货的船必须在装货完毕后，海事处凭船舶代理提交的装货单及有关船舶证书审查船舶安全情况后才发给离港证。"湛琼六号"船当时已领回了离港证，说明其是准备空放回湛江的；该船已做临时修理并恢复正常营运，因此并没有营运损失；原告主张索赔海事处理费没有事实和法律依据。

(源自：法律快车网 http://www.lawtime.cn)

请分析：

(1)你认为两船相撞并造成"湛琼六号"船受损的责任应该有谁来承担？为什么？

(2)原告的要求合理吗？为什么？

(3)你认为双方的纠纷该如何解决？请给出你的理由。

要求：

(1)根据提供的案例，以小组为单位组成模拟海事法庭，每组六位同学，每位同学扮演不同的角色(审判长、原告、两被告、原被告的辩护律师等)。

(2)演示时，可以 ppt 为辅助手段进行。

(3)课后，各小组将模拟法庭的设计思路及各角色台词以书面形式上交。

第九章 海难救助

【引例】 关于救助报酬的纠纷

原告:广州海上救助打捞局

被告:大连吉粮轮船有限公司(简称吉粮公司)

2000年10月24日,被告吉粮公司所有的“吉星”轮和“大庆”轮在北纬23°22′6″、东经117°35′8″处发生碰撞,“吉星”轮船头被撞出一个75cm×44cm的洞,且主机发生故障,失去动力。为此,被告吉粮公司发函给原告,请求原告“安排一条拖轮协助吉星轮进港”。原告遂派出“穗救209”轮于24日15:03时到达现场施救,15:25时开始起拖,并于25日14:00时将“吉星”轮拖至汕头港6号锚位。在拖带“吉星”轮的同时,原告给被告吉粮公司发函,要求以“无效果无报酬”原则计算救助报酬。被告吉粮公司答复应按空驶时间每马力小时0.6元、拖带时间每马力小时1.6元计算拖航费用。同日,原告向被告吉粮公司发函,主张以获救价值的百分之三确定救助报酬,被告未予同意。“穗救209”轮总计工作时间为30小时,航程120海里。根据广州中心气象台发布的南海海洋天气预报,10月24日08:00时至25日08:00时,汕头附近海面偏东风4~5级,阵风6级;10月25日08:00时至26日08:00时,汕头附近海面东北风5~7级,阵风8级。原告在起诉之前,向本院提出海事请求保全申请,本院依法扣押被告吉粮公司所有的“吉星”轮和其他货主所有的部分货物。

原告认为被告应以其获救财产价值的百分之三支付救助报酬,请求法院判令被告支付救助报酬105 000元,承担诉前财产保全费用和诉讼费用。

被告辩称:本案法律关系并非救助,而是拖航。“吉星”轮与“大庆”轮发生碰撞后,主机发生故障。尽管船舶存有备件可由船员予以修复,但为了让海事局尽快调查碰撞事故,才委托原告派船拖带“吉星”轮。本案没有出现危急情形和救助行为。从被告发出的委托函内容和原告所属“穗救209”轮起拖“吉星”轮的情况可知,本案法律关系只能是拖航关系,因此原告的主张不能成立。本案拖航费的支付应以拖轮空驶时间每马力小时0.6元、拖带时间每马力小时1.8元计算。

(源自:广州海事法院网 http://www.gzhsfy.org)

第一节 海难救助概述

一、海难救助的概念

海难救助,又称海上救助。从广义上讲,救助人在任何水域对遇险的船舶、货物、人命等的救助都构成海难救助,但是,由于对人的救助是国际法规定的义务,在不严重危及船舶和船上人员安全的情况下，任何船舶都有救助人命的义务，救助人命不产生救助报酬请求权，只是在救助船舶和其他财产的同时救助了人命，人命救助人才有权分享救助报酬中的合理份额。可见，救助海上人命不具有典型的商事性质。因此，我国《海商法》规定，海难救助适用于“在海上或与海相通的可航水域，对遇险的船舶和其他财产进行的救助”。

海难救助是海商法中一项古老而特有的法律制度。公元前 9 世纪的《罗得法》中就有支付救助报酬的类似规定。确立海难救助制度的目的是鼓励人们对遇险的船舶及其财产进行救助。因为海上危险的特殊性决定了救助人在进行救助时要承担巨大的风险，如果没有合理的法律规定，不能公平调整有关各方的利益，就不能有效地鼓励人们积极从事海难救助，并进而促进航海事业的发展。因此，法律赋予救助人在成功救助遇险船舶及其他财产后，有请求报酬的权利，并在一定条件下有对获救财产进行留置的权利，这无论对于救助人、被救助人及社会都具有积极的意义。

二、海难救助的性质

就狭义救助概念而言，救助方与被救助方之间发生的民事法律关系属何种性质，学说不一，归纳起来有：

(1)无因管理说；

(2)准契约说；

(3)不当得利说；

(4)特殊事件说等。

其中，无因管理说较为普遍。不过，海难救助的无因管理与民法中的无因管理有所不同。民法上的无因管理制度，财产所有人有义务向管理人支付必要的费用或因管理事务而遭受的财产损失，但不存在报酬请求权，而海难救助的无因管理则有报酬请求权。海难救助法律关系的性质所以找不到恰当的法学理论予以解释，原因在于海难救助的法律制度是来自于实践，不是基于某种理论而产生。在海商法领域中，类似情况不至于此，例如，提单法律制度、共同海损制度、船舶优先权制度、海事赔偿责任限制制度，以及船舶扣押制度等。

三、海难救助的形式

海难救助是从纯救助(Pure Salvage)开始的，以后发展成合同救助(Contract Salvage)。

(一)纯救助

纯救助是指船舶遇难后，未曾请求外来援救，救助方自行救助的行为。如果救助获得成功，救助方有权获得救助报酬。

从以上概念可以看出，纯救助有如下两个特点：

(1)采用纯救助的形式，救助方与被救助方之间无须签订任何救助协议。

(2)纯救助实行“无效果，无报酬”原则(No Cure, No Pay)。

正因为存在纯救助制度，有的救助方为了获取救助报酬，不经遇险船舶所有人或船长的同意，即自行救助，如果救助有效果，被救助方不得不支付报酬。因此，当遇险船舶不同意救助方前来救助时，必须明确地表示拒绝，否则就构成纯救助。我国《海商法》第 186 条第 3 款规定，救助方“不顾遇险的船舶的船长、船舶所有人或其他财产所有人明确的和合理的拒绝，仍然进行救助的”,不得请求救助报酬。国际公约和各国海商法也都有同样的规定。

纯救助的形式,早在罗马时代就很普遍,但因不签订救助合同,常常引发救助报酬争议,现已很少采用。只有在少数场合还可能采用纯救助,比如,遇难船上无人,过路船救助了此遇难船。

(二)合同救助

合同救助是指以“无效果,无报酬”为原则的救助协议进行救助的一种形式。这是当今海难救助应用最普遍的形式。“无效果,无报酬”是海上救助法律制度的最著名的原则。《1910年救助公约》正式确认了这一原则,各国制定的救助合同格式上都印有“No Cure,No Pay”的字样。假如救助当事双方未签订书面合同,只要有口头约定,这一原则亦同样适用。

(三)雇佣救助(Employed Salvage Service)

雇佣救助,又称实际费用救助,传统海商法也视其为合同救助的一种形式。这种救助以救助方所使用的人力和设备按时计付报酬。有时当事方约定,如救助成功,或者在约定期限内成功,则按比例增加若干救助费。

雇佣救助合同可以在救助前或救助过程中签订,也可以只凭被救助方的书面申请而成立。这种申请应被视为被救方同意按有关规定支付费用的证据。

雇佣救助的救助指挥权在遇险船一方,并且不论救助是否成功,被救助方都要向救助方支付救助费。与无效果无报酬合同救助比较,雇佣救助的救助方所承担的风险较小,所以救助费相对较低。

就雇佣救助的性质而言,更多地体现海上雇佣劳务性质。因此,现代海商法已不把雇佣救助列为海难救助的范畴,而是归于海上服务。

第二节　海难救助成立的要件

一、被救物必须为法律所承认

这一要件明确了两个问题:

(1)救助的标的是物,不包括对人的救助。即人命救助无报酬请求权。

(2)救助标的是法律所承认的(Objects Recognized by Law)。换言之,不是法律承认的救助标的——海上特有财产,则无救助报酬请求权。这里所说的法律,既包括国际救助公约,也包括国内有关法律。如果以国际公约为例,其所承认的救助标的与我国《海商法》比较如表9-1所示。

我国《海商法》与国际各救助公约关于救助标的的比较　　表9-1

《1910年救助公约》	《1967年救助公约》	《1989年国际救助公约》	《中华人民共和国海商法》
海船,船上财产和客货运费(第1条); 不适用军舰和政府公务船(第14条)	一切船舶,包括军舰和政府公务船(第1条)	船舶或任何其他海上财产(第1条第1款); 不适用军舰和政府公务船(第2条)	船舶和其他财产(第171条); 不适用于军事的、政府公务的船舶(第172条)

目前,《1910年救助公约》和《1989年国际救助公约》同时生效,两个公约的救助标的差别甚大,我国《海商法》是参照《1989年国际救助公约》制定的,已将救助标的扩大到船舶以外的

海上或与海相通水域的其他财产。

二、被救物处于危险之中

被救物一定是处于危险之中(In Danger),是构成海难救助的重要要件之一。何种危险构成海难救助的危险,国际公约没有统一规定,各国海商法一般也未明列。英国海事法列举了26种海上危险,比如,遭遇台风、船有倾覆的危险、碰撞后船有沉没的危险、船被海盗掠走、船舶搁浅、火灾等。

全面理解这一要件,应把握如下几个方面的内容。

1. 危险必须发生在海上或与海相通的可航水域

我国《海商法》第171条明确规定,海难救助"适用于在海上或者与海相通的可航水域,对遇险的船舶和其他财产进行的救助。"如果船舶在修造船厂中修理或建造时发生了火灾,则不属海难救助所指的危险,海难救助的法律关系也就不能成立。

2. 危险必须是真实存在或不可避免

船舶或其他财产只有存在真实危险,方有救助的必要,虚拟的危险不能构成海难救助,危险是否真实存在,是针对危险性质而言的,不考虑危险大小,即使危险很小,同样能构成救助的要件,只不过是要求采取的相应救助措施,应以合理为限。比如,船舶在泥底水域搁浅,海面风平浪静,合理的救助措施应是等候潮水,先用自身动力设法脱浅,如不成功,再请第三者前来救助。如果在采取措施时危险尚未真实存在,但是不采取措施危险不可避免,此种情况仍视为危险,可构成救助的要件。

3. 危险要件不考虑起因,不要求对船货必须是共同的

海难救助的危险不论是自然灾害,还是意外事故,或是潜在缺陷所造成的,都不影响海难救助的性质,即使是被救方的过失或故意造成的危险,也不影响救助方请求救助报酬的权利。但是,一方先行行为使另外一方财产处于危险境地,然后进行的救助是个例外,如引航员将船舶引上浅滩,随即采取拖浅措施,这种行为不属于海难救助。救助的危险要件不要求对船货是共同的,仅对船舶或货物存在危险即构成危险。这一点与共同海损所要求的危险不同。

三、救助行为是自愿的行为

自愿原则是海难救助构成要件之一。自愿救助(Voluntary Salvage)是指救助方或被救助方在发生救助法律关系时,其作为或不作为完全出于自愿。这一原则对救助方来说,在救助海上财产(《1910年救助公约》指海船及船上财物,《1989年国际救助公约》及我国《海商法》指船舶和其他财产)时完全出于救助方的自愿。救助成功了,有权获得报酬;不救不承担任何责任。与此不同的是非自愿救助,即合同或法律规定的义务救助,救助即使获得成功也无权获得报酬,不救将承担合同或法律规定的责任。从广义概念上讲,自愿原则同样适用于被救助方,体现在被救助方不仅有请求救助的权利,而且还有禁止救助的权利,禁止救助权可以在救助作业开始前或开始后的任何时间行使。为了不致因被救助方行使此项权利给救助方或第三方(如保险人)带来不公正,要求被救助方在行使此项权利时,必须有明确而合理的意思表示,有了这种表示,救助方即使救助成功了,也无权请求救助报酬。因为此种救助缺少自愿要件。如果被救助方未作明确而合理的禁止救助的意思表示,表明是默示自愿,尽管没有签订救助合

同,救助人救助成功,亦有权请求救助报酬。这属于纯救助的形式。

四、关于救助效果问题

从救助报酬的角度看,海难救助只具备前述三个要件还不够,尚需以船舶或货物的全部或部分获救为必要条件。换言之,无救助效果(Useful Result),仍不得请求报酬,救助报酬的法律关系仍不能成立。这是海难救助有关救助报酬法律制度的特殊原则。国际公约和各国海商法均普遍接受这一原则——"无效果,无报酬"原则。

必须说明的是,要求救助要有效果,是构成救助报酬的要件之一,但是作为海难救助行为的构成要件,不一定非要有效果,没有效果,仅仅是没有报酬请求权,救助的事实是客观存在的,救助的法律关系已经发生。《1989 年国际救助公约》生效后,这一要件就更不成立了,因为把救助效果作为特别补偿的要件已不是必要条件了。

在理解所谓"效果"时,应注意下面两个问题。

1. 关于间接效果问题

间接效果应视情况而定,如船舶搁浅,救助方第一次脱浅没有成功,第二次脱浅成功了,则第一次脱浅视为间接效果,第二次脱浅为直接效果,计算报酬时应合并考虑。如果第一次脱浅没成功不再救助了,则认为没有效果,无权请求救助报酬。

2. 关于无形效果问题

无形效果通常也作为有效果,其衡量标准是救助方是否提供了有益的服务。当船舶着火,救助方无力灭火,但尾随护航或在遇难船旁守候,虽未做出有形的效果,但仍有权请求救助报酬,属无形效果。因为,至少救助方给予了精神上的"援救"。

随着海上原油运输和化学品运输的迅速发展,海洋环境污损事故不断发生。对此种事故的救助仍然实行"无效果,无报酬"的原则,对救助方来说很不利。以对油船的救助为例,因为:(1)油价较低,救助报酬又要受到获救财产价值的制约和限制;(2)救助油船成功的机会少,多系将油船拖到公海燃烧或炸沉。因此,救助方不愿救助油船。为了防止或减轻海洋环境污染,鼓励救助方救助可能或已经造成海洋环境损害的船舶,《1989 年国际救助公约》和我国海事仲裁委员会 1995 年格式救助合同标准格式增加了"特别补偿条款",实行"无效果,给补偿"(No Cure,Some Pay)原则。

第三节　海难救助款项

海上风险的特殊性决定了救助人在实施救助作业后应当获得一定的回报,救助款项即是被救助人向救助人支付的任何救助报酬、酬金或者补偿的合称。其中,救助报酬一般是指传统的海难救助制度中,被救助方在救助作业成功后向救助方支付的款项;酬金一般是指成功救助人命的救助方,从救助船舶或其他财产、防止或减少环境污染损害的救助方获得的救助款项中,得到的合理份额;补偿一般是指救助方对构成环境污染损害危险的船舶或船上货物进行救助而依法得到的特别补偿。救助报酬或酬金的请求权必须是在对财产的救助有效果的前提下才能成立;而特别补偿的请求权,则不论对财产的救助或对环境的救助是否有效果,只要救助方对构成环境污染损害危险的船舶或船上货物进行了救助就可成立。救助款项的金额可由各方当事人协商确定，协商不成的，可提请受理争议的法院判决或经各方协议提请仲裁机构裁决。

一、救助报酬

（一）救助报酬金额的确定

根据我国《海商法》第180条的规定，确定救助报酬金额时，应综合考虑如下因素：

（1）船舶和其他财产的获救价值。这是指船舶和其他财产获救后的估计价值或者实际出卖的收入，扣除有关税款和海关、检疫、检验费用以及进行卸载、保管、估价、出卖而产生的费用后的价值。该项价值不包括船员的获救的私人物品和旅客的获救的自带行李的价值。法律之所以作此规定，是基于对被救助人利益的考虑。如果报酬的数额超过获救财产的价值，就失去了海难救助的意义。

（2）救助方在防止或者减少环境污染损害方面的技能与努力。这是指救助人在救助船舶或其他财产有成效的同时，亦在防止或减轻环境损害方面发挥了作用，作出了努力，不论成效如何，其得到的报酬数额可相应提高。这主要是为了鼓励救助方采取一切措施以达到防止或减少环境污染损害的目的。

（3）救助方的救助成效。一般而言，救助成效大，救助方获得的报酬就可能高。

（4）危险的性质与程度。遇难船舶及其他财产所处的危险性质严重程度高，救助方所得的报酬就高。如失火船上装载的是易燃、易爆物品，救助成功后获得的报酬就应当高些。

（5）救助方在救助船舶、其他财产和人命方面的技能和努力。在海难救助中，单纯救人命而无获救的财产，救助方不得向获救人员请求酬金。因此，为了防止救助方只救财产不顾人命，法律规定，在确定救助报酬时，将救助方在救助船舶、其他财产和人命方面的技能和努力同时予以考虑。

（6）救助方所用的时间、支出的费用和遭受的损失。一般而言，救助人在救助中占用的时间长，支出的费用和遭受的损失大，说明救助的难度大，报酬应相应提高。但此因素应和救助方的技能和努力等因素综合考虑。如果因为救助方的水平低而延长了救助时间或增加了费用，则不应提高报酬。

（7）救助方或者救助设备所冒的责任风险和其他风险。这是指救助方在施救过程中有可能对第三人承担的责任风险和其他风险。如正在履行租约的船舶参加救助，作为出租人的救助人可能因此而承担对承租人的违约责任。

（8）救助方提供服务的及时性。提供的服务越及时，救助的成效一般就越大，救助报酬也应提高。

（9）用于救助作业的船舶和其他设备的可用性和使用情况。

（10）救助设备的备用情况、效能和设备的价值。

上述（9）、（10）两项主要针对专业救助人而言。与非专业救助人相比，专业救助人进行救助获取的报酬相对要高，因为后者具有专门的设备，且平时需要大量的资金予以维护，救助成本相对较高。

（二）救助报酬的支付与分配

我国《海商法》第183条对救助报酬的支付做了规定：救助报酬的金额，应当由获救的船舶和其他财产的各所有人,按照船舶和其他各项财产各自的获救价值占全部获救价值的比例承担。

如果有多个救助人进行救助,则存在救助报酬的分配问题。一般而言,各救助人之间不平均进行分配,而是由各方按照《海商法》第180条规定的标准协商确定。协商不成的,可以提请受理争议的法院判决或者经各方协议提请仲裁机构裁决。至于同一救助人内部,即船舶所有人、船长和船上其他人员之间的救助报酬分配问题,一般应按照该船旗国的法律确定。如,英国的判例一般将救助报酬的3/4判给船东,救助报酬的1/4判给船员;美国的判例一般将救助报酬的2/3判给船东,救助报酬的1/3判给船员。我国《海商法》对救助报酬的比例未作具体规定,实践中,一般根据各救助人的贡献,由当事各方协商,或者由法院或仲裁机构决定。

根据我国《海商法》第188、189和190条规定,救助方为了取得救助报酬,可要求被救助方提供满意的担保。获救船舶的所有人还有义务在获救货物交还前,尽力使货物所有人对其应当承担的救助报酬提供满意的担保;否则,未经救助方同意,被救助方不得将获救的船舶和其他财产从救助作业完成后最初到达的港口或者其他地点移走。受理救助报酬请求的法院或仲裁机构,根据具体情况,在合理的条件下,可以裁定或裁决被救助方向救助方先行支付适当的金额。对于获救满90日的船舶和其他财产,如被救助方不支付救助报酬,也不提供满意的担保,经救助方申请,法院可以裁定强制拍卖;对于无法保管、不易保管或保管费用可能超过其价值的获救财产,可以裁定提前拍卖,在扣除保管和拍卖费用后,以所得价款优先支付救助报酬。剩余的金额,退还被救助方;无法退还的,自拍卖之日起满一年又无人认领,上缴国库;不足的金额,救助方仍有权在财产获救价值范围内向被救助方追偿。

二、特别补偿

如前所述,特别补偿是对"无效果,无报酬"原则的例外规定,是海难救助制度的一项新发展。救助方在符合以下两个条件的基础上,可获得特别补偿。

(1)救助方对构成环境污染损害危险的船舶或者船上货物进行了救助,而不论救助是否取得效果;

(2)救助方没有获得救助报酬或获得的救助报酬少于救助费用(救助费用是指救助方在救助作业中直接支付的合理费用以及实际使用救助设备、投入救助人员的合理费用)。

特别补偿的数额按以下三种情况确定:

(1)如果救助人进行的救助作业未能防止或者减少环境污染损害,特别补偿的数额为相当于救助人所花费的救助费用;

(2)如果救助人进行的救助作业取得了防止或者减少环境污染损害的效果,特别补偿的数额可另行增加。增加的数额可以达到救助费用的30%。如果受理争议的法院或仲裁机构认为适当,可以裁决进一步增加特别补偿的数额。但在任何情况下,增加部分不得超过救助费用的100%。

(3)在任何情况下,上述规定的全部特别补偿,只有在超过救助方依照《海商法》第180条规定能够获得的救助报酬时,方可支付,支付金额为特别补偿超过救助报酬的差额部分。

上述救助报酬和特别补偿分别由不同的人承担。一般情况下,救助报酬可作为共同海损由船方和货方或其保险人分摊;而特别补偿则由船舶所有人或其参加的保赔协会承担。因此,特别补偿首先得由船舶所有人支付给救助方,然后再由船舶所有人向其他应承担责任的被救助方追偿。

三、救助款项请求权的丧失

救助方的救助款项请求权也有丧失的情况。对此,我国《海商法》第 187 条规定:"由于救助方的过失致使救助作业成为必需或者更加困难的,或者救助方有欺诈或者其他不诚实行为的,应当取消或者减少向救助方支付的救助款项。"不仅如此,由于救助方的过错造成被救财产的损害,或者被救助人遭受其他损失时,救助方除全部或部分丧失救助款项的请求权外,还可能承担损害赔偿的责任。但根据有关法律的规定,救助人在赔偿时享有责任限制的权利。

第四节　有关海难救助的国际公约

自海难救助制度确立以来,各国海商法中均有关于海难救助的规定,但由于各国立法的不统一,因而经常发生争议,这就出现了统一关于海难救助法律规范的强烈呼声。于是,国际上先后形成了若干关于海难救助的公约,其中最重要的是《1910 年救助公约》和《1989 年国际救助公约》。

一、《1910 年救助公约》

《1910 年救助公约》制定并通过于 1910 年 9 月 23 日在布鲁塞尔召开的第三次海洋法外交会议上,其全称为《关于统一海难救助若干法律规定的公约》。该公约共 19 个条款,主要内容如下。

(1)确定了无效果,无报酬原则。救助人只要取得救助效果,就可获得救助报酬。报酬的最高额不得超过获救财产的价值。

(2)规定船长有救助人命的义务。公约规定,只要对本船及船上人员不构成严重危险,每个船长均须救助海上遇难人员。人命救助者对被救助人不得请求报酬,但可参与救助船舶及货物所得报酬的分配。

(3)确定了计算报酬的依据。应依据救助风险的程度,救助所用的时间、费用和所受的损失、救助人努力的程度及获救财产的价值等确定救助报酬。

(4)规定了可以宣告救助合同无效或变更合同的情况。公约规定,在危险威胁下订立的救助合同,经一方当事人请求,法院如果认为合同的条件不公平,可以宣告合同无效,或予以变更。

(5)规定了救助报酬请求权的时效为 2 年,自救助行为结束之日起算。

《1910 年救助公约》于 1913 年 3 月 1 日生效,现有参加国 70 多个。该公约对于统一各国有关海难救助的法律与实践起了重要的作用,是海商法领域最成功的国际公约之一。我国未加入该公约,但我国《海商法》吸收了该公约的有关规定。

二、《1989 年国际救助公约》的产生及其主要内容

《1910 年救助公约》虽然统一了国际海难救助的法律制度,但随着航运实践的发展,亦暴

露出许多问题,如:救助标的是否仅为《1910 年救助公约》规定的船舶及船上财产?确定救助报酬时是否需要考虑公约规定之外的其他方面的因素?船长是否有权代表船、货所有人签订救助合同?特别是随着海上石油和有毒、有害物质运输的增加,海洋环境污染事故频发,对这些事故的救助是否仍适用"无效果,无报酬"原则等,这些问题的产生说明《1910 年救助公约》已不能适应海难救助形势的发展,亟须有新的公约取而代之。

1978 年 3 月,英吉利海峡发生了一起历史上极大的油污事件——"阿莫柯 · 卡地兹"(Amoco Cadiz)案件,这起案件直接导致了《1989 年国际救助公约》的产生。当月 16 日,利比里亚籍巨型油轮"阿莫柯 · 卡地兹"号,因舵机失灵而坐浅在法国西海岸布列塔尼附近的礁石上。当时,一拖轮前来救助,因船长与船东就签订救助合同事项进行协商,错过了最佳救助时机,救助方虽然努力施救但终无效果,23 万吨原油溢出,造成法国沿海水域严重污染。此事故的发生,使有关国际组织认识到需要明确船长有权代表船、货方签订救助合同,并需要对"无效果,无报酬"原则进行补充。因此,1979 年 9 月,国际海事委员会成立一专门工作组织,研究起草新的救助公约草案。1981 年 5 月,公约草案在加拿大的蒙特利尔通过,之后提交国际海事组织审议,最终于 1989 年 4 月在伦敦召开的外交大会上讨论通过,定名为《1989 年国际救助公约》。

《1989 年国际救助公约》共有 5 章 35 条,主要对《1910 年救助公约》作了如下修改。

(一)适应形势发展,扩大了适用范围

1989 年公约将救助作业的范围扩大到了对在任何水域内遇难的船舶或任何其他财产进行救助的任何行为或活动。其中,船舶是指任何船只、船筏或任何能够航行的构造物,而不仅仅是 1910 年公约规定的海船或内河船;财产是指船舶以外的任何海上财产(但已就位的从事海底矿物资源的勘探、开发或生产的固定式、浮动式平台或移动式沿海钻井装置除外),而不仅仅是 1910 年公约规定的船上财产;救助人亦可以在任何地点进行救助,而不必一定在船上。此外,在公约的适用范围上,1910 年公约仅适用于缔约国所有的救助船和被救助船,即救助当事方之一必是缔约国所属的船舶;而 1989 年公约则扩大为适用于在公约成员国提起的有关本公约所辖事项的诉讼或仲裁,即救助当事方可不必是公约成员国所属的船舶,只要诉讼或仲裁是在公约成员国内提起即可。

(二)强调防止或减轻海洋环境污损,增设了特别补偿条款

这是 1989 年公约的显著特点。1989 年公约突破了以财产救助为出发点的传统的海难救助理论与实践,将防止或减轻海洋环境污损作为海难救助的重要方面。首先,公约提出了"环境污损"的概念:是指因污染、爆炸、油污、火灾或类似重大事故,对水中资源和人类健康造成的重大的有形损害。这就将 1980 年劳氏救助合同中"无效果,无报酬"的例外规定,从仅适用于油轮救助扩大到对载有其他有毒和危险物品的船舶的救助。其次,将救助人在防止或者减少环境污染损害方面的技能与努力作为评定救助报酬的重要标准之一,救助人在救助船货的同时又防止或者减少了环境污染,救助报酬要比单纯的财产救助高。再次,设定了特别补偿。救助人对污损环境的船舶或船上货物进行救助时,在没有过失但未获成功的情况下,仍有权向船舶所有人索取相当于救助费用的特别补偿,如果救助人在没有过失的情况下,对污损环境的船舶或船上货物成功地进行了救助,向船舶所有人索取的特别补偿可增加到救助人所花费用的 130%,特殊情况下,法院或仲裁机构可将特别补偿增至 200%。

（三）接受“阿莫柯·卡地兹”案件教训，明确了船长的代理权

鉴于以前的国际公约没有明确规定船长的代理权，以至延误时机，造成了“阿莫柯·卡地兹”案的悲剧，1989 年公约第一次明确规定：“船长有权代表船舶所有人签订救助合同。船长或船舶所有人有权代表船上财产所有人签订此种合同”，为在紧急情况下的及时救助提供了法律保障。

（四）加强对救助方的保护，增设了若干新条款

为了鼓励救助方实施救助作业，1989 年公约增加了若干新的内容。如规定：当获救的船舶或其他财产已被送至安全地点时，被救助方应及时接受救助方提出的合理的移交请求；被救助方对于救助方的索赔，包括救助方的利息和诉讼费用，应提供满意的担保，获救船舶的所有人也应尽最大的努力使货主提供担保，如获救财产的所有人未提供满意的担保，救助方对获救财产有留置权；法院有权根据救助方的申请，判决被救助方先行给付救助报酬；将救助方在防止或减轻环境污损及救助人命方面发挥的技能和作出的努力，也作为评定救助报酬的标准等。此外，公约还增加了救助作业实施一章。

《1989 年国际救助公约》于 1996 年 7 月 14 日生效，我国已加入该公约，但对该公约第 30 条第 1 款的 a、b 两项作了保留。

a. 救助作业发生在内陆水域，而且涉及的所有船舶均为内陆水域航行的船舶。

b. 救助作业发生在内陆水域，而且不涉及船舶。

练　习　题

一、填空题

1. 海难救助的形式包括：__________、__________和__________。

2. 海难救助中有关救助报酬的获得采用的是____________________原则。

3. 救助款项即是被救助人向救助人支付的__________、__________和__________的合称。

4. 我国加入的关于海难救助的国际公约是______________________。

二、名词解释

海难救助

三、简答题

1. 构成海难救助的要件是什么？

2. 什么是特别补偿？我国《海商法》为什么要加入这一条款？

实　训　题

关于救助报酬的法律纠纷。

原告：交通部烟台海上救助打捞局（简称打捞局）

被告：洪都拉斯西南企业公司（简称西南企业）

被告：香港保信国际有限公司（简称保信公司）

洪都拉斯籍“西方红宝石”轮注册船东系被告西南企业，另一被告保信公司系该轮的经营管理人。2001 年 5 月 7 日 19 时，“西方红宝石”轮在烟台港外锚地锚泊时，由于受较强西北风影响走锚，与“鲁海 65”轮发生碰撞，一舱内进水，因主机亦失灵而搁浅于烟台担子岛西北角礁石区域。21 时 25 分，原告接到烟台港监电话称，有一船遇险，需马上救助。接指示后，原告指派待命的“烟救 2”轮紧急出动。由于当时海面风力 7 ~ 8 级，救助难度较大，原告制定了周密的施救方案，经原告的巨大努力，将难船水下探摸后封堵、排水、浮正，于 5 月 10 日 14 时 15 分拖离现场靠好原告码头。随后，原告动用围栏将难船四周围好，并使用乳化剂、吸油面进行油污回收，至 5 月 20 日救助作业结束。为难船安全起见，原告一直派工程船对其进行守护。6 月 20 日，原告方代表与被告保信公司签署了《安全交船确认书》，双方确认难船被救成功后与原告码头安全交于被告，并同意自救助作业结束后难船发生的费用不再按“无效果、无报酬”的原则确定。“西方红宝石”轮获救后，被告拒不向原告提供救助报酬担保，原告于 2001 年 8 月 12 日向青岛海事法院申请扣押该轮。青岛海事法院于 8 月 14 日依法将该轮扣押，并责令被告提供 60 万美元担保，同时委托原告继续负责该轮看管工作，并负责该轮安全。因被告未提供担保，原告于 2001 年 9 月 3 日向青岛海事法院提起诉讼，请求强制拍卖该轮并判令被告支付原告救助报酬 4 442 770.40 元人民币及利息；判令被告支付保管费用。因该轮不易保管，应原告申请，法院于 10 月 29 日将该轮公开拍卖，拍卖金额为 122.7 万人民币。该轮拍卖费用为 245 685.54 元；原告看管费用为 808 076.39 元；难船停泊费等 79 396.00 元；边防监护费 110 000.00（已付 10 万元）。原告鉴于该轮公开拍卖价款 122.7 万元，将请求额变更为 122.7 万元。两被告均未提出答辩意见。

（源自：王延义主编，《海事案例精析》，青岛海洋大学出版社，2000 年）

请分析：

（1）双方之间的纠纷属于什么类型的纠纷？为什么？

（2）原告为什么将请求额变更为 122.7 万元？

（3）西南企业与保信公司属于什么关系？双方该如何承担责任？

（4）你认为本案将如何解决？

要求：

针对案情写一篇案例分析报告，可从案情简介、法理评析、主要涉及的法律、法规、国际条约等方面进行撰写。

第十章　共 同 海 损

【引例】　关于是否构成共同海损的纠纷

甲船在近海行驶时突然发现船底板破裂,大量海水涌进船舱,虽经尽力抽水抢救,但舱内水位仍不断增高,为了使船舶不致沉没,船舶紧急驶向附近浅滩,自动搁浅。事后船方主张该措施系共同海损措施,不仅为起浮搁浅船舶而造成的船货损失以及因而支付的费用可列为共同海损,而且由于搁浅本身造成的损失同样也应列为共同海损。

(源自:杨军编著,《海商法案例教程》,北京大学出版社,2003 年)

第一节　共同海损概述

一、共同海损的概念

所谓共同海损(General Average),是指在同一海上航程中,当船舶、货物和其他财产遭遇共同危险时,为了共同安全,有意而合理地采取措施所直接造成的特殊牺牲、支付的特殊费用,由各受益方按比例分摊的法律制度。

海损(Average),有单独海损(Particular Average,P. A.)和共同海损(General Average,G. A.)之分。凡由于自然灾害、意外事故或不可抗力所直接造成的船舶或货物的损害,均属于单独海损,应由各受害方自行承担或按海上货物运输合同的约定处理。为了摆脱自然灾害、意外事故或不可抗力对船舶和货物所造成的威胁,由船长决定并有意采取的合理措施而对船舶和货物所直接造成的特殊牺牲或为此而支付的特殊费用,则属于共同海损。例如,为了使船、货免遭沉没的危险,有意将某些货物抛弃入海,或为了灭火而向舱内灌水,因而使货物受损。既然共同海损措施是为了保护船、货各方的利益而采取,由此所造成的损失就应由各受益方按比例分摊。

从上述意义上来讲,共同海损一词,应该包含共同海损行为、共同海损牺牲与费用以及共同海损分摊三个方面的内容,三者结合,构成了共同海损法律制度。

二、共同海损制度的沿革

共同海损的分摊方法是基于海上特殊风险而建立起来的。自古以来,航海事业即被视为危险性的事业。由于海上的特殊环境和条件所决定,自然灾害或意外事故时有发生,而一旦发生海上事故,其损失往往是巨大的,若所有的损失均由承运人承担,势必影响海上运输事业的发展,并且也是不公平的。因此,通过立法确定共同海损制度,实现风险分摊,对于保护航运事业、促进贸易发展,具有十分重要的意义。共同海损制度的历史源远流长,最初它是一种航运习惯,继而被确定为法律制度,以后又被逐步充实和完善。

作为一种航海习惯,共同海损制度究竟起源于何时,由于资料所限无法确切考证,但至少可以说,早在两千多年前此种做法就已存在了。当时,在世界著名的航海贸易中心—地中海或爱琴海一带,航商们就积累了一些处理共同海损问题的经验,并制定一些基本准则。由于当时的航海技术极端不发达,很难抵御海上自然灾害的侵袭,当大风浪袭来的时候,为了防止船、货的沉没,最有效的办法就是将部分货物抛弃入海,即以牺牲部分货物来换取船、货的共同安全。但是,在古代航海中,许多货主都是随船同行的,任何一个货主都不会同意抛弃自己的货物。因此,就有必要采取这样一种做法,即事先与货主约定,当发生海上危险时,由船长决定抛弃哪一部分货物,待解除危险后,再由大家共同分担被抛弃货物的损失。但这只是一种习惯做法,并未形成法律。

共同海损作为一种法律制度,最早出现在古希腊的法律当中。大约在公元前3、4世纪,《罗得海法》中即确立了"为减轻货载而抛弃的货物,应由全体分摊"的原则。公元6世纪,东罗马皇帝查士丁尼安下令编纂的《法学家学说汇编》中对此也专列一章。在罗马法中也曾专章汇集了一些关于共同海损的简短判例或观点。

罗马帝国覆灭以后,罗马法虽然在一个相当长的时期里遭到了冷遇,但上述关于海上损失分摊的办法,却被更加广泛地采用,显示出了强大的生命力。

公元12世纪的《奥列隆惯例集》对共同海损制度又有了新发展。该惯例集就共同海损作了三条规定:一是被抛弃的货物应由大家分摊;二是为抢救船舶和货物而砍断的桅杆或船锚也应由大家给予补偿;三是当船上的某种货物被抛弃时,即使船员饮水用的银杯,只要有两个以上,或者虽然只有一个,但尚未使用过也要参加分摊。同理,没有穿过的礼服或未被裁剪的布匹也在分摊之列。后来,许多欧洲国家的旧海法,或是对《奥列隆惯例集》中的三条规定作了具体的文字解释,或是充实一些内容,但只是罗列了一些项目,并未作出原则性的规定或确定完整的定义,甚至连简单的"海损"字样亦未曾提及。从这个意义上说,"共同海损"字样的出现实际上晚于该制度的产生。

公元1160年,意大利的《比萨法典》对共同海损使用了"Avere"的字样。《比萨法典》使用的是意大利文字,并夹杂一些拉丁文字。法典中的"Avere"一词,被喻指为"现存的财产",亦可解释为分摊的基础或分摊价值,其含义为:被抛弃的货物或在抛货时造成的损失,应从被保存下来的"现存财产"中得到补偿。公元1298年,在修订后的《比萨法典》中,又将"均摊"喻示为"被抛弃的财产",即指被抛弃的货物应该得到均摊。在1341年的《热纳亚法典》中,"均摊"一词又被解释成为了共同利益所做的牺牲和支付的费用。所有这些事实都说明,当时在欧洲各国的法律中,虽然都用了不同的语言,并且以不同的表达方式表述了共同海损的基本思想,但都没有提出共同海损的准确概念和称谓。

直至16世纪末叶,在法国的关于海上保险的一本比较权威的论文集中,提出了共同海损的概念和初步定义,但使用的是"Common Average"或"Gross Average"的字样。在1684年《路易十四法典》中,才第一次以法律的形式提出了类似于今天的单独海损(Particular Average)和共同海损的定义,不过,关于共同海损仍然沿用了原来的英文名称(即Common Average)。1721年在《鹿特丹法典》中又用简短的条款规定了共同海损的定义,即:为了保护船舶和货物,或为了防止发生更大的损害而主动采取措施所造成的损害,得作为共同海损,由船货各方分摊。这部法典确立了共同海损的准确称谓—— General Average,从此,这种提法便被沿用下来,至今未变。

在我国《海商法》中,也列出专章确立了共同海损制度,其中规定了共同海损的定义、共同海损分摊价值的确定、共同海损分摊的原则和方法以及其他相关事项,使得我国的共同海损理算实践具有了法律依据。

三、共同海损的构成要件

共同海损经常与单独海损交织在一起,要区分哪些损失和费用属共同海损并应由各受益方分摊,哪些损失是单独海损而应由受害方自行承担,其中必须遵循一定的原则和条件。按照共同海损的定义,共同海损必须符合下列条件。

(一)同一海上航程中的财产遭遇了共同危险

这里所说的共同危险(Common Danger)包含了双重含义。

1. 危险是同一海上航程中的财产所共同面临的

所谓同一海上航程(Common Maritime Adventure),是指当船舶、货物或其他某些财产结为一体时的海上航行期间。当自然灾害、意外事故或其他特殊情况危及了船货的共同安全时,若不及时采取措施,船舶和货物就有灭失或损坏的危险,即所谓的一方受损,全船皆危。在这种紧急状态下,为了使船、货或其他财产免遭损害而作出的物质上的特殊牺牲或费用上的额外损失,才能作为共同海损。

2. 危险是真实存在的

所谓真实危险(Real Peril),是指存在着危及船、货和其他财产安全的客观事实。主观推断出的危险不是真正的危险;基于错误判断而采取的措施也不属于共同海损行为。例如,某船搁浅后,由于船长对当地水文、气象不甚了解,错误地以为遭遇了危险,因而雇请拖船前来救助。事后,经调查发现,船舶搁浅系由潮汐变化所致,待高潮来临时完全可以自行起浮,这就不是真正的危险。因此,由于雇用拖船所支付的救助费,就不能作为共同海损。

这里所说的真实危险,并非是说一定要处于急迫危险(Immediate Danger)当中。换言之,即使这种危险不会即刻发生,但只要危险是不可避免的,并且所采取的措施是合理的,亦属共同海损行为。例如,船舶在大洋中航行,由于主机发生故障,使船舶失去动力,虽然当时风和日丽,但若不及时修复船舶,一旦天气有变,船舶便有倾覆或沉没的危险。这样的危险也属于真实危险。

(二)采取的措施必须是有意而合理的

所谓有意采取的措施(Intentional Act),是指船长在主观上明知采取某种措施会导致船舶或货物的进一步损害,但为了避免船货的共同危险而不得不采取的行为。例如,当货舱起火时,船长明知灌水灭火会造成货物的湿损,但舍此便无其他办法可以摆脱船货的共同危险,因此继而导致未起火部分货物的湿损,当然应该认作共同海损。

在通常情况下,共同海损措施是根据船长的命令所采取的。但发生危险时,如果船长不在船上,其他值班人员采取紧急措施所造成的损失,只要符合共同海损的成立条件并且能够证明,即使当时船长在现场,也只能采取这样的措施,则这样的措施也可被认定为共同海损措施。

所谓合理的措施(Reasonable Act),是指本着以最小的牺牲换取船货安全的原则而采取的措施。一项措施是否合理，没有绝对的标准，但概括起来，可以参照以下各方面的因素。

1. 外部条件

有的措施看起来似乎合理，但因客观条件的限制，根本无法实行。例如在主机发生故障的情况下，如果对其修理，可能花费较少，但在当时、当地却不具备这样的条件。这时，雇请拖船将船拖往目的港，虽然费用较大，也属合理措施。

2. 方案的可行性

即分析船长所采取的措施对挽救船货安全的作用有多大。例如，对于一艘小型船舶，为避免碰撞，采取在前进中抛锚的方式，虽然可能造成对船体或船锚的损坏，但可以起到缓解船舶冲力的作用，此种措施亦属合理。但对于一艘超级油轮而言，采取同样的措施则于事无补，即使造成船体或船锚的损坏，也不能作为共同海损。

3. 客观效果

即衡量所作出的牺牲与所保全的财产是否成比例，换言之，是否以最小的牺牲换取了船货或其他财产的最大安全。例如，不该抛货时抛货，该抛重大物件时抛弃轻泡货，该抛廉价货时抛弃贵重货，不仅作出了许多无谓的牺牲，而且扩大了损失的范围，这样的措施即属不合理措施。

当共同海损措施中含有不合理成分时，并不完全排除共同海损的分摊，而是应在分摊过程中把不合理的部分扣除。

(三)作出的牺牲和支付的费用必须是特殊的

在非正常情况下，船长在其应尽义务之外所采取的措施而造成的损失和支付的费用，称为特殊牺牲和特殊费用(Extraordinary Sacrifices and Expenditure)，此种牺牲和费用可以认作共同海损。例如，船舶遭遇海难事故以后进入避难港修理，如果该避难港不是原定挂靠港，则由于进入避难港而发生的港口费用就属于特殊的或额外的费用。但是，如果该避难港是原定挂靠港之一，则进入避难港的费用就不属于共同海损，因为即使不发生事故，该项费用也注定要发生。

(四)采取的措施必须有效果

所谓有效果(Useful Effect)，是指船长所采取的措施达到了使船、货或其他财产脱离危险的目的。共同海损分摊应以获救财产的价值为基础，如果某一项财产因海损事故而全部灭失，即说明该项财产的所有人并未因共同海损措施而受益，因此不能要求其用自己的其他财产分摊别人的损失。有时，船长为避免船货的共同危险，尽管作出很大牺牲甚至支付了巨额费用，但最终船、货或其他财产还是遭受全损，共同海损便不能成立。当然，这里所说的有效果，并非指财产全部获救，即使只有部分财产获救，也不影响共同海损的分摊。

第二节　共同海损的范围

共同海损的范围即共同海损的表现形式，亦即确定哪些具体海损形式可归属于共同海损。总体而言，按照《1994年约克—安特卫普规则》字母规则C的规定，只有属于共同海损行为直接后果的损失或费用，方可作为共同海损。而其他由于在航程中或其后发生的滞期损失、行市损失或任何因迟延所遭受的损失或支付的费用以及任何间接损失，都不能作为共同海损。共同海损的范围一般可以按照性质分为两类，即共同海损牺牲和共同海损费用。

一、共同海损牺牲

共同海损牺牲，又称共同海损损失，是指共同海损行为造成的船舶、货物等财产本身的损失。它包括船舶、货物、运费及船舶所载其他财产的牺牲。以下列举的仅是比较典型的共同海损，而共同海损还有许多，故不一一列举。提出共同海损分摊请求的一方应当负举证责任，证明其损失应当列入共同海损。

（一）船舶牺牲

船舶牺牲是指船舶或船用材料在抢救船舶和货物的过程中，遭受的部分损失，通常包括以下几项内容。

1. 扑灭船上火灾

船舶在海上航行而发生火灾危及船货共同安全时，为了扑灭船上火灾，解除船货的共同危险，必须采取喷水、灌水、喷射灭火剂、封舱、凿船、搁浅等共同海损措施。这些措施致使船舶或机器受到的损失应列入共同海损损失，而不论船舶或机器是否已经被火烧毁。

2. 割弃残损物所造成的损失

残损物是指因自然灾害或意外事故而被损坏或已被拆除或实际上已被毁灭的残留物，如船桅、栏杆等。如果残损继续置留原处，可能威胁航行安全。为了船货共同安全，有必要切除这些残损部分。切除的残损物，即使尚有一定价值，也不能认作共同海损。但是，因切除残损物所致费用及船舶的进一步损失，属于共同海损损失。抛货而使船舶遭到的进一步损害也应列入共同海损。

3. 有意搁浅所致损害

有意搁浅，又称自动搁浅，是指为了避免船舶碰撞、沉没或为了扑灭火灾，船长有意地将船舶驶往比较安全的浅滩或将其凿沉于浅水地带，因此所造成的损失应列为共同海损，而船舶是否必将搁浅姑且不问。

4. 起浮脱浅造成机器、锅炉及船底和船壳的损害

在船舶搁浅并有危险的情况下，为了共同安全，可反复用车，强行起浮，由此造成任何机器和锅炉的损坏，应列入共同海损。但船舶在浮动状态下因使用推进机器和锅炉所造成的损失，在任何情况下不得作为共同海损。起浮船舶导致的船底和船壳的损坏也可列入共同海损，尽管难以证明损坏完全因起浮而非搁浅或风浪冲击所致。

5. 用作燃料的船用材料和物料

如船舶配备的燃料耗尽，以船用材料和物料作燃料，是为了共同安全，其损失应列为共同海损。但船用材料和物料费用受到补偿时，为完成原定航程本应消耗的燃料的估计费用，应从中扣除。如上述情况构成船舶不适航，则不得列入共同海损。

6. 在避难港地船舶的损失

船舶在避难港地卸载、储存、重装或搬移货物、燃料或物料等船舶因发生意外、牺牲或者其他特殊情况而损坏时，为了安全完成本航程，驶入避难港口、避难地点或者驶回装货港口、装货地点进行必要的修理，为修理而卸载、储存、重装或者搬移船上货物等而造成船舶的损失，应列为共同海损。

7. 船舶临时修理费用

根据我国《海商法》第198条,船舶受损如果是由共同海损措施造成的,其修理费用应作为共同海损的牺牲列入共同海损。实际支付的修理费,应对换新的部件和材料作合理的扣减。尽管这种共同海损牺牲以共同海损费用形式出现,但其损失的性质并未改变,故我国《海商法》将其认作船舶牺牲。不过,根据《约克—安特卫普规则》,它属于共同海损费用。

(二)货物牺牲

货物牺牲是指由于采取共同海损措施所致船载货物的灭失或损害。

1. 抛弃货物

在船货遭遇共同危险的情况下,船长有权决定将部分货物(以及船用燃料和物料)抛入海中以减轻船舶载量。为了保证船上人员生命安全,船长可以决定抛弃全部货物。由此造成的损失都应认作共同海损。货物载于甲板,只要符合双方协议或航运习惯,如被抛弃,也应列入共同海损。为了紧急抢险而将注入舱内的海水泵出,随之而被带出的散装货,可以列入共同海损。但是,由于某些货物的固有缺陷而造成危险,将其抛弃时,不能作为共同海损。未通知船舶所有人或其代理人而装载的货物或装运时故意谎报的货物所遭受的损失,不得列入共同海损。

由于抛弃货物而引起的其他财产的损失,也应列为共同海损。而且,即使被抛弃的货物不是为习惯或协议所允许装载的甲板货,本身不得列为牺牲,但只要抛弃属于共同海损行为,则由此造成其他财产的损失仍可列为共同海损。

弃货通常是在不能等待他船救助,其他措施不能挽救船货共同安全,或者其他措施造成的损失比弃货更大时采取。弃货原是帆船时代最主要的共同海损措施,但现在仅适用于船舶搁浅不能起浮且无法卸货的情形。

2. 货物的湿损

船舶遭遇意外事故后,在抢救船舶和货物过程中,货物被涌入或渗入货舱的海水浸湿,或在灭火过程中被水喷湿或浸湿的损失等,都属共同海损的牺牲。但是,烟熏或火烤造成货物的损坏在任何情况下不得列入共同海损。

3. 在避难港地货物的损失

船舶在避难港地卸载、储存、重装或搬移货物、燃料或物料等船舶因发生意外、牺牲或者其他特殊情况而损坏时,为了安全完成本航程,驶入避难港口、避难地点或者驶回装货港口、装货地点进行必要的修理,为修理而卸载、储存、重装或者搬移船上货物等而造成货物的损失,应列为共同海损。

4. 其他共同海损措施所引起货物的损失

为了扑灭船上火灾而采取的共同海损措施造成的货物的进一步损害,属于共同海损,而不论这部分货物是否已经烧毁。但不论何种原因所致的受热、烟熏或火烤损失,不能作为共同海损。自动搁浅造成的货物损失属于共同海损。船舶搁浅后为使船舶起浮造成的损失应列入共同海损。用作燃料的货物,也可列入共同海损。

(三)运费牺牲

运费牺牲是指货物因共同海损措施受损时,船方随之遭受的到付运费等风险运费的损失。如果货物的损失是共同海损行为造成的,或者已经作为共同海损受到补偿,则由于货物损失所引起的运费损失，也应作为共同海损受到补偿。

二、共同海损费用

共同海损费用是指采取共同海损措施而支付的额外费用，它不涉及船舶或货物的物质损失。

(一)救助费用

船货陷入共同危险，不得不求助他船而支出的救助费用，不论是否依合同发生，都应列入共同海损，但以使同一航程中的财产脱离危险而进行的救助为限。另外，鉴于救助人在防止或减轻环境损害中的技艺和努力而付给救助人的任何救助报酬，也属共同海损费用。我国《海商法》对于救助费用的共同海损未作规定，但只要救助费用的支出符合《海商法》第193条，仍应认作共同海损。

(二)避难港地费用

船舶遭遇海上危险，为了船货共同安全，驶入避难港口、避难地点或者驶回装货港口、装货地点而发生的费用。它们主要包括：

(1)驶往、驶离避难港口的费用，如燃料、燃油、淡水、船员工资及伙食等费用；

(2)避难港口的费用，如引航费、拖轮费、解系缆费、港税、灯塔费、码头费或浮筒费、检疫费、汽艇费、装卸费、代理费等；

(3)卸载、储存、重装或者搬移货物、燃料或物料以及其他财产的费用；

(4)防止或减轻环境损害采取措施支付的费用。

如果船舶进入避难港后宣布放弃航程，则在避难港期间的上述所有共同海损费用算至决定放弃航程之日为止。

(三)避难港地的额外费用

船舶因发生意外、牺牲或者其他特殊情况而损坏时，为了安全完成本航程，驶入避难港口、避难地点或者驶回装货港口、装货地点进行必要的修理，在该港口或地点额外停留期间包括航程延长期间所支付的费用，应当列入共同海损，尽管它们属于船舶驶往避难港这一共同海损措施的间接后果。这些费用主要包括：

(1)港口费；

(2)船员工资、给养；

(3)船舶所消耗的燃料、物料；

(4)为修理而卸载、储存、重装或者搬移船上货物、燃料、物料以及其他财产所支付的费用。

(四)代替费用

《海商法》第195条规定："为代替可以列为共同海损的特殊费用而支出的额外费用，可以作为代替费用列入共同海损；但是，列入共同海损的代替费用的金额，不得超过被代替的共同海损的特殊费用。"

代替费用，是指为了节省原应列入共同海损的费用而采取的临时性措施所支出的另一笔较小的费用。代替费用包括：

(1)拖轮拖带费。如果雇用拖轮节省了港口费用包括货物装卸、储运费用或船员工资、给养以及燃料和物料,则拖轮的额外费用应认作代替费用。

(2)雇用驳船费。如果雇用驳船节省属于共同海损的卸货上岸存仓、运输等费用,则雇用驳船费应认作代替费用。

(3)船舶临时修理费。船舶发生损失,一般应在避难港修理完毕后再继续航行。有时为了节省费用,船舶可以决定在避难港进行临时修理。这项临时修理费即属代替费用。我国《海商法》对临时修理费未作具体规定。

(4)转运货物的费用。如果船舶损坏严重,修理需要很长时间,要求卸载的货物数量较多,为了节省卸、装、储运费用,可使用另一船舶将遇难船舶载运的货物转运至原目的港。这项转运费习惯上认作代替费用。

(5)修理船舶的工人加班费。加班缩短了船舶在避难港的时间,节省了部分应列为共同海损的船员工资、给养和燃料、物料以及港口费用,故可认作代替费用。

(6)船舶带货入坞附加费。由于船舶带货入坞增加了危险,支付的入坞费用也随之增加。但增加部分的入坞费用连同保险费等有关费用,节省了货物的卸、装、储存费用等。因此,只要增加支付的费用不超过被节省的金额,也可作为代替费用。

(五)杂项费用

杂项费用是指处理与共同海损事项有关的其他费用,主要包括:

(1)共同海损费用保险费;

(2)船舶、货物共同海损损失检验费;

(3)船舶避难港代理费、电报费;

(4)船主、货主代表或监修人费用;

(5)垫付共同海损费用的手续费和利息。

《海商法》第201条规定:"对共同海损特殊牺牲和垫付的共同海损特殊费用,应当计算利息。对垫付的共同海损特殊费用,除船员工资、给养和船舶消耗的燃料、物料外,应当计算手续费。"手续费按共同海损费用的2%计算,利息按共同海损的7%计至共同海损理算书编制完成之日。

(6)共同海损理算费。

(7)索赔费用。

根据《海商法》第196条,提出共同海损索赔的一方因证明所索赔的损失或费用而产生的费用或损失应列入共同海损。

第三节　共同海损的理算

一、共同海损理算的概念

共同海损理算(Adjustment of General Average)是指海损理算人按照理算规则,对共同海损的损失和费用、各受益方的分摊价值及分摊数额进行审理和计算的工作。只有进入理算阶段,才最终使共同海损制度得以实现。共同海损理算是一项专业性很强的工作,理算人均由专业机构或人员组成。

（一）共同海损理算人

共同海损理算由专门从事海损理算的机构或理算师进行，统称为海损理算人。海运比较发达的国家均有专门的海损理算机构或海损理算人。我国国际贸易促进委员会设有海损理算处，凡在提单或租船合同中约定共同海损在中国理算的，均由该海损理算处进行理算。

（二）共同海损理算书的效力

共同海损理算书（G/A Adjustment）是由接受委托的海损理算人对共同海损案件进行调查研究和审核计算以后所编制的理算报告。理算书的内容一般包括：事故情况概述，共同海损损失和费用划分表，共同海损分摊表和共同海损收付结算表。此外，还附有必要的证明文件。

由于理算机构属于一种民间组织，此种机构所提供的理算书只是为各受益方分摊共同海损提供一个科学依据，并无法律拘束力，有关当事方若对理算结果有争议，还可提请仲裁或起诉。

二、理算的依据

共同海损理算的依据即共同海损理算据以进行的有关规则。我国《海商法》第 203 条规定，共同海损理算，适用合同约定的理算规则；合同未约定的，适用该法第 10 章的规定。第 274 条规定，共同海损理算，适用理算地法律。在实务中，当事人一般是通过约定选择某国家或地区相关组织制定的，或者由相关国际组织制定的共同海损理算规则来进行共损理算。

目前，在国际上适用最普遍的共同海损规则为《约克—安特卫普规则》。中国国际贸易促进委员会也制定了《中国国际贸易促进委员会共同海损理算暂行规则》，简称为《北京理算规则》，于 1975 年 1 月 1 日起施行，1994 年进行了修改。这些由民间组织制定的共同海损理算规则，从严格意义上讲并不具有法律的性质。它们的适用是以当事人的约定选择为前提的。如果当事人并没有选择某一规则作为理算依据，该规则只有因其符合相关条件而被视为国际惯例时，才能根据《海商法》第 268 条予以适用。

三、共同海损理算的步骤

（一）共同海损的宣告与担保

发生共同海损事故后，船长或船东应在船舶发生共同海损之后到达的第一个港口后的一段合理时间内宣布共同海损。《北京理算规则》规定：如果船舶在海上发生事故，各有关方应在船舶到达第一港口后的 48 小时内宣布，如船舶在港内发生事故，应在事故发生后的 48 小时内宣布。只有在宣告共同海损后，才开始共同海损的理算。同时，根据《海商法》第 196 条的规定，提出共同海损分摊请求的一方应当负举证责任，证明其损失应当列入共同海损。

为了确保共同海损分摊的顺利进行，经利益关系人请求，有关受益方应当提供共同海损担保，即作出承担分摊的保证。实务中，一般是货方向船方提供共同海损担保；否则，船方对货物享有留置权。共同海损担保的方式主要有：提供保证金，提供担保函，签署共损协议书、共同海损分摊保证书和船货不分离协议等。我国《海商法》第 202 条规定："以提供保证金方式进行共同海损担保的，保证金应当交由海损理算师以保管人名义存入银行。保证金的提供、使用或者退还，不影响各方最终的分摊责任。"

船方宣布的共同海损，经货方及其保险人初步审查、提供担保并提货后，视为已被货方初步确认,可以进行进一步的理算。

(二)共同海损的理算

船方在宣告共同海损后,应向海损理算人提出委托申请,再由理算人具体进行理算工作。共同海损理算的目的是要最终确定共同海损事件中各方当事人所应分摊的数额。确定分摊的数额,首先要计算共同海损的损失金额及费用,再确定各方当事人的分摊价值,从而得出共同海损百分率,并最终确定各方当事人的分摊数额。

共同海损理算中需注意的一个问题是:引起共损的海上事故有可能是因船方或货方的过失造成的,如果过失方也因共损措施造成损失,他是否有权要求受益人分摊其损失?我国《海商法》第197条规定:“引起共同海损特殊牺牲、特殊费用的事故,可能是由航程中一方的过失造成的,不影响该方要求分摊共同海损的权利;但是,非过失方或者过失方可以就此项过失提出赔偿请求或者进行抗辩。”根据该规定,不论航程中的各方有无过失,均有权要求受益人分摊共损损失。但是,有关各方可就这一过失提起赔偿请求或对该请求提出相关性的抗辩。如,在过失方要求他人分摊其损失时,无过失方可以要求过失方就其过失承担赔偿责任,过失方也可对此索赔请求提出抗辩。

四、共同海损损失金额

共同海损损失金额是指因共同海损措施所造成的财产损失和支付的共同海损费用的总和。确定共同海损损失金额是共同海损理算的首要步骤。共同海损损失金额主要分为三种,即船舶损失金额、货物损失金额以及运费损失金额。

(一)船舶损失金额

我国《海商法》第198条第1项规定:“船舶共同海损牺牲的金额,按照实际支付的修理费,减除合理的以新换旧的扣减额计算。船舶尚未修理的,按照牺牲造成的合理贬值计算,但是不得超过估计的修理费。船舶发生实际全损或者修理费用超过修复后的船舶价值的,共同海损牺牲金额按照该船舶在完好状态下的估计价值,减除不属于共同海损损坏的估计的修理费和该船舶受损后的价值余额计算。”

可见,船舶损失金额根据情况的不同而有不同的计算方法:这些情况主要有三种,即:

(1)船舶在海损事故后进行修理;

(2)船舶在海损事故后未进行修理;

(3)船舶因海损事故而发生全损。

1.船舶进行修理

船舶进行修理,可分为永久性修理与临时性修理。对于永久性修理的情况,损失金额的计算应为修理费扣除属于单独海损的修理费用。而如果在修理中因用新材料更换旧材料而超过恢复原状的要求,根据《约克—安特卫普规则》,对于船龄在15年以上的船舶,应该从修理费中扣减三分之一的以新换旧费用,此项扣减应依船龄计算,自船舶竣工之年的12月31日起算,至共同海损行为发生之日为止。但对于绝缘设备、救生艇及类似的船艇、通信及航行器材与装备、机器及锅炉的扣减,则按此类部件的使用年限计算。至于进行临时维修的情况,则无须进行以新换旧的扣减,即损失金额为被确定为共同海损的损失部分的维修费用。

除了修理费外，船舶修理期间所发生的船员伙食费、物料费、修理船锚或锚链的费用、船坞费、船台费及移泊费等，一般也应计入共损。但须注意的是，这些费用只有是因修理船舶而发生的，才能计入共同海损损失金额，如果不是因修理船舶而发生的，则不能计入。

2. 船舶未进行修理

有时，发生共损的船舶由于种种原因未进行修理。如果船舶没有进行修理，船舶损失金额通常以该损坏造成的船舶合理贬值和该损坏的估计的修理费两者之中较小者为准。

3. 船舶全损

在船舶全损的情况下，船舶损失金额为船舶在发生共同海损前的估计完好价值中，扣除属于单独海损的估计修理费用。有残骸的，还须扣除残骸的价值，其余额作为共同海损。在实践中船舶全损而货物获救的情况并不常见。

（二）货物损失金额

属于共同海损损失金额的货物损失金额，又称作货物的共同海损损失金额。我国《海商法》第 198 条第 2 项规定："货物共同海损牺牲的金额，货物灭失的，按照货物在装船时的价值加保险费加运费，减除由于牺牲无需支付的运费计算。货物损坏，在就损坏程度达成协议前售出的，按照货物在装船时的价值加保险费加运费，与出售货物净得的差额计算。"按照这一规定，货物共同海损损失金额的确定，可以分为两种情况。

（1）货物灭失的，按照货物在装船时的价值加保险费加运费，减除由于货物牺牲无需支付的运费计算共损金额。货物装船时的价值，通常按照货物发票价格确定；如无货物发票价格，则以该货物在装船之时当地的市场价格为准。由于货物牺牲无需支付的运费，是指不由货方承担风险的运费，该种运费应扣除在货物共损损失金额之外。

（2）货物损坏，在就损坏程度达成协议前售出的，按照货物在装船时的价值加保险费加运费，与出售该货物所得净值的差额计算共损损失金额。如果有关利益关系人就损坏程度已达成协议的，则按协议确定损失金额。

如果装上船的货物未经申报或属于谎报，其遭受的特殊损失不得列入共同海损，但应参加共同海损的分摊。不正当地以低于货物实际价值作为申报价值的，按照实际价值分摊共同海损；在发生共同海损牺牲时，按照申报价值计算牺牲金额。

（三）运费损失金额

我国《海商法》第 198 条第 3 项规定："运费共同海损牺牲的金额，按照货物遭受牺牲造成的运费的损失金额，减除为取得这笔运费本应支付，但是由于牺牲无需支付的营运费用计算。"例如，某船装载货物 1 500 件，每件货物应付到付运费 80 元，航行途中为了共同安全抛货 500 件。这 500 件货物如果运至目的港，承运人应承担卸货费、码头费和其他杂费共 7 000 元。这项运费共损损失金额为：80 元 ×500 − 7 000 元 = 33 000 元。

五、共同海损分摊价值

共同海损的损失金额，应当由发生共同海损航程中的各受益方按照各自的分摊价值的比例分摊。所谓共同海损分摊价值，是指由于共同海损措施而受益的财产价值与因遭受共同海损而可获得补偿的财产金额的总和。之所以除了获救财产的价值外还要加上共同海损损失本身的金额，是因为这部分损失可通过分摊而获得补偿，为公平起见，这部分牺牲的金额也应参加分摊。共同海损分摊价值可基本分为船舶分摊价值、货物分摊价值和运费分摊价值等。它们的计算方法分述如下。

(一)船舶分摊价值

我国《海商法》第 199 条第 2 款第 1 项规定:“船舶共同海损分摊价值,按照船舶在航程终止时的完好价值,减除不属于共同海损的损失金额计算,或者按照船舶在航程终止时的实际价值,加上共同海损牺牲的金额计算。”也就是说,船舶分摊价值有两种计算方法:第一种计算方法是按照船舶在航程终止时的完好价值,扣除单独海损的损失金额计算;另一种方法是按照船舶在航程终止时的实际价值,加上共同海损损失金额计算。两种计算方法的结果相同。如:船舶的完好价值为 250 万元,到港实际价值为 190 万元,途中共同海损为 50 万元,单独海损为 10 万元,则分摊价值为:250 万 - 10 万 = 240 万,或者 190 万 + 50 万 = 240 万。对于船舶完好价值的估价,有两种方法,即折旧法和价格类比法。折旧法是以船舶造价为基础,根据船舶的使用年限予以适当折旧,从而得出船舶在目的港的完好价值。价格类比法是以类似船舶近年的市场成交价格为依据而予以确定船舶的完好价值。

(二)货物分摊价值

我国《海商法》第 199 条第 2 款第 2 项规定:“货物共同海损分摊价值,按照货物在装船时的价值加保险费加运费,减除不属于共同海损的损失金额和承运人承担风险的运费计算。”如货物的价值加保险费加运费为 80 万元,其中 6 万元为到付运费,另有单独海损 12 万元,则货物分摊价值为 80 万 - 12 万 - 6 万 = 62 万。该项接着规定:“货物在抵达目的港以前售出的,按照出售净得金额,加上共同海损牺牲的金额计算。旅客的行李和私人物品,不分摊共同海损。”

(三)运费分摊价值

这里讲的运费是指由承运人承担风险,并于货物运达目的港时才有权收到的运费。我国《海商法》第 199 条第 2 款第 3 项规定:“运费分摊价值,按照承运人承担风险并于航程终止时有权收取的运费,减除为取得该项运费而在共同海损事故发生后,为完成本航程所支付的营运费用,加上共同海损牺牲的金额计算。”如承运人在目的港实收运费 12 万元,为取得该项运费而支付的营运费用为 2 万元,共同海损牺牲的运费为 5 万元,则运费分摊价值为 12 万 - 2 万 + 5 万 = 15 万。

六、共同海损分摊金额的确定

共同海损分摊金额是指由于共同海损措施而受益的各方,根据其受益财产价值所应分摊的共同海损数额。各受益人的共同海损分摊金额的计算,可以下述公式加以表明:

$$\left(\begin{array}{c}\text{受益人的共同海损}\\\text{分摊金额}\end{array}\right)=\left(\begin{array}{c}\text{受益人的共同海损}\\\text{分摊价值}\end{array}\right)\times\left(\begin{array}{c}\text{共同海损分摊率}\\\text{(或称共损分摊百分率)}\end{array}\right)$$

而共同海损分摊率的计算公式为:

$$\left(\begin{array}{c}\text{共同海损}\\\text{分摊率}\end{array}\right)=\left(\begin{array}{c}\text{共同海损}\\\text{损失总额}\end{array}\right)\div\left(\begin{array}{c}\text{共同海损}\\\text{分摊价值总额}\end{array}\right)\times 100\%$$

计算共同海损分摊金额,首先须求得共同海损分摊率。因此,确定共同海损损失总额与共同海损分摊价值总额为计算共同海损分摊金额的首要步骤。在得出这两个数额后,再计算各受益人的共同海损分摊价值,并乘以共同海损分摊率,就可以得出各受益人所应分摊的数额。例如:某航程共同海损的损失总额为 10 万元,共损分摊价值总额为 100 万元,其中,船舶的分摊价值为60万元,货物的分摊价值为35万元,运费的分摊价值为5万元,则共损分摊率为 $10 \div 100 \times 100\% = 10\%$,各方分摊金额为:

船舶共同海损分摊金额:$60 \times 10\% = 6$(万元)

货物共同海损分摊金额:$35 \times 10\% = 3.5$(万元)

运费共同海损分摊金额:$5 \times 10\% = 0.5$(万元)

以上各方分摊的金额之和为10万元,即共同海损的损失总额。

第四节　共同海损理算规则

一、共同海损理算规则

共同海损理算规则,是由共同海损理算机构制定的关于共同海损理算的实务性章程。理算规则中规定了共同海损的成立条件、共同海损损失和费用的范围以及分摊共同海损的标准。理算规则作为一种实务规则,供有关当事人在运输、保险合同中协议适用。当前在国际上适用最广泛的是《约克—安特卫普规则》,另外,各海运国家的共同海损理算机构也分别制定了自己的理算规则,为共同海损理算提供了指南。

(一)《约克—安特卫普规则》

为了规范共同海损理算,各国有关民间组织纷纷制定了共同海损理算规则。理算规则一般对共同海损的成立要件、共同海损损失和费用的范围以及共同海损分摊的标准等作出规定。目前在国际上适用最广泛的是《约克—安特卫普规则》。

1860年,欧洲主要海运国家在英国的格拉斯哥召开会议,综合了各国关于共同海损立法和习惯的相同之处,制定了格拉斯哥决议。该决议经过1864年在英国约克城召开的会议和1877年在比利时安特卫普召开的会议作了两次重大的修改和补充,于1877年正式定名为《约克—安特卫普规则》。此后该规则又分别于1890年、1924年、1950年、1974年、1990年和1994年进行过多次修改。由于规则不是法律,其适用取决于当事人的约定,所以不存在失效的问题。也就是说,几个版本的规则都可以因当事人的选择而适用。目前,在实务中1994年规则与1974年规则都有较多运用。1994年规则与1974年规则相比,主要有以下几点区别。

(1)体系上有所改变。1994年规则增设了"首要规则",强调共损牺牲和费用的合理性。修改后的1994年规则由1条解释规则、1条首要规则、7条字母规则和22条数字规则组成。首要规则和数字规则优先于字母规则的适用。

(2)1994年规则增加规定船舶在拖带或顶推其他船舶时,只要双方船舶都是从事商业活动而不是救助作业,则处于同一航程之中;如果双方脱离行为本身是为了解除双方的共同危险,亦认为是处于同一航程中,其所采取的措施造成的牺牲或支付的费用,只要是为了这些船舶及其货物的共同安全,则应列入共同海损。

(3)1994年规则明确规定了环境损害或因同一航程中的财产漏出或排放污染物所引起的损失或费用,不得列入共同海损,同时还规定了4种除外的情况,比1974年规则更为明确。

(4)1994年规则明确规定,所有提出共同海损索赔的关系方,应在共同航程终止后12个月内将要求分摊的损失或费用书面通知海损理算师。如不通知或不提供证据,海损理算师可根据其掌握的材料估算补偿数额或分摊价值,除非估算明显不正确,否则不得提出异议。补充了1974年规则的不足。

(5)1994年规则增加了不分离协议的内容,即"船舶在任何港口或地点停留,而根据规则第10条和第11条的规定将发生共同海损补偿时,如果全部货物或其中一部分用其他运输方式运往目的地,并已适当通知了货主,则共同海损的权利和义务,应尽可能同没有发生该项转运而是在运输合同和所适用的法律所允许的时间内由原船舶继续原航程一样。""因适用本条第3款,认作共同海损补偿而由货物分摊的部分不应超过假如由货主承担费用把货物转运至目的港所应支付的费用。"

(6)1994年规则增加规定了货物发生转运时船舶和货物分摊价值的计算方法。

(7)1994年规则将共损利息的计息时间,从"至共同海损理算书编就之日止"延长"至共同海损理算书发出后3个月之日为止"。

此外,1994年规则还对1974年规则作了一些小的修改,此处不再赘述。

《1994年北京理算规则》规定的内容与《1994年约克—安特卫普规则》基本相同,只不过较后者简要。

(二)《北京理算规则》

《北京理算规则》是《中国国际贸易促进委员会共同海损理算暂行规则》的简称,该规则于1975年1月1日公布实施,是中国国际贸易促进委员会海损理算处进行共同海损理算的主要依据。规则包括前言和8条规定,即:

(1)共同海损的范围;

(2)共同海损理算的原则;

(3)共同海损损失金额的计算;

(4)共同海损的分摊;

(5)共同海损利息和手续费;

(6)共同海损担保;

(7)共同海损时限;

(8)共同海损理算的简化。

与《规则》相比,《北京理算规则》用词简练、通俗易懂,不像前者那样在文字表述上残留着烦琐的表达方式。但是,《北京理算规则》也有自身的缺陷。如:根据该规则的规定,提出共同海损理算要求的一方和其他各有关方负有举证的责任,证明其提出的损失或费用根据本规则的规定可以列入共同海损。但规则却进一步规定,对于确因运输合同一方不可免责的过失引起的案件,不进行共同海损理算。理算工作尚未进行,何以知晓共同海损不能成立?此外,从实务角度而言,经过理算即使认定共同海损不能成立,此种理算报告仍然可以作为向保险公司索赔的重要证据,如果海损理算机构武断地拒绝进行理算,不仅有违海损理算的业务宗旨,而且不利于海事处理。

由于共同海损理算所涉及的问题十分复杂,《规则》和《北京理算规则》都只能对理算问题作出原则性的规定,而不能解决所有的问题。为了使那些未予规定的细节问题能够得到统一,各国的海损理算机构往往还要制定各自的实施细则(Rule of Practice),从而使共同海损理算能够得到很好的运作。

二、共同海损制度的发展趋势

如前所述，在全球范围内，共同海损的法律制度已经历了千百年的实践，这种制度对公平分担海上风险，鼓励和促进国际海运事业功不可没。但是，就海损理算实务而言，这项工作耗时、费力且浪费钱财。为此，近年来在国际海运界，围绕着共同海损制度的存废问题曾展开过热烈的讨论。例如，1991 年 11 月 11 日在日内瓦召开的由 44 个国家代表参加的关于讨论共同海损问题的联合国贸发会议第 13 届大会上，不同的国家就表明了不同的态度。

由东欧国家代表组成的小组认为，共同海损作为一项古老的法律制度，已构成海商法体系的一个重要组成部分，因而不应轻易放弃和改动。由若干发达国家组成的小组则认为，现行共同海损制度并无大的问题，故应予以维持，至于应否对共同海损制度进行改革或简化，这些国家并无大的兴趣。由发展中国家组成的七十七国集团主张，虽然在短期内可以保持共同海损制度，但由于该项制度过于复杂，可通过保险的手段确立一种方便、省时且节省费用的办法，以此替代共同海损制度，在一时找不到替代办法的情况下，可对现行共同海损制度进行改革和简化。我国代表团在发言中则指出，共同海损制度对于实现在海上货物运输中公平分担风险，维护船货各方的合法权益，发挥了重要的作用，并为各国所普遍接受，因而在未取得更佳的替代方案之前，可以继续施行。我国代表团还针对共同海损理算过程中所存在的问题，同意对共同海损制度进行一些必要的修改，并对理算方法进行简化并提出了具体的修改意见。应邀出席会议的一些国际组织和机构（例如国际海事组织、国际海事委员会和国际航运商会等）的代表，均认为现行的共同海损制度既然已被普遍接受，因而其基本原则和做法应予维持，但对个别地方可做适当修改。

根据上述争论情况来看，共同海损这项古老的法律制度在短期内还不能废除。但是，鉴于共同海损理算确实比较烦琐、费时，采用适当的措施对其加以简化，将是一个必然的趋势。

练　习　题

一、填空题

1. 我国共同海损理算的机构是________________。
2. 目前，在国际上适用最普遍的共同海损规则为________________。
3. 共同海损损失金额主要分为三种，即________、________和运费损失金额。

二、名词解释

共同海损　共同海损牺牲　共同海损费用　共同海损理算

三、简答题

1. 构成共同海损的要件有哪些？
2. 共同海损和单独海损的区别是什么？
3. 共同海损的牺牲包括哪些方面的牺牲？
4. 如何确定共同海损金额？

四、案例分析题

[案情]

某船舶载运一批粮食驶往夏普船坞，在驶抵船坞前发生搁浅，遭受严重损失。在拖轮协助下船舶起浮，但大量海水进入船体。为了不使船舶下沉，船长和引水员决定将船舶有意撞向船坞的码头，结果不仅船舶本身损失 1 600 英镑，还造成码头损坏，引起损失 5 000 英镑。双方对于船舶为了共同安全撞向码头遭受的损失可以列为共同海损这点没有异议，但对造成第三者的财产损失，即码头的损失，应否也可以从中获得补偿，则发生争论，特别是撞坏码头又涉及侵权行为。

（源自：杨军编著，《海商法案例教程》，北京大学出版社，2003 年）

请分析：

(1)船舶撞向码头遭受的损失是否可列为共同海损？为什么？

(2)码头的损失是否也可列为共同海损？为什么？

(3)你认为本案将如何解决？

实 训 题

关于共同海损分摊的法律纠纷。

原告：明阳船务有限公司（以下简称明阳公司）

原告：志成船务有限公司（以下简称志成公司）

被告：中国人民保险公司（以下简称保险公司）

2003 年 9 月 22 日，明阳公司所属、志成公司经营的“明阳”轮在从日本驶往上海途中，因遇 7 ~ 9 级大风，主机发生故障，船舶无法保持航向，处境危急，后被日本拖轮公司指派的拖轮拖往日本修理，该轮宣布共同海损。事故当时，“明阳”轮正在履行航次租约，租约约定共同海损按照 1995 年北京理算规则进行理算。船上共装有 8 套提单项下的货物，保险公司就其中的 7 票货物以保险人身份签署的共同海损担保函确认“兹保证分担下列由本公司承保的货物项下应予分担的共同海损损失及费用。上述损失及费用应予恰当理算并以有关运送契约为根据。”该轮涉及的救助费用业经仲裁，保险公司已支付了救助报酬及相关费用。中国国际贸易促进委员会海损理算处进行了共同海损理算，《海损理算书》确认保险公司应分摊的共同海损金额为 453 520. 95 美元，扣除其已支付救助报酬等费用 321 913. 82 美元，故最终分摊金额为 131 606. 77 美元。由于保险公司以船舶不适航为由拒绝分摊共同海损金额，明阳公司、志成公司起诉要求保险公司支付共同海损金额。此前，保险公司向上海海事法院另案起诉明阳公司和志成公司追偿其所支付的救助费用，该案当时尚未审结。

（源自：找法网 http://china. findlaw. cn）

请分析：

(1)什么是共同海损损失金额、共同海损分摊价值？共同海损的分摊金额如何确定？

(2)本案中共同海损的分摊主体应包括哪几方？为什么？

(3)保险公司以船舶不适航为由拒绝分摊共同海损金额，你认为合理吗？为什么？

(4)原告与被告之间的法律纠纷该如何解决？

要求：

(1)根据提供的案例，以小组为单位组成模拟海事法庭，每组六位同学，每位同学扮演不同的角色（审判长、原告、两被告、原被告的辩护律师等）。

(2)演示时，可以 ppt 为辅助手段进行。

(3)课后，各小组将模拟法庭的设计思路及各角色台词以书面形式上交。

第十一章　海事赔偿责任限制

【引例】　关于海事赔偿责任限制的纠纷

申请人:福建省厦门轮船总公司(以下简称厦门公司)

厦门公司因其所属的"闽海231"轮于1996年3月22日在广东省表角附近水域与石狮公司所属的"重庆"轮发生碰撞,给江阴市晨光建材大厦造成重大经济损失而向海事法院提出海事赔偿责任限制申请,其申请责任限制的金额为1 268 459元。

海事法院经初步审查认为:申请人的申请符合《中华人民共和国海商法》第207条、第210条第二款、第213条和交通部《关于不满300总吨船舶及沿海运输、沿海作业船舶海事赔偿限额的规定》(以下简称《海事赔偿限额规定》)第4条的规定,遂裁定:准许厦门公司的海事赔偿责任限制申请,厦门公司可以向海事法院申请设立责任限制基金,总金额为人民币1 268 459元及其从事故发生之日起至基金设立之日止的利息。

1996年9月23日,海事法院在福建日报公告了裁定,主要内容为:若利害关系人认为裁定不当,可以在公告之日起60日内提出异议。

1996年10月19日,石狮公司对上述裁定提出异议,认为厦门公司所属的"闽海231"轮属港澳航线运输船舶,其申请不符合海事赔偿限额规定。

经进一步查证,"闽海231"轮总吨764.1吨,运输航线为港澳航线。

海事法院认为:"闽海231"轮属港澳航线运输船舶,且其吨位超过300吨,故不适用海事赔偿限额规定的规定;该轮的海事赔偿责任限制金额应按《海商法》第210条第一款计算;石狮公司的异议成立。

(源自:中国涉外商事海事审判网 http://www.ccmt.org.cn)

第一节　海事赔偿责任限制概述

海事赔偿责任限制,是海商法中特有的并区别于民法一般损害赔偿原则的一项特殊法律制度。这一制度从产生到今天,之所以能得到不断的完善和巩固,是因为它的存在对海上运输事业的稳步发展起到了一定的积极作用。这也就决定了不论是在各国海商法中,还是在海运国际公约中,它都占据着一定的地位。我国《海商法》第11章对海事赔偿责任限制的问题作了专门的规定。

海事赔偿责任限制(Limitation of Liability for Maritime Claims)一般是针对一次事故所引起各种索赔的综合性的责任限制。因而,也常常被称作"综合(责任)限制"(Global Limitation)。与此相对的是提单法中规定的"单位(责任)限制"(Unit Limitation or Package Limitation)。二者尽管有一定的联系,但分属海商法不同的法律制度。

一、海事赔偿责任限制的概念

海事赔偿责任限制是指在发生重大海损事故时，作为责任人的船舶所有人、经营人和承租人等，可根据法律的规定，将自己的赔偿责任限制在一定范围内的法律制度。当然，从另一角度来讲，哪些船舶可以适用责任限制的法律，哪些责任人在何种情况下可据此限制自己的赔偿责任，以及可针对哪些债权、限制到何种程度等，又完全取决于法律的规定。因此，如果说海事赔偿责任限制是海商法赋予船舶所有人、经营人、承租人等的一个特权，则它应是一种法定特权。

海事赔偿责任限制，最初仅仅是为保护船舶所有人的利益而产生的，过去一直被称作“船舶所有人责任限制”或“船东责任限制”(Limitation of Liability of Shipowners)。但随着真正的船舶所有人与船舶的实际经营人的相分离以及其他一些原因，船舶经营人、承租人、救助人等渐渐地也被纳入了受保护的范围。因而过去的“船舶所有人责任限制”也就演变成了今天的“海事赔偿责任限制”。

在海事赔偿责任限制制度下，当责任人具备法律规定的条件时，可依法对一些索赔的赔偿责任进行限制，并使这些受到责任限制的债权即使未能完全受偿，也会由于债权人因法律规定不得再行起诉而被消灭，从而在一定程度上使作为债务人的责任人得到了保护。

总之，海事赔偿责任限制，作为一项法律制度，是海商法中所特有的。作为一种权利，它是海商法赋予船舶所有人、经营人、承租人等的一种法定特权。

二、海事赔偿责任限制的产生及发展

海事赔偿责任限制，作为一种法律制度，其到底始于何时，至今仍众说纷纭，莫衷一是。有人认为，在古代罗马法中，就隐存着这一制度的痕迹。也有人认为，根据为人知晓的文献记载，直到 13 世纪后才有了这一制度的萌芽。这一制度的发展史，似乎可以追溯到很早以前，并在不同的国家和地区，有着不同的演进过程。

1681 年法国路易十四发布的《海事敕令》已吸收了类似今天的责任限制原则。这一制度的最早表现形式是“委付制度”，即船舶所有人对他人的损害须负有无限责任，但只要把海上财产委付给债权人，即其就可免除其所有责任，并且“委付制度”还被编进了 1807 年的《法国商法典》。

德国 1644 年的《汉措撒敕令》(The Hanseatic Ordiance of 1644)规定，货主对船舶被卖出之后的债不得再诉。后来的《德国商法典》明确地规定了“执行制度”，即因船舶发生的债务，债权人只可要求对债务人的海上财产强制执行，不得对船舶所有人另有主张。

英国最早的有关立法是 1734 年的《乔治法案》，该法案废除了以前的船舶所有人负无限责任的做法，而是采用了“船价制度”，即把船舶所有人的赔偿责任限制在船舶的价值及运费的范围之内。《1854 年商航法》(Merchant Shipping Act 1854)又改为“金额制度”，即根据船舶吨位来确定赔偿限额。

美国在 1851 年制定了《船舶所有人责任限制法》，采用的是“船价制度”。后来，在《1924 年船舶所有人责任限制国际公约》出现后，又于 1935 年改为采用“并用制度”，即并用“船价制度”和“金额制度”的做法。

三、海事赔偿责任限制的意义

海事赔偿责任限制作为一种与民法损害赔偿制度不同的特殊损害赔偿制度，发展到今天，已开始有人怀疑其继续存在的必要性了。但这一特殊的损害赔偿制度仍不会在短期内退出航运历史舞台。

1. 有利于保障海上运输业的稳步发展

尽管今天的航海已不再是过去意义上的"海上冒险"，但海上运输所面临的来自自然的威胁远远大于陆上运输。这一制度通过限制船舶所有人、经营人等就重大海损事故的赔偿责任，使投入航运的资本得到了一定的保护。再者，航运对一国的政治、经济及军事等都有着重要的意义，如何拥有、保持一定规模的商船队，不仅是发达国家所关心的战略问题，同时，更是发展中国家急需解决的现实问题。

2. 符合"公平原则"的要求

处在船长、船员实际占有和驾驶下的船舶，在营运中给他人造成了损害，如法律规定由船长、船员负赔偿责任，而船东无须负赔偿责任的话，这对受害人来说，是不公平的；但若要求作为被代理人或雇主的船舶所有人或经营人等负无限的赔偿责任，这也未必就公平。特别是对于那些由船长、船员个人的疏忽或过失所导致的损害更是如此。因此，法律规定由船舶所有人等负有限的赔偿责任仍不失为一种合理的解决办法。

3. 有利于鼓励海上救助

良好的海上公共秩序应包括鼓励海上救助的内容，这已被国际航运界所公认。根据"海事赔偿责任限制"的法律规定，救助方在救助作业中给被救助方造成的损害，也可以将其赔偿责任限制在一定的范围内，这无疑将会起到鼓励海上救助的作用。

4. 适应了海上保险业务发展的要求

在海上保险中，船舶责任保险的出现与发展，在很大程度上取决于"船舶所有人责任限制"制度的巩固和完善。取消"责任限制"制度，船舶责任保险也将很难存在下去。从另一方面讲，船舶所有人的赔偿责任若能通过船舶责任保险，转移给责任保险人承担，这对受害人索赔的实现也提供了可靠的保障。而取消"责任限制"制度，将会使船舶责任保险无法存在下去，这对受害人来说，未必是件好事。

第二节　海事赔偿责任限制制度的内容

根据各国立法及国际公约的规定，海事赔偿责任限制作为一种法律制度，一般对以下几个方面的问题均作了明确的规定。

一、适用的船舶

适用的船舶，即海事赔偿责任限制的法律所适用的船舶。换言之，因哪些船舶引起的海事赔偿，船舶所有人、经营人等可根据海事赔偿责任限制的法律限制自己的赔偿责任。对此，各国法律规定不尽一致。有的规定，仅限于海商法意义上的船舶，有的则还作了进一步的限制性规定。

我国《海商法》第十一章所规定的海事赔偿责任限制的限额是以300总吨以上的船舶为起点的。同时，对于300总吨以下的船舶、从事沿海运输和沿海作业的船舶以及从事中华人民共和国港口之间的海上旅客运输的船舶的责任限制的限额，《海商法》授权国务院交通主管部门另行规定。

二、责 任 主 体

所谓责任主体，一般是指需要承担一定责任的人，但此处仅指根据海事赔偿责任限制的法律可以限制自己的赔偿责任的人。对此，尽管各国法律规定并不相同，但从发展趋势来看，一般包括船舶所有人、经营人、承租人、救助人、船长、船员及其他受雇人员等。

我国《海商法》规定的责任主体有船舶所有人、船舶承租人、船舶经营人、救助人以及他们对其行为、过失负有责任的人。此外，还有责任保险人。

三、限制责任的条件

限制责任的条件，指责任主体限制其责任所必须具备的条件。如《1957年公约》规定，若损害是船舶所有人的"实际过失或参与"(Actual Fault or Privity)所引起的话，则其不能限制其赔偿责任；而《1976年公约》则规定，如经证明，损害是由于责任人本人的故意造成损害或明知可能造成损害仍轻率地作为或不为造成的话，则责任人不得限制其赔偿责任。

对此，我国《海商法》第209条规定："经证明，引起赔偿请求的损失是由于责任人的故意或者明知可能造成损失而轻率地作为或者不作为造成的，责任人无权依照本章规定限制赔偿责任。"

四、限制性债权

本章所涉及的限制性债权，是指责任主体可根据海事赔偿责任限制的法律限制其赔偿责任的海事请求。这也意味着并不是所有的海事请求，责任主体都可限制其赔偿责任。哪些海事请求属限制性债权，则取决于海商法或国际公约的明确规定，一般主要包括船舶在营运中某一事故所造成的人身伤亡及财产损害。

我国《海商法》第207条规定的限制性债权有以下四类：

(1)在船上发生的或者与船舶营运、救助作业直接相关的人身伤亡或者财产的灭失、损坏，包括对港口工程、港池、航道和助航设施造成的损坏，以及由此引起的相应损失的赔偿请求；

(2)海上货物运输因延迟交付或者旅客及其行李运输因延迟到达造成损失的赔偿请求；

(3)与船舶营运或者救助作业直接相关的，侵犯非合同权利的行为造成其他损失的赔偿请求；

(4)责任人以外的其他人为避免或者减少责任人依照本章规定可以限制赔偿责任的损失而采取措施的赔偿请求，以及因此措施造成进一步损失的赔偿请求。

但是，上述第(4)项涉及责任人以合同约定支付的报酬，责任人的支付责任不得援用本条赔偿责任限制的规定。

五、非限制性债权

广义的非限制性债权，是指责任主体不能依法限制其赔偿责任的一切海事请求。这里讲的"依法",可以是海事赔偿责任限制的法律(国际公约或国内法),也可以是船舶污染或核损害的法律。本章述及的非限制性债权,仅指根据海事赔偿责任限制的法律,责任人不能限制其赔偿责任的海事请求。对此,国际公约和各国海商法一般都规定,救助报酬、船方共同海损分摊、船员工资等属非限制性债权,主要理由是,对于救助报酬,一方面为鼓励海上救助,另一方面因有关海上救助的法律对救助报酬已规定了最高的限额;对于船方共同海损分摊,则主要考虑货方已在同样条件下分摊了海损;对于船员工资的索赔,主要是为了保护船员的利益。对于因油污或核损害引起的索赔,因为有专门的国际公约或国内法调整,因此一般排除对本章的适用。

我国《海商法》第208条的规定,既有上述非限制性债权,也有属于不适用的情况:

(1)救助款项或者共同海损分摊的请求;

(2)中国参加的国际油污损害民事责任公约规定的油污损害的赔偿请求;

(3)中国参加的国际核能损害责任限制公约规定的核能损害的赔偿请求;

(4)核动力船舶造成的核能损害的赔偿请求;

(5)船舶所有人或者救助人的受雇人提出的赔偿请求,根据调整劳务合同的法律,船舶所有人或者救助人对该类赔偿请求无权限制赔偿责任,或者该项法律作了高于本法第十一章规定的赔偿限额的规定。

六、责 任 限 额

责任限额,即责任主体依法对所有限制性债权的最高赔偿额。对此,各国分别采用了金额制、船价制、委付制和执行制等。但从发展趋势看,越来越多的国家采用了金额制。

用金额制来确定责任限额,首先需要明确船舶的吨位、每一吨位的赔偿额及货币的种类等问题。此外,还会涉及采用"航次制度"或"事故制度"的问题。前者是指一个航次一个限额,而后者则是指一次事故一个限额。这在一个航次中发生两次或两次以上的事故时,显得尤为重要。对此,大多数国家都采用了"事故制度"。

我国《海商法》第210条对此作了如下规定。

(1)对于300总吨以上的船舶,人身伤亡和财产损害的赔偿额按船舶总吨位分级计算。人身伤亡的赔偿限额分五级,财产损害的赔偿限额分四级。300~500吨的船舶,人身伤亡的赔偿限额为33.3万SDR,财产损害的赔偿限额为16.7万SDR。对于500吨以上的船舶,其吨位分级增加一定的数额,详见表11-1。

500吨以上船舶吨位的分级增加额　　表11-1

船舶总吨位	人身伤亡	财产损害
300~500	333 000 SDR	167 000 SDR
每吨增加		
501~3 000	500 SDR	167 SDR
3 000~30 000	333 SDR	
30 000~70 000	250 SDR	125 SDR
70 000以上	167 SDR	83 SDR

(2)不满300总吨的船舶及沿海运输、沿海作业船舶的责任限额,《海商法》授权国务院交通主管部门制定。交通部制定的于1994年1月1日起施行的《关于不满300总吨船舶及沿海运输、沿海作业船舶海事赔偿限额的规定》对此作了如下规定:

①超过20总吨,21总吨以下的船舶,人身伤亡的赔偿限额为54 000SDR,财产损害赔偿限额为27 500SDR;超过21总吨的船舶,超过部分的人身伤亡的赔偿限额每吨增加1 000SDR,财产损害的赔偿限额每吨增加500 SDR;

②沿海运输、沿海作业的船舶,不满300总吨的船舶,赔偿限额按本规定确定的赔偿限额的50%计算;300总吨以上的船舶,按《海商法》规定的赔偿限额的50%计算;

③同一事故中的当事船舶的海事赔偿限额,有适用《海商法》或者本规定的,其他当事船舶的海事赔偿限额应当同样适用。

(3)不以船舶进行救助作业或者在被救助船舶上进行救助作业的救助人,其责任限额按照总吨位为1 500吨的船舶计算。

(4)海上旅客运输的旅客人身伤亡的赔偿限额,按照46 666 SDR乘以船舶证书规定的载客定额计算赔偿限额,但是最高不超过25 000 000SDR。

(5)中华人民共和国港口之间的海上旅客运输旅客人身伤亡的赔偿限额,《海商法》授权国务院交通主管部门制定。交通部制定的于1994年1月1日起施行的《中华人民共和国港口间海上旅客运输赔偿责任限额规定》对此作了如下规定:

①旅客人身伤亡的,每名旅客不超过4万元人民币;

②旅客自带行李灭失或者损坏的,每名旅客不超过8 000元人民币;

③旅客车辆包括该车辆所载行李灭失或者损坏的,每一车辆不超过3 200元人民币;

④上述第②项和第③项以外的旅客其他行李灭失或者损坏的,每千克不超过20元人民币。

此外,该规定一方面允许承运人与旅客以书面约定高于4万元人民币的赔偿限额;另一方面又规定海上旅客运输的旅客人身伤亡赔偿责任限制,按照4万元人民币乘以船舶证书规定的载客定额计算赔偿限额,但是最高不超过2 100万元人民币。

(6)我国《海商法》采用了事故制度。该法第210条和211条规定的赔偿限额,适用于特定场合(A Distinct Occasion)发生的事故所引起的请求的总额,也就是通常所说的"一次事故,一个限额"。

七、责任基金的分配

责任基金,是指经责任主体申请和法院准许,由责任人依据法律规定在法院设立的用作分配给所有限制性债权人的基金。责任基金也称(责任)限制基金(Limitation Fund)。

对于责任基金的分配,各国一般都规定了相应的方式,如将责任基金分为两个部分:一个称为"人身基金",专门用于有关人身伤亡索赔的偿付;另一个称为"财产基金",专门用于有关财产损害索赔的偿付。同时还规定,当"人身基金"不足以清偿所有人身伤亡的索赔时,不足部分可与所有财产索赔,按索赔数额的比例分配"财产基金"。各人身伤亡索赔人相互之间及各财产索赔人相互之间,仍按索赔额的比例平等受偿。但在有的国家,财产损害索赔人中的因码头、港口工程设施受损害而提出索赔的人,可优先于其他财产损害索赔人受偿。

对此，我国《海商法》不仅规定当“人身基金”不足以清偿全部人身伤亡的索赔时，不足部分可与非人身伤亡的赔偿请求按比例分配“财产基金”；同时还规定，在不影响人身伤亡的赔偿请求的情况下，就港口工程、港池、航道和助航设施的损害提出的赔偿请求，应当较其他财产赔偿请求优先受偿（见我国《海商法》第210条第（三）、（四）项规定）。

应特别注意的是：船舶所有人（含船舶经营人、管理人和承租人）、救助人或责任保险人之一所设立的责任限制基金应视为是由上述所有责任人设立的，否则将出现重复设立基金的情况，失去基金设立的意义。

八、“海事赔偿责任限制”与“单位责任限制”的关系

如前所述，“海事赔偿责任限制”亦称“综合责任限制”，而“单位责任限制”，除旅客运输外，则是调整提单运输合同的法律中所规定的承运人对每件或每一单位货物的最高赔偿额，二者分属海商法的不同法律制度。如某船发生了事故，除造成了他船人身伤亡及财产损害外，也造成根据提单承运的船上所载货物的灭失或损坏。根据调整提单的法律可以确定出承运人对提单持有人的赔偿限额。同时，根据“海事赔偿责任限制”的有关规定，还可给作为承运人的责任主体确定一个对提单持有人的赔偿限额。二者不一致时，大多数国家规定，若前者小于后者，则以前者为准；若前者大于后者，则以后者为准。此时，前者是一次限制，后者亦称为二次限制。

我国《海商法》对此虽未作明确规定，但上述两次限制的原则仍是可以适用的。

九、相互索赔的冲抵

相互索赔的冲抵，是指在当事人双方互为责任人和索赔人的情况下，责任限额是分别适用于各自的索赔额还是仅适用于双方的索赔额相互冲抵后的差额的问题。前者在保险法中称为“交叉责任限制”（Cross Liability Limitation），一般称为“先限制，后冲抵”原则；后者在保险法中称为“单一责任限制”（Single Liability Limitation），一般称为“先冲抵，后限制”原则。大多数国家采用的是后者。

我国《海商法》和《1976年公约》所采用的都是“先冲抵，后限制”的原则（见我国《海商法》第215条、《1976年公约》第5条）。

十、责任限制的程序

责任限制的程序，是指责任主体根据法律规定限制其责任时所必须履行的法定程序。一般来说，责任限制的程序包括责任基金设立、债权登记、责任基金分配等程序。对此，我国已出台的《海事诉讼特别程序法》作出了较为全面的规定。

值得注意的是：

（1）责任人申请设立责任基金，并不意味着对责任的承认；

（2）设立责任基金并不是援引责任限制的前提条件；

（3）责任人在有管辖权的法院设立了责任基金后，向责任人提出请求的任何人，不得对责任人的任何财产行使任何权利；已设立责任限制基金的责任人的船舶或者其他财产已经被扣押，或者基金设立人已经提交抵押物的，法院应当及时下令释放或者责令退还。

第三节　有关海事赔偿责任限制的国际公约

由于世界各国在海事赔偿责任限制问题上分别采用了不同的制度,这对于航行于各国港口之间的船舶所有人、货主、旅客、保险人及其他与海运有关的人员极为不便。因此,为了谋求海事赔偿的责任限制,国际上早自19世纪末期就开始着手制订有关的国际公约。

(一)1924年关于统一海上船舶所有人责任限制若干规则的国际公约

国际海事委员会与各方几经协商,拟定了该公约草案,并于1924年8月25日在比利时的布鲁塞尔通过。该公约在船东责任限制上采用船价制、执行制和金额制并用制度。该公约虽对一些国家的海商法有所影响,并为法国、比利时、荷兰、丹麦、挪威、瑞典、芬兰、意大利、西班牙、葡萄牙、巴西11国批准,却未能为英国、美国、德国、日本等主要海运国家所接受。并且,由于该公约并用不同制度,会导致赔偿过程中的矛盾,并未能统一责任限制和金额计算,加之其内容已不适应此后的通货膨胀等实际情况,故迄今未生效。

(二)1957年船舶所有人责任限制国际公约

国际海事委员会于1955年起草该公约草案,后于1957年10月10日在布鲁塞尔的第十届海洋法外交会议上通过,现已生效,至今已有近50个参加国。这是国际上有关船东责任限制方面第一个生效的国际公约,它使船舶所有人责任限制作为一项法律制度,在国际上得到初步的统一。该公约接受英国的建议,采取了单一的金额制。并且,以与黄金挂钩的金法郎作为计算单位。责任限额按船舶吨位计算(因制订该公约时,对计算吨位的方法有争议,作为妥协的产物,出现了“公约吨”这种特殊吨位——净吨加上为确定净吨而从总吨中减去的机舱所占空间)。而责任限制则以事故次数(不以航次)为标准,同一航次有数次事故的,亦须按次数负责任。同时,该公约明确了责任限制的适用主体,其范围较1924年国际公约更为广泛,具体扩大为两类:第一类为船舶所有人和承租人、经理人、经营人,但是,在“实际过失或知情”的情况下,不能享受责任限制;第二类为船长、船员及为船舶所有人、承租人、经理人或经营人服务的其他船上人员。

该公约较之1924年的国际公约大有进步,对统一各国的船东责任限制制度有重要作用。但是此后因受连年的通货膨胀和船舶大型化的影响,很多国家财政入不敷出造成赤字而用增发钞票的方法来弥补,致使市场的货币流通量大大超过商品流通和劳务支付的实际需要,使物价上涨。从而,该公约规定的限制金额显得过低(尤其是对人身伤亡的限制),加之该公约采用与黄金挂钩的金法郎作为计算单位,当把金法郎换算为各国货币时,会受金价波动的影响而使换算的各国货币不平衡。正逢此时,发生了轰动国际航运界的日船“东城丸遇难案”。其中心问题是因救助人过失,使被救助船舶发生爆炸。法院判决中认为1957年公约中的责任限制主体没有救助人,故排除了对于救助人造成的损害适用责任限制,这引起各国非议。同时,在一些国家出现了通过船长或船员、船舶经营人、承租人来规避船舶所有人责任限制案件。这些都表明该公约的船东责任限制制度已不能适应国际航运业发展的需要。因此,国际海事组织开始着手制定新的公约,所以该公约迄今仍予适用。

(三)1976年国际海事索赔责任限制公约

联合国国际海事协商组织在各方基于上述原因而要求修改公约的敦促下,并在吸取前两个公约经验教训的基础上,经过充分酝酿研究后,于 1976 年 11 月 1 日至 19 日在伦敦召开的外交会议上,通过了《1976 年国际海事索赔责任限制公约》,至 1985 年 11 月,共计有日本、法国、英国、挪威等 12 个国家批准,依公约第 17 条(满足 12 个国家批准之日起一年后次月 1 日生效)的规定,该公约于 1986 年 12 月 1 日起生效。

与 1957 年的国际公约相比较,该公约的变化在于:

(1)将救助人和责任保险人纳人责任限制主体范围内。

(2)明确了对于船长、船员或船舶经营人、承租人作为责任人的起诉,其与船东一样,享有责任限制。从而,使船东责任限制制度演变为今天的海事赔偿责任限制制度。

(3)将 1957 年公约规定的责任限制构成条件——一般过失不享受责任限制改为重大过失或故意不享受责任限制,更有利于保护船东。

(4)采用特别提款权作为责任限额的计算单位以及按船舶吨位"超额递减金额制度"。但是,如果缔约国为非国际货币基金组织成员国而本国法又不允许使用特别提款权时,则仍可采用与金法郎等值的货币单位(即 1957 年国际公约中的计算单位),每一货币单位相当于纯度为 100% 的 65.5 毫克的黄金。

(5)大幅度提高了责任限额。

练　习　题

一、填空题

1. 我国《海商法》第十一章所规定的海事赔偿责任限制的限额是以__________总吨以上的船舶为起点。

2. 我国《海商法》海事赔偿责任限制的责任限额采用的是__________制。

3. 我国《海商法》规定的责任主体有__________、__________、__________、救助人以及他们对其行为、过失负有责任的人。此外,还有责任保险人。

二、名词解释

海事赔偿责任限制

三、简答题

1. 海事赔偿责任限制的意义是什么?

2. 我国《海商法》中限制性债权的范围有哪些?

3. 简述"海事赔偿责任限制"与"单位责任限制"的关系。

四、案例分析题

[案情]

申请人:福建省厦门轮船总公司(以下简称厦门公司)

厦门公司因其所属的"闽海 231"轮于 1996 年 3 月 22 日在广东省表角附近水域与石狮公司所属的"重庆"轮发生碰撞,给江阴市晨光建材大厦造成重大经济损失而向海事法院提出海事赔偿责任限制申请,其申请责任限制的金额为 1 268 459 元。

海事法院经初步审查认为:申请人的申请符合《中华人民共和国海商法》第 207 条、第 210 条第二款、第 213 条和交通部《关于不满 300 总吨船舶及沿海运输、沿海作业船舶海事赔偿限额的规定》(以下简称《海事赔偿限额规定》)第 4 条的规定,遂裁定:准许厦门公司的海事赔偿责任限制申请，厦门公司可以向海事法院申请设立责任限制基金，总金额为人民币 1 268 459 元及其从事故发生之日起至基金设立之日止的利息。

1996 年 9 月 23 日，海事法院在福建日报公告了裁定，主要内容为：若利害关系人认为裁定不当，可以在公告之日起 60 日内提出异议。

1996 年 10 月 19 日，石狮公司对上述裁定提出异议，认为厦门公司所属的“闽海 231”轮属港澳航线运输船舶，其申请不符合海事赔偿限额规定。

经进一步查证，“闽海 231”轮总吨 764.1 吨，运输航线为港澳航线。

（源自：中国涉外商事海事审判网 http://www.ccmt.org.cn）

请分析：

（1）厦门公司是否享有海事赔偿责任限额的权利？为什么？

（2）双方间的纠纷该如何解决？请给出你的理由。

实 训 题

申请人：韩国租赁发展有限公司（KOREA DEVELOPMENT LEASING CO. LTD 以下简称租赁公司）

利害关系人：广东省湛江渔业协会（以下简称渔业协会）

租赁公司所属的韩国籍“春木一号”轮（M/V NO.1 CHUNGMU）于 1995 年 3 月 4 日装载 3 865 508kL液体化学品苯乙烯单体从韩国 DEASAN 港开出，9 日 05:05 时抵达湛江港第 2 号引水锚地抛锚等候引水员上船引航进港。当时湛江港海面东北风 3～4 级，大雾，能见度约 1 海里，轻浪，退潮，流向东南，流速约 2 节。06:20 时，船长与引水员在 VHF 通话后，在没有引航员引航的情况下自航进港，航速 7 节，拟抵湛江港第 16 号灯浮再上引水员进靠二区码头卸货。07:00 时在左正横第 13 号灯浮转向 323°，雷达发现船首偏右 1 海里处有“昌通一号”轮（M/V CHON STONE NO.1）驶来，遂停车。后发觉两船距离逼近，碰撞在即，船长即令右舵 10°、右满舵、车进一避让，紧接着车进三，欲冲过“昌通一号”轮船首但未果，于 07:08 时左舷第二货舱与“昌通一号”轮正艏呈 60°角碰撞，导致第 2 号货舱水下舷板破裂，约 209.108 吨苯乙烯液体泄漏入海。碰撞发生在湛江港第 14 号灯浮附近（21°05′12″N、110°27′10″E）。

“春木一号”轮长 82.15 米，型宽 14.00 米，型深 6.50 米，主机马力 2 330HP，航速 12 海里/小时，满载吃水 5.72 米，空载吃水 1.895 米，总吨位 1 589 吨，净吨位 975 吨，载重吨 3 335.57吨。该轮于 1994 年 1 月 29 日建造下水，是一艘自动化程度较高，设备较齐全的装载散装危险化学品的专用船。该轮没有配备任何文字版本的各国港口包括中国沿海港口（含湛江港）的航路指南、灯塔表、航行通告、进出港指南、进出港管理规则等必备航海资料；船上所有海图自该轮建造下水营运以来都未曾作过改正；船长未经雷达观测与模拟、自动雷达标绘仪、无线电话通信的专业训练和持相应证书；大副未经雷达观测与模拟、无线电话通信的专业训练和持相应证书；二副未经自动雷达标绘仪、无线电话通信的专业训练和持相应证书；二管轮持证1 500kW以下，与该轮的主机功率不相适应。

苯乙烯单体被《关于 1973 年国际防止船舶造成污染公约的 1978 年议定书》附则二附录一和附录二列为 B 类有毒液体物质。农业部渔业环境监测中心南海区监测站、广东省渔业环境监测站和湛江渔业环境监测站经联合调查认为：湛江港较大范围内的水环境及大气环境已明显受到“春木一号”轮泄漏的苯乙烯污染,污染海域范围达160平方公里;湛江港的海水养殖业、滩涂护养增殖遭受明显的损害,其中,海水养殖受害面积达3 050.7亩,滩涂护养增殖受害面积达38.48平方公里,两项直接经济损失共2 725.07万元人民币,用于养殖场的清污费58.554万元人民币;港内渔业捕捞生产的直接经济损失324.996万元人民币、游泳类资源的直接经济损失329万元人民币、渔业资源的间接损失1 415.08万元人民币。

1996年7月19日,渔业协会受遭本次污染损害的渔业、养殖业、旅游业等单位和个人的委托,向海事法院提起海域污染损害赔偿的诉讼,请求判令租赁公司赔偿海域毒品污染损失3 437.626万元人民币(另案审理)。

1996年8月13日,租赁公司向海事法院提出海事赔偿责任限制申请,请求准予其依照《中华人民共和国海商法》(以下简称《海商法》)的规定,对“春木一号”轮因碰撞造成所载有毒物质污染海域的损害赔偿责任限制在348 863特别提款权(折518 759.30美元)。

海事法院于1997年4月22日、4月26日在《南方日报》、《中国日报》和《湛江日报》发出公告:凡与“春木一号”轮污染损害事故有关的利害关系人,对该污染损害赔偿责任限制申请有异议的,应自公告之日起30日内向海事法院提交异议申请书。

1997年5月23日,渔业协会向海事法院提出责任限制异议,称:海商法是调整海上运输关系、船舶关系的法律,而渔业协会所代表的索赔方是有害有毒化学品污染的受害方,与租赁公司无任何海上运输关系和船舶关系。因此,海商法不适用于调整双方之间的权利义务关系,租赁公司无权依据该法申请对有毒物质污染造成的损失享受责任限制,其赔偿责任应依照《中华人民共和国海洋环境保护法》(以下简称《海洋环境保护法》)、《中华人民共和国环境保护法》(以下简称《环境保护法》)和《中华人民共和国防止船舶污染海域管理条例》(以下简称《防止船舶污染海域管理条例》)等有关法律规定确定。即使本案可以适用海商法,也应适用该法第209条的规定。因租赁公司有严重过错,未使“春木一号”轮适航,未指派合格船长和驾驶员,以致造成碰撞和污染事故的发生,因而已丧失了责任限制的权利。请求驳回租赁公司的责任限制申请。

(源自:中国国际海运网 http://lawyer.shippingchina.com)

请分析:

(1)本案中,租赁公司是否具有责任限制的权利?为什么?

(2)双方之间的纠纷该如何解决?请给出你的理由。

要求:

(1)根据提供的案例,以小组为单位组成模拟海事法庭,每组六位同学,每位同学扮演不同的角色(审判长、原告、两被告、原被告的辩护律师等)。

(2)演示时,可以ppt为辅助手段进行。

(3)课后,各小组将模拟法庭的设计思路及各角色台词以书面形式上交。

第六篇 海上保险法律制度

第十二章 海上保险

【引例】 关于平安险责任范围的纠纷

原告:广西防城港市粮油贸易公司(简称粮油公司)

被告:中国平安保险股份有限公司南宁办事处(简称平安公司)

1995 年 1 月 9 日,粮油公司与香港固达有限公司(简称固达公司)签订一分买卖合同,购买 2 000吨棕榈油,价格条件为 CFR 越南鸿基港,每吨 748 美元,总价款 1 496 万美元。3 月 7 日,固达公司与香港高威船务有限公司签订租船合同,租用"Tradewind"轮从马来西亚的 PASIR GUDANG 港将上述货物运至越南鸿基港。3 月 24 日,该轮船舶代理签发了提单,提单记载的承运人为 Pacific Tradewind International (太平洋贸易国际公司,简称太平洋公司)。4 月 6 日,粮油公司就上述货物向平安公司投保,险别为平安险,保险金额 1 200 万元。平安公司签发的保单背面附有中国人民保险公司 1981 年海洋运输货物保险条款。"Tradewind"轮没有在预期时间抵达卸货港。经国际海事局调查,"Tradewind"轮于 1995 年 3 月 16 日到达巴西·古丹港,装载了 4 479.9 吨棕榈油,于 4 月 3 日离开 PASIR GUDANG 港,之后下落不明。经调查证实,"Tradewind"轮非法悬挂伯里兹国旗,太平洋公司未进行合法注册登记,在其联络通信中注明的办公地址找不到这家公司。国际海事局分析:船东提供的虚假地址和不真实的船舶登记情况,以及船舶起航后种种令人不解的事情,都说明了"Tradewind"轮是一艘"鬼船"。可以确信,货物已被船东窃取,船舶可能被凿沉或拆掉。

粮油公司在向平安公司索赔受拒后,向广州海事法院提起诉讼,请求法院判令平安公司赔偿其保险金额 1 200 万元及利息。平安公司答辩称,货物损失是由于海运欺诈造成的,海运欺诈不属于平安险的责任范围。

(源自:中国物流与联合采购会 http://www.chinawuliu.com.cn)

第一节 海上保险合同概述

一、海上保险合同的概念与分类

(一)海上保险合同的概念与性质

英国《1906 年海上保险法》第 1 条将海上保险合同定义为:"是一种合同,保险人按照约定的方式和范围,对被保险人遭受的与航海有关的海上损失承担赔偿责任。"我国《海商法》第 216 条第 1 款对海上保险合同的概念作了类似阐述:"海上保险合同,是指保险人按照约定,对被保险人遭受保险事故造成的保险标的的损失和产生的责任负责赔偿,而由被保险人支付保险费的合同。"其中要特别注意对保险事故含义的理解:

(1)须为海上事故。与海上航行无关的其他事故不在此列。

(2)由缔约双方约定。任何具体海上保险合同均由当事人双方自由协商确定,任何海上事故均可能成为双方约定的保险事故对象。

(3)海上事故并不一定都发生在海上,也包括与海上航行有关的发生于内河或者陆上的事故。这一规定主要是为了适应多式联运等新的运输方式,对海上事故作了扩大解释。

海上保险合同是一种双务有偿合同。被保险人须依合同约定向保险人支付保险费,而当约定的保险事故发生时,保险人须承担相应的赔偿责任。与买卖合同等典型的双务有偿合同不同,海上保险合同具有明显的射幸性,即由于保险事故的不可预见性,当事人的权利义务会随保险事故的发生与否而显著变化:若发生保险事故,则保险人支付的赔偿金远远高于投保人支付的保险费;若未发生保险事故,则保险人无任何赔偿义务而获得投保人支付的保险费。

海上保险合同是一种财产保险合同。与其他保险合同一样,补偿性是其重要特征,当保险标的因发生约定的保险事故而遭受损失时,保险人只负金钱赔偿的责任,而不承担民法中规定的恢复原状、归还原物等责任,并且这种赔偿的目的在于弥补被保险人的损失,赔偿金额是以保险金额或其实际损失为限的。

(二)海上保险合同的分类

为了适应海上运输实践中的不同需要,出现了种类众多的海上保险合同,从不同角度可以对它们进行不同的分类。下面对几种基本分类方法加以介绍。

1. 依保险标的划分

世界各国海上保险法对海上保险合同的标的均有相应规定,只是范围大小略有不同。我国《海商法》第 218 条第 1 款即对保险标的作了明确规定。根据保险标的,可将海上保险合同大致分为如下几种。

1)海上运输货物保险合同

货物保险的对象是被保险人交付海上运输的一切货物,主要指商品货物。以货物为标的的保险合同称为海上运输货物保险合同。

2)船舶保险合同

指被保险人以船舶为标的与保险人签订的保险合同。这里所指的船舶是一个综合概念,包括船壳、船机、属具、材料等多个项目,既可分别单独投保,也可共同投保。

3)运费保险合同

以运费作为保险标的签订的保险合同称为运费保险合同。由于运费分为预付运费和到付运费,前者在装货港即已收取,对于承运人(被保险人)无风险可言,不存在保险利益,因此运费保险合同的标的主要指后者,即到付运费。

4)预期利润保险合同

海上保险中所指的预期利润主要包括预计货物安全运抵目的地出售或转卖后可以获取的利润,此利润从属于货物,货主可以对其单独投保或与货物同时投保。

5)责任保险合同

这类合同中的责任主要指被保险人因侵权行为造成第三人人身伤亡或财产损失或发生法律规定、合同约定的其他事故应负的对第三人的赔偿责任,例如船舶碰撞引起的损害赔偿责任等。

6)海上石油开发保险合同

海上石油开发作为一项新兴产业,具有高投入、高风险、高收益的特点。海上石油开发所受到的自然灾害和意外事故的威胁远远大于陆上石油开发,且钻井平台翻沉、爆炸、火灾、发生井喷等重大事故所造成的损失更是特别严重,这就需要十分专门的险别与其相适应,并且保险人的组成也必须多元化、国际化。海上石油开发保险是一种综合险,承保在海上石油开发过程中可能会发生的各种财产损失、费用以及责任,承保范围往往应被保险人的要求而确定。

2. 依保险价值划分

1)定值保险合同

指保险价值由保险人与被保险人事先约定并明确写明的保险合同。绝大多数海上保险均采用定值保险形式。

2)不定值保险合同

指保险人与被保险人不事先约定保险价值,待保险事故发生后再核定保险价值的保险合同。不定值是相对而言的,一方面取决于实践的具体核定情况,我国《海商法》第219条对保险价值的计算方法有明确规定;另一方面被保险人可能获得的保险金还受事先约定的保险金额的限制。

3. 依保险期间划分

1)航次保险合同

指保险责任期间依空间变化加以确定的保险合同,是以航程范围为基础的,主要适用于货物保险。

2)定期保险合同

指保险责任期间从时间角度加以限定的保险合同,以保险单中写明的确切起止时间为依据,主要适用于船舶保险。受英国《1906年海上保险法》影响,定期保险一般不超过12个月。

3)混合保险合同

指从时间和空间两方面对保险责任期间加以限定的保险合同,以航程与指定时间段先达到要求的为准确定保险期间,以减少保险人的责任。例如,合同中规定:“在上海港及从该港到伦敦港止为期365天”,则从时间上讲是为期365天,从空间上讲是从上海至伦敦,两者以先发生者为准。相对而言,这种混合保险形式在实践中较少见。

4. 其他分类方法

除以上三种基本分类方法外,还可依承保方式不同分为逐笔保险、流动保险、总括保险和预约保险;依保险人所负保险责任次序分为原保险和再保险等。

二、海上保险合同的基本原则

(一)最大诚信原则

诚信原则是民商法领域的基础性原则,在我国《民法通则》第4条、《保险法》第4条和《合同法》第6条中均有“诚实信用”的明文表述,它要求民商事法律关系的当事人要充分尊重相对方或他方的合法权益,尊重社会公共利益,善意地行使权力、履行义务。鉴于海上活动的巨大风险,在海上保险合同中,对诚信原则有更高的要求,即最大诚信原则。英国《1906 年海上保险法》第 17 条将该原则法典化:“海上保险合同是建立在最大诚信原则上成立的合同,如果任何一方不遵守最大诚信,他方可以宣告合同无效。”我国《海商法》的相关条文也充分体现了这项原则。最大诚信原则贯穿于订立和履行合同的全过程,要求保险人和被保险人在订立和履行保险合同时应当如实告知、信守保证、诚实无欺等,主要体现在以下几项义务。

1. 对被保险人而言

1)如实告知义务

在海上保险实践中,保险公司作为一个金融机构很难也没有必要在承保前对被保险人投保的船舶和货物进行彻底的检查,保险标的不仅可能存放或停泊在距保险人很远的港口,而且还有可能正在海上航行途中,因此保险人只能根据被保险人投保时作出的陈述确定是否承保及保费高低。为了稳定保险合同关系,防止被保险人隐瞒重要事实所引发的纠纷,各国海上保险法均明确对被保险人的告知义务做了规定,英国《1906 年海上保险法》第 18 条规定了被保险人的告知义务:

(1)除本条的规定外,在签订合同前,被保险人必须向保险人告知其所知的一切重要情况。被保险人视为知道在通常业务过程中所应知晓的每一情况。如果被保险人未履行该项告知义务,保险人即可宣布合同无效。

(2)影响谨慎的保险人确定保险费或影响其决定是否接受承保的每一情况,被认为是重要情况。

我国《海商法》第 221 条、第 222 条第 1 款规定,“被保险人提出保险要求,经保险人同意承保,并就海上保险合同的条款达成协议后,合同成立。保险人应当及时向被保险人签发保险单或者其他保险单证,并在保险单或者其他保险单证中载明当事人双方约定的合同内容。”“合同订立前,被保险人应当将其知道的或者在通常业务中应当知道的有关影响保险人据以确定保险费率或者确定是否同意承保的重要情况,如实告知保险人。”可见,被保险人如违反告知义务,未将有关“重要情况”如实告知保险人,将承担由此产生的不利法律后果。

2)信守保证义务

保证是指被保险人在海上保险合同中允诺的某项作为或不作为,或者履行某项条件,或者确定某项事实的真实性。保证是保险人决定是否承保的重要基础,被保险人必须在实践中信守其作出的保证,如果违反这一义务,无论所违反的保证与风险是否密切相关,保险人均有权采取解除合同、不承担保险责任或增加保险费等措施。英国《1906 年海上保险法》第 33 条第 3 款规定:“保证是一种必须严格遵守的条件,无论它对风险是否重要。如果被保险人不如此遵守它,除保险单中另有明文规定外,从被保险人违反保证之日起,保险人解除责任,但不妨碍在违反保证之前产生的任何责任。”我国《海商法》第 235 条规定:“被保险人违反合同约定的保证条款时,应当立即书面通知保险人。保险人收到通知后,可以解除合同,也可以要求修改承保条件、增加保险费。”

2. 对保险人而言

解释说明义务是保险人应承担的主要义务,因为海上保险是一个十分专业化和复杂的险别,被保险人往往对投保相关事项缺乏足够了解,实践中经常出现由于被保险人误解或不熟悉有关专门术语或惯例造成重大损失的情况。这就要求在订立海上保险合同时，保险人对保险合同内容如实进行解释说明，特别是对于免责条款，必须向被保险人明确说明。我国《保险法》第16条第1款、第17条规定，“订立保险合同，保险人应当向投保人说明保险合同的条款内容，并可以就保险标的或者被保险人的有关情况提出询问，投保人应当如实告知。”“保险合同中规定有关于保险人责任免除条款的，保险人在订立保险合同时应当向投保人明确说明，未明确说明的，该条款不产生效力。”

（二）保险利益原则

保险利益，又称可保利益，指投保人或被保险人对保险标的所享有的合法利益，是被保险人与保险标的之间存在的利害关系在法律上的确认。根据英国《1906年海上保险法》第5条给出的定义，与航海有利害关系的每一个人均具有可保利益，特别是当他与该航海或处于危险中的保险财产具有法律上或衡平法上的关系，如保险财产安全或按时抵达，他即能从中获益；或者如保险财产灭失、受到损害，或被滞留或引起有关责任，他的利益将受到损害。可见，是否存在利害关系是确定被保险人是否具有可保利益的关键。

保险利益是保险合同的生效要件，我国《保险法》第11条规定：“投保人对保险标的应当具有保险利益。投保人对保险标的不具有保险利益的，保险合同无效。保险利益是指作为保险对象的财产及其有关利益或者人的寿命和身体。”

海上保险合同中所要求的保险利益首先需符合财产保险利益的条件，即须为确定的（可预期的）、合法的经济利益，主要包括货物所有权、船舶所有权、预期利润、运费、第三人责任等内容。与一般其他保险利益不同的是，在海上保险中，投保人或被保险人不必在合同生效时就必须具有保险利益，仅要求其在保险标的损失发生时具有保险利益即可。但若保险标的发生损失时，被保险人仍不享有保险利益，则此保险合同归于无效，被保险人也无权向保险人索赔。

我国《海商法》未对海上保险可保利益进行明文规定，保险利益原则主要体现在司法实践中的具体运用。

（三）补偿原则

海上保险合同从性质上说是一种补偿合同，保险人向被保险人支付保险金必须以保险标的发生实际损失为前提，多损多赔，少损少赔，无损不赔，补偿金额应以实际损失为限。补偿的目的在于弥补因保险事故造成的损失，被保险人不得通过超额投保或重复保险获取额外利益。我国《保险法》第39条第2款、第40条分别对超额投保和重复保险行为进行了规范，《海商法》第225条也规定：“被保险人对同一保险标的就同一保险事故向几个保险人重复订立合同，而使该保险标的的保险金额总和超过保险标的的价值的，除合同另有约定外，被保险人可以向任何保险人提出赔偿请求。被保险人获得的赔偿金额总和不得超过保险标的的受损价值。各保险人按照其承保的保险金额同保险金额总和的比例承担赔偿责任。任何一个保险人支付的赔偿金额超过其应当承担的赔偿责任，有权向未按照其应当承担的赔偿责任支付赔偿金额的保险人追偿。”当然，补偿原则并不是限制被保险人获得充分赔偿，在足额保险情况下，保险人必须对损失全额赔偿。

（四）近因原则

近因原则要求保险人承担保险责任应以承保风险（保险事故）与保险标的损失之间存在因果关系为前提，即只有当损失是由保险人承保范围内的原因引起时，被保险人才有权获得赔偿。因果关系即引起与被引起的关系，因与果始终是相对应而存在的，但并非均为一因一果一一对应，实践中更多的是一因多果，一果多因，甚至多因多果等复杂情况。在海上保险实务中，面对引发保险事故的众多原因，应当分清主次，找出最主要、直接的原因（而非时间上最接近损失的原因）作为近因，只有当近因在保险责任范围之内时，保险人才承担赔偿责任。近因的确定是一项复杂的工作，在国际航海实践中已形成了一整套较通行的惯例，我国《海商法》、《保险法》虽未明确规定近因原则，但在我国保险理赔实践中一贯遵循因果关系原则，可以借鉴有关国际惯例进一步加以完善。

三、海上保险合同的订立、解除和转让

（一）合同的订立

1. 订立程序

与其他合同订立程序一样，订立海上保险合同也要经过要约和承诺两个阶段，由合同双方即保险人与被保险人协商约定。实践中，一般由投保人（被保险人）提出保险要求，填具投保单作为要约，保险人予以确认并签字作为承诺，此时合同成立。我国《海商法》第221条规定："被保险人提出保险要求，经保险人同意承保，并就海上保险合同的条款达成协议后，合同成立。"英美等国保险实践的做法一般是，海上保险合同的双方当事人并不直接进行联系，由被保险人委托的保险经纪人代其向保险人投保，经纪人的佣金从保险人收取的保险费中予以支付。

2. 合同形式

我国《海商法》、《保险法》均未对海上保险合同的形式作强制性规定，根据合同法基本原理，合同的根本在于当事人双方同意，因此口头形式合同不应被排除在外。保险单是在保险人与被保险人达成协议后签发的，是证明保险合同存在及其内容的有力证据，两者是不同的。

（二）合同的解除

依照合同法原理，合同一经成立，即对当事人双方均产生约束力，任何一方均不得任意解除合同。只有当法定或约定的事实发生，使得合同一方享有合同解除权，该方的单方行使合同解除权，使已生效的合同归于无效。海上保险合同的解除主要有以下两种情况。

1. 因违反最大诚信原则而解除

（1）被保险人在订立合同时，如果没有尽到法定的告知义务，没有将有关重要情况如实告知保险人，保险人有权解除合同。我国《海商法》第223条规定："由于被保险人的故意，未将本法第222条第1款规定的重要情况如实告知保险人的，保险人有权解除合同，并不退还保险费。合同解除前发生保险事故造成损失的，保险人不负赔偿责任。"

（2）被保险人在履行合同过程中，若违反"信守保证"义务，未切实履行自己作出的保证，保险人有权解除合同或采取其他措施。我国《海商法》第235条规定："被保险人违反合同约定的保证条款时，应当立即书面通知保险人。保险人收到通知后，可以解除合同，也可以要求修改承保条件、增加保险费。"

2. 保险责任开始前保险合同的解除

在保险责任开始之前，保险人承保的风险尚未涉及，因此被保险人此时单方解除合同不会对保险人造成经济损失，法律往往赋予被保险人在保险责任开始前的合同解除权，这是由海上

保险合同保险期间起算的特殊性决定的。我国《海商法》第226条规定:“保险责任开始前,被保险人可以要求解除合同,但是应当向保险人支付手续费,保险人应当退还保险费。”除以上两种《海商法》明确规定的情形以外,我们还要特别注意,合同解除还有许多其他法定的事由,如《保险法》第27、35和36条的规定。此外,依合同约定解除合同也是一种很普遍的现象。《海商法》第227条规定:“根据合同约定在保险责任开始后可以解除合同的,被保险人要求解除合同,保险人有权收取自保险责任开始之日起至合同解除之日止的保险费,剩余部分予以退还;保险人要求解除合同,应当将自合同解除之日起至保险期间届满之日止的保险费退还被保险人。”但是,《海商法》第228条规定,虽有上述规定,货物运输和船舶的航次保险,保险责任开始后,被保险人不得要求解除合同。

(三)合同的转让

海上保险合同的转让是指被保险人将其权利义务转移给第三人的情况,实质是被保险人的变更。保险合同转让根据合同性质不同有不同要求,依我国《海商法》有关规定主要作如下区分。

1. 海上货物运输保险合同的转让

海上货物运输保险合同以货物为保险标的,在保险责任期间内,货物由承运人控制,被保险人对货物风险是否发生的影响十分微弱,被保险人变更无需经保险人同意。另外,航海贸易中,货物在同一航次中可能被多次转让,海上货物运输保险合同的转让也应适应单证贸易的需要,予以便利。我国《海商法》第229条规定:“海上货物运输保险合同可以由被保险人背书或者以其他方式转让,合同的权利、义务随之转移。合同转让时尚未支付保险费的,被保险人和合同受让人负连带支付责任。”明确了货物运输保险合同转让的简易性,实践中,这一转让是通过转让保险单的形式实现的。

2. 船舶保险合同的转让

与海上货物运输保险不同,船舶保险以船舶为保险标的,被保险人一般是船舶所有人,其自身的管理水平、信誉程度和道德水平对于船舶风险确定有重大意义,是保险人考查确定承保时的重要依据之一,因此因船舶出售而转让保险合同的必须经保险人同意。我国《海商法》第230条明确了以上情况:“因船舶转让而转让船舶保险合同的,应当取得保险人同意。未经保险人同意,船舶保险合同从船舶转让时起解除;船舶转让发生在航次之中的,船舶保险合同至航次终了时解除。”

四、代位求偿权和保险委付

海上保险的索赔与理赔多遵从保险业务中的惯常做法,这里仅就其中代位求偿权与委付两个重要环节作简要介绍。

(一)海上保险标的的损失

海上保险标的的损失有多种分类方法,如可按损失的性质分为共同海损和单独海损;按损失程度分为全损和部分损失等。

1. 全损

全损又可分为实际全损和推定全损。我国《海商法》第245条对实际全损给出了定义:“保险标的发生保险事故后灭失,或者受到严重损坏完全失去原有形体、效用,或者不能再归被保险人所拥有的，为实际全损。”例如，保险货物棉花因火灾被全部烧毁；食盐因海水浸泡而全部溶解；保险船舶在战时被敌舰捕获或被扣押、没收等情况均为实际全损。此外，船舶失踪一定时间后也被视为实际全损。发生实际全损后理赔分两种情形：

(1)定值保险中，保险人按合同确定的保险价值赔偿；

(2)不定值保险中，若受损时保险标的的实际价值不足保险金额，保险人依实际价值给予赔偿，若实际价值高于保险金额，保险人的赔偿责任以保险金额为限。

推定全损在海上保险中可分为船舶的推定全损和货物的推定全损，指投保的船舶或货物发生保险事故后，认为实际全损已不可避免，或者为避免船舶发生实际全损所需支付的费用超过保险价值，或者为避免货物发生实际全损所需支付的费用与继续将之运抵目的地的费用之和超过保险价值的情况。推定全损的关键在于保险标的尚残存一定价值但已无法挽救或挽救得不偿失。

2. 部分损失

除了全损之外的一切损失称为部分损失。对部分损失的赔偿依标的物不同有所区别，但均须遵循：赔偿金额 = 保险金额 ×[(实际完好价值 - 实际受损价值)÷实际完好价值]。对于船舶保险，保险人的赔偿主要限于修复船舶的合理费用。

(二)代位求偿权

在海上保险业务中，一部分保险标的损失是由于第三人的过错行为造成的，对于这种情况，被保险人既可以向保险人请求经济补偿，也可以向第三人请求赔偿，但根据保险合同的补偿性质，被保险人不得依靠保险获取额外不当利益；当保险人依合同约定支付了保险赔款后，就取代被保险人，获得了向第三人追偿债务的权利，这一权利即代位求偿权，又称代位权。我国《海商法》第 252 条第 1 款规定：“保险标的发生保险责任范围内的损失是由第三人造成的，被保险人向第三人要求赔偿的权利，自保险人支付赔偿之日起，相应转移给保险人。”

1. 代位求偿权成立的条件

(1)保险事故及其引起的损失须在保险人承保范围之内。这一条件使得保险人与被保险人之间产生债权债务关系。

(2)保险事故的发生是由第三人造成的且被保险人未放弃索赔权。这一条件明确了被保险人与第三人间存在的债权债务关系。

(3)保险人已向被保险人作了赔付。这是保险人得以代位求偿的依据。

只有同时满足以上三个条件，代位权方能成立。

2. 代位求偿权行使的限制

保险人行使代位求偿权从第三人处取得的赔偿不得超过其支付的保险赔偿，如有超过，则应将超过部分退还被保险人，我国《海商法》第 254 条第 2 款的相关内容即对此作出的规定。

3. 被保险人的协助义务

保险人支付保险赔偿取得对第三人的代位求偿权后，被保险人有义务积极配合保险人行使代位权，协助实现代位权。我国《海商法》第 252 条第 2 款规定：“被保险人应当向保险人提供必要的文件和其所需要知道的情况，并尽力协助保险人向第三人追偿。”第 253 条规定：“被保险人未经保险人同意放弃向第三人要求赔偿的权利，或者由于过失致使保险人不能行使追偿权利的，保险人可以相应扣减保险赔偿。”《保险法》第 45 条进一步规定：“保险事故发生后，保险人未赔偿保险金之前,被保险人放弃对第三者的请求赔偿的权利的,保险人不承担赔偿保险金的责任。保险人向被保险人赔偿保险金后,被保险人未经保险人同意放弃对第三者请求赔偿的权利的,该行为无效。由于被保险人的过错致使保险人不能行使代位请求赔偿的权利的,保险人可以相应扣减保险赔偿金。"

(三)保险委付

委付制度是海上保险制度中的一项传统制度,指在保险标的物发生推定全损情况下,被保险人将保险标的物的所有权转移给保险人,而向保险人请求赔付全部保险金额的行为。我国《海商法》第249条规定:"保险标的发生推定全损,被保险人要求保险人按照全部损失赔偿的,应当向保险人委付保险标的。"第250条规定:"保险人接受委付的,被保险人对委付财产的全部权利和义务转移给保险人。"

1. 成立条件

(1)推定全损是委付的前提;

(2)委付的对象是保险标的物的全部,包括其上的一切权利和义务;

(3)委付行为不得附加任何条件;

(4)委付须经保险人接受。

委付一旦成立,保险人即不得撤回,保险人取得保险标的物的所有权,并承担按全损向被保险人赔偿的责任。

2. 代位求偿权与委付的区别

首先,代位求偿权与委付并不是互相排斥的,二者可能同时存在,例如在第三人行为造成保险标的推定全损的情况下。

其次,代位求偿权与委付有以下区别:

(1)从性质上说,代位求偿权是债权的代位权,保险人获得的是对第三人的债权;委付是一种物上代位权,保险人获得的是保险标的的所有权。

(2)从适用范围上说,代位求偿权行使适用于全损和部分损失;委付仅适用于推定全损情况。

(3)从权利来源上说,代位求偿权是一种法定权利,只要符合法律的事实出现,保险人即拥有此权利;委付的成立与否依当事人意志,被保险人有权选择是否提出委付通知,保险人有权决定是否接受委付。

第二节　海上保险合同的基本内容

从法律上说,海上保险合同的内容是各方当事人所享有权利和承担义务的总和。当然,这些权利义务是通过海上保险合同的条款予以表现的。

根据我国《海商法》第217条的规定,海上保险合同的内容,主要包括下列各项条款。

一、保险人名称条款

应在此条款中写明保险人名称的全称,作为确定保险人身份、承担保险责任的法律依据。海上保险实践中,由于采用格式合同,所以,保险人名称一般是事先印制的。

二、被保险人名称条款

该条款是由当事人在签订海上保险合同时进行填写的。为了保险合同的有效性,明确权利义务关系,应当注意填写被保险人的法定名称的全称。如果被保险人为多数时,需要一一写明。

在海上货物运输合同中,依法可采用指示式或无记名式保险单,以便于海上货物运输保险单随货物的转移而转让给第三人。因此,在适用指示式保险单时,除要写明被保险人名称,还要有“或其指定人”的字样。我国《海商法》第 229 条亦允许被保险人以背书或其他方式转让海上货物运输保险合同,所以,在签约时应注意上述问题。

三、保险标的条款

保险标的是投保人向保险人投保的对象,是海上保险合同客体——保险利益的载体。海上保险合同保险标的的范围,决定于法律和具体海上保险合同条款的规定。一般包括有形财产(船舶、货物等)、法律责任和经济权益三大类。

我国《海商法》第 218 条规定了海上保险合同之保险标的的具体种类。

(1)船舶。这里所说的船舶,按我国《海商法》第 3 条的规定,是指除了用于军事的、政府公务的船舶和 20 总吨以下的小型船艇以外的海船和其他海上移动式装置。

(2)货物。包括各种进行海上运输的货物。

(3)船舶营运收入。包括运费、租金、旅客票款。其中,运费作为海上保险合同的保险标的是比较复杂的。

(4)货物预期利润。这是货主的既得利益,即待海上运输航程结束时,在目的地出售或转卖货物可能获得的利润。货主可以以其为保险标的来单独投保。

(5)船员工资和其他报酬。

(6)对第三人的责任。这是指海上保险合同的被保险人因保险事故发生致第三人的财产或人身损害而承担的法律责任。

(7)由于发生保险事故可能受到损失的其他财产和产生的责任、费用。

四、保险价值条款

保险价值指的是保险标的所具有的实际价值。法律要求被保险人向保险人投保之时,应当申明保险标的的保险价值。由于受各种因素的影响,准确认定保险标的的实际价值往往是很困难的。例如,船舶的价值受国际市场影响而变化不定,运杂费因所运货物品种不同、运输方式和运输路线不同而难以准确计算。所以,海上保险合同保险标的的保险价值,一般是由被保险人和保险人协商约定。当事人没有约定的则要按照法律规定来确认保险标的的保险价值。保险价值一经确定,就应写入合同条款。

我国《海商法》第 219 条直接确认了下述认定保险标的之保险价值的方法:

(1)船舶的保险价值,是保险责任开始时船舶的价值,包括船壳、机器、设备的价值,以及船上燃料、物料、索具、给养、淡水的价值和保险费的总和。

(2)货物的保险价值,是保险责任开始时货物在起运地的发票价格或者非贸易商品在起运地的实际价值以及运费和保险费的总和。

(3)运费的保险价值,是保险责任开始时承运人应收运费总额和保险费的总和。

(4)其他保险标的的保险价值,是保险责任开始时保险标的的实际价值和保险费的总和。

五、保险金额条款

保险金额是被保险人向保险人实际投保的货币数额。它在海上保险合同中具有重要意义。一方面,保险金额是被保险人享有保险利益的货币表现,成为被保险人获取保险保障的法律标准。另一方面,这是保险人计收保险费的依据和承担赔偿责任的最大限额。

保险金额与保险价值直接相连。在海上保险合同中,如果被保险人投保的保险金额与保险标的的保险价值相一致,构成"全额保险";如果被保险人只将保险标的之保险价值的一部分予以投保,就为"不足额保险"。具体方式由被保险人与保险人协商约定,但法律禁止保险金额超过保险价值的海上保险合同。我国《海商法》第220条明确规定:"保险金额不得超过保险价值;超过保险价值的,超过部分无效。"

六、保险责任和除外责任条款

(一)保险责任

是指保险人按照海上保险合同的约定所应承担的损害赔偿责任。它是保险人在海上保险合同中所承担的基本义务。在合同条款约定的责任范围内发生海上事故造成保险标的损失时,保险人负责予以赔偿。保险责任可分为基本责任、附加责任和特约责任。

1.基本责任

基本责任是指保险人按照事先制定的海上保险合同基本条款的规定,向被保险人承担的赔偿责任。基本责任所涉及的赔偿范围,一般是非个人行为引起的、人类难以防止的自然灾害和意外事故。

至于被保险人及其代理人的过错行为所致损害是否属于基本责任,则依法律和有关海上保险险种的条款约定。在我国海上保险实务中,有的保险将过失行为列入基本责任。例如,中国人民保险公司的船舶保险条款把船长、船员和引水员、修船人员及租船人的疏忽行为列入全损险的责任范围。而有的保险则将过失行为排除在基本责任之外。例如,中国人民保险公司的海洋运输货物保险条款规定,保险人对于被保险人的故意行为或过失所造成的损失不负赔偿责任。同时,我国《海商法》第342条明确规定,"对于被保险人故意造成的损失,保险人不负赔偿责任。"

2.附加责任

附加责任是指保险人在承担主险的基本责任之外,就被保险人加保的附加险所约定的附加风险承担的赔偿责任。例如,保险人在海上货物运输保险合同中承担基本责任的同时,对加保的钩损险、锈损险、提货不着险承担相应的附加责任。

由于海上保险中的附加险必须与主险同时承保,不得单独投保。因此,保险人承担的附加责任必须附属于主险的基本责任项下,不能独立存在。当然,附加责任是针对具体附加险的特定风险来适用的,故不能与基本责任混为一谈。

3. 特约责任

特约责任是指根据被保险人的特殊需要，经双方协商约定，在保险责任范围外另行增加的承保责任。

特约责任往往适用于保险人一般不予承保或者在现有保险条款中列入除外责任的风险，因被保险人有特殊需要而另行注明的情况，其条件是必须经保险人同意。可见，特约责任实际上是对保险人之赔偿责任的扩大，以适应海上保险的客观需要。

（二）除外责任

与保险责任相对应，是海上保险合同所规定的保险人不承担赔偿责任的范围。例如，中国人民保险公司的海洋货物运输保险条款，将被保险人的故意行为或过失所造成的损失、属于发货人责任引起的损失等列入除外责任的范围。在此范围内发生危险事故造成损害的，保险人不负赔偿责任。

按照海上保险的惯例，保险人的除外责任一般是采用列举式方法加以规定。也有的用不列举方法，即海上保险合同未列入承保范围的灾害和意外事故均属除外责任。我国《海商法》根据中国现行海上保险的实践，采用列举式方法分别规定了货物损失和船舶损失的除外责任，作为海上保险合同的法律依据。

（1）我国《海商法》第 243 条规定了各种海上保险合同中货物损失的除外责任。从而，除了合同另有约定外，保险人因下列原因造成的货物损失，不负赔偿责任：

第一，航行迟延、交货迟延或者行市变化；

第二，货物的自然损耗、本身的缺陷和自然特征；

第三，包装不当。

（2）我国《海商法》第 244 条规定了各种海上保险合同中船舶损失的除外责任。保险人对于下列原因造成被保险船舶损失的，除了合同另有约定以外，不承担赔偿责任。

第一，船舶开航时不适航，但是在船舶定期保险中被保险人不知道的除外；

第二，船舶自然磨损或者锈蚀。

同时，保险人对于海上保险中运费损失的赔偿责任，也适用《海商法》第 244 条规定的除外责任。

法律和海上保险合同明确规定除外责任，有助于明确保险人和被保险人的权利和义务，保证被保险人依法获取充分的保险赔偿，防止道德危险的出现，实现海上保险的宗旨。

七、保险期间条款

保险期间是指保险人所承担保险责任的存续时间，即保险责任从开始到终止的时间。在此期间内发生保险事故致保险标的损害的，保险人承担保险责任；否则，保险人不予赔偿。因此，海上保险合同必须明确规定保险期间。

不同的保险合同计算保险期间的方法是不一样的。具体到海上保险合同，主要有定期保险和航程保险两种情况。

定期保险多适用于船舶保险。具体方法是按时间计算，即保险责任从当事人约定的起始日零时开始到约定终止日的 24 时止，习惯上包括起始日和终止日。由于海上运输活动的国际性特点，在签订海上保险合同时，应把起始时间按照有关的时区注明当地的标准时间，以免发生计算上的异议。

航程保险多适用于海上货物运输保险。它是按照运输航程来计算保险期间的,即从货物起运地至运达目的地的时间过程作为保险期间。

八、保险费条款

保险费是指被保险人按约定向保险人交纳的货币金额。它是被保险人从保险人处获取保险保障所应支出的对价。

保险费是根据保险费率计算出来的。海上保险合同应当写明被保险人所应支付的保险费数额,并根据当事人的约定明确保险费的缴纳方式。

第三节　海上货物运输保险合同

海上货物运输保险是历史最悠久、业务量最大的货物运输保险,在贸易中占有重要地位,与航运的关系亦十分密切。海上货物运输保险是通过保险人签发的海上货物运输保险单或保险凭证证明的海上货物运输保险合同来实现的。本节主要阐述现行中国人民保险公司海洋运输货物保险条款的内容,以及海上货物运输保险的理赔和追偿。

现行中国人民保险公司“海洋运输货物保险条款”分为主险(Principal Risks)条款和附加险(Additional Risks)条款两大类。主险条款是1981年1月1日修订的,包括:

(1)“海洋运输冷藏货物保险条款”。

(2)“海洋运输散装桐油保险条款”。

(3)最常采用的适用于其他涉外海上货物运输保险的“海洋运输货物保险条款”。按现行“海洋运输货物保险条款”,主险分为平安险、水渍险和一切险。

附加险不得单独投保,须在投保主险后向同一保险人另外选择投保。附加险又分为普通附加险、特别附加险和特殊附加险(战争险、罢工险)。每一种附加险有相应的保险条款。附加险条款与主险条款存在抵触时,以附加险条款为准。

普通附加险有时也简称为附加险,主要有:偷窃提货不着险、淡水雨淋险、短量险、混杂玷污险、渗漏险、碰损破碎险、串味险、受潮受热险、钩损险、包装破裂险、锈损险等。上述普通附加险都是在一切险的责任范围内,主险若投保了一切险,就没有必要另外投保上述普通附加险。

特别附加险不在一切险的责任范围之内,主要有:进口关税险、舱面险、恶意损害险、融化险、拒收险、黄曲霉素险、虫损险和港内存仓火险等。

特殊附加险是指战争险与罢工险,按保险惯例也不在一切险的责任范围之内,从其客观投保的要求和实际承保的层面来讲,均大大超过其他附加险。

一、主险的责任范围

主险,有时也被人称为基本险别,其含义是可以独立投保,不是附加在某一险别项下。海上货物运输保险的主险长期以来一直分为三种:平安险(Free From Particular Average,F. P. A)、水渍险(With Particular Average,W. P. A)和一切险(All Risks),现行中国人民保险公司“海洋运输货物保险条款”仍保留这一传统,但从 1983 年 1 月 1 日起,伦敦海上保险市场上已采用新的协会货物保险条款(Institute Cargo Clause,ICC),分为 A 条款、B 条款和 C 条款,即用抽象的称谓取代了传统的术语,保险责任亦皆有一定的变化。

1. 平安险

平安险是我国保险行业长期沿用的习惯称谓,该险别刚开始时保险人只负责赔偿全损,即为全损险(Total Loss Only),但后来经实践中不断修订补充,平安险的责任范围已经大大超出了全损险的责任范围,也不是对所有的单独海损皆不负赔偿责任。简言之,平安险的责任范围包括因自然灾害造成的全损和部分意外事故造成的损失和费用。

具体地讲,保险人的赔偿责任包括下列八项:

(1)被保险货物在运输途中由于恶劣气候、雷电、海啸、地震、洪水等自然灾害造成整批货物的损失。被保险货物用驳船运往或运离海船的,每一驳船所装的货物可视做一个整批。对于这些自然灾害造成的部分损失,保险人不负责赔偿。

(2)由于运输工具遭受搁浅、触礁、沉没、互撞、与流冰或其他物体碰撞以及失火、爆炸意外事故造成被保险货物的全损或部分损失。即使失火、爆炸意外事故未及于运输工具,保险人也有责任赔偿。

(3)在运输工具已经发生搁浅、触礁、沉没、焚毁意外事故的情况下,货物在此前后又在海上遭受恶劣气候、雷电、海啸等自然灾害所造成的部分损失。如果被保险货物发生部分损失的原因,既可能是自然灾害,又可能是运输工具遭受意外事故,或者两者皆有,保险人就须负责赔偿,大大减轻了被保险人的举证责任,并可避免争议。

(4)在装卸或转运时由于一件或数件整件货物落海造成的全部或部分损失。

(5)被保险人对遭受承保责任内危险的货物采取抢救、防止或减少货损的措施而支付的合理费用,即施救费用。

(6)运输工具遭遇海难后,在避难港由于卸货所引起的损失,以及在中途港、避难港由于卸货、存仓、重新装船以及运送货物的特别费用(转运费用)。

(7)被保险货物遭受的共同海损牺牲,应承担共同海损分摊责任和应分担的救助费用。在共同海损分摊前,如果保险人已赔偿了被保险货物的共同海损牺牲(如为共同安全而抛弃的货物),对此共同海损牺牲要求分摊的权利就由保险人享有。救助费用如果不能作为共同海损费用,如因货物获救后在抵达目的地前灭失,保险人仍旧赔偿应由被保险人承担的救助费用。

(8)运输合同中订有“船舶互撞责任”条款的,根据该条款规定应由货方偿还船方的损失。保险人不得以被保险人已根据美国等国的法律从对方船取得全部损失赔偿为由,在其后被保险人依其与载货船(Carrying Vessel)之间的运输合同中的“船舶互撞责任”条款(Both to Blame Collision Clause),须补偿载货船赔付对方船的本船过失比例部分的本船货损责任的情况下,拒绝赔偿被保险人这一部分损失,而使被保险人最终不能通过保险合同获得全部赔偿。

2. 水渍险

水渍险是我国保险界的习惯称谓,其实际含义是在平安险的责任范围的基础上,保险人还负责赔偿平安险所不赔的由于自然灾害造成的被保险货物的部分损失,而不限于整批货物的全损。

3. 一切险

一切险的责任范围,除了上述平安险和水渍险的各项责任外,还包括被保险货物在运输途中由于外来原因所致的全部或部分损失。对"一切险"也不能从字面上去理解,不是任何损失都由保险人包赔。例如,承运人无单放货造成的经济损失,不是"一切险"货物保险人的责任。实际上在一切险条件下,保险人仍享有若干项除外责任,且不说被保险货物的损失必须是意外性质的(否则根本不构成"风险")。被保险人投保一切险,仍有必要选择投保战争险、罢工险和特别附加险。投保一切险的好处是承保面大,因为"外来原因"是一个很广义的词,应非"水渍险加11种普通附加险",而且在举证责任方面,被保险人要容易得多;而投保平安险或水渍险,被保险人须证明损失是某项列明危险造成的,因运输是在他人控制之下,有时举证非常困难。

二、主险的除外责任(Exclusions)

依据现行中国人民保险公司海洋运输货物保险条款,保险人对下列损失不负赔偿责任:

(1)被保险人的故意行为或过失造成的损失。被保险人故意造成的损失较少见,偶尔有被保险人明知货物禁止运往某一国家等情况。对被保险人的过失,似应解释为限于重大过失,如在装载时明知船舶不适航或不适于装运该货物。

(2)属于发货人责任所引起的损失。最常见的是货物的包装不足或不当(这也可归于货物的本质缺陷)。此外,还有标志不清、混票等情况。

(3)在保险责任开始前,被保险货物已存在的品质不良或数量短差所造成的损失。这在实务中称为原残,如粮产品已发霉、有虫蚀,钢铁露天堆放已生锈,实际装船重量不足等情况。

(4)被保险货物的自然损耗、本质缺陷、特性以及市价跌落、运输迟延引起的损失。

(5)中国人民保险公司海洋运输货物战争险条款和罢工险条款规定的责任范围和除外责任。除外责任条款优先适用,但举证责任在保险人一方。

三、特殊附加险的责任范围和除外责任

特殊附加险包括战争险和罢工险,其条款是各自独立的,由被保险人分别投保。

1. 战争险(War Risks)

一般国际贸易通过海上运输时都加保战争险。由于第二次世界大战后世界各国保险人一般不承保陆地上货物的战争险,故海上货物运输战争险保险条款在保险期间原则上限于货物在海运途中,不是仓至仓的责任期间。

保险人的责任范围为:

(1)直接由于战争(War)、类似战争行为(Warlike Operation)和敌对行为(Hostile Act)、武装冲突(Armed Conflict)或海盗行为 (Piracy)所致的损失;

(2)由于上述行为引起的捕获(Capture)、拘留(Seizure)、扣留(Arrest)、禁制(Restraint)、扣押(Detainment)所造成的损失;

(3)各种遗弃的常规武器,包括水雷(Mines)、鱼雷(Torpedoes)、炸弹(Bombs)所致的损失;

(4)上述责任范围引起的共同海损牺牲、分摊和救助费用。

海盗行为仍作为战争险,与现行船舶保险条款的规定不同。

保险人除对敌对性核武器造成的损失不负责任外,还约定排除航程丧失或受挫(Loss or Frustration of Voyage)引起的损失,如果被保险人要求保险人承保航程丧失或受挫引起的转运费用等损失,需再加保战争险的附加费用险(Additional Expenses - War Risks)。

2. 罢工险(Strike Risks)

货物运输罢工险承保被保险货物由于罢工者(Strikers)、被迫停工工人(Locked - out Workmen)或参加工潮、暴动、民众斗争的人员(Persons Taking Part in Labour Disturbances, Riots of Civil Commotions)的行动,或任何人的恶意行为所造成的直接损失,以及上述行动或行为引起的共同海损牺牲、分摊和救助费用。

罢工险负责的损失都必须是直接损失,保险人不负责任何间接损失。例如,由于罢工劳动力不足或者无法使用劳动力,对堆存在码头上的货物,遇到雨雪时无法及时遮盖使货物遭受湿损,或须改到他港装卸所增加的运输费用等,皆为间接损失,保险人不负责赔偿。

四、普通附加险的责任范围

1. 偷窃提货不着险(Theft Pilferage and Non - delivery, T. P. N. D)

在保险有效期内,被保险货物被偷窃以及货物运抵目的地后整件未交的损失,由保险人负责赔偿。

这种附加险的承保价值有两种,一种是保险价值(Insured Value),保险人按保险价值赔付;另一种是装运价值(Shipping Value),保险人按货值加上运输、保险等附加费用的实际总值赔付,但不超过保险金额。

2. 淡水雨淋险(Fresh Water and/or Rain Damage)

保险人负责赔偿淡水、雨水和雪融造成的损失。平安险列明的有关危险是船外海水或航道中的水意外进入,此附加险中的淡水险是指船上淡水舱、水管漏水以及船舱或舱内其他货物出汗。

3. 短量险(Shortage)

保险人负责被保险货物数量短少和重量的损失。对有包装货物的短少,必须有外包装发生异常的现象,以排除原来的短重。散装货物的短重须扣除正常的途耗。

4. 混杂和玷污险(Intermixture & Contamination)

对由于被保险货物中混入杂质或其他物质而被玷污所造成的经济损失,由保险人负责赔偿。

5. 渗漏险(Leakage)

保险人的责任有两项:一是被保险货物由于渗漏造成的短重;二是由于保护性液体渗漏而造成的被保险货物(如肠衣、酱菜)腐烂、变质的损失。它不包括渗漏物质玷污其他货物造成的损失。

6. 碰损和破碎险(Clash & Breakage)

保险人负责由于振动、碰撞、挤压等造成被保险货物本身的凹瘪、脱瓷、脱漆、划痕、破裂和断裂等损失。

7. 串味险(Taint of Odour)

例如茶叶、香料和药材等在运输途中受到其他货物(如皮张、樟脑)异味的影响使品质受到的损失,由保险人负责赔偿。

8. 受潮受热险(Sweat & Heating)

由于运输途中气温骤变,或者由于载货船上通风设备故障使得舱内水气凝结、潮湿、发热引起被保险货物的损失,由保险人负责赔偿。实务中常常需要区分与被保险货物本身缺陷引起的损失而引起争议。

9. 钩损险(Hook Damage)

在装卸过程中使用手钩或货钩造成的被保险货物破损或散落短重的损失,以及重新整理、更换包装的费用,皆由保险人负责赔偿。

10. 包装破裂险(Breakage of Packing)

保险人承保野蛮操作、装卸造成包装破裂引起的损失或损害(如短少、玷污等),包括为安全运输的需要重新整理货物和更换包装的费用。包装破裂险与钩损险、碰损及破碎险有重叠,本附加险重在包装的修补或调换,碰损及破碎险重在被保险货物本身的损坏,而且包括整个运输过程中造成的,钩损险的范围比较小。

11. 锈损险(Rust)

裸装的金属板、块、条、管等肯定会生锈,保险人一般不愿承保这种附加险,当然也不愿意保一切险。

五、特别附加险的责任范围

特别附加险的责任范围不在一切险的责任范围之内,或者是一切险的除外责任(如恶意损害险、融化险),或者是与政治、国家行政权力相关联的风险(如拒收险、进口关税险),或者是超出了一般海上运输意外事故的范围(如舱面险)。

1. 进口关税险(Import Duty)

保险人负责由于被保险货物受损仍需按完好价值缴纳进口关税所造成的损失,但保险单中一般有不超过保险价值若干倍的限制,其保险金额是单独的,并在保险单中载明。被保险货物本身的损失必须是主险负责的危险造成的,否则保险人仍不负责。

2. 舱面险(On Deck)

海上运输的货物,通常期望被装入舱内,保险费率是以此基础拟定的,但有些货物体积大、危险性大或其他原因须装于舱面,如果加保了舱面险,保险人负责赔偿甲板货被抛弃或因风浪冲击落水造成的损失。保险人一般不愿意在一切险的基础上加保舱面险。在普通法中,装于舱面的非习惯甲板货,如果被保险人未另行投保舱面险,被认为不是保险单中载明的保险标的。

3. 拒收险(Rejection)

承保被保险货物被进口国的有关当局拒绝进口或没收所产生的损失。其前提条件是被保险人须保证在投保时持有进口所需的一切特许证、许可证或进口配额。此外,经保险人要求,被保险人有责任合理处置被拒收的货物或者申请仲裁或诉讼。

4. 黄曲霉素险(Aflatoxin)

黄曲霉素是花生中含有的带有毒性的菌素,如果含量超过进口国家的限制标准,就会被拒绝进口、没收或强制改变用途,本附加险即是为此而设的一种专门的拒收险。

5. 虫损险(Infestation)

保险人负责被保险货物在正常运输途中由于虫卵所致虫蛀损失以及由此引起的合理的熏蒸费及其他责任,但被保险货物在起运港装船前须经当地有资质的动植物检疫所检验并证明品质合格。

六、保险期间

现行中国人民保险公司海洋运输货物保险条款将保险期间(Duration/Period of Insurance)规定在第3条"责任起讫"中,由两款组成。第1款是所谓"仓至仓"条款("Warehouse to Warehouse"Clause,W/W),第2款是由"延伸"条款("Extended Cover"Clause)和"运输合同终止"条款("Termination of Contract of Carriage"Clause)合并而成。

1."仓至仓"条款

它规定保险人的责任从被保险货物运离保险单所载明的起运地的仓库或储存处所开始运输时生效,在正常运输过程中持续,即在从上述起运地直接由通常的方式和路线运抵保险单所载明的目的地过程中不间断,包括海上、陆上、内河和驳船运输在内,包括通常的迟延、存仓和转运,直至发生下述四种情况之一时终止:

(1)到达保险单所载明目的地收货人的最后仓库或储存处所;

(2)到达被保险人用作分配或分送货物,或者非正常运输的过程中的存储的其他储存处所;

(3)在最后卸货港全部卸离海船后满60天;

(4)在最后卸货港全部卸离海船后,开始转运至非保险单所载明的目的地时。

2."延伸"条款

又称"扩展责任"条款,在伦敦协会货物保险条款中其含义是:被保险人无法控制的非正常运输发生时,本保险仍然有效,被保险人无须及时通知保险人或加付保险费,虽然根据上述"仓至仓"条款本保险不能持续,但现行中国人民保险公司海洋运输货物保险条款将其并入了"运输合同终止"条款,使得在被保险人无法控制(通常如此)的非正常运输发生时,被保险人也有义务及时通知保险人,并在必要时加付保险费,本保险才继续有效。

3."运输合同终止"条款

原称"航程终止"条款("Termination of Adventure" Clause),限于海上运输,现修改为包括其他运输,以与"仓至仓"条款相配合。根据这一条款,在被保险人无法控制的情况下,被保险货物在运抵保险单所载明的目的地之前,运输合同在其他港口或地点终止的,或者由于其他原因航程在运输条款规定的责任截止期之前终止的,如果被保险人及时将获知的情况告诉了保险人,且在必要时按保险人的要求同意加付保险费,保险合同可以继续有效,直至下述情况之一发生时终止:

(1)在全部卸离海船的卸载港届满60天。

(2)货物在上述卸载港出售并交付给新的货主。但如果被保险货物在上述60天期限内转运到原目的地或其他目的地，则保险责任的终止仍按上述“仓至仓”条款的规定。

至于被保险人控制的改变目的港等航程变更(Change of Voyage)，则属于双方须协议修改保险合同内容的范围，要对保险单进行批改(Endorsement)。

仔细比较中英现行海上货物运输保险条款可以发现，在保险期间方面，二者之间存在着诸多差异，有的从文字措辞上看，差别是细微的，但在实务中的影响却可能有天壤之别。

七、保险理赔与追偿

(一)保险理赔

保险理赔工作是指处理保险赔案的全部过程，包括损失通知(出险通知)、保险索赔、损失确定、责任审定、赔款计算和赔款给付六个环节。保险理赔是海上货物运输保险合同履行的关键性方面，对合同双方的权益及其保险人的利益有重大影响。

为了确保理赔质量，中国人民保险公司总结出一套行之有效的理赔程序，包括如下六个步骤：

(1)立案。检查保险单及批单底单，填写赔案登记簿。

(2)审核。核查被保险人的索赔单证是否齐全，索赔人是否是正本保险单持有人，是否享有保险合同的利益，保险是否合法，是否具有保险利益，是否违反告知义务，是否违反保证，是否将货物装于舱面，被保险人是否及时通知，检验期限和检验人是否合乎保险合同的要求，损失的原因和性质是什么，损失发生的时间是否在保险期间内，施救措施和费用是否合理，以及向第三者追偿的可能性和实际追偿情况等。

(3)损失核算。被保险人要求赔付的损失数量与检验报告所列数量是否相等，不同性质的损失是否分别计算，是否区分了毛重和净重，自然损耗率、免赔率是否扣除，代理、检验等费用是否合理等。

(4)赔款给付。要缮制赔款计算书一式三份，填制赔款收据和代位求偿权证明，要求被保险人签章退回，拟写赔付函件。

(5)损余处理。

(6)归档。

(二)保险追偿

海上货物运输保险责任范围内的损失，有相当一部分是由第三人的责任造成的，保险人赔付后，依法取得以自己的名义向第三人追偿的代位求偿权(Subrogation)；在保险赔付之前，被保险人有义务采取合理措施保护保险人的代位求偿权。海上货物运输保险人应特别重视保险追偿，以提高经济效益。

保险追偿的手续包括：

(1)立案登记与审核；

(2)索赔催办(文件索赔)；

(3)财产保全、诉讼或仲裁；

(4)结案归档。

追偿的对象一般是海上货物运输承运人，追偿人员须熟悉海上货物索赔的有关法律、国际公约、诉讼及仲裁程序，并具有选择和监督检验人、律师、海事顾问的能力。

第四节　船舶保险合同

船舶保险合同是最复杂的保险合同之一。现行中国人民保险公司的船舶保险条款主要有四套：

(1)1986 年 1 月 1 日修订的“船舶保险条款”，用于从事涉外运输的船舶投保；

(2)1993 年 4 月 1 日起适用的“国内船舶保险条款”和 1996 年 11 月 1 日起适用的“沿海、内河船舶保险条款”，用于承保从事沿海运输的机动船舶与非机动船舶，但不包括钻井船和渔船等；

(3)“船舶建造保险条款”，承保船舶建造人的风险；

(4)1999 年 12 月 1 日起施行的“沿海内河渔船保险条款”，用于承保从事捕鱼的船舶。

本节主要介绍上述第一套“船舶保险条款”及其附加险“船舶战争、罢工险条款”。

一、责任范围(Risks Covered)

(一)全损险与一切险

船舶保险的主险险别分为“全损险”和“一切险”，皆为列明危险，区别在于全损险只约定承保被保险船舶由于列明危险所造成的实际全损和推定全损(须注意保险人对施救费用的责任是法定的，在全损险条件下，保险人仍应负责赔偿为避免船舶全损而发生的施救费用)，而一切险还约定承保被保险船舶由于列明危险所造成的单独海损、共同海损牺牲及分摊、救助费用和施救费用，此外，还额外承保被保险船舶碰撞他船或物体的法律责任。

(二)列明危险(Perils Insured Against)

列明危险共有 11 种，依次是：

(1)地震(Earthquake)、火山爆发(Volcanic Eruption)、闪电(Lightning)或其他自然灾害。这几种危险之间并无相关联的共同因素，但都不属于海上灾害。根据这一规定，保险人需负责赔偿闪电引起的船舶(主要是油船)爆炸、清除火山爆发落在船上的灰尘的费用及地震引起海啸造成的船舶倾覆等损失。

(2)搁浅(Stranding)、碰撞(Collision)、触碰任何固定或浮动物质(Contact With any Fixed or Floating Objects)或其他海上灾害(Perils of the Seas)。海上灾害仅指海上的意外事故，不包括风浪的通常作用。在非恶劣天气海况条件下，船舶遇难，很难依海上灾害向保险人索赔。搁浅、碰撞等常涉及人为疏忽，但造成被保险船舶损失的原因还是这些海上灾害。

(3)火灾(Fire)或爆炸(Explosive)。火灾是较常发生的事故，包括热辐射对火源附近的东西造成的损害、灭火或为避免火灾采取的行动所引起的损害。爆炸危险不限于在被保险船舶上发生者。

(4)来自船外的暴力盗窃(Violent Theft by Persons from Outside the Vessel)或海盗行为(Piracy)。“暴力”的构成，不要求对人实际实施暴力，对物实施暴力或以暴力相威胁就已足够，但不包括秘密行窃、小偷小摸。海盗原是作为战争危险，但因与来自船外的暴力盗窃有时很难分开，现在在船舶保险条款中就明确规定为非战争危险，但在我国现行货物保险条款中仍作为战争险。

(5)抛弃货物(Jettison of Goods)。由于抛弃货物这种行为造成的被保险船舶的损失,也是保险人的责任。

(6)核装置或核反应堆发生的故障或意外事故(Breakdown of or Accident to Nuclear Installations or Reactors)。保险人负责清除核污染的费用,不包括核装置或反应堆本身损坏的更换或修理,除非损坏是由合同规定的其他危险(如碰撞)造成的。

(7)装卸或移动货物或燃料时发生的意外事故(Accidents in Loading, Discharging or Shifting Cargo or Fuel)。保险人不负责货物或燃料装上船后对船舶造成的损害(如腐蚀等)。

(8)船舶机件或船壳的潜在缺陷(Latent Defect)。潜在缺陷包括设计不足。保险人承保的是潜在缺陷造成的其他部件的损失,不包括有潜在缺陷的部件本身的修理或更换费用。

(9)船长、船员有意损害被保险人的不法行为(Barratry)。如船员喝醉酒把机器弄坏,船员故意在船上纵火或打开海底阀门将船弄沉等。更可怕的是船舶所有人与船员合谋将船弄沉以骗取全损保险赔偿,保险人很难证明有船舶所有人的故意。

(10)船长、船员和引航员、修船人员及租船人的疏忽行为(Negligence)。"殷其·玛瑞"条款(Inchemaree Clause)即因轮机员的疏忽而来。保险人要负责的是这些人员的疏忽造成被保险船舶的损失或损害,不包括完成这些人员本应已经做好的工作所产生的费用。

(11)任何政府当局为防止或减轻因承保风险造成被保险船舶损坏引起的污染所采取的行为(Pollution Hazard)。保险人承保的风险不是船舶污染损害赔偿,而是政府干预行动造成的被保险船舶的损失或损害起因于"托利·堪庸"案和《1969 年国际干预公海油污事件公约》。

值得注意的是,后 5 项危险造成的损害,必须是非因被保险人、船舶所有人或经理人"未恪尽职责"(Want of Due Diligence)引起的,例如船舶所有人在任用船员方面不能未恪尽职责;否则,保险人可不负赔偿责任。

(三)碰撞责任(Collision Liability)

船舶保险本为财产损害保险,但为了船舶所有人投保方便,船舶保险条款附加承保船东的碰撞责任,包括船舶之间的碰撞责任和被保险船舶触碰固定或浮动物体的责任。船舶碰撞责任包括为避免碰撞而引起的没有实际接触的间接碰撞,但不包括浪损。

保险人承保的碰撞责任须为法律上规定的侵权责任(Tort Liability),而且不是全部责任。一方面,保险人不负责赔偿下述责任:

(1)人身伤亡或疾病;

(2)被保险船舶所载的货物或财产或其所承诺的责任;

(3)清除障碍物、残骸、货物或任何其他物品;

(4)任何财产或物体的污染或玷污(包括预防措施或清除的费用),但与被保险船舶发生碰撞的他船或其所载财产的污染或玷污不在此限;

(5)任何固定的、浮动的物体以及其他物体的迟延或丧失使用的间接费用。

另一方面,保险人承担的碰撞责任以保险金额为限。

在被保险人和保险人之间,如果碰撞是船舶双方有责的,而且没有任何一方援用责任限制,则应按交叉责任原则(Principle of Cross Liability)来计算保险人应承担的责任,就如同各个船舶所有人不得不被迫相互支付对方的损害赔偿本方应承担的责任比例部分一样,因为一方面，如前所述保险人并未承担全部碰撞责任，另一方面保险人对被保险船舶的船期损失并无代位求偿权，按法律上的单一责任原则(Principle of Single Liability)计算，常常对保险人或被保险人不公平。

保险人的责任还包括由于船舶碰撞引起的法律费用，因为它不属于施救费用，故须在条款中予以明确。

(四)共同海损(General Average)和救助(Salvage)

对被保险船舶的共同海损牺牲(G. A. Sacrifice)，保险人按单独海损赔偿被保险人，然后代位向其他利益方要求分摊。对共同海损费用(G. A. Expenditure)，保险人承担的是被保险人的分摊责任，故须待共同海损理算(G. A. Adjustment)完成，保险人才予赔付。保险人还负责救助费用中应由被保险人分担的部分。

共同海损的理算应按有关合同规定或适用的法律或惯例理算，如无此约定，应按《北京理算规则》或其他类似规则(如《1974 年约克—安特卫普规则》)办理。

空载航程也可能向保险人索赔共同海损，但对空载航程的结束有严格的规定。

(五)施救费用(Sue and Labour)

船舶保险条款的规定与我国《海商法》的规定一致。

二、除外责任(Exclusions)

保险人不负责下列原因所致的损失、责任和费用。

(1)被保险船舶不适航，包括人员配备不当、装备或装载不妥，但以被保险人在船舶开航时，知道或应该知道此种不适航为限。与我国《海商法》的有关规定相比较，“船舶保险条款”对被保险人有利的地方是：在航次保险中，保险人的免除责任，也是以被保险人知道或应该知道船舶开航时不适航为前提条件。根据我国《海商法》规定，只要损失是船舶开航时不适航造成的，保险人就可拒赔，而根据英国法，在船舶航次保险中，被保险人默示保证船舶开航时适航，对被保险人更加不利。同时，“船舶保险条款”可能加重了船舶定期保险的被保险人的责任，虽然被保险人实际不知道船舶开航时不适航，但如果他应该知道这一事实，对此种开航时不适航造成的损失，保险人仍可拒赔。

(2)被保险人及其代表的疏忽或故意行为。被保险人的代表(Alter Ego)是指被保险人的业务主管，不包括代理人、船长、船员和普通雇员。此处之疏忽，应从严解释为重大过失，因为在第 1 条“责任范围”中已对列明承保的危险作了分类，只有后五项危险才受被保险人的恪尽职责的限制。我国《海商法》仅明确规定，对被保险人故意造成的损失，保险人不负赔偿责任。

(3)被保险船舶的正常磨损、锈蚀、腐烂或保养不周或材料缺陷包括不良状态部件的更换或修理。被保险船舶的正常维修保养不是意外的损失，不属于保险人赔偿的范围。对潜在缺陷造成的其他部件的损失，保险人负责赔偿，但不包括有潜在缺陷的部件本身的更换或修理费用。

(4)中国人民保险公司关于战争和罢工险条款承保和除外的责任范围。凡属于“船舶战争罢工险条款”项下的保险责任或除外责任，就不得根据“船舶保险条款”要求保险人赔偿。

三、免赔额(Deductible)

免赔额是保险单中规定的被保险人的自负额，其额度有增加的趋势。有了免赔额的规定，可以节省理赔费用,从而保险费可以相应降低,而被保险人对小额损失一般也有能力自行承受,但免赔额不适用于全损、碰撞责任、救助、共损和施救费用的索赔。

为了鼓励被保险人谨慎从事,避免更大的风险,特规定对船舶搁浅后看船底的费用不扣除免赔额,即使看船底后证实并不存在搁浅损害。

对单独海损,每次保险事故要扣除一个免赔额。恶劣气候造成两个连续港口之间单独航程的损失索赔视为一次意外事故,只扣除一个免赔额。

四、海运(Navigation)

如果被保险船舶用作专业拖船或救助船,与他船(非港口或沿海使用的小船)在海上直接帮靠装卸货物,为拆船或为拆船出售目的而航行,保险人对因此而造成的损失和责任均不负责,除非事先征得保险人的同意,并接受修改后的承保条件和所需加付的保险费。如此规定的理由,是被保险船舶用于这些操作和服务时,风险比通常海上运输服务时要大,保险费和其他保险条件应作相应调整。

五、保险期限(Duration of Insurance)

船舶保险绝大多数为定期保险,起止日期在保险单上载明,但最长不得超过 1 年。如果保险期限届满时,被保险船舶尚在航行中或处于危险中,或在避难港或中途港停靠,被保险人可提前通知保险人,要求按日比例加付保险费,直至该船抵达目的港为止,保险人不得拒绝或要求更多的保险费,但如果被保险船舶在延长时间内发生保险人须赔付的全损,被保险人需加交 6 个月的保险费。

船舶航次保险中航次的起止因船上是否有货载而别:空载航次自起运港解缆或起锚时开始,至目的港抛锚或系缆完毕时终止;载货航次自起运港装货时开始,至目的港卸货完毕时终止,但自船抵目的港当日午夜零点起最多不得超过 30 天。我国《海商法》和"船舶保险条款"对绕航(Deviation)、迟延(Delay)、驶往不同的目的港(Sailing for Different Destination)、改变航程(Change of Voyage)、多个卸港 (Several Ports of Discharge)等皆未作规定,如何适用国际海上保险惯例有待司法实践的检验。

六、保险终止(Termination of Insurance)

被保险船舶的船级社(Ship Class Society)、船级(Ship Class)、所有权 (Ownership)、船旗(Flag/Nationality)、管理人(Manager)、光租(Demise/Bare - boat Charter)和被征购、征用(Requisition)等实际上是明示保证(特款规定),若有破坏,除非事先取得保险人的书面同意,保险人可视保险合同已自动终止,对此后发生的任何损失费用和责任,皆拒绝赔偿。但船舶当时有货载或正在海上时,经被保险人及时提出要求,保险合同可延续至船舶抵达下一港口或最后卸货港或目的港,保险人不得提出附加条件。

在货物(Cargo)、航程(Voyage)、航行区域(Trading Limit)、拖带(Towage)、救助工作(Salvage Service)或开航日期(Sailing Date)方面有违特款规定(Warranty)时,可以通过"续保"(Held Covered),使保险合同继续有效,即要求被保险人在知悉此类违反后,立即通知保险人,并同意接受修改后的承保条件,以及同意所需加付的保险费;否则,船舶保险合同从违反保证时起自动终止。

七、保险费和退费(Premium and Return of Premium)

被保险人应在承保时付清全部保险费,即使保险人同意分期支付,在发生全损时,剩余保险费亦应立即付清。按我国《财产保险合同条例》第12条的规定,被保险人拖欠保险费的,保险人可以解除合同,但我国《保险法》和《海商法》无此规定,故除合同另有约定外,保险人无权因被保险欠费而解除合同。

航次保险自保险责任开始一律不办理退保和退费。

定期保险,被保险船舶退保或保险合同非因违反特款规定而终止时,从保险终止之日起,按净保费的日比例计算退还给被保险人。净保费是扣除保险经纪人佣金等折扣后保险人实收的保险费。

被保险船舶在港区内连续停泊30天以上,保险人退还停泊期间净保费的一半给被保险人。

八、被保险人的义务(Duty of the Assured)

被保险人负有出险通知、施救、协助追偿等义务,与我国《海商法》的有关规定一致。此外,被保险人与有关方面确定被保险船舶应负的责任和费用时,应事先征得保险人的同意。

九、招标(Ship Repair Tender)

被保险船舶发生保险事故后进行损害修理,被保险人要进行修理招标,以接受合理的报价;否则,保险人有权否决被保险人决定的修理地点或修理厂商,或者从赔款中扣除由此而增加的任何费用。

保险人还有权自行安排修理招标,或要求被保险人再次招标,此类投标经保险人同意而被接受时,从发出此类招标之日至接受投标期间所发生的船舶维持费用,包括燃料、物料、船长和船员的工资及给养,由保险人额外补贴被保险人,但最高不超过船舶保险价值的30%。

十、索赔和赔偿(Claim and Indemnity)

本条规定的内容包括:

(1)不作"以新换旧"(New for Old)的折减;

(2)保险人不负责被保险人的索赔费用和修船监督费用,除非事先取得保险人的认可;

(3)姊妹船之间发生碰撞或提供救助服务,保险人的赔偿责任不变,但没有代位求偿权;碰撞责任或救助报酬,如果存在争议,按国际惯例,应提交独任仲裁员裁决;

(4)损害修理(保险索赔项目)与船舶所有人自修项目或例行入坞同时进行时,如果损害修理不是紧急的,对入坞费用保险人承担一半;如果损害修理是紧急的,保险人承保全部入坞费用,但因船舶所有人自修项目或例检而增加的入坞时间及费用,由船舶所有人自行承担。

十一、争议的处理(Settlement of Disputes)

如不能和解,诉讼(Suit)须在被告方所在地;若是仲裁(Arbitration),双方需要另签仲裁协议。但是,中国人民保险公司的保单条款同时规定仲裁或诉讼地点,应在被告所在地,这一条款的效力容易受质疑,应该考虑修改本条款时,要么规定仲裁地点,要么规定诉讼地点,并应补充规定准据法为中华人民共和国法律。

十二、“船舶战争、罢工险条款”(1986 年 1 月 1 日)的主要内容

“船舶战争、罢工险条款”(Hull War & Strikes Clauses)是“船舶保险条款”(Hull Insurance Clauses)的附加险条款,如果二者之间有抵触,以本保险条款为准。被保险船舶如同时有其他保险,任何索赔应由其他保险负责时,本保险不负赔偿责任。

本保险条款原则上其实只保和平时期的战争险,故保险人保留随时通知被保险人终止合同的权利,通知期只有 7 天,而且在下列情况发生时保险合同自动终止,即:

(1)任何原子弹、氢弹或核武器的敌对性爆炸发生;

(2)联合国安理会常任理事国(中国、俄罗斯、美国、英国和法国)之间爆发战争(不论宣战与否);

(3)船舶被征用或出售。战争时期的战争险一般只有船旗国政府才愿意承保。

保险人的责任范围为下列原因造成的被保险船舶的损失、碰撞责任、共同海损和救助或施救费用:

(1)战争(War)、内战(Civil War)、革命(Revolution)、叛乱 (Rebellion)或由此引起的内乱(Civil Strife);

(2)捕获(Capture)、扣押(Seizure)、扣留(Arrest)、羁押(Detainment)、没收(Confiscation)或封锁(Blockade),但这种赔案必须从发生之日起满 6 个月才能受理;

(3)各种战争武器,包括水雷(Mines)、鱼雷(Torpedoes)、炸弹(Bombs);

(4)罢工(Strikes)、被迫停工(Lock-outs)或其他类似事件;

(5)民变(Civil Commotion)、暴动(Riots)或其他类似事件;

(6)任何人怀有政治动机的恶意行为(Malicious Acts)。

所列明的战争危险和罢工危险与海洋货物运输战争险条款和罢工险条款中列明者并不完全一致。

保险人不负责下列原因引起的被保险船舶的损失、责任或费用:

(1)原子弹 (Atomic Bombs)、氢弹(Hydrogen Bombs)或核武器(Nuclear Weapons of War)的爆炸;

(2)由被保险船舶的船籍国或登记国的政府或地方当局所采取的命令的捕获、扣押、扣留、羁押或没收;

(3)被征用或被征购;

(4)联合国安理会常任理事国之间爆发战争(不论宣战与否)。

第五节　保赔保险合同

与海上运输货物保险、船舶保险等一般海上保险形式不同,保赔保险从性质上属于一种互助保险形式,是为了适应航海贸易中不断出现和扩大的海上风险责任而由船东们自行

创设的，至今只有一百多年的历史，虽然发展的历史不长，但却在现代海运实践中发挥着重要作用。

海上风险是复杂多样的，而一般意义上的保险公司均是商业性的营利组织，出于自身利益的考虑，不可能承保所有海上风险，而且，保险赔偿只能是一种补偿，有一定的限额，船东在发生海上事故，造成损失后往往得不到满意的补偿和救济，特别是对于碰撞、人身伤亡、油污等原因的损害赔偿责任更是难以承受，保赔保险在此背景下应运而生：船东们自发组织"船东互保协会"，承保那些一般保险人不愿承保的海上风险，维护自身利益，降低海上航运风险。

保赔保险合同由船东和船东互保协会协商订立，其内容与一般海上保险合同也大致相同，只是在保险人保险责任范围和保险费确定方面存在较大差异，下面加以具体分析。

一、船东互保协会

(一)协会的产生与发展

如前所述，海上风险复杂多样，保险人出于种种原因不愿承保某些特定风险，这给船东的船舶经营带来很大风险。由于这些风险也是客观存在并且时有发生的，于是，船东们自愿结成各种形式的互助性保险组织，以分散风险。

世界上第一家船东互保组织是1855年在英国成立的"船东互助保障协会"，主要承保船东对旅客的人身伤亡责任和船舶保险人不保的1/4船舶碰撞责任。按照传统海商法理论，保险的目的仅在于补偿海上风险所带来的财产损失，而船东因海损事故对第三方应付的损害赔偿责任不在保险人承保范围之内。只有当船东另外附加投保，交纳额外保险费，并与保险人签订"碰撞条款"方可将该风险转移给保险人。但在实践中，保险人为了促使被保险人加强管理，避免事故发生，在"碰撞条款"中只承诺承担3/4的损害赔偿责任。由此，这剩余的1/4船舶碰撞责任成为船东互保组织最初主要的承保项目。此后，随着航海保险实践的发展，货损责任对船东的压力越来越大，特别是1870年发生的英国"西方希望"号轮因绕航船货全损但遭拒赔案在航运界引起强烈震动，船东们随后成立了"船东互助赔偿协会"，开始承保货损责任。其后，船东互保组织逐渐同时承保以上风险，并且将承保范围不断扩大，但将保险责任分为"保障"和"赔偿"两类的传统一直保留下来。

目前，世界上，最大的船东互保协会应属"英国船东保赔协会"，我国一些船舶也有加入该协会的。为了避免恶性竞争，进一步分散风险，一些有实力的保赔协会又联合组建为集团。现在，几乎所有的商船都参加了互保协会，按照各自所在船东互保协会的保险条款办理保险，保赔保险已成为海上保险中最重要的险种之一，有着极为广阔的应用前景。同时，保赔保险与船舶保险在一定程度上也在相互融合，一方面，船东互保协会应船东实际需要，经常灵活调整其承保范围；另一方面，一些保险公司将保赔保险的承保风险范围纳入自己的风险范围，予以承保。如我国人保已将船东互保协会的保赔保险列为一项专门的险种。

(二)协会的性质和特点

船东互保协会从性质上讲是船东自愿结成的，带有互助保险性质的国际性非营利组织。具有以下特点：

(1)协会首先是船东自己的组织，这就决定了保赔保险的标的只能是船东责任的损害赔偿。

(2)协会具有互助保险性质。设立船东互保协会的目的就在于组织船东靠自己的力量共同分担保险公司不承保的那部分责任。协会的每个成员,既是投保人,又是保险人。

(3)协会是国际性的船东组织。虽然协会可能名称上冠以具体国名或地名,但其业务范围遍及全球。协会成员来自不同的国家,并且协会在世界各主要港口建立了庞大的通信代理服务网络,为海上航运提供全方位服务。

(4)协会是非营利性组织。协会的基金来源主要靠收取的会员保费,其宗旨在于为各会员船东提供服务。

船东互保协会的上述性质决定了其不同于保险公司的以下几个特点:

(1)船东互保协会承保的风险正是保险公司所不愿承保的,责任风险范围的差异性和互补性反映了保赔保险之所以产生、存在的原因。

(2)船东互保协会的每个会员既是投保人,又是保险人,会员身份的重合性表明了保赔保险的互助性质。

(3)船东互保协会不以营利为目的,因此其保险费相对要低一些。

(4)船东互保协会提供的保险,除油污损害赔偿责任存在限额外(一般为5亿美元),一般为无限责任保险(近年来有些保赔协会规定了每次风险为20亿美元责任限额的保险)。

(5)船东互保协会除具有保险功能外,还提供广泛的其他服务项目。协会拥有完整的通信代理网,在世界各主要港口均聘有经验丰富的律师、验船师、顾问等,可以及时向船东提供建议、技术指导、法律咨询等;协会还可以为会员提供财务担保以避免扣船等风险;此外,协会还为会员提供有关资料、信息,并为会员培训技术人员和管理人员,向会员提供全面周到的服务。船东互保协会服务项目的广泛性来源于其自身的组成结构,即是由船东自发组成的,协会的每一项服务均是以船东的利益为出发点的,适应了实践中船东们的多元化需要。

二、船东互保协会的责任范围

(一)船东互保协会承保的风险

一般而言,船东互保协会承保船舶保险人不承保的风险,主要包括船员、非船员人身伤亡,1/4船舶碰撞责任,损坏港口、码头及其固定或浮动建筑物引发的赔偿责任,油污赔偿费用及罚款,清除船舶残骸费用,因故无法收回的共同海损的货物分摊额以及各种诉讼费用,检疫费用等项目。

各个船东互保协会均有自己的章程和保险条款,承保风险范围也各有不同,但大体一致。船东可以根据自己的实际情况,投保其中部分险别。根据修订后的中国船东互保协会保险条款,互保协会承保的风险主要包括以下各项:

(1)入会船船员的人身伤亡、疾病;

(2)入会船船员外的人身伤亡、疾病;

(3)入会船船员的遣返和替工的派遣费用;

(4)私人物品、财产;

(5)根据赔偿合同而产生的责任;

(6)船舶保险责任之外的碰撞责任；
(7)财产的灭失或损坏；
(8)改变航线的费用；
(9)安置偷渡与避难人员的费用；
(10)救助人命费用；
(11)污染风险；
(12)根据拖航合同所产生的责任；
(13)残骸处理的责任；
(14)检疫费用；
(15)货物责任；
(16)入会船舶上财产；
(17)会员无法取得赔偿的共同海损分摊费；
(18)由船方负担的共同海损分摊费；
(19)罚款；
(20)救助人的费用；
(21)海事调查费用；
(22)为船舶营运而引起的费用；
(23)损害防止和法律诉讼费用；
(24)执行本协会旨意的费用；
(25)集装箱联运责任；
(26)集装箱的灭失或损坏。

(二)船东互保协会的除外责任

保赔保险作为船舶保险的重要和必要的补充,其责任范围十分广泛,但并不是说,只要属于船舶保险人不予承保的风险,船东互保协会都予承保。船东互保协会的承保风险范围仍是有限的,如对于船东预谋或重大过失造成的损失等,协会不负赔偿责任。中国船东互保协会将下列风险列入除外责任范围:

(1)由船舶保险承保的船东的责任、开支或费用;
(2)由船舶战争险承保的船东的责任、开支或费用;
(3)核风险或其他核货物造成的责任和费用;
(4)由于入会船承运违禁品,偷越封锁线,或从事非法贸易,或进行该协会认为不安全、不适当或将引起额外风险的航程而引起的索赔;
(5)会员违反运输合同,且该项违反是由于或归于会员的故意或轻率的行为或过失,协会对由此而产生的责任和费用不负责任。

(三)船东互保协会的责任终止

船东互保协会的保险责任可因特定事实的发生而终止,如被保险船舶发生全损或转让时,协会的保赔责任自动终止;如果船舶被本国政府或外国政府征用时,除非双方另有协议,保赔责任将暂时终止。此外,船舶公司停业或拖欠协会款项引起的停保或船舶退保等,也可能导致保赔责任终止。

第六节　其他海上保险合同

海上保险合同，除海上货物运输保险合同、船舶保险合同、保赔保险合同外，还有运费保险合同、集装箱保险合同、船舶建造险保险合同和与海上油气开发有关的诸多保险合同。本节简要介绍集装箱定期保险合同、船舶建造保险合同和钻井船保险合同。

一、集装箱定期保险合同

集装箱定期保险合同不是单纯的海上保险合同，因集装箱有部分时间处于陆上仓库、陆上运输工具或飞机，而且不是与具体的一个海上航程相关联的。投保人一般是拥有集装箱的船舶所有人、多式联运经营人（国际货运代理人、转运人）和集装箱出租公司。每个集装箱各有其识别代号，在投保时逐个作为单独的保险单位，逐个确定保险金额。

按照中国人民保险公司"集装箱保险条款"（定期），保险险别有两种：全损险和综合险，这些必须在保险单中予以明确，其特点是：

(1)除集装箱的机器部分的损失限于列明的数种危险造成者才予赔偿外，集装箱的其他损失，只要不属于除外责任，保险人就负责赔偿，因为要证明集装箱损失的原因是很困难的。

(2)即使所投保的是全损险，保险人也负责赔偿集装箱的共同海损分摊和救助费用。

保险人的除外责任有四大项：

(1)由于集装箱不符合国际标准，或由于其内在缺陷和特性，或工人罢工，或迟延所引起的损失和费用；

(2)正常磨损及保养费用（集装箱的使用寿命为5~7年）；

(3)中国人民保险公司集装箱战争险条款规定的承保责任和除外责任；

(4)与集装箱经营有关的或由其引起的第三者责任和费用，如集装箱对第三者造成的财产损害、人身伤亡；事故发生后的清除和处置费用；检疫和清毒；海关罚款等。

二、船舶建造保险合同

船舶建造险（Builders Risks Insurance）是工程险、船舶保险、货运险、第三者责任险和普通财产险等多种险别的综合保险，保险人的责任范围相当广泛，根据现行中国人民保险公司"船舶建造保险条款"，保险人对被保险船舶的下列损失、责任和费用负责赔偿。

(1)被保险船舶在船厂建造、试航和交船过程中，包括建造该船所需的在保险价值内的一切材料、机械和设备在船厂范围内装卸、运输、保管、安装以及船舶下水、进出坞、停靠码头过程中，由于下列原因造成的损失和费用负责赔偿：

①自然灾害或意外事故；

②工人、技术人员、船长、船员及引航员的疏忽过失和缺乏经验；

③船壳和设备机件的潜在缺陷；

④因船台、支架和其他类似设备的损坏或发生故障；

⑤被保险船舶任何部分因设计错误而引起的损失；

⑥在被保险船舶下水失败后为重新下水所产生的费用；

⑦为确定保险责任范围内损失所支付的合理费用,以及对船舶搁浅后为检查船底而支付的费用。

(2)救助费用,共同海损牺牲和分摊。

(3)碰撞船舶和其他物体的责任,包括被碰物的迟延损失,但以保险金额为限,以及为争取限制赔偿责任所支付的诉讼费用。

(4)被保险船舶遭受上述条款责任范围内的损失事故后引起的清除船舶残骸的费用,以及对第三者人身伤亡的赔偿责任,按中国人民保险公司保障与赔偿条款的规定予以赔偿,但以被保险船舶的保险金额为限。

(5)施救费用。

任何保险索赔须在交船后 3 个月内向保险人提出。

保险人的除外责任包括:

(1)被保险人的故意或非法行为造成的损失;

(2)设计错误部分本身的更换、修理或改进费用;

(3)被保险人雇员的人身伤亡或疾病;

(4)核风险;

(5)战争风险,包括航程受阻或丧失;

(6)建造合同规定的罚款以及由于拒收和其他原因造成的间接损失。

保险价值为船舶的建成价格或最后合同价格,保险金额按保险价值确定,如以暂定保险金额投保,其后保险金额和保险费可作相应调整,但如保险价值超过保险金额的 125%,保险人的赔偿限额以暂定保险金额的 125% 为限。

三、海上油气开发、开采保险合同

自 20 世纪 50 年代美国石油企业率先开发近海石油勘探、开采技术以来,海上油气开采已具相当规模,其特点是技术复杂、投资多、风险大,从钻前普查勘探阶段、钻探阶段,到建设阶段和生产阶段,都离不开保险,而且一般需要通过再保险来进一步分散风险,所涉及的险别包括财产险(钻井船保险、平台保险、平台钻井机保险、井喷控制费用保险、重钻费保险、油管保险和海洋货物运输保险等),责任险(石油渗漏、污染保险、保赔/承租人责任/第三者责任保险和第三者责任综合保险)和工程险(海上工程建造险和船舶建造险等),相应的保险条款亦相当繁杂。中国人民保险公司可以提供完整的海上油气开发保险。

承保海上油气开发、开采保险合同的,除市场上的商业保险人外,还有船东互保协会和专门的保险机构,如“近海污染责任有限公司”(The Offshore Pollution Liability Association Ltd.)。纽约、伦敦和奥斯陆是三大能源险承保中心。

练　习　题

一、填空题

1. 依保险标的划分海上保险合同可分为__________、__________、__________、预期利润保险合同、责任保险合同和海上石油开发保险合同。

2. 海上货物运输保险合同的转让,__________经保险人同意;船舶保险合同的转让,____

______经保险人同意。

3. 海上保险合同的基本责任包括________、________和________。

4. 海上货物运输保险的主险有________、________和________。

5. 船舶保险绝大多数为定期保险，起止日期在保险单上载明，但最长不得超过________年。

6. 一般而言，船东互保协会承保船舶保险人不承保的风险，主要包括________人身伤亡、船舶碰撞责任、损坏港口、码头及其固定或浮动建筑物引发的赔偿责任、油污赔偿费用及罚款、清除船舶残骸费用、因故无法收回的共同海损的货物分摊额以及各种诉讼费用、检疫费用等项目。

二、名词解释

海上保险合同 代为求偿权 保险委付 海上货物运输保险合同 船舶保险合同

三、简答题

1. 简述海上保险合同的基本原则。
2. 简述代为求偿与保险委付的区别和联系。
3. 简述海上货物运输保险合同主要险别承保的范围。
4. 列举船舶保险合同中全损险承保的范围。
5. 船东互保协会的实质是什么？

四、案例分析题

［案情一］

某货轮船上的货物投保了平安险，并附加战争险。被保险货物在运输途中因恶劣气候而遭受了部分损失，为了减少损失，该轮停靠附近一个码头，不幸遇上当地发生内战，船上部分货物被当地军事机关没收。

（源自：杨军编著，《海商法案例教程》，北京大学出版社，2003年）

请分析：

对于上述两种损失，保险公司是否应予赔偿？

［案情二］

1996年12月9日，原告潍坊鸿达海运有限公司将从海南育海船务公司光船租赁的船舶“潍洋”轮在被告中国太平洋保险公司潍坊分公司投保了一切险，保险期限自1996年12月10日0时到1997年12月9日24时止。1997年7月19日，“潍洋”轮第4航次从福州马尾港装黄沙6350吨抵达韩国济州港（该港拥有可容纳20艘万吨级船舶的装卸泊位），在得到准备进港的通知后，对主机进行正倒车试验均为正常后起锚。因济州港无引水，且原港口拖轮正在修理，港方指派两艘军用拖轮协助“潍洋”轮靠泊，故船长亲自操船靠泊，但在行驶中突然发现主机失灵，最终与五号码头相撞并致其损坏。事后查明，该次碰撞的直接原因是船舶在正常维护中所不能发现的减压阀失灵所造成的。事发后，船方就其所支付的港口方面的赔款以及修船费等各项损失向保险公司索赔。11月14日，被告向原告发出“拒赔通知”，认为保险公司基于如下原因而不对此次碰撞事故负责：(1)被保险人使用“潍洋”轮从事海上运输业务，没有主管部门（交通部）颁发的经营许可证，其对“潍洋”轮没有合法的保险利益；(2)被保险人投保时，隐瞒了自己没有海上运输经营权这一重要事实，没有尽到告知义务，违背了最大诚信原则；

(3)被保险人明知济州港无引水,原拖轮已坏而替代的军用拖轮在构造性能、带缆功能等方面均与一般拖轮有较大的差距,保险标的危险程度增大时,未将这一情况通知保险公司,故其将不承担增加的危险导致的赔偿责任;(4)被保险人明知此时船舶靠港可能会导致损害的发生,而心存侥幸,放任损害后果的发生,这种疏忽和间接故意的行为是该轮发生碰撞码头事故的直接原因。

(源自:上海国际海事信息与文献网 http://www.simic.net.cn)

请分析:

(1)原告是否享有保险利益?

(2)保险责任的范围如何确定?

(3)本案损失的近因为何?

(4)当被保险人并非出于故意而未将有些情况及时告知保险人,且这些情况与保险事故间并无因果牵连时,保险公司能否因此认为被保险人未尽到告知义务而拒赔?

(5)你认为双方的纠纷该如何解决?请给出你的理由。

实训题

[实训题一]

原告:上海中福轮船公司

被告:中国人民保险公司上海市分公司

2002年1月4日,被告中国人民保险公司上海市分公司(以下简称上海人保)就“仲宇”轮的保险向原告上海中福轮船公司(以下简称中福轮船)开具定期“沿海内河船舶保险单”,载明:被保险人为中福轮船;险别为一切险。保单“一切险”条款约定,保险人承保因碰撞、触碰等事故引起船舶倾覆、沉没,造成的船舶全损或部分损失;同时约定,对于船舶不适航(包括船舶技术状态、配员、装载等)造成船舶的损失,保险人不负责赔偿;又约定,被保险人应当按期做好船舶的管理、检验和修理,确保船舶的适航性,否则保险人有权终止合同或拒绝赔偿。“仲宇”轮的船舶所有人为上海钟裕实业有限公司,船舶经营人为中福轮船,载重吨1 300t,核定舱载量为前货舱655t,后货舱645t,核定船舶设计吃水为船首吃水2.973米,船尾吃水3.505m,平均吃水3.25m。

2002年5月25日,“仲宇”轮装载1 260吨货物(前货舱约510t,后货舱约750t)从宁波北仑港出发驶往上海港,宁波海事局签发了出港签证。船首吃水2.90m,船尾吃水3.60m,平均吃水3.25m。次日,该轮行至乌龟岛附近水域时沉没。其时船舶国籍证书、船舶检验证书、船舶营运证书均在有效期内。吴淞海事处的“水上交通事故责任认定书”认定,“由于瞭望疏忽,对流压估计不足及操纵不当,船舶右舷中后部触碰水下障碍物,导致二舱破损进水,致使船舶沉没。”但上海人保认为,“仲宇”轮后货舱超载约105t,不排除船体局部产生裂缝和屈曲进水,最终导致船舶沉没,事故系货物装载不符合规定、船舶不适航造成的,且中福轮船不是该轮所有人无可保利益。中福轮船向上海人保索赔不成,因而成讼。

(源自:航运在线网 http://hybx.sol.com.cn)

请分析:

(1)原告是否具有可保利益?为什么?

(2)被告是否就船舶的沉没承担赔偿责任？为什么？

(3)你认为本案该如何解决？请给出你的理由。

要求：

(1)课下以小组为单位进行讨论，每组4~5人；

(2)课堂上汇报讨论的结果，并以ppt为辅助展现汇报的内容；

(3)教师和同学可以向汇报的小组成员提出针对案件的问题。

[实训题二]

原告：鹰星保险有限公司(以下简称鹰星公司)

被告：中国对外贸易运输总公司(以下简称中外运公司)

被告：韩进海运有限公司(以下简称韩进公司)

1999年10月16日，鹰星公司承保自荷兰鹿特丹运往中国上海的29卷装饰纸。投保人为香港添百利木业有限公司(以下简称添百利公司)，收货人是江苏美亚装饰耐火板有限公司(以下简称美亚公司)，保险条款为一切险加战争险(协会A条款01/01/82)。该批货物于1999年10月6日装船，中外运公司的代理人中外运德国公司签发了以中外运作为承运人的已装船清洁提单，承运船舶为"HANJIN SAVANNAH"轮。该批货物于1999年11月6日到达上海港，1999年11月16日收货人亚美公司从码头提货，开箱后发现货物有水湿现象。1999年11月17日中国外轮理货公司出具了发现货物水湿的报告，1999年11月23日，鹰星公司在目的港的检验代理人中国人民保险公司上海分公司委托上海东方公估行对受损货物进行了检验并出具了检验报告，认定货损原因系承运船舶在运输过程中淡水进入集装箱所致，认定货物实际损失为23 521.96美元。鹰星公司依保险条款向收货人美亚公司进行了赔偿，收货人美亚公司授权香港美亚新染化有限公司(以下简称美亚新公司)接受赔款。鹰星公司按美亚公司的指示进行了付款，并从美亚公司处得到代位求偿权益转让书。所以，鹰星公司据此向两被告主张权利，请求两被告赔偿其损失。

(源自：中国国际海运网 http://lawyer.shippingchina.com)

请分析：

(1)鹰星公司是否取得了代位求偿权？为什么？

(2)你认为原被告之间的纠纷该如何解决？请给出你的理由。

要求：

(1)根据提供的案例，以小组为单位组成模拟海事法庭，每组六位同学，每位同学扮演不同的角色(审判长、原告、两被告、原被告的辩护律师等)。

(2)演示时，可以ppt为辅助手段进行。

(3)课后，各小组将模拟法庭的设计思路及各角色台词以书面形式上交。

第七篇 海事争议

第十三章 海事争议的处理

【引例】 一起关于撤销涉外仲裁裁决案的纠纷

申请人(原仲裁被申请人)黑龙江鸿昌国际货物运输代理有限公司;住所地,哈尔滨市民航路5号中汽宾馆8楼。被申请人(原仲裁申请人)福建省轮船总公司;住所地,福州市台江区中平路151号。被申请人(原仲裁被申请人)美国连捷海运有限公司(TRANS MARINE INC);住所地,375 SYIVAN,3RD/FLOOR ENGLEWOOD CLOFFS,NJ07032,U.S.A.。

申请人黑龙江鸿昌国际货物运输代理有限公司(以下简称:鸿昌公司)于2003年9月18日向本院提出撤销中国海事仲裁委员会(以下简称:仲裁委员会)2003年4月15日作出的(2003)海仲裁字第002号裁决的申请,本院于2003年9月22日受理。

申请人的理由是,第一、申请人对仲裁委员会关于"闵峰"轮租金案的整个裁决过程毫不知情。申请人在仲裁案中为第二被申请人,在该案整个仲裁裁决过程中,申请人从未收到任何仲裁委员会的仲裁文件。申请人直到黑龙江省延寿县人民法院执行庭携带执行通知书和(2003)海仲裁字第002号裁决书,执行申请人的财产时方知申请人涉及所谓的"闵峰"轮租金仲裁一案。在整个仲裁过程中,申请人没有收到任何指定仲裁员或进行仲裁程序的通知,申请人未能陈述意见。第二、裁决所依据的证据是伪造的。仲裁庭依据仲裁申请人福建省轮船总公司(以下简称:福建轮船公司)与仲裁第一被申请人美国连捷海运有限公司(TRANS MARTNE TNC)(以下简称:美国连捷公司)、第二被申请人鸿昌公司签订的"还款协议",经简易程序的书面审理认定第二被申请人即本案申请人应承担连带保证责任。实际上本案申请人与被申请人福建轮船公司、美国连捷公司从未签订过还款协议,该"协议"上的本案申请人的印章是虚假的,与真实印章不相吻合。据此申请人请求撤销仲裁裁决。

被申请人福建轮船公司向本院寄交了书面异议书。被申请人称,仲裁委员会的仲裁完全符合仲裁程序,适用法律得当。被申请人还提出其持有鸿昌公司正本的"还款协议",能够证明鸿昌公司与美国连捷公司负有连带付款责任。鸿昌公司所述与事实完全不符。请求依法驳回申请人的请求,维持仲裁委员会的仲裁裁决。

被申请人连捷公司在本院审查期间内未提出异议。

仲裁委员会针对该案的仲裁程序和文件送达向本院作了以下说明：仲裁委员会于2002年11月29日受理了“闵峰”轮租金纠纷案，并根据仲裁规则将仲裁通知等文件以特快专递方式向被申请人鸿昌公司进行送达，因“迁移新址不明”被邮政部门退回。仲裁委员会秘书处遂致函福建轮船公司请其核查鸿昌公司的地址，但福建轮船公司未提供。仲裁委员会根据《中国海事仲裁委员会仲裁规则》（以下简称：《仲裁规则》）第84条：“向当事人或其代理人发送的任何书面通信，如经当面递交收信人或投递至收信人的营业地点、惯常住所或通信地址，或者经合理查询不能找到上述任一地点而以挂号信或能提供作过投递企图的记录的其他任何手段投递给收信人最后一个为人所知的营业地点、惯常住所或通信地址，应视为已经送达。”的规定，委托北京市通商律师事务所宋迪煌律师向鸿昌公司再次送达仲裁通知及附件材料。此后该案所有仲裁文件（包括裁决书）均通过宋迪煌律师以平信方式向鸿昌公司寄送。由于各当事人未在规定期间共同选定或共同委托仲裁委员会主任指定一名独任仲裁员，根据仲裁规则，仲裁委员会主任指定一名独任仲裁员组成仲裁庭，仲裁庭对该案进行了书面审理并作出裁决，第一、第二被申请人承担连带付款责任。对鸿昌公司提出的没有得到指定仲裁员和进行仲裁程序通知的问题仲裁委员会认为，仲裁与法院诉讼存在本质的差异，仲裁的管辖与仲裁程序的进行是以当事人的意思自治为基础，不具备诉讼中司法强制的性质。这就决定了仲裁程序的操作与法院诉讼程序在很多方面不同。对于文书的送达，在诉讼法中对于被告地址不明或拒绝接受的情况规定了公告和留置送达，而仲裁就不适用。在处理被申请人地址不明（包括地址搬迁）的送达问题上，我国海事仲裁委员会本着与国际接轨的原则，完全参照联合国《仲裁示范法》第3条第1款的规定，制定《仲裁规则》第84条，即委托送达仲裁文件的送达方式。而且这种方式为国内外法院广泛认可。仲裁委员会认为该案的送达合法，对当事人具有法律拘束力。

受理该案后，合议庭进行了书面审理。经审理查明：仲裁委员会于2002年11月29日受理“闵峰”轮租金纠纷案，并于当天将仲裁文件以特快专递方式向本案申请人鸿昌公司进行送达，送达地址为哈尔滨市香坊区珠江路31号。因“迁移新址不明”被邮政部门退回。仲裁委员会秘书处遂致函福建轮船公司请其核查本案申请人的地址，但福建轮船公司未提供。仲裁委员会根据《仲裁规则》第84条的规定，委托北京市通商律师事务所宋迪煌律师向本案申请人再次送达仲裁通知及附件材料。此后该案所有仲裁文件均通过宋迪煌律师以平信方式向本案申请人原址寄送。

另查：2002年10月以前本案申请人鸿昌公司的住所为哈尔滨市香坊区珠江路31号，2002年10月17日本案申请人在黑龙江省工商行政管理局将住所变更为哈尔滨市开发区嵩山路38号，2003年5月又经工商行政管理局将住所变更为哈尔滨市香坊区民航路5号。上述事实有申请人提供的黑龙江省工商行政管理局出具的企业登记材料予以证明。故仲裁委员会及其委托人向鸿昌公司原住所哈尔滨市香坊区珠江路31号送达的仲裁文件，本案申请人鸿昌公司均未收到。

法院认为：仲裁委员会先以特快专递形式向鸿昌公司送达，送达地址是鸿昌公司的原住所哈尔滨市珠江路31号，而当时其已在工商行政主管机关将住所变更为哈尔滨市开发区嵩山路38号，仲裁委员会在送达仲裁文件的特快专递被邮政部门以“迁移新址不明”退回的情况下，仍委托送达人按原地址进行送达，而未采取向当地工商行政主管机关查询这一最通常的合理查询的方法。因此本案仲裁文件的送达不符合《仲裁规则》第 84 条“向当事人或其代理人发送的任何书面通信,如经当面递交收信人或投递至收信人的营业地点、惯常住所或通信地址,或者经合理查询不能找到上述任一地点而以挂号信或能提供作过投递企图的记录的其他任何手段投递给收信人最后一个为人所知的营业地点、惯常住所或通信地址,应视为已经送达。”的规定,不能视为已经送达。仲裁委员会的仲裁裁决是在本案申请人没有得到指定仲裁员和进行仲裁程序通知的情况下作出的,属于不应由本案申请人负责的原因未能陈述意见的情况,符合《中华人民共和国民事诉讼法》第 260 条第一款规定的情形。本案申请人的该项撤销仲裁裁决的理由成立。

关于本案申请人提出的裁决所依据的证据是伪造的问题,不属于《中华人民共和国民事诉讼法》和《中华人民共和国仲裁法》规定的撤销涉外仲裁机构仲裁裁决的法定事由,不是海事法院在审理该案中须审查的范围,申请人的该项撤销仲裁裁决的理由不能成立。

综上,根据《中华人民共和国仲裁法》第 70 条的规定,裁定如下:撤销中国海事仲裁委员会于 2003 年 4 月 15 日作出的(2003)海仲裁字第 002 号仲裁裁决。案件受理费人民币 2 000 元由申请人负担。本裁定为终审裁定。

(源自:仲裁法律网 http://www.zhongcaifa.com)

第一节　海事争议的概念和范围

一、海事争议的概念

海事的含义有广义和狭义之分。狭义的海事(Admiralty)仅指海损事故(Maritime Accidents),包括船舶在海上航行或停泊中发生的碰撞、触礁、搁浅、火灾、沉没等造成财产损失或人身伤亡的事故。广义的海事,除狭义的海事之外,泛指海上活动所涉及的与船舶有关的一切法律事实,包括平等主体之间的运输合同关系和海运主管部门与海运公司之间的行政管理关系所引起的事项,以及各种各样的海损事故。例如,因一方没有履行运输合同而出现货损货差、承租人未按期还船的违约行为、船东没按劳务出租合同付给船员工资,以及有关海上安全、航运管理、防止海洋环境污染、船舶船员管理、港口管理、海洋资源开发、渔业捕捞等领域中发生的各种事项统称为“海事”。广义的海事,不仅受海商法的调整,而且还受其他有关的海事行政法规的调整。

海事争议(Maritime Dispute)也称海事纠纷,是指当事人之间因海事而产生的争议或纠纷。由于对“海事”含义的广狭理解不同,海事争议也有广义和狭义之分。狭义的海事争议特指海损事故,即造成财产损失和人身伤亡的海上事故所引起的纠纷。广义的海事争议是指一切海上事务,包括航海贸易所涉及的以及与船舶和船舶活动有关的任何法律事实在有关当事人之间所引起的纠纷,亦包括狭义的海事争议。

中华人民共和国国务院 1958 年《关于在中国国际贸易促进委员会内设立海事仲裁委员会的决定》和 1984 年最高人民法院《关于设立海事法院几个问题的决定》中所讲的“海事争议”则是广义的概念,包括船舶碰撞等海损事故纠纷和船舶救助和船舶租赁等合同争议。因此,对海事争议应以广义理解为宜。

二、海事争议的范围

海事争议从民法上分析，主要表现为物权和债权之争。物权之争，一般涉及船舶、货物的所有权归属等问题；债权之争，则大量地表现在合同和侵权行为问题上，也有一部分属于不当得利和无因管理之债。具体来讲，海事争议的范围包括以下四大类。

（一）海事合同产生的争议

当事人之间订有合同，如租船合同、提单的运输合同、海上保险合同、船舶拖带合同等，因一方或双方违反合同而产生争议。这类争议包括海上货物运输合同争议、海上旅客和行李运输合同争议、船舶租赁代理争议、海上保险争议、海上装卸作业和理货争议以及海上救助、打捞和拖航争议等。

（二）侵权行为所引起的争议

由于一方的过错造成他人损害的行为，就是侵权行为，侵权行为人应对其行为给对方造成的损害承担赔偿责任。侵权海事争议包括船舶碰撞损害赔偿争议、船舶碰撞海上和港口设施损害赔偿争议、船舶排放有害物质和海上作业措施不当造成水域污染的损害赔偿争议、海上作业设施影响船舶航行造成损失的争议、人身伤亡事故引起的损害赔偿争议、海上运输和海上港口作业过程中的人身伤亡事故引起的损害赔偿争议。

（三）物权方面的争议

这类争议主要指船舶和货物所有权的争议，以及船舶抵押权、优先请求权等其他类型的物权争议。

（四）其他方面的海事争议

海上救助和打捞争议，如果订立有合同的，就属于合同争议。如果没有订立合同，法律上也承认可以获得救助报酬，这就属于民法上的无因管理之债的争议，关于共同海损的争议，同样也属于无因管理之债的争议。

关于海洋开发和海洋利用方面的争议，根据其是否订立有合同，也分别属于合同争议和侵权争议。

三、处理海事争议的途径

处理海事争议的途径主要有四种。

（一）和解（Reconciliation）

和解，也称自行和解，是争议的当事人之间本着友好、合作、互谅、互让的精神，通过协商使争议得到解决。实践中，许多海事争议的双方当事人自己或通过他们聘请的代理人进行协商而达成和解协议。和解主要适用于争议金额较小，责任比较清楚的海事争议案件。其优点是省时、经济又不伤和气，缺点是一旦达不成和解协议，还须重新通过诉讼或仲裁解决海事争议。

（二）调解（Mediation）

调解是在第三方的参与或主持下解决当事人之间海事争议的方法，是否有第三方的参与是和解与调解的区别。根据主持调解的第三方的性质不同，调解又可分为：

（1）行政机关的调解，在我国主要是港务监督和渔港监督机关作调解人；

（2）海事法院的调解；

(3)海事仲裁机构的调解；

(4)其他单位或个人的调解。

无论何种调解，都必须征得争议双方当事人的同意，在查明事实、分清是非的基础上依法进行。调解成功后，应根据调解结果制作调解书，经双方签字后产生法律约束力。

(三)仲裁(Arbitration)

仲裁也叫公断，指双方当事人根据书面仲裁协议，将其海事争议提交某一仲裁机构裁决的制度。采用仲裁方式解决海事争议，已有悠久的历史。早在14世纪和17世纪，瑞典和英国就先后出现了关于仲裁的专门立法。第二次世界大战以后，仲裁制度得到进一步的发展，各海运国家都有自己的常设仲裁机构。海事仲裁作为处理海事争议的主要途径之一，有许多特点和优越性。

(四)诉讼(Litigation)

当事人通过起诉将海事争议提交法院，由法院按照法定的诉讼程序对其争议进行审判并作出裁判。诉讼与上面三种途径相比，具有更大的权威性和强制性。

四、港务监督对海事纠纷的处理

港务监督是设在我国港口的行政机构，是对沿海水域和内河水上交通安全实施统一监督管理的主管机关。港务监督机构是根据1953年4月16日《中央人民政府交通部海运管理总局海务、港务监督工作章程》设立的，职责之一为“调查并处理船舶海事、办理海损理算”，在此后的三十余年里，港务监督的职权范围有所调整，在我国海事仲裁、诉讼制度不完备的情况下，处理了大量的海事纠纷，有效保障了船舶、港口的安全和沿海水域的通航秩序。

需要指出的是，港务监督对海上交通事故的行政处理与港务监督处理由海上交通事故引起的具有民事性质的海事纠纷性质不同，前者属于行政机关依法主动行使职权，是发生事故后的必经步骤，而后者属于行政调解，只有在当事人自愿同意的情况下方可进行。我国《海上交通安全法》第96条规定：“因海上交通事故引起的民事纠纷，可以由主管机关调解处理，不愿调解或调解不成的，当事人可以向人民法院起诉；涉外案件的当事人，还可以根据书面协议提交仲裁机构进行仲裁。”

由于港务监督设在各港口附近，且拥有对海上交通事故的行政调查、处理权，使其便于就近对海损事故调查、取证，迅速查明责任原因，及时组织当事人进行调解，解决纠纷。港务监督处理海事纠纷是我国较有特色的一种海事纠纷解决途径，在实践中发挥了重要作用，但其受理范围仅限于海上交通事故引发的民事侵权纠纷，不包括当事人之间完全因合同关系产生的纠纷，处理纠纷方式也仅限于调解，在港务监督主持下达成的调解协议，不具有法律上的强制执行力，当事人任何一方反悔或逾期不履行协议，均只能视为调解不成，当事人可以以此纠纷再向海事法院提起诉讼或提请海事仲裁机构进行仲裁。

第二节 海事仲裁制度

一、海事仲裁的概念及特点

仲裁(Arbitration)，又称公断，指争议的双方当事人根据其在合同中预先订立的仲裁条款或在争议发生之后双方共同协商达成的仲裁协议，自愿将他们之间产生的争议提交给双方都同意的第三方（临时仲裁庭或者常设仲裁机构）按照一定的仲裁程序规则进行审理，并作出对争议双方具有终局效力裁决的一种解决争议的方式。海事仲裁，就是指以仲裁的方式解决海事争议或纠纷。

海事仲裁是解决海事争议的重要途径之一，同诉讼及其他解决争议的方式相比较，海事仲裁具有自己的特点和优越性。

（一）仲裁解决争议的速度比较快

由于仲裁是一裁定终局的，因此一个仲裁案件从提起仲裁请求到最终裁决的作出时间相对较短。而在司法诉讼中，由于各国法院实行多级终审制，一个案件往往经过一审、两审，甚至更多，从起诉到最终判决的时间自然会更长一些。

（二）仲裁解决争议比较经济

基于上面的理由，仲裁解决争议花费时间较短，因此仲裁过程中所花费用也相对较少，当事人既节省了时间，也节省了开支。

（三）仲裁程序具有灵活性

仲裁的灵活性主要体现在当事人在仲裁程序中享有充分的意思自治权利，当事人可以自己选定仲裁员，可以商定审理的方式，商定开庭的时间和地点，可以在仲裁中进行和解等，只要不违反法律的强制性规定，都可以由当事人在仲裁程序中自由约定。

（四）仲裁具有权威性

海事争议的专业性较强，海事仲裁员一般都是由航运、贸易、法律领域的专家所担任，当事人可以在他们中间选择自己信赖的人士组成仲裁庭审理案件，保证了审理案件的公正性和权威性。

（五）仲裁具有保密性

仲裁是为解决商业争议的需要应运而生的，商业活动中一般都涉及一些不对外公开的文件或商业秘密，同时，当事人都不愿因一时的争议而影响今后的商业活动，因此，仲裁程序是保密的，不公开的。仲裁程序中的任何一方当事人或仲裁员对仲裁案件的进行都负有保密的责任和义务。

（六）仲裁裁决相对法院判决易于执行

由于世界大部分贸易和航运国家都加入了《承认及执行外国仲裁裁决公约》（《纽约公约》），从而一国仲裁裁决可以根据该国际公约，到外国法院申请执行。外国法院对裁决只进行程序审查，而不审查实体。相比之下，法院判决到外国执行的程序比较烦琐，需要两国有双边条约或互惠关系，而且要进行程序和实体的双重审查。

正是由于海事仲裁具有以上的特点和优越性，海事仲裁才受到世界各国的重视，并越来越被航运界所广泛采纳。我国于 1994 年 8 月 31 日公布了仲裁法，自 1995 年 9 月 1 日起开始实施，各仲裁机构根据仲裁法制定或修订了仲裁规则，仲裁活动日益广泛地开展起来。

二、海事仲裁机构

海事仲裁机构是专门为解决海事争议而设立的组织。目前，各主要航运国家都有常设性海事仲裁机构，如伦敦海事仲裁员协会，美国海事仲裁员协会、巴黎海事仲裁员协会、瑞典斯德哥尔摩海事仲裁员协会、东京海事仲裁员协会、波兰格丁尼亚国际海上和内河航行仲裁院、摩纳哥海事仲裁院、摩洛哥海事仲裁院、德国国际海事仲裁协会和西班牙海事和合同仲裁协会，还有国际商会、国际海事仲裁委员会等。这些海事仲裁机构大都有自己独立的仲裁规则和仲裁员名册，他们不仅受理本国的各种海事海商争议案件，也受理大量的涉外仲裁案件，在国际上信誉很高，影响很大。

中国海事仲裁委员会(China Maritime Arbitration Commission,CMAC)是中国专门受理海事争议案件的唯一仲裁机构，它成立于1959年1月22日，原名为中国国际贸易促进委员会海事仲裁委员会，1988年6月，改名为现在的中国海事仲裁委员会。现行的仲裁规则规定是自1995年10月1日起施行的，仲裁委员会独立、公正地解决产生于远洋、沿海和与海相通水域的运输、生产和航行过程中的契约性或非契约性的海事争议。

中国海事仲裁委员会由主任一人，副主任若干人和委员若干人组成。委员会设立秘书处，负责处理仲裁委员会的日常事务，并协助仲裁员经办海事仲裁案件。仲裁委员会设有专门的仲裁员名册，现有中外籍仲裁员111人，都是航运、外贸、法律界的专业人士。仲裁委员会设在北京，并在上海、大连、广州设有办事处，可以咨询、立案、开庭。

三、仲裁协议

仲裁协议(Arbitration Agreement)是当事人之间达成的将已经发生的或将来可能发生的海事争议，提交仲裁机构或仲裁员仲裁的书面协议，是海事仲裁受案的最基本的依据。

(一)仲裁协议的形式与内容

根据《纽约公约》及我国仲裁法的规定，仲裁协议必须以书面形式订立，具体内容如下。

1. 海运合同中的仲裁条款(Arbitration Clause)

即双方当事人在争议发生之前，预先在他们之间签订的海运合同中，订入仲裁条款，以备在将来发生争议时，作为提交仲裁的依据。仲裁条款在海运合同中常被采用，尤其是在一些格式合同中，都把“仲裁条款”作为合同条款的一项内容。

2. 仲裁协议书(Submission to Arbitration)

这是指在争议发生之后，由当事人订立的将争议提交仲裁的专门协议。

此外，当事人之间通过书面往来、传真、函电，能够证明仲裁协议存在的，也属于仲裁协议的书面形式。

(二)仲裁协议的效力

1. 仲裁协议的有效条件

作为一种契约形式，仲裁协议应具备契约生效的一般条件，即订约人具有相应的民事行为能力、意思表示真实、不违反法律和社会公共利益以及具备法定形式(书面形式)。除此之外，作为一种特殊的契约形式，我国仲裁法还规定，仲裁协议应包括下列内容：请求仲裁的意思表示、仲裁事项、选定的仲裁委员会。在国际航运实践中，当事人往往在航运合同的仲裁条款中，只选定仲裁地点，而没有仲裁机构的名称，这主要是受国外临时仲裁的影响，我国法院在认定这类仲裁条款的效力时，不应只根据仲裁法，一概认定为无效，而应根据仲裁条款适用的准据法，即仲裁地的法律来考查仲裁条款的效力；否则，就有悖于《纽约公约》赋予的义务。

2. 仲裁协议的法律效力

仲裁协议一经成立，即对当事人产生法律效力，当事人负有履行仲裁裁决的义务，不得随意变更和解除仲裁协议，不得将相应的海事争议再提交法院审判或行政机关处理。仲裁协议对仲裁机构来说，是受理和审理仲裁案件的依据，没有仲裁协议，只有一方的仲裁申请，仲裁机构将不予受理。对法院而言，法院不得审理双方订有仲裁协议的海事争议案。如受理，另一方当事人有权向法院申明，请求法院停止诉讼程序而将案件交仲裁解决。但是，根据我国《仲裁法》第26条的规定：当事人达成仲裁协议，一方向法院起诉未声明有仲裁协议，法院受理后，另一方在首次开庭前未对法院受理该案提出异议的，视为放弃仲裁协议，法院应当继续审理。

3. 无效的仲裁协议

无效仲裁协议，即不具备法律规定的有效条件，不受国家法律保护的仲裁协议。我国《仲裁法》第17条规定，有下列情形之一的，仲裁协议无效：

(1)约定的仲裁事项超出法律规定的仲裁范围的；

(2)无民事行为能力或限制民事行为能力人订立的仲裁协议；

(3)一方采取胁迫手段，迫使对方订立仲裁协议的。

此外，仲裁协议的内容不明确，当事人又不能达成补充协议的，仲裁协议无效。

关于无效仲裁协议的确认问题，根据我国《仲裁法》规定，当事人对仲裁协议的效力有异议的，可以请求仲裁委员会作出决定或者请求法院作出裁定。一方请求仲裁委员会作出决定，另一方请求法院作出裁定的，由法院裁定。

四、仲裁程序

仲裁程序(Arbitration Proceedings)是指仲裁机构、仲裁庭和争议当事人在仲裁审理中应当遵守的程序。各国海事仲裁机构几乎都订立了自己的仲裁程序规则，在审理仲裁案件时，只要当事人在仲裁协议中没有特别指定，仲裁机构都以自己的仲裁规则进行审理。各国的仲裁法虽不尽相同，但对仲裁程序的规定却大体一致。下面以中国海事仲裁委员会为例，对仲裁程序作一简单介绍。

(一)仲裁申请(Application for Arbitration)

申请人根据仲裁协议向海事仲裁委员会提交仲裁申请书。申请书应附具有关证明材料，申请人还应按仲裁费用表的规定缴纳仲裁费预付金。

(二)仲裁通知(Notice of Arbitration)

仲裁委员会秘书处收到申请人的仲裁申请后，认为申请仲裁的手续已经完备的，应立即向双方当事人发出仲裁立案通知，并将仲裁规则及仲裁员名册发送给双方当事人。

(三)组成仲裁庭(Formation of Arbitration Tribunal)

双方当事人应当各自在仲裁员名册中选定一名仲裁员或委托仲裁委员会主任指定第三名仲裁员，即首席仲裁员由双方当事人共同选定或者共同委托仲裁委员会主任指定。三位仲裁员共同组成仲裁庭，共同审理案件。

(四)审理(Hearing)

仲裁庭应当开庭审理案件，但经双方当事人申请或征得双方当事人同意，仲裁庭可以对案件进行书面审理。为审理案件，仲裁庭可以询问当事人及证人、进行实地调查、审核证据、咨询专家和进行调解。

(五)制作裁决书(Rendering an Award)

仲裁庭审理完毕,应对案件进行合议并作出裁决书。裁决书由多数仲裁员的意见决定,少数仲裁员的意见可记录附卷。裁决书应说明裁决所依据的事实和理由,最后由仲裁员签字,并写明作出裁决书的时间和地点。

五、仲裁裁决的执行

我国仲裁法第六章对仲裁裁决的执行作了专门规定,其中第62条规定:当事人应当履行裁决。一方当事人不履行的,另一方当事人可以依照民事诉讼法的有关规定向人民法院申请执行,受申请的人民法院应当执行。对于涉外仲裁裁决,如果被执行人或者其财产不在中国领域内,当事人可以根据1958年《纽约公约》或中国缔结或参加的其他国际条约,向有管辖权的外国法院申请执行。我国先后同日本、美国和德国等国订有双边的通商航海条约和双边经济贸易协定,里面都含有相互保证执行仲裁裁决的条款。我国还于1986年加入了《纽约公约》。

《纽约公约》的中心内容是:各缔约国必须承认和执行外国仲裁裁决,但也允许在特定条件下拒绝承认和执行。公约规定拒绝承认和执行的条件是:

(1)被要求执行裁决的当事人未能举证说明,据以受理仲裁的仲裁协议无效;或者仲裁庭的组成不当;或者仲裁程序不当;或者裁决内容超出了仲裁员的权限;或者裁决对当事人尚未产生约束力;

(2)被申请执行仲裁裁决的国家认定,争议事项不应用仲裁方式解决;或者承认与执行该仲裁裁决将违反该国公共秩序。

公约同时规定参加国可以在互惠基础上声明,本国只对在另一缔约国领土内所作成的仲裁裁决的承认和执行适用本公约,也可以声明,本国只对根据本国法律属于商事的法律关系,不论是不是合同关系,所引起的争执适用本公约。前一种声明为"互惠保留",后一种为"商事保留"。多数缔约国都对此作了保留声明,我国在加入本公约时,也作了以上两项保留。截至目前,大约有100多个国家加入了《纽约公约》,包括世界所有贸易和航运大国,涉外海事仲裁裁决得到了广泛执行。

第三节 海事诉讼制度

一、海事诉讼的概念及特点

海事诉讼(Maritime Litigation or Action)是海事法院在海事争议当事人及其他诉讼参与人的参加下,依法审理和解决海事争议案件的全部活动。

在海事诉讼中,海事法院、海事争议当事人和其他诉讼参与人是诉讼法律关系的主体。诉讼当事人的诉讼活动,对诉讼的开始、发展和终结,具有重大影响。但海事法院在审判活动中,始终起着主导作用,对诉讼结果具有决定性的意义。海事诉讼中的当事人,是诉讼中的原告、被告、第三人及共同诉讼人和诉讼代表人。其他诉讼参与人包括证人、鉴定人和翻译人员等。

海事法院审理海事诉讼案件所依据的程序法,都适用本国的程序法。根据我国《民事诉讼法》第4条规定:凡在中华人民共和国领域内进行民事诉讼,必须遵守本法。海事诉讼属于民事诉讼的范畴,因此包括涉外海事案件在内的当事人,在我国海事法院进行诉讼时,必须遵守我国《民事诉讼法》以及涉及海事诉讼程序方面的其他法律和规定(包括我国已参加的国际公约)。新的海事诉讼特别程序法公布实施后,该特别程序法便成为我国海事法院审理海事案件要遵守的主要程序性法律。

海事诉讼虽然属于民事诉讼的范围,受民事诉讼法的调整,但又不完全等同于民事诉讼。它具有以下几个特点:

(1)海事诉讼案件由海事法院受理,案件大多具有涉外因素。海事法院审理这些案件,不但需要遵守民事诉讼法的基本原则,而且还必须遵循我国缔结和参加的国际条约和我国认可的国际惯例。

(2)海事诉讼案件都是具有海事、海商内容的案件,主要包括海事侵权纠纷案件、海商合同纠纷案件、其他海事海商案件、海事执行案件和海事请求保全案件等。

(3)在司法管辖上,选择管辖是海事诉讼的一大特点,根据《1952年船舶碰撞民事管辖权公约》和各国民事诉讼法的规定,一般都赋予原告在确定法院对案件的管辖上具有充分的选择权。因此,在海事诉讼中流行"择地诉讼"的做法。例如,根据我国《民事诉讼法》第31条的规定,因船舶碰撞等提起的诉讼,原告可以选择在碰撞发生地、碰撞船舶最先到达地、加害船舶被扣留地或者被告住所地的人民法院诉讼。

(4)保全措施在解决海事争议中占有重要地位,突出体现在诉前扣船上。这对海事请求人来讲,是一项保护自己合法权益的重要司法手段。

此外,海事诉讼还会涉及英美国家"对物诉讼"(Action in Rem)等特殊制度,这些都体现了海事诉讼的自身的特点。

二、海事法院及其收案范围

1984年11月以前,第一审海事诉讼案件在我国是由地方中级人民法院审理。根据全国人大常委会于1984年11月14日通过的《关于在沿海港口城市设立海事法院的决定》和最高人民法院于1984年11月28日作出的《关于设立海事法院几个问题的决定》,我国先后设立了广州、上海、天津、青岛、大连、武汉、厦门、海口、宁波等九个海事法院。这些法院是我国审理第一审海事、海商案件的专门机构,任何其他民事、刑事案件均不属于其受理的范围。

按照《关于设立海事法院几个问题的决定》中关于海事法院收案范围的规定,海事法院受理的海事、海商案件共有18种。1989年5月13日最高人民法院发布了《关于海事法院收案范围的规定》,取代了原有收案范围的规定。据此,我国海事法院受理我国法人、公民之间,我国法人、公民同外国或地区法人、公民之间,外国或者地区法人、公民之间的各类海事、海商案件,收案范围十分广泛,主要有如下五个方面。

(1)海事侵权纠纷案件。包括船舶碰撞、船舶触碰港口建筑物或设施,船舶损坏海底设施,船舶排放,泄露污染水域,海上或港口作业致人身伤亡,非法留置船、货等案件。

(2)海商合同纠纷案件。包括货物运输合同纠纷,旅客运输合同纠纷,船舶的建造、买卖、修理、拆解合同纠纷,船舶抵押贷款合同纠纷,租船合同纠纷,船舶代理合同纠纷,货运代理合同纠纷,海员劳务合同纠纷,海上救助、打捞合同纠纷,拖航合同纠纷,海上保险合同纠纷和海上联运合同纠纷等案件。

(3)其他海事、海上案件。包括海上作业重大责任事故,港口作业纠纷,海洋开发利用纠纷,船舶共有人之间的经营、收益、分配纠纷,船舶所有权、占有权、抵押权纠纷和海运欺诈案件等。

(4)海事执行案件。包括港口机关依法强制执行和当事人申请执行裁决等案件。

(5)海事请求保全案件。包括申请扣押船舶、船载货物和船用燃料等案件。

三、海事案件的管辖原则

1. 海事案件的级别管辖

海事法院管辖几乎所有的第一审海事海商案件,特别重大的涉外海事海商案件可以由海事法院所在地的高级人民法院负责第一审。

2. 海事案件的地域管辖

根据我国民事诉讼法的有关规定,海事案件的地域管辖有以下几种。

(1)海事侵权纠纷案件的地域管辖。因侵权行为提起的海事诉讼,由侵权行为地或被告住所地的海事法院管辖。侵权行为地包括侵权行为发生地和侵权结果发生地。原告可以选择被告住所地、侵权行为地和侵权结果发生地的海事法院提起诉讼。

因船舶碰撞或者其他海损事故请求损害赔偿的诉讼,由碰撞发生地、碰撞船舶最先到达地、加害船舶被扣留地或者被告住所地的海事法院管辖。

(2)海商合同纠纷案件。海商合同纠纷案件,由被告住所地或合同履行地海事法院管辖。

(3)其他海事海商纠纷案件。因海难救助费用提起的诉讼,由救助地或者被救助船舶最先到达地海事法院管辖,因共同海损纠纷提起的诉讼,由船舶最先到达地、共同海损理算地或者航程终止地的海事法院管辖。

3. 海事案件的协议管辖

根据《民事诉讼法》第 25 条的规定,海商合同纠纷案件的当事人可以在书面合同中协议选择被告住所地、合同履行地、合同签订地、原告住所地、标的物所在地的海事法院管辖,但不得违反民事诉讼法有关级别管辖和专属管辖的规定。

4. 海事案件的专属管辖

海事案件的专属管辖不同于海事法院的专门管辖。海事法院的专门管辖是针对海事法院的收案范围而言,其目的在于划分海事法院与地方各级人民法院和其他专门人民法院之间职能管辖的范围,而海事案件的专属管辖是指法律规定某些海事案件只能由特定的海事法院管辖,排除当事人的协议管辖和地域管辖的一般原则。所以,海事法院受理的案件中,既有专属管辖案件,也有非专属管辖案件。

根据《民事诉讼法》第 34 条的规定,港口作业过程中发生的纠纷,由港口所在地的海事法院专属管辖;中外合作勘探开发海洋资源合同纠纷,由该海区的海事法院专属管辖。

5. 海事法院对于涉外海事案件的管辖

根据最高人民法院 1986 年 1 月 31 日制定的《关于涉外海事诉讼管辖的具体规定》和《民事诉讼法》的有关规定,海事法院对于下列涉外海事案件有权行使管辖权。

(1)诉讼原因发生在我国境内的海事案件,如引起纠纷的合同在我国境内签订或履行;海损事故造成的损害在我国境内;共同海损发生或者宣布或者理算在我国境内;港口作业纠纷发生在我国境内。

(2)诉讼标的物在我国境内或者有属于被告的财产处于我国境内,如引起纠纷的船舶或货物在我国或被告有可供清偿的其他财产在我国。

(3)船舶碰撞或者其他海损事故的受害船、被救助船的最先到达地,加害船舶被扣留地等为我国港口,则我国海事法院对于追索涉及此类船舶的损害赔偿和救助报酬的案件有管辖权。

(4)案件所涉及的被告的国籍所属国是我国,被告住所地或者居所地在我国或者案件涉及的船舶为中国籍船。

(5)涉外海事案件的当事人协议选择中国法院管辖,或者虽无管辖协议,但被告未提出管辖权异议,并应诉答辩的。

(6)中国海事法院应海事请求权人的申请,已对有关船舶实行扣押或当事人在中国境内已经提供担保的。

由于各国对于涉外案件确定管辖权的标准不一,涉外海事案件也会出现管辖权的冲突,即多国法院主张管辖权。解决管辖权冲突的办法是缔结双边或多边的国际公约,如1952年《关于船舶碰撞中民事管辖权方面若干规定的国际公约》规定,请求人不得在未撤销原有诉讼前,就同一事实对于同一被告在另一管辖区域提起诉讼。

四、海事诉讼时效

(一)海事诉讼时效的概念

海事诉讼时效是指如果海事请求权人不在法律规定的期间内行使权利,即丧失向海事法院请求保护其权利的制度。海事诉讼时效是消灭时效,不是取得时效。因此,如果海事请求权人未在法律规定的时效期间内起诉,其丧失的是向人民法院请求保护的胜诉权而非实体的海事请求权,义务人也不因为时效期间届满而合法取得权利。义务人自动履行义务的,权利人有权接受。海事诉讼时效期间届满后,权利人因丧失胜诉权使其实体权利不受国家强制力的保护。海事诉讼时效制度,包括《民法通则》的一般规定和《海商法》的特别规定。这些规定均为强制性条款,因此,海事案件的当事人对于时效的约定,如果旨在改变法律强制规定的,应属无效。

(二)海事诉讼时效期间

1. 普通诉讼时效

是指《民法通则》规定的诉讼时效期间。《民法通则》第135条规定:"向人民法院请求保护民事权利的诉讼时效期间为二年,法律另有规定的除外。"这里的"二年"就是普通诉讼时效期间。在我国,如果《海商法》和其他相关的法律没有特别规定,海事诉讼的时效期间应以《民法通则》的二年为准。

2. 特殊诉讼时效

一般比普通诉讼时效期间要短。《民法通则》第141条规定:"法律对于诉讼时效另有规定的,依照法律规定。"这是海事诉讼特殊时效的法律依据。《海商法》第十三章对海事诉讼时效有专门规定,具体内容为:

(1)就海上货物运输向承运人要求赔偿的时效期间为一年,自承运人交付或者应当交付货物之日起计算；在时效期间内或时效届满后，被认定负有责任的人向第三人提起追偿请求的，时效期间为90日，自追偿请求人解决原赔偿请求之日起或者收到受理对其本人提起诉讼的法院的起诉状的副本之日起计算；

(2)就海上旅客运输向承运人要求赔偿的，时效期间为二年；

(3)船舶租用合同的请求权，时效期间为二年；

(4)海上拖航合同的请求权，时效期间为一年；

(5)船舶碰撞的请求权，时效期间为二年；

(6)海难救助的请求权，时效期间为二年；

(7)共同海损的请求权，时效期间为一年；

(8)根据海上保险合同要求保险赔偿的请求权，时效期间为二年；

(9)船舶油污损害的请求权，时效期间为三年。

(三)海事诉讼时效期间的开始、中止和中断

1. 海事诉讼时效的开始

《海商法》规定的海事诉讼时效的开始与《民法通则》的规定不同，除几种合同之诉外(航次租船合同、船舶租用合同和海上拖航合同)，海事诉讼时效不是从“知道或应当知道权利被侵害之日”开始起算，而是根据纠纷的性质和国际惯例特别规定了起算标准。这些起算点通常有货物交付或应当交付之日、旅客离船之日、碰撞事故和保险事故发生之日、损害发生之日、救助作业结束之日、共同海损理算结束之日、支付损害赔偿之日和收到起诉状副本之日等。

2. 海事诉讼时效的中止

《海商法》第266条有关海事诉讼时效的中止与《民法通则》第139条的规定基本一致：“在时效期间的最后6个月内，因不可抗力或者其他障碍不能行使请求权的，时效中止。自中止时效的原因消除之日起，时效期间继续计算。”

3. 海事诉讼时效的中断

根据《海商法》第267条的规定，海事诉讼时效因请求人提起诉讼、提交仲裁、被请求人同意履行义务以及申请人申请扣船而中断，但请求人撤回起诉、撤回仲裁或者起诉被裁定驳回的，时效不中断。

《海商法》中关于“被请求人同意履行义务”中断时效的规定，不同于《民法通则》中“当事人一方提出要求或者同意履行义务”而中断时效的规定，即海事诉讼时效不因一方当事人提出请求而中断。

五、海事争议的法律适用

海上运输活动往往超出一国管辖的水域，因此海事争议大多都含有涉外因素，主要表现为：一方或双方当事人是外国人、无国籍人、外国法人；案件标的物在外国领域内或从外国领域进入公海或中国领域；产生、变更、消灭海上运输关系和船舶关系的法律事实发生在国外。海事争议的法律适用问题是海事法院（或者海事仲裁机构）在处理具有涉外因素的海事争议时所遇到的首要问题，即应以哪一国的法律作为准据法来审理海事争议案件。无涉外因素的海事争议案件只适用一国国内法，因而不存在法律适用的冲突问题。

如何解决涉外海事案件的法律适用问题，是各国海事国际私法的任务。我国《海商法》关于涉外海事案件法律适用的基本原则主要体现在第 268 条、第 269 条和第 276 条之中，主要是：

(1)国际条约优先原则，即中华人民共和国缔结或者参加的国际条约同本法有不同规定的，适用国际条约的规定，但是我国声明保留的条款除外；

(2)我国法律或所参加的国际条约没有规定的，可以适用国际惯例的原则；

(3)意思自治原则，即合同当事人可以协商选择合同适用的法律；

(4)最密切联系原则，即当事人未选择适用法律时，应适用与合同有最密切联系的国家的法律；

(5)坚持公共秩序保留原则，即涉外海事案件适用外国法律或国际惯例时，不得违背中华人民共和国社会利益。

我国《海商法》第 270 条至第 275 条具体规定了涉外海事争议案件的法律运用。

(1)船舶所有权的取得、转让和消灭，适用船旗国法律。

(2)船舶抵押权适用船旗国法律。如果船舶在光船租赁以前或者光船租赁期间设立船舶抵押权的，适用原船舶登记国的法律。

(3)船舶优先权，适用受理案件的法院所在地法律。

(4)船舶碰撞的损害赔偿，适用侵权行为地法律，船舶碰撞如果发生在公海上，其赔偿案件适用受理案件所在地法律；但同一国籍的船舶，不论碰撞发生于何地，碰撞船舶之间的损害赔偿适用船旗国法律。

(5)共同海损理算，适用理算地法律。

(6)海事赔偿责任限制，适用受理案件的法院所在地法律。

第四节　海事请求保全制度

一、海 事 请 求

海事请求作为海商法领域的一个专门概念，其含义的理解在海事诉讼中具有重要的意义。《1985 年国际扣船公约草案》第一条将海事请求定义为“涉及或发生于船舶所有权、建造、占有、经营管理、船舶抵押或同类性质的船舶担保或对船舶救助的任何请求，诸如因下列原因所产生的请求：……”(列举 22 项引起海事请求的原因)；我国最高人民法院 1994 年《关于海事法院诉讼前扣押船舶的规定》则作如下表述：“海事请求，是指涉及或发生于与船舶的所有、建造、占有、营运、买卖、救助和抵押以及船舶优先权有关的、因下列海事争议引起的请求，例如：……”(列举 20 项引起海事争议的原因)；《1999 年国际扣船公约》则取消了海事请求的定义，而是直接规定：“‘海事请求’指以下一种或一种以上事由引起的请求：……”(列举 22 项事因)。目前，对于海事请求的认定虽然尚存在一些疑义，但可以归纳出如下共同点：

(1)海事请求从性质上属于民事请求权，同时又具有区别于一般民事请求权的特殊性；

(2)海事请求产生的原因是法定的海事事由，即前述所提到的涉及或发生于与船舶的所有、建造、占有、营运、买卖、救助和抵押以及船舶优先权等有关的海事争议；

(3)海事请求的主体是海上活动中发生争议的双方当事人，其中一方因另一方违反合同或实施侵权行为受有损害而享有海事请求权。

二、海事请求保全

海事请求保全(Security of Maritime Claim)有广义和狭义的区别。广义的海事请求保全是指海事法院根据海事请求权人的申请,为保全其请求权,扣押对该海事请求负有责任的被申请人的船舶或其他有关财产。它包括诉前保全和诉讼保全。保全的方式包括扣押船舶、扣押船载货物、冻结转租运费和租金以及对于被申请人所有的其他财产采取强制保全措施等。另外,在海事仲裁程序中,也可以依法进行仲裁保全。狭义的海事请求保全仅指海事请求权人在诉讼(或者仲裁)前申请扣押船舶,即诉前扣船,是指海事请求权人在提起诉讼之前,为保全其海事请求,依法向船舶所在地海事法院申请扣押船舶,海事法院在审查申请人的申请后,依法裁定并执行。

海事请求保全具有以下性质:

(1)从提出保全请求的主体角度看,一般财产保全可以由当事人主动向法院提出申请,也可以由法院在必要时依职权主动适用,而海事请求保全的提出仅限于当事人的申请。

(2)从提出保全请求的直接目的角度看,一般财产保全的直接目的在于保障将作出的判决得到有效执行,维护的是判决的权威性,而海事请求保全的直接目的在于取得被申请人提供的担保,保障请求权人的正当请求得以实现。只有在被申请人不能按期提供担保时,才通过法院拍卖被扣船舶取得执行保障,并非一定要将所扣船舶作为将来执行法院判决的对象。

(3)从提出保全申请的条件角度看,依据《民事诉讼法》第92、93条,一般财产保全的提起条件为“可能因当事人一方的行为或其他原因,使判决不能或难以执行”或“因情况紧急,不立即申请财产保全会使其合法权益受到难以弥补的损害”,强调的是保全措施的必要性,而海事保全请求提出的关键是申请人具有法定的海事事由,强调的是保全的依据。

(4)从保全的方式与对象角度看,一般财产保全可以运用查封、扣押、冻结或法律规定的其他方法对被申请人的任何财产作出,而海事请求保全主要运用扣押的方式,保全范围也一般局限于船舶或船载货物。需要加以注意的是,海事请求保全以扣船为标志性表现形式,但并不严格排除其他有利于保障当事人海事请求权的做法。1975年英国“玛瑞瓦禁令”(Mareva Injunction)已将海事请求保全的对象扩展到被申请方的陆上财产,我国海事司法实践中也有类似灵活做法。

(5)从诉前保全的要求看,《民事诉讼法》第250条规定:“人民法院裁定准许诉前财产保全后,申请人应当在30日内提起诉讼。逾期不起诉的,人民法院应当解除财产保全。”而海事请求保全当事人之间存在仲裁协议的,可以突破必须向法院起诉的限制,申请人依仲裁协议申请仲裁亦被视为符合要求。《海事诉讼特别程序法》第18条第2款规定:“海事请求人在本法规定的期间内,未提起诉讼或者未按照仲裁协议申请仲裁的,海事法院应当及时解除保全或者返还担保。”

三、船舶的扣押

(一)概述

船舶,作为最基本的海上运输工具和具有准不动产地位的财产,对于任何海上活动的当事人均具有重要意义。以船舶作为海事请求保全的标的,能够促使责任人及时提供担保,有效地保障请求权人的正当权益,扣船因此成为海事请求保全方式中最具特色,使用频率最高的一种。扣押船载货物、冻结运费或租金等其他措施与扣船相比均较少使用。

正因为扣船在海事请求保全中的主体地位,无论国际公约还是各国国内法均对其作了专门规定。国际上关于扣押船舶方面的公约主要有:1952 年 5 月 10 日制定、1956 年 2 月 24 日生效的《1952 年统一扣押海运船舶若干规定的国际公约》(The International Convention for the Unification of Certain Rules Relating to the Arrest of Sea – going Ships,1952)(简称《1952 年国际扣船公约》)和 1985 年 5 月 24 日国际海事委员会第 33 届国际会议通过的《关于统一扣押海船的若干规定的国际公约修订草案》(Draft Revision of the International Convention for the Unification of Certain Rules Relating to the Arrest of Sea – goingShips)(简称《1985 年国际扣船公约草案》)(尚未生效)等。1999 年 3 月 12 日,在日内瓦召开的联合国国际海事组织扣船问题外交会议制定了《1999 年国际扣船公约》(International Convention on Arrest of Ships,1999),该公约对《1952 年国际扣船公约》作了较大修改,以适应国际贸易和海运业的发展。当时,在公约最后文件上签字的国家包括美国、加拿大、英国、法国、荷兰、日本、巴西、中国等主要航运国家在内的 69 个国家和地区。依照公约规定,该公约在 10 个国家批准或加入后起 6 个月生效。公约从 1999 年 9 月 1 日至 2000 年 8 月 31 日在纽约联合国总部开放供各国签署。

我国没有加入《1952 年国际扣船公约》,但积极参与了《1999 年国际扣船公约》的制定并首批在公约文本上签字;在国内法方面,我国最高人民法院先后于 1986 年和 1994 年通过了两个"扣船规定",《海事诉讼特别程序法》之前适用的是《1994 年关于海事法院诉讼前扣押船舶的规定》。

(二)扣押船舶的范围

扣押船舶有两个方面的限制,其一为要有法定的海事事由,其二为拟扣押船舶属于可扣押船舶范围。我国《海事诉讼特别程序法》吸收国际公约相关做法对允许扣押船舶的范围作出了明确规定。该法第 21 条规定:下列海事请求,可以申请扣押船舶:

(1)船舶营运造成的财产灭失或者损坏;

(2)与船舶营运直接有关的人身伤亡;

(3)海难救助;

(4)船舶对环境、海岸或者有关利益方造成的损害或者损害威胁;为预防、减少或者消除此种损害而采取的措施;为此种损害而支付的赔偿;为恢复环境而实际采取或者准备采取的合理措施的费用;第三方因此种损害而蒙受或者可能蒙受的损失;以及与本项所指的性质类似的损害、费用或者损失;

(5)与起浮、清除、回收或者摧毁沉船、残骸、搁浅船、被弃船或者使其无害有关的费用,包括与起浮、清除、回收或者摧毁仍在或者曾在该船上的物件或者使其无害的费用;以及与维护放弃的船舶和维持其船员有关的费用;

(6)船舶的使用或者租用的协议;

(7)货物运输或者旅客运输的协议;

(8)船载货物(包括行李)或者与其有关的灭失或者损坏;

(9)共同海损;

(10)拖航；

(11)引航；

(12)为船舶营运、管理、维护、维修提供物资或者服务；

(13)船舶的建造、改建、修理、改装或者装备；

(14)港口、运河、码头、港湾以及其他水道规费和费用；

(15)船员的工资和其他款项，包括应当为船员支付的遣返费和社会保险费；

(16)为船舶或者船舶所有人支付的费用；

(17)船舶所有人或者光船承租人应当支付或者他人为其支付的船舶保险费(包括互保会费)；

(18)船舶所有人或者光船承租人应当支付的或者他人为其支付的与船舶有关的佣金、经纪费或者代理费；

(19)有关船舶所有权或者占有的纠纷；

(20)船舶共有人之间有关船舶的使用或者收益的纠纷；

(21)船舶抵押权或者同样性质的权利；

(22)因船舶买卖合同产生的纠纷。

《海事诉讼特别程序法》规定，非因上述海事请求不得申请扣押船舶，但为执行判决、仲裁裁决以及其他法律文书的除外。

《海事诉讼特别程序法》第23条规定：有下列情形之一的，海事法院可以扣押当事船舶：

(1)船舶所有人对海事请求负有责任，并且在实施扣押时是该船的所有人；

(2)船舶的光船承租人对海事请求负有责任，并且在实施扣押时是该船的光船承租人或者所有人；

(3)具有船舶抵押权或者同样性质的权利的海事请求；

(4)有关船舶所有权或者占有的海事请求；

(5)具有船舶优先权的海事请求。

海事法院可以扣押对海事请求负有责任的船舶所有人、光船承租人、定期租船人或者航次租船人在实施扣押时所有的其他船舶，但与船舶所有权或者占有有关的请求除外。从事军事、政府公务的船舶不得被扣押。

(三)有关程序

海事请求保全作为财产保全在海事领域的特殊运用，也要遵循《民事诉讼法》的相关程序，经过申请、法院审查、担保、扣押、解除扣押或执行等环节，下面根据《海事诉讼特别程序法》对此加以介绍。

(1)海事请求人申请海事请求保全，应当向海事法院提交书面申请。申请书应当载明海事请求事项、申请理由、保全的标的物以及要求提供担保的数额，并附有关证据。

(2)海事法院受理海事请求保全申请，可以责令海事请求人提供担保。海事请求人不提供的，驳回其申请。

(3)海事法院接受申请后，应当在48小时内作出裁定。裁定采取海事请求保全措施的，应当立即执行；对不符合海事请求保全条件的，裁定驳回其申请。

当事人对裁定不服的，可以在收到裁定书之日起5日内申请复议一次。海事法院应当在收到复议申请之日起5日内作出复议决定。复议期间不停止裁定的执行。

利害关系人对海事请求保全提出异议,海事法院经审查,认为理由成立的,应当解除对其财产的保全。

(4)被请求人提供担保,或者当事人有正当理由申请解除海事请求保全的,海事法院应当及时解除保全。

海事请求人在《海事诉讼特别程序法》规定的期间内,未提起诉讼或者未按照仲裁协议申请仲裁的,海事法院应当及时解除保全或者返还担保。

(5)海事请求保全执行后,有关海事纠纷未进入诉讼或者仲裁程序的,当事人就该海事请求,可以向采取海事请求保全的海事法院或者其他有管辖权的海事法院提起诉讼,但当事人之间订有诉讼管辖协议或者仲裁协议的除外。

(6)海事请求人申请海事请求保全错误的,应当赔偿被请求人或者利害关系人因此所遭受的损失。

(7)海事请求保全扣押船舶的期限为30日。

海事请求人在30日内提起诉讼或者申请仲裁以及在诉讼或者仲裁过程中申请扣押船舶的,扣押船舶不受此规定期限的限制。船舶扣押期间届满,被请求人不提供担保,而且船舶不宜继续扣押的,海事请求人可以在提起诉讼或者申请仲裁后,向扣押船舶的海事法院申请拍卖船舶。

(8)海事请求保全扣押船载货物的期限为15日。

海事请求人在15日内提起诉讼或者申请仲裁以及在诉讼或者仲裁过程中申请扣押船载货物的,扣押船载货物不受此规定期限的限制。船载货物扣押期间届满,被请求人不提供担保,而且货物不宜继续扣押的,海事请求人可以在提起诉讼或者申请仲裁后,向扣押船载货物的海事法院申请拍卖货物。对无法保管、不易保管或者保管费用可能超过其价值的物品,海事请求人可以申请提前拍卖。

四、海事强制令

我国《民事诉讼法》仅规定了财产保全制度,但在海事审判实践中常常出现一些不能归属于财产保全的保全申请,如托运人要求承运人接收货物后及时签发提单,船舶所有人要求租船人及时交回船舶,承运人要求收货人及时提货等。在上述海事纠纷中,一方当事人以作为或不作为的方式损害另一方的正当权益,对这种行为之债明显不应适用财产之债的保全措施,而若放任这种侵权行为必然会导致经济损失的扩大。针对这种情况,建立我国的行为保全制度势在必行。

行为保全是与财产保全相对应而存在的,是指法院依照权利人的申请,强制因法律规定或合同约定而负有义务的当事人为或不为一定行为的保全措施。行为保全首先是一种保全措施,其设立目的亦在于保全当事人的海事请求;行为保全是适应非财产请求的存在而产生的,直接目的在于及时控制纠纷的范围和程度,将损害结果减少到最低限度,从而保障当事人的正当权益。行为保全制度在国际上已有许多应用,如英国1975年“玛瑞瓦禁令”即将行为纳入了保全对象。

《海事诉讼特别程序法》总结我国海事审判实践并借鉴一些国家海事立法的合理内容,设立了类似行为保全性质的海事强制令制度。

海事强制令是指海事法院根据海事请求人的申请，为使其合法权益免受侵害，责令被请求人作为或者不作为的强制措施。海事强制令的申请、受理、担保、期限、复议、撤销等与海事请求保全基本相同。此外，《海事诉讼特别程序法》还明确规定，作出海事强制令，应当具备以下条件：

(1)请求人有具体的海事请求；

(2)需要纠正被请求人违反法律规定或者合同约定的行为；

(3)情况紧急，不立即作出海事强制令将造成损害或者使损害扩大。

《海事诉讼特别程序法》还规定，被请求人拒不执行海事强制令的，海事法院可以根据情节轻重处以罚款、拘留；构成犯罪的，依法追究刑事责任。

五、对物诉讼与玛瑞瓦禁令

(一)对物诉讼

对物诉讼是指以“物”作为被告的诉讼，其作为一种诉讼类型已有很长的历史，可以上溯到罗马法时代，与对人诉讼相对应。如今，对人诉讼已在法律界占据统治地位，“物”一般只能作为诉讼客体，对物诉讼仅适用于极少数情况。但在英美法系的海事审判实践中，却形成了一套完整的对物诉讼制度，以船舶为主要适用对象，船舶扣押是对物诉讼的典型形式。对物诉讼的基本做法即赋予船舶以与人一样的主体资格，根据“责任自负”原则，以船舶自身对船舶在海上活动过程中的违约或侵权行为造成的损害承担赔偿责任。该制度设立的直接目的在于通过扣押船舶迫使船舶所有人出庭应诉并且提供原告所请求的担保，及时解决纠纷。对物诉讼之所以存在并得以发展，是因为其适应了海事实践需要，具有此方面的比较优势，表现为：

首先，便于确定实际的被告。海事纠纷中，当事人关系十分复杂，可能同时存在船东、承租人、实际控制人、受益人、直接责任人等众多关系人，且船舶具有流动性，不及时采取措施很可能造成损失的扩大。对物诉讼直接对船舶提起诉讼，能够迫使真正的关系人出庭应诉，简便可行。

其次，便于明确法院管辖权。如前一节所述，涉外海事案件的管辖权冲突问题十分突出且难于解决，而对物诉讼使得财产扣押地法院取得实体意义上的管辖权，摆脱了众多因素对法院管辖权的限制，利于及时解决海事纠纷。

再次，便于判决的执行。扣押船舶使得海事请求权人的正当权益能得到实际保障，避免了因被告经济状况恶化而导致的执行不能，特别是在被告为单船公司的情况下。

(二)玛瑞瓦禁令

玛瑞瓦禁令是英国司法制度中一项很有特色的诉讼保全措施，是其对物诉讼制度的一个补充，但从性质上属于对人诉讼，又与对物诉讼无直接联系。玛瑞瓦禁令的主要内容是指法院有权根据原告提出的申请和证据，在被告有可能将其财产在判决或裁定执行之前转移到法院管辖范围以外的情况下，发出禁令，通过扣押、冻结等措施禁止被告转移财产，以保障债权人的利益。玛瑞瓦禁令自产生以来发展很快，在英国司法实践中得到了普遍的应用，并且其适用的范围也不仅局限于海事案件，还适用于其他法律关系，在国际海事法领域有较大影响。玛瑞瓦禁令具有以下几个特点：

(1)玛瑞瓦禁令的适用范围十分广泛，不仅限于特定的船舶以及船载货物，还包括被告在辖区内所有的一切财产，涵盖了动产、不动产、无形资产等各种资产形态，甚至在一定条件下玛瑞瓦禁令还可扩展适用于被告的域外财产。

(2)玛瑞瓦禁令属于对人诉讼范畴，虽然根据法院禁令采取的强制措施指向的对象是特定的物，但其实质是要求被告履行特定的法律义务，是对人提起的诉讼，不可与对物诉讼混为一谈。

(3)玛瑞瓦禁令的申请程序需要申请人提供被告有可能处分或转移财产导致法院判决、裁定无法得以执行的证据，并要求申请人宣誓保证承担由于申请保全措施可能给被告造成损失的赔偿责任。

练 习 题

一、填空题

1. 处理海事争议的主要途径有：__________、__________、__________和__________。

2. 中国专门受理海事争议案件的唯一仲裁机构是____________________。

3. 仲裁协议一经成立，即对当事人产生__________效力，当事人负有履行__________的义务，不得随意变更和解除仲裁协议，不得将相应的海事争议再提交__________审判或__________处理。

4. 海事法院管辖几乎所有的__________海事海商案件，特别重大的涉外海事海商案件可以由海事法院所在地的__________法院负责第一审。

5. 就海上货物运输向承运人要求赔偿的时效期间为__________年，自承运人交付或者应当交付货物之日起计算。

6. 船舶租用合同的请求权，时效期间为__________年；共同海损的请求权，时效期间为__________年；船舶碰撞的请求权，时效期间为__________年。

二、名词解释

海事仲裁　海事诉讼　海事诉讼时效　海事请求保全　海事强制令

三、简答题

1. 海事争议的范围有哪些？
2. 海事仲裁的特点表现在哪些方面？
3. 海事诉讼的特点表现在哪些方面？
4. 海事诉讼的收案范围有哪些？
5. 什么是海事诉讼的中止和中断？两者有什么区别？
6. 海事请求保全的性质是什么？
7. 列举出海事请求申请扣押船舶的范围。

四、案例分析题

[案情]

申请人：秦皇岛市国盛燃料油供应有限公司

被申请人：秦皇岛市渤海船务工程有限公司

申请人秦皇岛市国盛燃料油供应有限公司于2003年2月26日向海事院申请海事强制令。申请人称：申请人与被申请人于2002年9月11日签订船舶修理合同（船舶原名称"华龙湾"轮，现名称"中海油9"轮），工程价格为130 000元，总修理期为18天。2002年9月25日，申请人将船交给被申请人修理，但被申请人迟迟不能将船修理完毕。申请人已将130 000元修理费交付被申请人，但被申请人拒不履行合同义务，至今仍未将船舶修理完毕，造成申请人经营业务不能开展，损失巨大。并且，船舶在船坞上时间长将造成船体损坏。为此，申请人请求法院作出海事强制令，责令被申请人继续履行船舶修理合同，将船舶修理完毕经船舶检验部门检验合格后下水交付申请人用于经营。申请人已经向本院提供了担保。

（源自：中华法律网 http://www.chinafalv.com）

请分析：

（1）何谓海事强制令？申请人在具备什么条件下才能申请？

（2）本案中的申请人是否具有申请海事强制令资格？为什么？

实 训 题

申请人：越南海防商业贸易进出口公司

被申请人：马耳他阿法罗纳航运有限公司

1995年11月14日申请人向海事法院提出扣押船舶申请，申请扣押被申请人所属的停泊于蛇口港的"科罗"轮（M/V CORAL），要求被申请人提供1 000 000美元的担保。申请人称：1995年6月1日，申请人与佳华国际公司（Kal Wah International Company，以下简称佳华公司）签订了编号为74－M/HDCK的买卖合同，约定由申请人向佳华公司购买25 000公吨（由卖方选择5%的增减）的巴西原糖，单价CIF海防392.8美元/吨，总金额9 820 000美元，货物交付地点为越南海防。9月3日被申请人所属的"科罗"轮抵达巴西桑托斯港，装运申请人购买的原糖。9月11日，"科罗"轮开始装货，9月14日装载完毕，并由SGS巴西公司对"科罗"轮的7个货舱进行了签封。同日，"科罗"轮船长签发了编号为1－7号的七套正本提单，提单均载明：货物为透明散装原糖，装货港巴西桑托斯，卸货港越南海防港，承运船"科罗"轮，收货人凭指示，通知方为申请人，"清洁装船，运费已预付"。七套提单记载的货物总重量为22 800吨。

10月23日，申请人、被申请人经口头协商，同意将卸货港改为中国蛇口。11月10日，"科罗"轮抵达中国蛇口港并开始卸货。卸货前，经检查，发现该轮7个货舱签封完好。同日，受申请人委托进行灌包作业的蛇口招商港务股份有限公司函告申请人："在作业过程中，发现货物含有很多块状杂质和其他杂质"。

申请人认为：申请人作为"科罗"轮所载货物的收货人及提单持有人，具有据以申请扣押船舶的海事请求权，为保全海事请求权，特申请扣押"科罗"轮。

申请人向海事法院提供了蛇口招商股份有限公司为其出具的250 000美元的担保函。在"科罗"轮解除扣押后。申请人以100 000美元的现金换出担保函。

（源自：法律快车网 http://www.lawtime.cn）

请分析：

（1）可以申请扣押船舶的海事请求有哪些？

(2)本案中申请人能否要求海事法院扣押"科罗"轮？为什么？

(3)本案中申请人为什么要提供一定的担保？

要求：

(1)课下以小组为单位进行讨论，每组4～5人。

(2)课堂上汇报讨论的结果，并以ppt为辅助展现汇报的内容。

(3)教师和同学可以向汇报的小组成员提出针对案件的问题。

第八篇　国际货运代理制度

第十四章　与国际货运代理制度相关的法规

目前,在我国尚未制定专门的货运代理法律的情况下,涉及货运代理的纠纷通常适用我国《民法通则》有关代理的规定,涉及货运代理为承运人或多式联运经营人或仓储保管人时,则适用我国《合同法》、《海商法》、《海事诉讼特别程序法》等有关法律的规定。

【引例】　货运代理合同损害赔偿纠纷案

原告:上海虹凉工贸公司废旧物资回收利用经营部

被告:山东齐元贸易有限公司

被告:山东青岛天达国际货运有限公司

被告:上海英雪纳国际货运有限公司

上海虹凉工贸公司废旧物资回收利用经营部(以下简称虹凉公司)诉称:2001 年 5 月 14 日,虹凉公司与山东齐元贸易有限公司(以下简称齐元公司)签订代理进口合同两份,约定由齐元公司代理虹凉公司从美国和欧洲进口废纸 500 吨。货物到达上海港后 10 天内,虹凉公司向齐元公司支付每吨 20 元的代理进口费和每吨 95 元的包干费。此后,齐元公司将进口废纸的货运代理事宜委托山东青岛天达国际货运有限公司(以下简称天达公司)承办。2001 年 7 月底,货物运抵上海港,共计 23 个 40 英尺集装箱。虹凉公司先后在上海英雪纳国际货运有限公司(以下简称英雪纳公司)处提走了部分货物,但仍有 380.391 吨美国进口的 3 号废纸被英雪纳公司非法扣留。据此,虹凉公司以违约为诉由,请求判令三被告连带给付美国进口 3 号废纸 380.391 吨,如不能给付则赔偿等值纸款人民币 243 107.88 元,并请求判令三被告赔偿损失人民币 64 600 元。

齐元公司辩称:货物到港后虹凉公司未按合同约定向其支付代理进口费及包干费,致使其无法向天达公司和英雪纳公司支付相应代理费、包干费,此系虹凉公司货物被扣留的原因,齐元公司对此不应承担责任,故请求法院驳回虹凉公司的诉讼请求。

天达公司认为:其系接受齐元公司委托办理货物进口代理事宜,并转委托英雪纳公司实际办理,其行为与虹凉公司无涉,不应承担责任。

英雪纳公司则主张:其接受天达公司委托办理代理进口事宜,与虹凉公司无关。本案纠纷实际为进口贸易纠纷,其与虹凉公司之间并不存在外贸代理进口合同关系,虹凉公司无权向其主张赔偿货款。虹凉公司作为货主及收货人,有义务向其支付相关费用(包括代垫费用及仓储费),其留置虹凉公司的货物合法,因而,请求法院驳回虹凉公司的诉讼请求。

法院经审理查明:2001 年 5 月,虹凉公司与齐元公司签订代理进口合同两份,约定齐元公司为虹凉公司代理进口废纸 500 吨。此后,齐元公司将进口废纸的货运代理事宜委托天达公司承办。天达公司后又将该货运代理事宜交英雪纳公司办理。同年 7 月,货物运抵上海港。英雪纳公司办理了相关报关、查验申请、内陆运输等货运代理事项。同年 8 月,天达公司给虹凉公司发函,称涉案货物可以于 2001 年 8 月 29 日在场站提箱,并说明:“我公司系上海英雪纳的指示人,本着对您及青岛齐元贸易负责的原则,如果您对该公司的服务有不满意或有其他问题可以直接来电查询,我们将依据您的要求指示上海英雪纳并给您满意的答复”。同年 8 月 22 日,英雪纳公司向虹凉公司发函,称“本公司已与青岛天达取得一致意见,请今天务必将货物提走,否则会产生超期费用”。同年 8 月 31 日,虹凉公司向齐元公司及天达公司发函,写明:“兹有我公司委托‘齐元贸易有限公司’进口废纸……”。同年 9 月 13 日,英雪纳公司向虹凉公司发出费用确认传真,要求虹凉公司付款后提货。同年 9 月 13 日,虹凉公司向齐元公司发出“征求意见稿”,并抄送天达公司和英雪纳公司,在该函件中虹凉公司明确对齐元公司的转委托行为不予确认。另外,齐元公司曾直接向英雪纳公司发函,请求英雪纳公司协助放货。最终,虹凉公司在英雪纳公司处提取了部分废纸,但英雪纳公司扣留了余下的 380.391 吨废纸,声称只有在付清相关费用的前提下方能将货物交付虹凉公司。

(源自:孟于群 陈震英编著,《国际货运代理法律及案例评析》,对外经济贸易大学出版社,2000 年)

第一节　我国《民法通则》的有关规定

《中华人民共和国民法通则》(以下简称《民法通则》)于 1986 年 4 月 2 日第六届全国人民代表大会第四次会议通过,并于 1987 年 1 月 1 日生效实施。该法对有关代理作了如下规定。

一、代理的特征及权利

代理是指代理人以被代理人名义在代理权限内进行直接对被代理人发生效力的法律行为。包括民事代理、诉讼代理以及其他具有法律意义的行为,如代为办理报关、清关、纳税等手续。《民法通则》第 63 条规定:“公民、法人可以通过代理人实施民事法律行为。代理人在代理权限内,以被代理人的名义实施民事法律行为。被代理人对代理人的代理行为,承担民事责任。依照法律规定或者按照双方当事人约定,应当由本人实施的民事法律行为,不得代理。”

代理具有以下四个基本特征:代理行为必须是具有法律意义的行为;代理人独立进行意思表示;以被代理人本人名义为法律行为;直接对被代理人发生效力,由被代理人承受该行为的一切法律后果,包括权力、义务、费用、损害赔偿等。被代理人授予代理人的代理权,其范围依活动内容可分为三种情况:专就某项事务代理法律行为,称一次委托;在一定时期内代理同类的法律行为,称特别委托;在一定期限内就某项事务及与此事务有关的一系列代理法律行为,称总委托。此间,代理人享有替被代理人为法律行为而使其后果直接对后者发生的资格。但应由其本人实施的民事法律行为除外。

二、代理的种类

《民法通则》第64条规定:“代理包括委托代理、法定代理和指定代理。委托代理按照被代理人的委托行使代理权,法定代理人依照法律的规定行使代理权,指定代理人按照人民法院或者指定单位的指定行使代理权。”代理关系可以依据被代理人的授权、法律规定和一定权力机关的指定而产生。并根据不同情况,将代理分为委托代理、法定代理和指定代理三种。

(一)委托代理

委托代理是指由被代理人委托、授权而产生代理权的代理行为。被代理人授权的意思表示属于单方的法律行为,仅凭被代理人一方的意思表示,即能发生授权的效力。被代理人有权随时撤销其委任,代理人也有权随时辞去其受任,但不能使被代理人和善意第三人因此而蒙受损失,否则应负赔偿责任。

委托代理是在一定的法律关系的基础上产生的。在这种法律关系中,对于委托、受托双方的权利、义务都有明确的规定。这种法律关系一般就是指委托合同。

委托合同是指当事人一方(委托人)委托他方接受此项委托的协议。所以,委托合同是一种双方的法律行为,委托人和受托人有共同意思表示,委托合同就成立。

委托合同成立后,受托人应亲自处理受托的事务。只有在委托人特别授权,或为了保护委托人的利益而不能事先取得委托人的同意,才可以将所受托任务转托第三人再代理(或称复代理),但事后应及时通知委托人,并对再代理人(或称复代理人)的行为承担责任。再代理人直接和被代理人发生关系,他不是代理人的代理人,他的代理权限不能超过原代理人的权限。

(二)法定代理

法定代理是指由于法律的直接规定而产生代理权的代理行为。这种代理行为不需要被代理人的委托,而是直接由法律根据一定社会关系的存在,而加以确定的代理。比如,法律规定无行为能力和限制行为能力的人,即未成年人或有重大生理缺陷的人,由其父母作法定代理人。

(三)指定代理

指定代理是由人民法院、主管机关指定行使代理权。比如,人民法院为无行为能力又无法定代理人的诉讼当事人指定其代理人。被人民法院或主管机关指定的人,如无正当理由,不得拒绝担任代理人。

三、合同的形式

《民法通则》第65条规定:“民事法律行为的委托代理,可以用书面形式,也可以用口头形式。法律规定用书面形式的,应当用书面形式。书面委托代理的授权委托书应当载明代理人的姓名或者名称、代理事项权限和期间,并由委托人签名或者盖章。委托书授权不明的,被代理人应当向第三人承担民事责任,代理人负连带责任。”

实践中,代理人通常以代理证书作为享有代理权的证明文件。在委托代理中,委托证书一般均要求写明代理人姓名、代理事项、权限范围、有效时间等内容,并由被代理人签名或盖章,有的还须履行公证手续。

四、无权代理和代理权的滥用

《民法通则》第 66 条规定："没有代理权、超越代理权或者代理权终止后的行为，只有经过被代理人的追认，被代理人才承担民事责任。未经追认的行为，由行为人承担民事责任，本人知道他人以本人名义实施民事行为而不作否认表示的，视为同意。代理人不履行职责而给被代理人造成损害的，应当承担民事责任。代理人和第三人串通，损害被代理人的利益的，由代理人和第三人负连带责任。第三人知道行为人没有代理权、超越代理权或者代理权已终止还与行为人实施民事行为给他人造成损害的，由第三人和行为人负连带责任。"第 67 条规定："代理人知道被委托代理的事项违法仍然进行代理活动的，或者被代理人知道代理人的代理行为违法不表示反对的，由被代理人和代理人负连带责任。"第 68 条规定："委托代理人为被代理人的利益需要转托他人代理的，应当事先取得被代理人的同意。事先没有取得被代理人同意的，应当在事后及时告诉被代理人，如果被代理人不同意，由代理人对自己所转托的人的行为负民事责任，但在紧急情况下，为了保护被代理人的利益而转托他人代理的除外。"

上述 3 条是针对无权代理及代理权的滥用所作出的规定。无权代理是指没有代理权或超出代理权限而进行的代理活动。因无权代理进行的法律行为，被借用名义的人不承担由此而产生的一切法律后果。无权代理行为被视为无效。不知情的第三人参与该法律行为而遭受的损失，由无权代理人负责赔偿。无权代理有 3 种情况：

(1)没有合法的授权行为；

(2)代理行为超出授权范围；

(3)代理权已经消灭后的行为。

代理权的滥用，则是代理人利用所享有的代理权的便利，从事损害被代理人利益的事情。滥用代理权主要有 3 种情况：

(1)利用被代理人的名义与代理人自己进行法律行为。比如，某委托人委托代理人出售一批货物，结果代理人自己购买了。这容易使代理人从中渔利，损害被代理人的合法利益。通常称之为自己代理，是法律所不允许的。

(2)代理人同时代理当事人双方，并进行同一项法律行为。比如，代理人既代理买方又代理卖方订立同一项买卖合同。又如，在同一个诉讼案件中，某律师既代理原告又代理被告。这种情况通常称之为双方代理，也是法律所禁止的。

(3)代理人与第三人恶意串通所进行的法律行为。滥用代理权还表现为代理人与第三人恶意串通，使被代理人蒙受损失。比如，甲方委托乙方出售一所房屋，乙方却与买主丙方串通，故意压低房价，使不知真情的甲方蒙受经济损失。这种代理行为是没有法律效力的。

五、委托代理权的终止

《民法通则》第 69 条规定："有下列情形之一的，委托代理终止：代理期间届满或者代理事务完成；被代理人取消委托或者代理人辞去委托；代理人死亡；代理人丧失民事行为能力；作为被代理人或者代理人的法人终止。"第 70 条规定："有下列情形之一的，法定代理或者指定代理终止：被代理人取得或者恢复民事行为能力；被代理人或者代理人死亡；代理人丧失民事行为能力；指定代理的人民法院或者指定单位取消指定；由其他原因引起的被代理人和代理人之间的监护关系消灭。”

归纳起来委托代理权终止的原因主要有4个方面：

(1)代理人或被代理人一方的自然人死亡或法人消灭；

(2)代理人丧失行为能力；

(3)设定法定代理的前提消失(如被代理人取得或者恢复行为能力,代理人和被代理人之间的亲属关系或者监护关系因解除收养或离婚等而不存在)；

(4)在委托代理和指定代理中,代理期限届满或代理任务完成、被代理人或指定代理机关撤销委托或指定、代理人辞去代理职务等。

第二节　我国《合同法》的有关规定

《中华人民共和国合同法》(以下简称《合同法》)于1999年3月15日中国第九届全国人民代表大会第二次会议通过,1999年10月1日起正式实施。《合同法》的公布实施对完善我国的民事立法和经济顺利进行具有非常重要的意义。《合同法》的制定力求完备、贴近实际和与国际接轨,重视法律的规范性和可操作性,有明确的适用范围、构成要件和法律效果,便于准确理解和适用,既体现现代化市场经济对交易便捷的要求,力求简便和迅速,又不因此损及交易安全,规定了必要的形式和手续。

在内容上,《合同法》确立了市场经济的基本交易原则,比较全面、具体地规定了市场经济的基本运行规则,体现了市场发达国家普遍采纳的原则;全面规定了合同的订立程序,纳入了格式合同条款、缔约过失责任、同时履行抗辩权和不安抗辩权、债权人的撤销权和代位权等新的制度;在合同的效力、履行、违约责任等方面都有创新之处。

《合同法》实施后,订立和履行合同应特别注意：

(1)合同的形式从书面扩大到口头及其他形式。《合同法》规定,当事人订立合同可以采取书面形式、口头形式和其他形式,法律有特别要求的除外。这一变化在于,今后在居间往来中,即使当事人之间没有书面合同,但如果有证据证明他们之间存在合同关系(例如:证人或票据等),法院将认定合同处理并有效。

(2)订立合同的书面形式也扩大到信件、电传、电报、传真、电子数据交换和电子邮件,订立合同的方式更为快捷、简便。

《合同法》第二部分——分则共列入15种合同,其中与货运代理关系较为密切的有运输合同、仓储合同及委托合同。

一、运输合同

运输合同是承运人将旅客或者货物从起运地点运输到约定地点,旅客、托运人或者收货人支付票款或者运输费用的合同。

对运输合同的一般规定是:从事公共运输的承运人不得拒绝旅客及托运人通常、合理的运输要求。承运人应当在约定期间或者合理期间内将旅客、货物安全运输到约定地点。承运人应当按照约定的或者通常的运输线将旅客、货物运输到约定地点。旅客、托运人或者收货人应当支付票款或者运输费用。承运人未按照约定线路或者通常路线运输增加票款或者运输费用的，旅客、托运人或者收货人可以拒绝支付增加部分的票款或者运输费用。

(一)货运合同

1. 关于托运人的权利和义务

货运合同就有关托运人的权利和义务规定：托运人办理货物运输，应当向承运人准确表明收货人的名称或者姓名或者凭指示的收货人，货物的名称、性质、重量、数量、收货地点等有关货物运输的必要情况。因托运人申报不实或者遗漏重要情况，造成承运人损失的，托运人应当承担损害赔偿责任。货物运输需要办理审批、检验等手续的，托运人应当将办理完有关手续的文件提交承运人。托运人应当按照约定的方式包装货物。对包装方式没有约定或者约定不明确，并依照本法第61条(合同生效后，当事人就质量、价款或者报酬、履行地点等内容没有约定或者约定不明确的，可以协议补充；不能达成补充协议的，按照合同有关条款或者交易习惯确定)的规定仍不能确定的，应当按照通用的方式包装，没有通用方式的，应当采取足以保护标的物的包装方式。托运人违反前款规定的，承运人可以拒绝运输。托运人托运易燃、易爆、有毒、有腐蚀性、有放射性等危险物品的，应当按照国家有关危险物品运输的规定对危险物品妥善包装，作出危险物标志和标签，并将有关危险物品的名称、性质和防范措施的书面材料提交承运人。托运人违反前款规定的，承运人可以拒绝运输，也可以采取相应措施以避免损失的发生，因此产生的费用由托运人承担。在承运人将货物交付收货人之前，托运人可以要求承运人中止运输、返还货物、变更到达地或者将货物交给其他收货人，但应当赔偿承运人因此受到的损失。

2. 关于收货人的责任与义务

货运合同规定：货物运输到达后，收货人应当及时提货。收货人逾期提货的，应当向承运人支付保管费等费用。收货人提货时应当按照约定的期限检验货物。对检验货物的期限没有约定或者约定不明确，依照本法第61条的规定仍不能确定的，应当在合理期限内检验货物。收货人在约定的期限或者合理期限内对货物的数量、毁损等未提出异议的，视为承运人已经按照运输单证的记载交付了货物。

3. 关于承运人的权利和义务

货运合同规定：货物运输到达后，承运人知道收货人的，应当及时通知收货人。承运人对运输过程中货物的毁损、灭失承担损害赔偿责任，但承运人证明货物的毁损、灭失是因不可抗力、货物本身的自然性质或者合理损耗以及托运人、收货人的过错造成的，不承担损害赔偿责任。货物的毁损、灭失的赔偿额，当事人有约定的，按照其约定；没有约定或者约定不明确，依照本法第61条的规定仍不能确定的，按照交付或者应当交付时货物到达地的市场价格计算。法律、行政法规对赔偿额的计算方法和赔偿限额另有规定的，依照其规定。收货人不明或者收货人无正当理由拒绝受领货物的，依照本法第101条，有下列情形之一，难以履行债务的，债务人可以将标的物提存：

(1)债权人无正当理由拒绝受领；

(2)债权人下落不明；

(3)债权人死亡未确定继承人或者丧失民事行为能力未确定监护人；

(4)法律规定的其他情形。

标的物不适于提存或者提存费用过高的，债务人依法可以拍卖或者变卖标的物，提存所得的价款的规定，承运人可以提存货物。

4. 承运人的连带责任

两个以上承运人以同一运输方式联运的，与托运人订立合同的承运人应当对全程运输承担责任。损失发生在某一运输区段的，与托运人订立合同的承运人和该区段的承运人承担连带责任。

5. 不可抗力

货物在运输过程中因不可抗力灭失，未收取运费的，承运人不得要求支付运费；已收取运费的，托运人可以要求返还。

6. 承运人留置权

托运人或者收货人不支付运费、保管费以及其他运输费用的，承运人对相应的运输货物享有留置权，但当事人另有约定的除外。

（二）多式联运合同

1. 多式联运经营人的权利与义务

多式联运经营人负责履行或者组织履行多式联运合同，对全程运输享有承运人的权利，承担承运人的义务。多式联运经营人可以与参加多式联运的各区段承运人就多式联运合同的各区段运输约定相互之间的责任，但该约定不影响多式联运经营人对全程运输承担的义务。多式联运经营人收到托运人交付的货物时，应当签发多式联运单据，按照托运人的要求，多式联运单据可以是可转让单据，也可以是不可转让单据。

2. 托运人的责任

因托运人托运货物时的过错造成多式联运经营人损失的，即使托运人已经转让多式联运单据，托运人仍然应当承担损害赔偿责任。

3. 多式联运经营人的赔偿责任及责任限额

即货物的毁损、灭失发生于多式联运的某一运输区段的，多式联运经营人的赔偿责任和责任限额，适用调整该区段运输方式的有关法律规定。货物毁损、灭失发生的运输区段不能确定的，依照本章规定承担损害赔偿责任。

二、仓储合同

仓储合同是保管人储存存货人交付的仓储物，存货人支付仓储费的合同。仓储合同自成立时生效。本章没有规定的，适用保管合同的有关规定。

（一）存货人的义务与责任

该法第 383 条第 1 款规定：储存易燃、易爆、有毒、有腐蚀性、有放射性等危险物品或者易变质物品，存货人应当说明该物品的性质，提供有关资料。第 2 款规定：存货人违反前款规定，……产生的费用由存货人承担。

（二）保管人的责任、权利与义务

该法第 383 条第 2 款规定：存货人违反前款规定的，保管人可以拒收仓储物，也可以采取相应措施以避免损失的发生。第 3 款规定：保管人储存易燃、易爆、有毒、有腐蚀性、有放射性等危险物品的，应当具备相应的保管条件。该法还规定：保管人应当按照约定对入库仓储物进行验收。保管人验收时发现入库仓储物与约定不符合的，应当及时通知存货人。保管人验收后,发生仓储物的品种、数量、质量不符合约定的,保管人应当承担损害赔偿责任。存货人交付仓储物的,保管人应当给付仓单。保管人应当在仓单上签字或者盖章。仓单包括下列事项:

(1)存货人的名称或者姓名和住所;

(2)仓储物的品种、数量、质量、包装、件数和标记;

(3)仓储物的损耗标准;

(4)储存场所;

(5)储存期间;

(6)仓储费;

(7)仓储物已经办理保险的,其保险金额、期间以及保险人的名称;

(8)填发人、填发地和填发日期。

保管人根据存货人或者仓单持有人的要求,应当同意其检查仓储物或者提取样品。储存期间。因保管人保管不善造成仓储物毁损、灭失的,保管人应当承担损害赔偿责任。因仓储物的性质、包装不符合约定或者超过有效储存期造成仓储物变质、损坏的,保管人不承担损害赔偿责任。

(三)仓单的转让

仓单是提取仓储物的凭证。存货人或者仓单持有人在仓单上背书并经保管人签字或者盖章的,可以转让提取仓储物的权利。

(四)仓储物的处置

保管人对入库仓储物发现有变质或者其他损坏的,应当及时通知存货人或者仓单持有人。保管人对入库仓储物发现有变质或者其他损坏,危及其他仓储物的安全和正常保管的,应当催告存货人或者仓单持有人作出必要的处置。因情况紧急,保管人可以作出必要的处置,但事后应当将该情况及时通知存货人或者仓单持有人。

(五)仓储物的提取

当事人对储存期间没有约定或者约定不明确的,存货人或者仓单持有人可以随时提取仓储物,保管人也可以随时要求存货人或者仓单持有人提取仓储物,但应当给予必要的准备时间。储存期间届满,存货人或者仓单持有人应当凭仓单提取仓储物。存货人或者仓单持有人逾期提取的。应当加收仓储费,提前提取的,不减收仓储费。储存期间届满,存货人或者仓单持有人不提取仓储物的,保管人可以催告其在合理期限内提取,逾期不提取的,保管人可以提存仓储物。

三、委 托 合 同

委托合同是委托人和受托人约定,由受托人处理委托人事务的合同。委托人可以特别委托受托人处理一项或者数项事务,也可以概括委托受托人处理一切事务。

(一)委托人的义务

委托人应当预付处理委托事务的费用。受托人为处理委托事务垫付的必要费用,委托人应当偿还该费用及其利息。受托人完成委托事务的,委托人应当向其支付报酬。因不可归责于受托人的事由,委托合同解除或者委托事务不能完成的,委托人应当向受托人支付相应的报酬。因不可归责于受托人的事由,委托合同解除或者委托事务不能完成的,委托人应当向受托人支付相应的报酬。当事人另有约定的,按照其约定。

(二)受托人的义务

受托人应当按照委托人的指示处理委托事务。需要变更委托人指示的,应当经委托人同意;因情况紧急,难以和委托人取得联系的,受托人应当妥善处理委托事务,但事后应当将该情况及时报告委托人。受托人应当按照委托人的要求,报告委托事务的处理情况。委托合同终止时,受托人应当报告委托事务的结果。受托人处理委托事务取得的财产,应当转交给委托人。

(三)受托人的索赔权利

受托人处理委托事务时,因不可归责于自己的事由受到损失的,可以向委托人要求赔偿损失。委托人经受托人同意,可以在受托人之外委托第三人处理委托事务。因此给受托人造成损失的,受托人可以向委托人要求赔偿损失。

(四)受托人的赔偿责任与连带责任

有偿的委托合同,因受托人的过错给委托人造成损失的,委托人可以要求赔偿损失。无偿的委托合同,因受托人的故意或者重大过失给委托人造成损失的,委托人可以要求赔偿损失。受托人超越权限给委托人造成损失的,应当赔偿损失。两个以上的受托人共同处理委托事务的,对委托人承担连带责任。

(五)委托人、受托人与第三人之间的权利义务关系

受托人以自己的名义,在委托人的授权范围内与第三人订立的合同,第三人在订立合同时知道受托人与委托人之间的代理关系的,该合同直接约束委托人和第三人,但有确切证据证明该合同只约束受托人和第三人的除外。

受托人以自己的名义与第三人订立合同时,第三人不知道受托人与委托人之间的代理关系的,受托人因第三人的原因对委托人不履行义务,受托人应当向委托人披露第三人,委托人因此可以行使受托人对第三人的权利,但第三人与受托人订立合同时如果知道该委托人就不会订立合同的除外。受托人因委托人的原因对第三人不履行义务,受托人应当向第三人披露委托人,第三人因此可以选择受托人或者委托人作为相对人主张其权利,但第三人不得变更选定的相对人。委托人行使受托人对第三人的权利的,第三人可以向委托人主张其对受托人的抗辩。第三人选定委托人作为其相对人的,委托人可以向第三人主张其对受托人的抗辩以及受托人对第三人的抗辩。

(六)关于转委托

受托人应当亲自处理委托事务。经委托人同意,受托人可以转委托。转委托经同意的,委托人可以就委托事务直接指示转委托的第三人,受托人仅就第三人的选任及其对第三人的指示承担责任。转委托未经同意的,受托人应当对转委托的第三人的行为承担责任,但在紧急情况下受托人为维护委托人的利益需要转委托的除外。

(七)合同的解除与终止

该法规定:委托人或者受托人可以随时解除委托合同。因解除合同给对方造成损失的,除不可归责于该当事人的事由以外,应当赔偿损失。

委托人或者受托人死亡、丧失民事行为能力或者破产的,委托合同终止,但当事人另有约定或者根据委托事务的性质不宜终止的除外。因委托人死亡、丧失民事行为能力或者破产,致使委托合同终止将损害委托人利益的,在委托人的继承人、法定代理人或者清算组织承受委托事务之前,受托人应当继续处理委托事务。因受托人死亡、丧失民事行为能力或者破产,致使委托合同终止的,受托人的继承人、法定代理人或者清算组织应当及时通知委托人。因委托合同终止将损害委托人利益的,在委托人作出善后处理之前,受托人的继承人、法定代理人或者清算组织应当采取必要措施。

(八)货运代理委托合同的构成要件和代理人的主要职责

根据《民法通则》和《合同法》中有关委托合同的规定,货运代理作为代理人时,所产生的代理法律关系的法律事实只有一个,那就是被代理人的委托。货运代理委托合同关系一旦成立,双方当事人便依法享有权利并承担义务。

委托的方式有书面和口头两种。法律没有明确规定必须采取书面形式,但是为了明确双方当事人的权利义务,应以书面委托为宜。在书面委托情况下,委托书是货运代理合同的主要表现形式,是确定双方当事人权利义务的主要依据。在代理人实施代理行为,与第三人发生关系时,委托书还是一份必要的证明材料。委托书没有固定格式,依委托内容而定。

1. 货运代理委托合同的构成要件

货运代理必须具备两个方面的条件:

(1)货主提出委托。这是建立货运代理合同关系的条件,也是代理权的来源。委托的第一层意义是确立代理关系,第二层意义是明确代理的内容和权限。根据《民法通则》第66条,代理人没有代理权、超越代理权和代理权终止后的行为,由行为人自己承担责任。除非事后得到被代理人的追认。

(2)代理人必须以被代理人的名义行事。这是代理的基本特征之一,也是构成代理的必要条件。代理人以自己的名义实施的行为所产生的后果由代理人自己承担。

2. 货运代理作为代理人的主要职责

货运代理人通过代理行为为货主提供服务,以收取代理费为商业目的。这一性质决定了代理人必须正确行使代理权,依法维护委托人的利益,同时也不得侵害第三人的利益。

(1)妥善履行代理职责。表现在3个方面的要求:

①积极履行代理职责,不得怠慢;

②正确履行代理职责;

③为委托人保守商业秘密。代理人未履行代理职责,实际上是未尽订立合同的义务,属违约行为,因此造成委托人经济损失的,应承担赔偿责任。

(2)在授权范围内为民事法律行为。代理人必须在委托人授权范围内为代理行为。无权代理、超越代理权和代理权终止后的行为产生的后果均由行为人自己负责,除非事后得到被代理人的追认。在授权范围内为代理行为的另一层含义是代理人履行代理行为的方式必须合法。任何违法行为,委托人不得提出委托,代理人也不得接受委托。因此,委托的权限和履行代理行为的方式只能是在法律允许的范围内。代理人的履约方式违法也属于超越代理权限的范畴,产生的法律后果由代理人自己承担。

第三节　我国《海商法》的有关规定

我国《海商法》于1992年11月17日由第七届全国人民代表大会常委会第二十八次会议

通过,并于1993年7月1日生效。《海商法》中关于诉讼时效、责任(包括当事人的责任、责任期限、赔偿责任、赔偿责任限制)、免责条款等都对货运代理人的责任作出了相应的规定(详见本书第四章)。

第四节　我国《海事诉讼特别程序法》的有关规定

与《海商法》相配套的我国《海事诉讼特别程序法》于1999年12月25日第九届全国人大常委会第十三次会议通过,并于2000年7月1日起实施。该法的诞生结束了长期以来我国对涉外海事案件管辖权缺乏明确的法律依据的历史,确立了我国法院对相关海事案件的管辖权,从而使我国法院对涉外海事案件的判决为外国法院所承认和执行奠定了基础。

作为特定条件下进行的海事诉讼活动而设立的特殊的民事诉讼程序制度,《海事诉讼特别程序法》使《海商法》这部实体法的实施有了程序上的保障。我国海事案件的管辖分为:地域管辖、专属管辖、协议管辖、指定管辖及海事执行案件的管辖。

一、海事案件的地域管辖

地域管辖,在涉外海事案件方面是中国海事法院与外国法院之间的职权划分;在国内海事案件方面是海事法院之间的职权划分。

有关海事案件的地域管辖与我国《民事诉讼法》的规定相同。《海事诉讼特别程序法》第2章第6条1款规定:"海事诉讼的地域管辖,依照《中华人民共和国民事诉讼法》的有关规定。"这一款是对我国《民事诉讼法》已经明确规定的海事案件管辖规定所作的重申性规定。该法第6条2款是对几种特殊的海事案件的管辖所作的补充性规定,除适用《民事诉讼法》外,增加了一些新的规定,其中包括:海事侵权纠纷案、海上运输合同纠纷案、船舶租用合同纠纷案、海上保赔合同纠纷案、船员劳务合同纠纷案、海事担保纠纷案以及涉及船舶4种权利纠纷案的管辖规定。

(一)海事侵权案件的管辖

第6条2款(1)规定:因海事侵权行为提起的诉讼,除依照《中华人民共和国民事诉讼法》第29条至第31条的规定以外,还可以由船籍港所在地海事法院管辖。

(二)海上运输合同案件的管辖

该法第6条2款(2)规定:因海上运输合同纠纷提起的诉讼,除依照《中华人民共和国民事诉讼法》第28条的规定以外,还可以由转运港所在地海事法院管辖。

(三)租船合同案件的管辖

该法第6条2款(3)规定:因海船租用合同纠纷提起的诉讼,由交船港、还船港、船籍港所在地、被告住所地海事法院管辖。

(四)海上保赔合同案件的管辖

该法第6条2款(4)规定:因海上保赔合同纠纷提起的诉讼,由保赔标的物所在地、事故发生地、被告住所地海事法院管辖。

(五)船员劳务合同案件的管辖

该法第6条2款(5)规定:因海船的船员劳务合同纠纷提起的诉讼,由原告住所地、合同签订地、船员登船港或者离船港所在地、被告住所地海事法院管辖。

(六)海事担保案件的管辖

该法第6条2款(6)规定:因海事担保纠纷提起的诉讼,由担保物所在地、被告住所地海事法院管辖;因船舶抵押纠纷提起的诉讼,还可以由船籍港所在地海事法院管辖。

(七)涉及船舶4种权利案件的管辖

该法第6条2款(7)规定:因海船的船舶所有权、占有权、使用权、优先权纠纷提起的诉讼,由船舶所在地、船籍港所在地、被告住所地海事法院管辖。

上述第6条2款之(2)、(5)及(7)项所及海船均应作扩大解释。与《海商法》第3条对船舶的定义相同,即"所称船舶,是指海船和其他海上移动式装置,但是用于军事的、政府公务的船舶和20吨以下的小型船艇除外。"同时规定,享有海事赔偿责任限制限额的船舶以300总吨位为起点,对于总吨位不满300吨的船舶、从事沿海运输和沿海作业的船舶以及从事中华人民共和国港口之间的海上旅客运输船舶的责任限制的限额,由国务院交通主管部门另行制定。

(八)申请无主财产认定的管辖

该法第2章第9条规定:当事人申请认定海上财产无主的,向财产所在地海事法院提出;申请因海上事故宣告死亡的,向处理海事事故主管机关所在地或者受理相关海事案件的海事法院提出。

(九)申请海事请求保全的管辖

海事请求保全不受协议管辖的限制。该法第3章第13条规定:当事人在起诉前申请海事请求保全,应当向被保全的财产所在地海事法院提出。第14条亦包含此义,"海事请求保全不受当事人之间关于该海事请求的诉讼管辖协议或者仲裁协议的约束。"即无论被请求保全的财产,如船舶或货物所在地是否与纠纷有实际的联系、是否在专属管辖范围内,也无论该海事法院是否为协议管辖的法院或当事人是否订有仲裁协议。只要当事人于起诉前申请海事请求保全的,均应向被保全的财产所在地海事法院提出。

关于进入诉讼后的海事请求保全的管辖,该法没有明确规定是否仍不受已经开始的诉讼管辖的限制。

海事请求保全执行后,协议管辖优先于因海事请求保全取得的管辖。该法第19条规定:海事请求保全执行后,有关海事纠纷未进入诉讼或者仲裁程序的,当事人就该海事请求,可以向采取海事请求保全的海事法院或者其他有管辖权的海事法院提起诉讼,但当事人之间订有诉讼管辖协议或者仲裁协议的除外。也就是说,因扣船、扣货实施了海事请求保全的法院获得了管辖权,而且其管辖权的效力与其他法院管辖权的效力是等同的。当事人可以就该海事请求,向采取海事请求保全的法院提起诉讼,但是如果协议管辖的法院不是执行海事请求保全的法院或当事人之间订有仲裁协议,且这种协议是有效的,则协议管辖优先于法律一般规定的管辖,即优先于一般地域管辖和因海事请求保全所取得的管辖。这样就会出现起诉前申请保全的法院与海事请求保全执行后解决实体纠纷的法院不一致,这是法律所允许的。

(十)申请海事强制令的管辖

该法第4章第52条规定:当事人在起诉前申请海事强制令,应当向海事纠纷发生地海事法院提出。第53条包括第52条的含义,即海事强制令不受当事人之间关于该海事请求的诉讼管辖协议或者仲裁协议的约束。其理解与第14条相同。

海事强制令是一个全新的制度，是我国《民事诉讼法》所没有的。它开创了我国诉讼程序上行为保全的先例，是根据海事诉讼的特殊情况而制定的。例如，要求承运人签发提单，或要求收货人提取货物，或要求租船人支付租金或交换船舶等，对于此类行为保全性质的海事强制令的请求，海事法院可根据请求人的申请，责令被请求人作为或不作为。这一规定是强制性的，被请求人必须执行，否则承担一定的法律责任。

海事强制令执行后，如同上述第 19 条，协议管辖优先于因海事强制令取得的管辖。该法第 61 条规定：海事强制令执行后，有关海事纠纷未进入诉讼或者仲裁程序的，当事人就该海事请求，可以向作出海事强制令的海事法院或者其他有管辖权的海事法院提起诉讼，但当事人之间订有诉讼管辖协议或者仲裁协议的除外。

（十一）申请海事证据保全的管辖

该法第 5 章第 63 条规定：当事人在起诉前申请海事证据保全，应当向被保全的证据所在地海事法院提出。第 64 条包括第 63 条的含义，即海事证据保全不受当事人之间关于该海事请求的诉讼管辖协议或者仲裁协议的约束。

海事证据保全后，有关海事纠纷未进入诉讼或者仲裁程序的，当事人就该海事请求，可以向采取证据保全的海事法院或者其他有管辖权的海事法院提起诉讼，但当事人之间订有诉讼管辖协议或者仲裁协议的除外（第 72 条）。

（十二）申请公示催告的管辖

该法第 8 章第 100 条规定：提单等提货凭证持有人，因提货凭证失控或者灭失，可以向货物所在地海事法院申请公示催告。海事公示催告也是全新的，它是在借鉴《民事诉讼法》的基础上，专门针对海事公示催告而制定的。提单或提货凭证没有或丢失，均可申请催告，以最后确认对货物的所有权。

（十三）申请设立海事赔偿责任限制基金的管辖

该法第 9 章第 102 条规定：当事人在起诉前申请设立海事赔偿责任限制基金的，应当向事故发生地、合同履行地或者船舶扣押地海事法院提出。

设立海事赔偿责任限制基金以后，当事人就有关海事纠纷应当向设立海事赔偿责任限制基金的海事法院提起诉讼，但当事人之间订有诉讼管辖协议或者仲裁协议的除外（第 109 条）。

（十四）登记和确权诉讼的管辖

该法第 10 章第 111 条规定：海事法院裁定强制拍卖船舶的公告发布后，债权人应当在公告期间，就与被拍卖船舶有关的债权申请登记。公告期间届满不登记的，视为放弃在本次拍卖船舶价款中受偿的权利。第 112 条规定：海事法院受理设立海事赔偿责任限制基金的公告发布后，债权人应当在公告期间就与特定场合发生的海事事故有关的债权申请登记。公告期间届满不登记的，视为放弃债权。第 116 条 1 款规定：债权人提供其他海事请求证据的，应当在办理债权登记以后，在受理债权登记的海事法院提起确权诉讼。当事人之间有仲裁协议的，应当及时申请仲裁。上述 3 条均规定，债权人须在受理法院进行债权登记，登记后进行确权诉讼。确权诉讼是一新的程序，该程序应在也只能在受理债权登记的法院提起诉讼，这是法律的一项特别规定，法院因登记而获得管辖权。第 116 条第 2 款也是一项特别的规定，即一审终局、一审生效，“海事法院对确权诉讼作出的判决、裁定具有法律效力，当事人不得提起上诉。”

这一全新的规定借鉴了我国《破产法》的有关规定，目的是为了缩短案件周期，使债权人尽快获得赔偿，法院尽快审理结案。

（十五）申请船舶优先权催告的管辖

该法第11章第121条规定：受让人申请船舶优先权催告的，应当向转让船舶交付地或者受让人住所地海事法院提出。

二、海事案件的专属管辖

专属管辖的意义在于排除外国法院的管辖权，维护国家的主权和利益。不过近年来专属管辖的趋势越来越小。

（一）港口作业案

该法第2章第7条1款规定：因沿海港口作业纠纷提起的诉讼，由港口所在地海事法院管辖。

（二）海域污染案

该法第7条2款规定：因船舶排放、泄漏、倾倒油类或者其他有害物质，海上生产、作业或者拆船、修船作业造成海域污染损害提起的诉讼，由污染发生地、损害结果地或者采取预防污染措施地海事法院管辖。

（三）海洋勘探开发合同案

该法第7条3款规定：因在中华人民共和国领域和有管辖权的海域履行的海洋勘探开发合同纠纷提起的诉讼，由合同履行地海事法院管辖。所谓有管辖权的海域，是指领海以外的我国的毗连区、专属经济区和大陆架。

三、海事案件的协议管辖

《海事诉讼特别程序法》突破了《民事诉讼法》关于当事人协议选择与实际争议有连接点的法院管辖的原则，该法第2章第8条规定：海事纠纷的当事人是外国人、无国籍人、外国企业或者组织，当事人书面协议选择中华人民共和国海事法院管辖的，即使与纠纷有实际联系的地点不在中华人民共和国领域内，中华人民共和国海事法院对该纠纷也具有管辖权。这一规定充分体现了当事人意思自治的原则。当事人协议选择的法院不受是否与案件有实际联系的约束。

由港口所在地、事故发生地和合同履行地海事法院实施管辖的案件，当事人不能协议选择管辖。

四、海事案件的指定管辖

该法第2章第10条规定：海事法院与地方人民法院之间因管辖权发生争议，由争议双方协商解决；协商解决不了的，报请他们的共同上级人民法院指定管辖。其内容与《民事诉讼法》的规定一致。

五、海事执行案件的管辖

该法第2章第11条规定：当事人申请执行海事仲裁裁决，申请承认和执行外国法院判决、裁定以及外国海事仲裁裁决的，向被执行的财产所在地或者被执行人住所地海事法院提出。被执行的财产所在地或者被执行人住所地没有海事法院的，向被执行人财产所在地或者被执行人住所地的中级人民法院提出。

根据我国《海事诉讼特别程序法》第 6 条的规定，海事案件的地域管辖适用《民事诉讼法》和《海事诉讼特别程序法》，但是《民事诉讼法》和《海事诉讼特别程序法》的有关规定，并不能涵盖所有海事案件的地域管辖问题。因此，最高人民法院关于海事案件地域管辖的有关规定仍然适用。上述三者的关系是：首先适用作为特别法的《海事诉讼特别程序法》，其次适用《民事诉讼法》，最后适用最高人民法院的司法解释。

我国最高人民法院在《关于海事法院收案范围的规定》中，将有关货运代理合同产生的纠纷案例列为海事法院管辖范围。

第五节　我国国际货物运输代理业管理规定

《中华人民共和国国际货物运输代理业管理规定》（以下简称《规定》），是于 1995 年 6 月 6 日经国务院批准，同年 6 月 29 日由对外贸易经济合作部发布实施的一项行政法规。

《规定》的原则是：从我国国情出发，参照外国货运代理的有益经验，以我国《对外贸易法》等有关法律为依据，以促进对外贸易的发展为目的。《规定》为我国国际货运代理行业的持续、稳定、健康发展确定了基本的法律原则。《规定》中明确了对国际货运代理业实施监督管理的原则，为做好行业管理工作提供了法律依据。《规定》中明确了国际货运代理企业的设立条件、审批程序、业务准则、罚则，明确了行业的主管部门及行业发展的基本原则，规范了国际货运代理的行为，有利于保障进出口货物收货人、发货人和国际货运代理企业的合法权益。

《规定》的发布与实施，建立了我国国际货运代理业管理的基本制度，有利于建立一个公平竞争的货运代理企业运营机制，是我国国际货运代理行业的管理与经营活动走上法制化的标志。《规定》吸收了近年来国际上在该行业中的先进经验，借鉴了国际货运代理业较发达的英国、法国、德国、美国、日本及东欧等国家的一些可取做法，是我国国际货运代理业的管理与经营向国际规范靠拢的重要标志。

《规定》的发布与实施，保证了国际货运代理业在法制上的延续与统一，提高了行业管理的客观标准和透明度，避免了行业管理出现不一致、不统一、政出多门等现象，使该行业在有效管理中健康有序地发展。

《规定》旨在加强货运代理企业服务的管理，提高行业服务水平，更好地为外贸业务服务。《规定》适用于在中华人民共和国境内所有从事国际货物运输代理业务的企业（包括中资企业、中外合资企业、外商投资企业）。《规定》共有 28 条，其主要内容如下。

一、国际货运代理的定义

《规定》第 2 条给予国际货运代理业以明确的界定，即“指接受进出口货物收货人、发货人的委托，以托运人的名义或以自己的名义，为托运人办理国际货物运输及相关业务并收取报酬的行业。”

二、国际货运代理业主管部门

《规定》第 4 条“国务院对外贸易经济合作主管部门负责对全国的国际货物运输代理业实

施监督管理”,我国对外贸易经济合作主管部门就是对外贸易经济合作部,即货运代理企业审批和管理机构是对外贸易经济合作部。为防止由于部门名称变更而改动法律,所以在规定中用“对外贸易经济合作主管部门”,而未列出外经贸部全名。

国际货运代理行业目前具体划归外经贸发展司外贸货物运处管理。该处负责管理国际货运代理;研究制定并完善国际货运代理行业的政策及法律法规,制定国际货运代理企业资格标准,负责货运代理企业资格的审定;参与政府及国际多边运输协定的谈判;指导外经贸仓储行业管理;联系国际货运代理协会及相关的社会中介组织等。

三、国际货运代理企业的审批制度

《规定》第二章、第三章分别从申请经营国际货运代理业务所需要的条件和审批程序方面规定了货运代理企业的审批制度。一切从事国际货运代理的企业都必须报请审批机构批准,获批准后向工商行政管理部门办理注册手续,方可营业。

四、外商、港商驻华的代表处不得经营国际货运代理业务

国际货运代理业是一项国际服务贸易。根据我国的产业政策,外商投资从事货运代理业是严格限制的。国际货运代理行业利用外资要根据有关的法律、法规、对外政策以及我国的实际需要和可能,按照平等互利原则,综合考虑,确定取舍。在此前提下,按照本《规定》进行审批管理。其他与本规定相悖的,一律以该规定为准。

五、国际货运代理的揽货业务

这里需要特别指出的一点是,《规定》第 17 条关于国际货运代理业务范围中没有直接列明“揽货”一项。这是因为在描述国际货运代理业务时,重点是从货运代理企业接受货主委托角度讲的。实际业务中,在货运代理企业揽货的前提下,才接受货主委托,建立代理关系。“接受进出口货物收货人、发货人的委托”是货运代理企业揽货的结果。因此,揽货仍是货运代理的一项主要工作。

六、使用专用发票制度

《规定》规定:“国际货物运输代理企业从事国际货物运输代理业务,必须使用经税务机关核准的发票”,这是从保证国家税收,打击非法经营方面考虑的。

七、国际货运代理的权利

国际货运代理有权享受合同所规定的豁免和其他权益,有权按合同或有关规定向承运人收取佣金、服务费和手续费等费用。

八、纠纷的处理

承运人与货主之间发生争议或法律纠纷时,货运代理有责任协助查清事实并提供有关证明,货运代理企业或其雇员本身的疏忽或过失,造成货物灭失或损害,应按有关契约承担责任,没有契约或未作规定的,参照有关国际公约或惯例处理。

九、关于罚则的规定

《规定》明确了国际货物运输代理企业必须依法取得中华人民共和国企业法人资格，有企业章程、固定的营业场所、专业人才和相当的资金，依法成立，依法经营，依法竞争。国际货运代理是介于货主与承运人之间的中间人，是接受货主或承运人委托，在授权范围内办理国际货物运输业务的企业。经营中必须遵守国家法律、法令，接受管理机关的监督检查，如有违反本规定的行为，将处以警告、撤销批准证书直至追究刑事责任。《规定》第 23 ~ 26 条作了具体规定。

“有法必依，违法必究”是我国法制建设的基本原则。为了有效地执行规定，罚则一章不仅规定了对于违反规定的组织和个人，根据违法行为的情节轻重，分别追究其行政、民事或刑事责任，而且对外经贸主管部门和其他管理部门如工商、税务机关也提出了明确的要求。这是行业管理方面的一大突破。

第六节 外国投资国际货物运输代理企业审批规定

《外国投资国际货物运输代理企业审批规定》是为了规范外商型国际货物运输代理企业的审批工作，根据国家有关外国投资企业自律、法规以及有关行业管理的规定制定的。本规定由中华人民共和国对外贸易经济合作部制定，并于 1995 年 2 月 22 日颁布。本规定共有 15 条，包括外国投资国际货运代理企业的定义，申请审批的条件、程序，经营范围，经营期限，设立分公司的条件及申请程序等。港澳及台湾地区的投资者参照本规定办理。并宣布《外国投资国际货运代理企业审批制度》同时作废。

本规定中“外国投资国际货运代理企业”是指以中外合资、合作形式设立的接受进出口货物收货人、发货人的委托，以委托人的名义或者以自己的名义，为委托人办理国际货物运输及相关业务并收取服务报酬的外商投资企业。其审批和管理机构为我国外经贸部。外商可以合资、合作方式在我国境内设立投资国际货运代理企业。申请设立外商投资国际货运代理企业除必须具备《中华人民共和国国际货物运输代理业管理规定》所规定的条件外，还必须具备国家有关外商投资企业的法律、法规所规定的条件和以下三个条件：

（1）中国合营者至少有一家是国际货运企业或年进出口贸易额为 5 000 万美元以上的外贸企业，符合上述的合营者在中方占大股；外国合营者必须是国际货运代理企业；

（2）中外合营者均须有 3 年以上国际货运代理或外贸业务经营历史，且资本最低限额为 100 万美元。

经批准，外商投资国际货运代理企业可经营下列部分或全部业务：订舱、仓储；货物的监装、监卸、集装箱拼箱、拆箱；国际快递，私人信函除外；报关、报验、报检、保险；缮制有关单证，交付运费，结算、交付杂费；其他国际货物运输代理业务。

申请设立外商投资国际货运代理企业按国家现行的有关外商投资企业的法律、法规所规定的程序，由中国合营者将申请文件报拟设外商投资国际货运代理企业所在地的省、自治区、直辖市、计划单列市外经贸主管部门（由外资管理部门商储运管理部门共同审查），由其初审同意后报外经贸部审批。

外经贸部依照国家有关外商投资的法律、法规，在规定的期限内决定批准或不批准，对批准者，由外经贸部颁发《外商投资企业批准证书》和《国际货物运输代理企业批准证书》。中国合营者持外经贸部颁发的两项证书向工商管理部门办理登记注册手续。

外商投资国际货运代理企业的经营期限不超过20年。外商投资国际货运代理企业正式开业满1年，且合营各方出资已全部到位后，可申请在国内其他地方设立分公司。外商投资国际货运代理企业每设立一个从事国际货物运输代理企业的分公司，应增加注册资本12万美元。分公司的经营范围在外商投资国际货运代理企业的经营范围之内，由总公司承担连带责任。设立分公司，首先应由外商投资国际货运代理企业所在地外经贸主管部门初审，然后向拟设分公司所在地外经贸主管部门征求意见，获得同意后再转报外经贸部，外经贸部根据发展需要进行审批。

外商投资国际货运代理企业设立分公司需上报以下文件：

(1)企业所在地外经贸部门的转报报告和拟设立分公司所在地外经贸部门的意见函；

(2)董事会关于设立分公司和增资的决议；

(3)有关增资事项对合营合同、章程的修改协议；

(4)企业经营情况报告及设立分公司的理由和可行性分析；

(5)企业验资报告；

(6)其他文件。

在本规定颁布之日前已设立的外商投资国际货运代理企业拟申请扩大经营范围、设立分公司、延长合营期限时，其注册资本应按本规定办理。

香港、澳门、台湾地区的公司、企业在祖国大陆投资设立国际货运代理企业，参照本办法办理。

第七节　关于台湾海峡两岸间货物运输代理业的管理

一、关于台湾海峡两岸间货物运输代理业管理办法

为促进台湾海峡两岸间经济贸易交流和航海运输业发展，维护正常的货物运输代理经营秩序，根据国家有关法律、法规以及“一个中国、双向直航、互惠互利”的原则，1996年8月21日外经贸部制定了《关于台湾海峡两岸间货物运输代理业管理办法》(以下简称《管理办法》)。目前大陆与台湾虽尚未实行三通，但两岸的货运代理业务已经开展起来，该《管理办法》的公布，有利于规范两岸间的货运代理业务，使其健康发展。本办法适用于对从事代理台湾海峡两岸间直达航海货物运输业务的管理，自公布之日起生效。本办法的解释权属外经贸部。

我国大陆港口与台湾地区港口之间的海上直达货物运输属于特殊管理的国内运输，外经贸部是台湾海峡两岸间货物运输代理业务的主管机关。外经贸部根据国家有关法律规定和台湾海峡两岸间货物运输市场的供求情况，对经营有关货物运输代理业务的企业实施行业管理。

从事经营台湾海峡两岸间货物运输代理业务必须经外经贸部批准。未经外经贸部批准的任何企业和个人一律不得从事该项业务。

申请经营台湾海峡两岸间货物运输代理业务的企业仅限于以下两类：

(1)经外经贸部批准设立的全部资本来源于中国内地的国际货物运输代理企业；

(2)经外经贸部批准设立的中国内地和台湾地区投资者合资或合作的国际货物运输代理企业。

申请经营台湾海峡两岸间货物运输代理业务的企业,应经所在省、自治区、直辖市、经济特区对外贸易经济合作主管部门审核后转报外经贸部批准。外经贸部自收到本办法第7条规定的申请文件(申请经营台湾海峡两岸间货物运输代理业务的企业),应提交下列文件:(1)申请书;(2)可行性研究报告;(3)资信证明;(4)外经贸部要求的其他文件。外经贸部向批准经营台湾海峡两岸间货物运输代理业务的企业核发经营许可证。经营许可证有效期为3年。经营许可证有效期届满时,需要继续从事有关代理业务的,应在经营许可证有效期届满的30天前向外经贸部申请换领经营许可证。未依照本款规定申请换领经营许可证的,其从事有关代理业务的资格自经营许可证有效期届满时自动取消。

外经贸部定期集中公布从事台湾海峡两岸间货物运输代理业务的企业名录。从事台湾海峡两岸间直达航海货物运输业务的企业必须在外经贸部公布的从事有关货物运输代理业务的企业中选择代理。海关不得为未经外经贸部批准从事有关代理业务的企业办理清关手续。

经批准的从事代理台湾海峡两岸间直达航海货物运输业务的企业应遵照国家法律、法规及有关行业管理规定,为台湾海峡两岸货物收发货人和直达航运船舶提供优质服务,每季度第一个月上旬将上一季度有关经营情况以书面形式报企业所在地外经贸主管部门并抄报外经贸部。对违反国家有关法律、法规及本办法规定的从事台湾海峡两岸间货物运输代理业务的企业,外经贸部将根据国家有关法律予以处罚。

关于从事台湾海峡两岸间货物运输代理业务,本办法未规定的有关事宜参照《中华人民共和国国际货物运输代理业管理规定》执行。

二、关于台湾海峡两岸间货物运输代理业管理办法有关问题的通知

《管理办法》经过半年多的实践,外经贸部就实施中的有关问题,于1997年3月4日作出如下通知。

(1)申请经营台湾海峡两岸间货物运输代理业务的企业,必须是外经贸部批准的,全部资本来源于中国内地或中国内地和台湾地区投资者合资合作的国际货物运输代理企业,并且具备以下两个条件:

①在属地同行业中有较大的经营规模和较强的经济实力；

②有良好的国际货物运输代理经营实绩和商业资信。

(2)外经贸部向批准经营台湾海峡两岸间货物运输代理业务的企业核发经营许可证。

(3)《管理办法》第七条规定的外经贸部要求的其他文件是指：

①企业营业执照、企业章程影印件；

②会计师事务所出具的验资报告书；

③企业投资者情况说明；

④台湾投资者提交的材料必须附有经外经贸部认可的台湾有关机构提供的见证文书；

⑤申请者上一年度经营实绩、利润及上缴税额报告影印件。

中外合资、合作国际货物运输代理企业还需根据外商投资企业法律、法规的规定提供有关文件。

(4)鉴于厦门港(厦门市行政区划内各对外开放港口码头及其相关水域和漳州港尾中银开发区对外开放码头及其相关水域)、福州港(福州市行政区划内各对外开放港口码头及其相关水域)为两岸间船舶直航的试点口岸,目前仅受理福建省内国际货物运输代理企业的申请。

(5)现阶段,为及时掌握台湾海峡两岸间货物运输情况,各有关货物运输代理企业须于每月3日前向省、自治区、直辖市和经济特区人民政府外经贸主管部门(以下简称地方外经贸主管部门)报送业务统计报表,地方外经贸主管部门应于每月10日前将业务统计表报外经贸部。

(6)对未经外经贸部批准擅自经营海峡两岸间货物运输代理业务的。由地方外经贸主管部门取缔非法经营活动。

对未经外经贸部批准擅自经营海峡两岸间货物运输代理业务的国际货物运输代理企业,外经贸部视情节轻重分别给予警告或责令停业整顿处罚。

台湾海峡两岸间货物运输代理企业,未及时向地方外经贸主管部门报送业务统计报表的,由地方外经贸主管部门给予警告处罚;情节严重的,可建议外经贸部责令该企业停业整顿;对其他违反《中华人民共和国国际货物运输代理业管理规定》和《管理办法》以及相关规定的,由外经贸部视情节轻重分别给予警告、暂停经营台湾海峡两岸间货物运输代理权、撤销经营台湾海峡两岸间货物运输代理权、撤销国际货物运输代理权等处罚。凡被取消从事台湾海峡两岸间货物运输代理业务的企业由外经贸部予以公布。

《关于台湾海峡两岸间货物运输代理业管理办法有关问题的通知》是与《管理办法》配套出台的,是为了进一步加强对两岸间货运代理业的管理,促进两岸贸易和运输的发展。

第八节　我国关于对外贸易代理制的暂行规定

改革开放以来,我国的进出口贸易代理制度发生了根本性变化,一改过去高度集中、垄断性经营的体制,呈现出千家万户从事外贸进出口业务的局面,现在只要具备国家有关部门规定的条件,任何单位或个人都可以申请办理进出口业务,其中包括私人企业。当然仍有一些无外贸经营权的企业需要委托有外贸经营权的公司为其代理进出口贸易。

实际业务中,这些外贸进出口代理公司与境外客户签订合同时,通常不是以被代理人的名义,而是以代理公司自己的名义签订的,这样,代理公司就成了所签合同的一方当事人。合同履行中,如对方的利益受到损害时,往往追究代理公司的责任,并在不能协商解决的情况下,付诸法律行动,对方当事人向法院或仲裁机构起诉的主体亦为代理公司,代理公司即使在其职责范围内无过失,也不能免责,只能先赔偿对方损失,然后再向责任人进行追偿,直至采取法律手段。同样,货运代理也遇到以自己名义还是以被代理人的名义签订合同的问题。为完善对外贸易代理制,明确代理各方当事人的权利义务,促进对外贸易的发展。1998年8月29日我国对外经济贸易部特制定和发布了《关于对外贸易代理制的暂行规定》(以下简称《暂行规定》),该《暂行规定》自发布之日起施行。虽然目前实践中仍存在货运代理的法律地位及其责任问题,但《暂行规定》的出台对问题的解决起到了一定的促进作用。

一、适 用 范 围

有对外贸易经营权的公司、企业(代理人),可在批准的经营范围内,依照国家有关规定为另一有对外贸易经营权的公司、企业(被代理人)代理进出口业务。如代理人以被代理人名义对外签订合同,双方权利义务适用《中华人民共和国民法通则》有关规定。如代理人以自己名义对外签订合同,双方权利义务适用本暂行规定。

无对外贸易经营权的公司、企业、事业单位及个人(委托人)需要进口或出口商品(包括货物和技术),须委托有该类商品外贸经营权的公司、企业(受托人)依据国家有关规定办理。双方权利义务适用本暂行规定。

二、一 般 规 定

《暂行规定》明确:委托人和受托人应根据平等互利、协商一致的原则订立委托协议。委托协议不得违反国家有关法律、法规,并不得损害社会公共利益。委托协议是划分委托人、受托人双方权利义务的基本依据。无代理权、超越代理权或代理权终止后的行为,如未经委托人追认,由行为人自行承担责任。

委托协议应采用书面形式,一般应包括下列内容:

(1)委托进口或出口商品的名称、范围、内容、价格幅度、支付方式、货币种类以及其他需要明确的条件;

(2)委托人对受托人的授权范围;

(3)双方的权利与义务以及应承担的费用;

(4)委托手续费以及其他经济利益的分享规定;

(5)争议的解决;

(6)委托协议期限;

(7)其他。

三、委托人的权利义务

委托人应依国家有关法律、法规的规定,办理委托进口或出口商品的有关报批手续。委托人应及时向受托人详细说明委托进口或出口商品的有关情况。

经受托人同意,委托人可参加对外谈判,但不得自行对外询价或进行商业谈判,不得自行就合同条款对外作任何形式的承诺。凡委托人同意的进口或出口合同条款,委托人不得由于条款本身的缺陷引起的损失向受托人要求补偿。委托人不得自行与外商变更或修改进出口合同。委托人与外商擅自达成的补充或修改进出口合同的协议无效。委托人须按委托协议和进出口合同的规定履行义务,包括及时向受托人提供进口所需要的资金或委托出口的商品。因委托人不按委托协议履行其义务导致进出口合同不能履行、不能完全履行、迟延履行或履行不符合约定条件的,委托人应偿付受托人为其垫付的费用、税金及利息,支付约定的手续费和违约金,并承担受托人因此对外承担的一切责任。

委托人因不可抗力事件不能履行全部或部分委托协议的，免除其对受托人的全部或部分责任，但委托人应及时通知受托人并在合理期间内提供有关机构出具的证明，以便受托人与外商交涉，免除受托人对外商的责任。如果受托人不能因此免除对外商的责任，受托人对外承担的责任由委托人承担。

委托人有义务按照委托协议的规定，向受托人支付约定的手续费，并偿付受托人为其垫付的费用、税金及利息。委托人支付的进出口手续费以合同总价为计算基数，乘以约定的手续费率。对于出口商品的销售货款，委托人收取人民币还是外汇，由委托人与受托人在委托协议中协商确定。

四、受托人的权利义务

受托人根据委托协议以自己的名义与外商签订进出口合同，并应及时将合同的副本送交委托人。受托人与外商修改或变更进出口合同时不得违背委托协议。受托人对外商承担合同义务；享有合同权利。

受托人在遵照委托人的委托办理委托事宜时，必须服从国家法律、法规和其他外贸管理制度的规定。受托人如因服从国家法律、法规和其他外贸管理制度的规定而无法执行委托人的委托事宜时，应向委托人说明情况，重新协商符合法律、法规和外贸管理制度的委托事宜。在执行委托协议时，受托人有义务保证出口合同条款符合我国现行有关法律、法规及其他管理制度的规定，并符合国际惯例和能维护委托人的利益。

受托人应向委托人提供受托商品的国际市场行情，并应及时报告对外开展业务的进度及履行受托人义务的情况。受托人有义务办理履行进出口合同所需的各种手续。因受托人不按委托协议履行其义务导致进出口合同不能履行、不能完全履行、迟延履行或履行不符合约定条件的。受托人应赔偿委托人因此受到的损失，并自行承担一切对外责任。

因外商不履行其合同义务导致进出口合同不能履行、不能完全履行、迟延履行或履行不符合约定条件的，受托人应按进出口合同及委托协议的有关规定及时对外索赔，或采取其他补救措施。

受托人因不可抗力事件不能履行全部或部分委托协议的，免除其全部或部分受托责任，但应及时通知委托人和外商，并应在合理期限内提供有关机构出具的证明。如外商因不可抗力事件不能履行、不能完全履行、迟延履行或履行不符合进出口合同的规定，受托人应免除对委托人的责任，但应取得有关机构证明并及时通知委托人。

五、争议的解决

委托人应在索赔期内提交必要的索赔证件，受托人接到索赔证件后，应按照与外商签订的合同规定及时对外索赔，并应及时向委托人通报索赔进程、转付索赔所得款项。因委托人的过错而未能对外索赔或索赔不成的，其损失由委托人承担。因受托人的过错，而未能对外索赔或索赔不成的，其损失由受托人承担。如果受托人在对外索赔中无过错，委托人无权向受托人要求外商赔偿金额以外的赔偿。当外商提出索赔时，受托人应及时向委托人转交外商提供的索赔证件；委托人接到索赔证件后，应根据委托协议及时理赔。受托人应向委托人通报对外理赔情况。因受托人的过错而未能对外理赔的，由受托人对外承担责任。因委托人的过错而未能对外理赔的，受托人因此对外承担的责任由委托人承担。

委托人和受托人可以约定，在委托人同意并提供费用及协助下，受托人有义务按进出口合同的规定对外提起仲裁或诉讼，由此产生的损失或利益由委托人承担或享有；如果受托人拒绝或延迟提起仲裁或诉讼，委托人有权要求受托人赔偿损失。如果委托人不愿提起仲裁或诉讼或不愿提供费用，受托人可以自行承担费用和风险对外商提起仲裁或诉讼，由此产生的损失或利益由受托人承担或享有。

外商向受托人提起仲裁或诉讼时，受托人应按委托协议和进出口合同的规定积极对外交涉，并应及时通知委托人，委托人有义务协助受托人搜集证据，并应为有关交涉提供必要的支持和方便。

第九节　国际货物运输代理业的专用发票

为了规范国际货运代理的市场行为，保护合法经营，促进对外经济贸易发展，保障国家税收收入，维护进出口货物收货人、发货人及国际货运代理人的合法权益，根据《中华人民共和国发票管理办法》和《中华人民共和国国际货物运输代理业管理规定》的有关规定，1997 年 7 月 1 日，国家税务总局和外经贸部联合就使用货代专用发票的有关问题发出通知。

通知指出，凡经外经贸部批准，并已办理税务登记的货代企业必须使用货代发票（从事国际航空快递业务的货代企业除外）。凡申请领购货代发票的货代企业，必须凭税务登记证件和外经贸部颁发的《中华人民共和国国际货物运输代理企业批准证书》，并持国际货运代理行业政府主管部门开具的《国际货物运输代理企业批准通知单》到当地主管税务机关办理申请领购货代发票事宜。

货代企业从事国际货物运输代理业务向委托人收取款项时，必须按照运费及其他收费项目分别逐项列明，开具货代发票。货代发票必须使用计算机填开，手写无效。不符合规定的货代发票不作为财务结算凭证，任何单位、个人有权拒收。货代企业从事国际航空快递业务，暂不使用货代发票，继续使用原税务机关核准的发票。

货代发票采用无碳复写纸印制，使用中英文两种文字。基本联次为三联，第一联为存根联，第二联为发票联，第三联为记账联。货代发票由省、自治区、直辖市地方税务局按照全国统一防伪措施集中印制，自 1978 年 7 月 1 日启用。货代企业应当按照《中华人民共和国发票管理办法》的规定保管、使用发票，建立健全发票管理制度。货代企业应遵纪守法，加强管理，依法经营，照章纳税。

练　习　题

一、填空题

1. 代理可分为__________、__________和__________。

2. 我国《合同法》中，与货运代理关系较为密切的合同有：__________、__________及__________。

3. 我国货运代理企业审批和管理机构是____________________。

4. 一切从事国际货运代理的企业都必须报请审批机构批准，获批准后向__________部门办理注册手续,方可营业。

5. 外商投资国际货运代理企业的经营期限不超过＿＿＿＿＿年。外商投资国际货运代理企业正式开业满＿＿＿＿＿年,且合营各方出资已全部到位后,可申请在国内其他地方设立分公司。

6. 申请经营台湾海峡两岸间货物运输代理业务的企业仅限于两类:(1)经外经贸部批准设立的全部资本来源于＿＿＿＿＿的国际货物运输代理企业;(2)经外经贸部批准设立的中国内地和台湾地区投资者＿＿＿＿＿的国际货物运输代理企业。

7. 货代企业从事国际货物运输代理业务向委托人收取款项时,必须按照运费及其他收费项目分别逐项列明,开具＿＿＿＿＿。

二、名词解释

代理　国际货运代理

三、简答题

1. 代理的特征和权利分别是什么?
2. 委托代理权终止的原因有哪些?
3. 货运代理委托合同的构成要件是什么?
4. 货运代理作为代理人的主要职责有哪些?
5. 外商投资国际货运代理企业可经营的部分或全部业务有哪些?

四、案例分析题

原告:飞进进出口公司

被告:威远货运代理公司

2004 年 5 月,被告与原告签订了一份委托代理合同,约定由被告代理原告在某口岸出口货物,合同约定了代理义务范围、分工、费用结算等内容。而后,原告交付给被告一个 20 英尺的集装箱要求其出运至香港,并有承运人签发了某远洋运输公司的已装船指示提单。

5 月 21 日,被告业务经办在得到原告电话指示后,要求外代公司指示船东凭正本提单传真件及银行担保放货,并承担由此产生的一切责任。但是,外代公司在给船东的指示中却忽略了银行担保这一主要条件。由于外国客户未能赎单付款,导致原告无法从银行结汇,造成经济损失计 60 多万元人民币。

案件发生后,原告以被告超越代理范围,擅自指令船东放货,致使货款无法收回为由,向海事法院提起了诉讼,要求被告赔偿其经济损失 60 多万元人民币。被告则辩称,放货指示系被告凭原告电话委托发出的,且有人证,原告应对此负责。本案的真正责任人是外代公司以及船东,他们应当承担侵权责任。由于被告的指令与损失之间无因果关系,因此应追加外代公司或者船东作为共同被告。

鉴于本案是货运代理合同纠纷,海事法院首先裁定不同意追加承运人为共同被告。

(源自:孟于群、陈震英编著,《国际货运代理法律及案例评析》,对外经济贸易大学出版社,2000 年)

请分析:

(1)被告的代理行为是否超越了代理的范围?为什么?

(2)原告的经济损失该由谁承担?请给出你的理由。

(3)你认为本案该如何解决?

以所在城市为背景,调查目前国际货运代理行业中较常出现的法律冲突及其相应的应对策略,并撰写行业调查报告。

实 训 题

原告:启东市对外贸易公司

被告:上海飞达国际货运有限公司

启东市对外贸易公司(以下简称启东外贸)诉称:2001 年 8 月 31 日,其委托上海飞达国际货运有限公司(以下简称飞达货运)办理一只 40 英尺和一只 20 英尺集装箱从上海出口至香港的货运事宜,并明确要求海运提单必须由承运人 Luckyfaith Shipping Ltd.(以下简称 L 公司)签发。9 月 5 日,启东外贸将涉案货物单证交飞达货运签收,有关信用证复印件中的议付条款明确载明提单必须由 L 公司签发,飞达货运接受后对启东外贸的要求及上述单证的内容未提出异议。9 月 13 日,飞达货运通知启东外贸,称货物买方香港海丽实业贸易公司(以下简称海丽公司)于 9 月 6 日通知飞达货运涉案货物有质量问题,要求暂停出运;又称 9 月 10 日船舶开航后,启东外贸要求飞达货运签发由 L 公司出具的提单,因飞达货运事先不知该项要求,故无法出具启东外贸要求的提单;飞达货运要求启东外贸速告知其如何处理提单,否则货物在目的港产生的一切费用与飞达货运无关。双方经交涉未达成协议。启东外贸请求法院判令飞达货运将涉案货物无偿返运至发运地并返还给自己,如不能返还,则赔偿货款 30 万美元;并判令飞达货运承担货物出口退税损失人民币 401 897.43 元,以及本案的诉讼费。

飞达货运辩称:其接受委托后,与启东外贸达成以海运提单向 L 公司换提单的协议。由于启东外贸货物的质量问题,以致贸易合同出现纠纷,由买方指定的 L 公司拒绝向飞达货运换提单。因启东外贸的过错导致飞达货运无法完成代理任务,飞达货运不应承担责任。此外,启东外贸主张的退税损失依据不足,涉案货物供货方与启东外贸关系较为密切,双方签订的加工定做合同中货物单价与启东外贸在外销合同中的出口价相比明显偏高。

法院经审理查明:2001 年 7 月 19 日,启东外贸与案外人海丽公司签订 10 万条沙滩裤出口贸易合同,货物价值 30 万美元,CIF 价格,目的地香港,支付方式不可撤销信用证。信用证议付条件之一是必须出具 L 公司签发的提单。7 月 22 日,启东外贸与启东市方信服装厂签订加工定做 10 万条沙滩裤的合同,总价人民币 2 766 000 元。随后,海丽公司指示启东外贸委托被告代理出运货物。2001 年 8 月 31 日,启东外贸委托飞达货运代理出运涉案货物,并在传真件上明确要求飞达货运提供 L 公司提单。飞达货运接受委托后,将货物交付 H 公司承运,但未告知启东外贸。9 月 6 日,海丽公司的业务代表施某出具了涉案货物验收合格及同意出货的证明。9 月 8 日,H 公司签发了托运人为启东外贸的指示提单,货物出运。9 月 11 日,启东外贸发现飞达货运未能提供其所要求的 L 公司提单,遂与飞达货运进行交涉。9 月 12 日、13 日,海丽公司通知飞达货运因涉案货物质量有问题,由海丽公司负责办理的 L 公司提单不能出具。9 月 13 日,启东外贸书面告知飞达货运涉案货物贸易合同信用证即将到期,要求飞达货运依约出具 L 公司提单或告知不能出具的原因。9 月 20 日,启东外贸要求飞达货运返运货物,飞达货运则要求启东外贸支付因返运产生的一切费用,双方协商未成。9 月 30 日,飞达货运无法取得 L 公司提单并将 H 公司的提单寄交启东外贸。

2001 年 11 月 19 日,启东市方信服装厂就涉案货物向启东外贸开具增值税专用发票,货物金额人民币 2 364 102.57 元,税额人民币 401 897.43 元,价税合计人民币 2 766 000 元。

(源自:孟于群、陈震英编著,《国际货运代理法律及案例评析》,对外经济贸易大学出版社,2000 年)

请分析:

(1)飞达货运作为货运代理人是否依约履行了其义务?为什么?

(2)启东外贸的诉讼请求能成立吗?请给出你的理由。

(3)你认为此案该如何解决?

要求:

(1)根据提供的案例,以小组为单位组成模拟海事法庭,每组六位同学,每位同学扮演不同的角色(审判长、原告、两被告、原被告的辩护律师等)。

(2)演示时,可以 ppt 为辅助手段进行。

(3)课后,各小组将模拟法庭的设计思路及各角色台词以书面形式上交。

参考文献

[1] 司玉琢.海商法.北京:法律出版社,2007.
[2]赵国玲.海商法概论.北京:北京大学出版社,2006.
[3]贾林青.海商法.北京:中国人民大学出版社,2000.
[4]郭萍,韩立新,王欣.航运业务与海商法.大连:大连海事大学出版社,2005.
[5]孟于群,陈震英.国际货运代理法律及案例评析.北京:对外经济贸易大学出版社,2000.
[6]沈秋明.海商法案例评析.上海:汉语大词典出版社,2003.
[7]王延义.海事案例精析.青岛:青岛海洋大学出版社,2000.
[8]Christopher Hill. Maritime Law. Lloyd's of London Press LTD,1995.
[9]Lloyd's Law Reports. Lloyd's of London Press LTD.
[10]A. D. Hughes. Casebook on Carriage of Goods by Sea. Blackstone Press Limited,1994.